普通高等院校工商管理类专业系列教材

现代企业管理
（第2版）

主　编　何荣宣
副主编　温　娜　黄剑丹　钟世娟
　　　　杨雪芬　付兵红

北京理工大学出版社
BEIJING INSTITUTE OF TECHNOLOGY PRESS

内 容 简 介

本书根据本科教育及专科教育的特点和教学需要而编写。本书共分为八章，包括现代企业管理概论、现代企业制度、现代企业战略管理、现代企业运营管理、现代企业市场营销管理、现代企业人力资源管理、财务管理和现代企业创新管理等内容。本书突出了理论与实践相结合，注重实际应用，重点阐述了现代企业管理的基本概念和基本原理，视野宽广，理论新颖，内容精炼，可供大学经济管理类本科专业、高职高专和成人专科经济管理类专业使用。

版权专有　侵权必究

图书在版编目（CIP）数据

现代企业管理／何荣宣主编．—2 版．—北京：北京理工大学出版社，2021.5
（2021.6 重印）

ISBN 978-7-5682-9786-8

Ⅰ．①现… Ⅱ．①何… Ⅲ．①企业管理－高等学校－教材 Ⅳ．①F272

中国版本图书馆 CIP 数据核字（2021）第 074728 号

出版发行／北京理工大学出版社有限责任公司
社　　址／北京市海淀区中关村南大街 5 号
邮　　编／100081
电　　话／（010）68914775（总编室）
　　　　　（010）82562903（教材售后服务热线）
　　　　　（010）68948351（其他图书服务热线）
网　　址／http：//www.bitpress.com.cn
经　　销／全国各地新华书店
印　　刷／河北盛世彩捷印刷有限公司
开　　本／787 毫米×1092 毫米　1/16
印　　张／20　　　　　　　　　　　　　　　责任编辑／武丽娟
字　　数／470 千字　　　　　　　　　　　　文案编辑／武丽娟
版　　次／2021 年 5 月第 2 版　2021 年 6 月第 2 次印刷　责任校对／刘亚男
定　　价／56.00 元　　　　　　　　　　　　责任印制／李志强

图书出现印装质量问题，请拨打售后服务热线，本社负责调换

前　言

本书第 1 版自 2016 年 2 月出版以来，承蒙广大读者的厚爱，至今已印刷多次。为了更好地为广大读者服务，在近 5 年的时间里，作者就本书的编写风格、编写体系和编写内容，广泛地征求了企业管理界的专家、学者以及广大教师和学生的意见，他们对本书提出了非常宝贵的意见和建议，为本书的修订和再版提供了很大的帮助，在此，作者对他们给予的支持和厚爱，表示真挚的感谢。

在修订过程中，作者始终坚持理论知识以必需、够用为度，突出基本理论的实际应用，强调理论与实际的结合，同时增加了大量案例。

本书第 2 版第一章由钟世娟老师修订，第二章、第三章、第四章由何荣宣老师修订，第五章由杨雪芬老师修订，第六章由温娜老师修订，第七章由黄剑丹老师修订，第八章由付兵红老师修订。全书由何荣宣老师统稿、定稿。

由于时间仓促，本书第 2 版没有做系统的重大修改，敬请读者见谅。在广大同行专家、学者及广大读者的指导和帮助下，我们相信，通过不懈努力，本书将会更趋于完善。

为方便大家掌握重点，本书对重要知识点进行了高亮处理。

编　者

目 录

第一章 现代企业管理概论 (1)

1.1 现代企业及管理 (2)
- 1.1.1 现代企业及其特征 (2)
- 1.1.2 管理与企业管理 (5)
- 1.1.3 企业管理的基本理论及其发展 (8)

1.2 现代企业管理原理及方法 (14)
- 1.2.1 现代企业管理原理 (14)
- 1.2.2 现代企业管理方法 (17)

1.3 现代企业组织管理 (19)
- 1.3.1 企业管理组织及其作用 (19)
- 1.3.2 企业组织设计原则 (20)
- 1.3.3 企业组织结构类型 (21)

1.4 现代企业管理基础工作与管理现代化 (25)
- 1.4.1 企业管理基础工作 (25)
- 1.4.2 企业管理现代化 (27)

本章小结 (28)

本章练习 (29)

第二章 现代企业制度 (31)

2.1 企业制度 (32)
- 2.1.1 企业制度的概念 (32)
- 2.1.2 企业制度的种类 (33)

2.2 现代企业制度及其特征 (37)
- 2.2.1 现代企业制度的概念 (37)
- 2.2.2 现代企业制度的特征 (38)

2.3 现代企业制度的内容 ······ (39)
2.3.1 现代企业产权制度 ······ (39)
2.3.2 现代企业组织制度 ······ (41)
2.3.3 现代企业管理制度 ······ (46)
2.4 我国建立现代企业制度对公司形式的选择 ······ (48)
2.4.1 有限责任公司 ······ (48)
2.4.2 股份有限公司 ······ (50)
本章小结 ······ (61)
本章练习 ······ (61)

第三章 现代企业战略管理 ······ (65)
3.1 企业战略与战略管理 ······ (66)
3.1.1 企业战略的概念 ······ (66)
3.1.2 企业战略的发展及其特征 ······ (68)
3.1.3 企业战略的分类 ······ (70)
3.1.4 企业战略管理过程 ······ (71)
3.1.5 企业的组织使命 ······ (72)
3.1.6 组织目标与目的 ······ (73)
3.1.7 战略方案选择及其标准 ······ (74)
3.2 企业战略环境分析 ······ (74)
3.2.1 外部宏观环境分析 ······ (74)
3.2.2 SWOT 分析法 ······ (76)
3.2.3 经营业务组合分析法 ······ (78)
3.2.4 行业环境分析 ······ (81)
3.2.5 竞争者分析 ······ (86)
3.2.6 竞争优势与可持续竞争优势 ······ (87)
3.2.7 竞争优势的分析法——价值链理论 ······ (88)
3.3 企业竞争战略及其选择与实施 ······ (89)
3.3.1 企业竞争战略的提出 ······ (89)
3.3.2 三种基本的竞争战略 ······ (90)
3.3.3 竞争战略的选择和实施 ······ (94)
3.4 企业战略评价与控制 ······ (96)
3.4.1 企业战略评价标准 ······ (96)
3.4.2 战略评价中的关键问题 ······ (97)
3.4.3 战略实施后的企业业绩评价 ······ (99)
本章小结 ······ (99)
本章练习 ······ (100)

第四章 现代企业运营管理 ······ (108)
4.1 生产运作管理 ······ (109)

4.1.1　引言 …………………………………………………………………… (109)
　　4.1.2　生产/服务设施选址与布置 …………………………………………… (111)
　　4.1.3　生产计划 ……………………………………………………………… (114)
　　4.1.4　企业设施管理 ………………………………………………………… (123)
　　4.1.5　设备管理 ……………………………………………………………… (125)
　　4.1.6　现场管理有效的方法——5S管理 …………………………………… (133)
　4.2　企业质量管理 ……………………………………………………………… (137)
　　4.2.1　质量及质量管理 ……………………………………………………… (137)
　　4.2.2　全面质量管理 ………………………………………………………… (142)
　　4.2.3　质量管理的常用统计方法 …………………………………………… (147)
　　4.2.4　ISO9000质量体系 …………………………………………………… (153)
　4.3　企业物流与供应链管理 …………………………………………………… (158)
　　4.3.1　企业物流 ……………………………………………………………… (158)
　　4.3.2　供应链管理的一般概念 ……………………………………………… (163)
　本章小结 ………………………………………………………………………… (166)
　本章练习 ………………………………………………………………………… (167)

第五章　现代企业市场营销管理 …………………………………………………… (170)

　5.1　市场营销概述 ……………………………………………………………… (171)
　　5.1.1　市场与市场营销 ……………………………………………………… (171)
　　5.1.2　市场营销环境 ………………………………………………………… (172)
　5.2　顾客需求 …………………………………………………………………… (178)
　　5.2.1　需要、欲望和需求 …………………………………………………… (179)
　　5.2.2　产品、服务和体验 …………………………………………………… (180)
　　5.2.3　价值和满意 …………………………………………………………… (180)
　5.3　目标市场 …………………………………………………………………… (181)
　　5.3.1　市场细分 ……………………………………………………………… (181)
　　5.3.2　目标市场选择 ………………………………………………………… (184)
　　5.3.3　市场定位 ……………………………………………………………… (186)
　5.4　营销策略组合 ……………………………………………………………… (186)
　　5.4.1　产品策略 ……………………………………………………………… (186)
　　5.4.2　价格策略 ……………………………………………………………… (189)
　　5.4.3　渠道策略 ……………………………………………………………… (194)
　　5.4.4　促销组合决策 ………………………………………………………… (198)
　本章小结 ………………………………………………………………………… (202)
　本章练习 ………………………………………………………………………… (203)

第六章　现代企业人力资源管理 …………………………………………………… (205)

　6.1　企业人力资源管理概述 …………………………………………………… (206)

6.1.1　人力资源的含义 ……………………………………………………… (206)
　　6.1.2　人力资源管理的概念及功能 ………………………………………… (207)
　　6.1.3　人力资源管理的目标 …………………………………………………… (208)
　　6.1.4　人力资源管理的六大模块 ……………………………………………… (208)
6.2　企业人力资源战略与规划 ……………………………………………………… (209)
　　6.2.1　人力资源战略的制定与实施过程 ……………………………………… (209)
　　6.2.2　人力资源战略与企业基本战略的匹配 ………………………………… (210)
　　6.2.3　人力资源规划过程 ……………………………………………………… (211)
6.3　企业人力资源的招聘与甄选 …………………………………………………… (212)
　　6.3.1　人力资源招聘 …………………………………………………………… (212)
　　6.3.2　人力资源甄选 …………………………………………………………… (213)
6.4　企业人力资源的培训 …………………………………………………………… (214)
　　6.4.1　人力资源培训的内涵 …………………………………………………… (214)
　　6.4.2　人力资源培训的作用 …………………………………………………… (215)
　　6.4.3　人力资源培训的原则 …………………………………………………… (216)
　　6.4.4　人力资源培训的方法 …………………………………………………… (217)
　　6.4.5　人力资源培训的工作流程 ……………………………………………… (218)
6.5　绩效管理 ………………………………………………………………………… (220)
　　6.5.1　绩效、绩效管理与绩效考评的概念 …………………………………… (221)
　　6.5.2　绩效管理在企业中的地位及作用 ……………………………………… (221)
　　6.5.3　绩效管理过程 …………………………………………………………… (222)
　　6.5.4　绩效考评的步骤 ………………………………………………………… (223)
6.6　薪酬管理 ………………………………………………………………………… (224)
　　6.6.1　薪酬与薪酬管理的概念 ………………………………………………… (224)
　　6.6.2　薪酬水平 ………………………………………………………………… (225)
6.7　员工安全与劳动关系管理 ……………………………………………………… (227)
　　6.7.1　员工健康与安全 ………………………………………………………… (227)
　　6.7.2　劳动关系管理 …………………………………………………………… (228)
本章小结 ………………………………………………………………………………… (230)
本章练习 ………………………………………………………………………………… (230)

第七章　财务管理 …………………………………………………………………… (234)

7.1　财务管理概述 …………………………………………………………………… (235)
　　7.1.1　财务管理的内涵 ………………………………………………………… (235)
　　7.1.2　财务管理的作用 ………………………………………………………… (235)
　　7.1.3　财务管理的目标 ………………………………………………………… (236)
7.2　筹资管理 ………………………………………………………………………… (236)
　　7.2.1　长期权益资本的筹措 …………………………………………………… (237)

		7.2.2 长期债务资本的筹措 (239)
		7.2.3 资本成本与财务杠杆 (241)
		7.2.4 资本结构 (243)
	7.3 投资管理 (244)
		7.3.1 投资项目现金流量 (244)
		7.3.2 投资决策指标 (245)
	7.4 资产管理 (248)
		7.4.1 资产组合 (248)
		7.4.2 流动资产管理 (249)
		7.4.3 长期资产管理 (255)
	7.5 利润管理 (259)
		7.5.1 企业利润的构成 (259)
		7.5.2 企业利润的分配 (260)
	7.6 财务分析 (261)
		7.6.1 财务报表 (261)
		7.6.2 财务分析概述 (262)
	本章小结 (266)
	本章练习 (266)

第八章 现代企业创新管理 (268)

	8.1 企业创新概述 (271)
		8.1.1 企业创新的概念 (271)
		8.1.2 企业创新的作用 (271)
		8.1.3 企业创新的环节 (273)
	8.2 企业创新战略 (274)
	8.3 技术跨越战略 (277)
		8.3.1 技术跨越战略的内涵 (277)
		8.3.2 企业技术跨越的模型与途径 (277)
		8.3.3 中国企业的技术跨越战略 (278)
	8.4 学习型组织 (283)
		8.4.1 创建学习型企业的意义 (284)
		8.4.2 学习型组织的真谛 (285)
		8.4.3 学习型组织的特点 (286)
		8.4.4 五项修炼——学习型组织的前提 (290)
	8.5 知识管理 (292)
		8.5.1 知识管理的内涵 (293)
		8.5.2 知识管理的特征和类型 (295)
		8.5.3 实施知识管理的具体策略和步骤 (296)

8.6 柔性管理 …………………………………………………………………（298）
　8.6.1 柔性管理的基本理念 …………………………………………（298）
　8.6.2 柔性管理的实施要素 …………………………………………（300）
　8.6.3 柔性管理在管理活动中的主要体现 …………………………（301）
本章小结 ……………………………………………………………………（302）
本章练习 ……………………………………………………………………（302）

参考文献 …………………………………………………………………………（308）

第一章 现代企业管理概论

学习目标

1. 说出企业、管理及企业管理的概念。
2. 概括管理理论的三大发展阶段,掌握各理论学派的主要内容。
3. 理解现代企业管理的基本原理及方法。
4. 总结现代企业组织设计的原则,把握各类组织结构的特点及优缺点。
5. 领会现代企业管理基础工作的内容及企业管理现代化的含义。

素养目标

通过本章的学习,获得对现代企业管理的相关概念、管理理论的发展沿革、组织结构设计等基本内容的清楚认知,树立现代企业管理观念,为后面章节的学习奠定良好理论基础。

本章导读

本章在阐述管理及企业管理概念的基础上,重点介绍了企业管理的基本理论、现代企业管理的基本原理及方法、企业组织管理工作、现代企业管理基础内容等,旨在让学生对现代企业及其管理有一个概括的了解。

案例导入

美国福特汽车公司的兴起、衰落和复兴

美国福特汽车公司成立于 1903 年。1913 年,福特汽车采用了汽车装配的流水线生产并实行汽车零件的标准化,当年产量达到 13 万辆,1914 年增加到 26 万辆,1923 年达到 204 万辆,在美国汽车生产中形成了垄断的局面。福特汽车成为世界上最大和盈利最多的制造业企业,它从利润中积累了 10 亿美元的现金储备。可是,创始人亨利·福特坚信企业所需要的只是所有主管企业家和他们的一些"助手",只需"助手"的汇报由他发号施令即可运行。他认为公司组织只是一种"形式",企业无须管理人员和管理。随着环境变化，其他竞争者兴起，汽车有着不同档次的需要，科技、产供销、财务、人事等管理日趋复杂，个人管理已难以适应这种要求。到了1927年，福特汽车已丧失了市场领先的地位，以后的20年，逐年亏本，直到第二次世界大战期间仍无法进行有力的竞争。当时它的强劲对手通用汽车公司，则从20世纪20年代开始走着一条与福特汽车经验相反的路子。通用汽车原是一些竞争不过福特汽车的小公司拼凑起来的，在建立之初，这些小公司作为通用汽车的一部分各自为政。通用汽车组织机构不健全，公司的许多工作集中在少数几个人身上，不仅使这些领导人忙于事务，无暇考虑公司的方针政策，而且限制了各级人员的积极性。1920年后，新接任的通用汽车公司总裁艾尔弗雷德·斯隆在大整顿、大改组过程中建立起一套组织结构，根据市场不同层次顾客的需要确定产品方向，加强专业化协作，谋取大规模生产，按照分散经营和协调控制的原则建立管理体制。1926年至1927年，通用汽车的市场占有率从10%一跃而起到43%，此后多年均占50%以上。而福特汽车则每况愈下，到1944年，老福特的孙子威廉·福特接管该公司时，公司已濒于破产。当时26岁的威廉·福特向他的对手通用汽车学习，着手进行斯隆在通用汽车所做的事，创建了一套管理组织和领导班子，五年后就在国内外重新获得了发展和获利的力量，成为通用汽车公司的主要竞争者。

问题：

1. 福特汽车公司在20世纪20年代初期为何能获得成功而后又为何濒于破产？
2. 从福特汽车公司的复兴和通用汽车公司的兴起来看，管理人员和管理如何发挥作用？

1.1　现代企业及管理

企业是一种久已存在的经济组织形式，它是社会生产的基本单位，也是国民经济的组成细胞。实现企业管理的现代化、科学化和规范化，必须了解和掌握现代企业管理的基本理论、基本原理与基础知识。企业的活力决定了国民经济的活力，只有当绝大多数企业真正发展壮大起来时，国家才会富强，人民生活才会富裕，整个社会经济发展水平才能真正得以提高。

1.1.1　现代企业及其特征

1. 企业的概念

提到企业，人们并不陌生，很多人立刻会联想到社会上诸如服装厂、食品厂、机械加工厂等各种基本生产单位，实际上，这种认识既不准确，也不全面。企业与生产单位之间并不能简单地等同起来。那么究竟什么是企业？一般认为，**所谓企业，是以盈利为目的，为满足社会需要，依法从事商品生产、流通和服务等经济活动，实行自主经营、自负盈亏、自我约束、自我发展的法人实体和市场竞争主体**。企业是社会经济的基本单位。这一概念主要包括以下五个方面的含义：

（1）企业必须是从事生产、流通和服务等经济活动的组织。从事经济活动的组织才有成为企业的可能，这一点把企业和其他社会组织如行政、事业等单位区分开来。长期以来，我国的许多企业之所以缺乏活力就是因为受国家宏观经济体制的制约，改变了自身的根本性质和任务，成了政府机关的附属机构。因此，在当前深化企业改革阶段，其中一个重要内容就是要还企业本色，实行政企分开，使企业真正成为独立的专门从事生产、流通和服务等经济活动的组织。

（2）企业既要盈利，又要承担社会责任。它具体体现在两个方面：一是获取利润。企业如果没有盈利，职工的生活水平就会受到影响，劳动积极性就难以调动起来；企业如果没有盈利，就不能进行扩大再生产，自身就难以得到发展壮大；企业如果没有盈利，还将导致国家和地方财政收入的减少，从而使国家和地方经济建设的发展受到影响。因此，企业必须确保获得合理的利润。二是满足社会需要，承担一定的社会责任。企业的生存和发展都离不开社会。现代企业观认为，企业同股东、债权者、职工、顾客、社会居民、政府机关及同行业竞争者等之间都有着非常复杂且密切的相互关系，企业在一定程度上必须满足各种与之相关的社会团体对其提出的各种要求，这样才能得到生存和发展，这就意味着企业在为自身谋利的同时，还必须承担一定的社会责任。

（3）企业必须自主经营、自负盈亏、自我发展、自我约束。企业能够根据市场的需要，独立自主地使用和支配其所拥有的人力、物力和财力，并能够对其经济结果独立地享有相应的权益并承担相应的责任。企业自主经营必须自负盈亏，用自负盈亏来自主经营，保证企业健康、有序地发展。

（4）企业是现代社会经济的基本单位。在不同的社会形态下，随着生产力水平的发展，社会经济的基本单位是不断变化的。在原始社会，由血缘关系构成的氏族，是当时社会经济的基本单位。到奴隶社会和封建社会，生产力水平虽然有了一定程度的提高，但生产的社会化程度仍然较低，人们基本上过着以家庭为单位的自给自足的生活。所以，当时社会经济活动的基本单位是家庭。随着商品经济的高度发展和机器大工业的出现，使得社会生产组织方式发生了根本性的变革，产生了专门从事商品生产与流通、高度社会化的企业组织，并很快取代家庭成为社会经济的基本单位，也就是说企业已成为现代社会经济的基本单位。

（5）企业必须具有法人资格。企业是依法成立的，具有民事权利能力和民事行为能力，独立享有民事权利并承担民事义务的组织。它必须拥有自己能够独立支配和管理的财产、有专门的组织名称、固定的经营场所和一定的从业人员、有一定的组织机构和组织章程等。一般来说，它应具备以下几个条件：

第一，必须正式在国家政府有关部门注册备案，完成登记手续。
第二，应有专门的名称、固定的工作地点和组织章程。

第三，拥有必要的财产或经费。

第四，能独立对外开展经营活动。

2. 现代企业的特征

现代企业是现代市场经济社会中代表企业组织的最先进形式和未来发展主流趋势的企业组织形式。所有者与经营者相分离、拥有现代技术、实施现代化的管理以及企业规模呈扩张化趋势是现代企业的四个显著特征。

（1）所有者与经营者相分离。公司制是现代企业的重要组织形式，而且公司要以特有的方式吸引投资者，使得公司所有权出现了多元化和分散化。同时也因公司规模的大型化和管理的复杂化，那种所有权和经营权集于一身的传统管理体制再也不能适应生产经营的需要了。因此，出现了所有权与经营权相分离的现代管理体制和管理组织。

（2）拥有现代技术。技术作为生产要素，在企业中起着越来越重要的作用。传统企业中生产要素的集合方式和现代企业中生产要素的集合方式可用如下关系式来概括：

$$传统企业生产要素 = 场地 + 劳动力 + 资本 + 技术$$
$$现代企业生产要素 = (场地 + 劳动力 + 资本) \times 技术$$

在现代企业中，场地、劳动力和资本都要受到技术的影响和制约，主要表现为现代技术的采用，可以开发出更多的可用资源，并可寻找代替资源来解决资源紧缺的问题，具有较高技术水平和熟练程度的劳动者，以及使用较高效率的机器设备，可以使劳动生产率获得极大的提高。因此，现代企业一般都拥有先进的现代技术。

（3）实施现代化的管理。现代企业的生产社会化程度空前提高，需要更加细致的劳动分工，更加严密的劳动协作，更加严格的计划控制，形成严密的科学管理。现代企业必须实施现代化管理，以适应现代生产力发展的客观要求，创造最佳的经济效益。

（4）企业规模呈扩张化趋势。现代企业的成长过程，就是企业规模不断扩大、不断扩张的过程。实现规模扩张的方式主要有三种：一是垂直型或纵向型扩张，即收购或合并在生产或销售上有业务联系的企业；二是水平型或横向型扩张，即收购或合并生产同一产品的其他企业；三是混合型扩张，即收购或合并在业务上彼此无大联系的企业。

表1-1为现代企业与传统企业的区别。

表1-1 现代企业与传统企业的区别

项目	现代企业	传统企业
出资人数	较多且分散	较少且集中
出资情况	股东出资为基础，数额较大	个人出资为主，数额较少
企业规模	较大	较小
法律形式	企业法人	自然人
承担责任	有限责任	无限责任
产权结构	所有权与经营权分离	所有权与经营权合一

续表

项目	现代企业	传统企业
管理方式	较先进，以现代化管理为主	较落后，以家族式管理为主
企业形式	以公司制企业为主	以个体、独资和合伙企业为主
技术条件	设备先进，应用现代科技	设备落后，手工操作占较大比重
稳定情况	企业经营较为稳定	企业经营不稳定

1.1.2 管理与企业管理

1. 管理的概念

管理实践和人类的历史一样悠久。人们在长期的实践中认识到了管理的必要性和重要性。综合前人的研究，本书认为管理的概念可以作如下表述：所谓管理，就是特定的环境下对组织所拥有的资源进行有效的计划、组织、领导和控制，以便组织实现既定目标的过程。

管理有四层含义：

（1）管理是服务于组织目标的一项有意识、有目的的活动。管理绝不是漫无目的、无的放矢进行的，而是具有明确的目的性。管理的目的并不来源和决定于管理机构或人员本身，而只能隶属和服务于具有特定使命和目标的组织。管理对任何组织都是不可或缺的，但绝不是独立存在的。管理不具有自己的目标，不能为管理而进行管理，而只能使管理服务于组织目标的实现。

（2）管理的过程是由一系列相互关联、连续进行的工作活动构成的。这些工作活动包括计划、组织、领导、控制等，它们成为管理的基本职能。

（3）管理工作的有效性要从效率和效果两个方面来评判。任何组织都要通过综合运用各种资源来实现特定的使命目标。管理的任务就是负责促成组织有效地将其投入的资源转化为向外产出的成果。管理工作的成效好坏、有效性如何，就集中体现在它是否能使组织花费最少的资源投入而取得最大的且最合乎需要的成果产出。产出一定、投入最少，或者投入不变、产出最多，甚至投入最少、产出最多，这些都意味着组织具有较为合理的投入产出比，具有比较高的效率。但是，仅有效率性，组织还难以保证在现代社会中顺利地生存和发展。有效的管理还必须能确保组织所提供的产出能切实地实现顾客的需要，即具有最好的效果。如果说效率涉及组织是否正确地做事，即怎样做的问题，那么，提供的产品是否需要，即是否做正确的事，就是与效果相关的问题。在现代社会中，做什么比怎么做往往更为重要。因此，组织目标的有效实现，从企业角度出发，就包括了生产顾客真正需要的产品和用最少的资源耗费进行生产这两方面。用通俗的话来概括，就是"正确地做正确的事。"管理的任务就是获取、开发和利用各种资源来确保组织效率和效果双重目标的实现。

(4) 管理工作是在一定环境条件下开展的，环境既提供了机会，也构成挑战或威胁。这也就是说，管理工作必须将所服务的组织看作一个开放的系统，它不断地与外部环境发生相互的影响和作用。正视环境的存在，一方面要求组织为创造优良的社会物质环境和文化环境尽其社会责任；另一方面，管理的理念和方法必须因环境条件的不同而随机应变，没有一种在任何情况下都能奏效的、通用的、万能的管理理念和办法。审时度势、因势利导、灵活应变，对成功的管理至为重要。

> **案例 1-1**
>
> **三个和尚**
>
> 从前，山上有座庙，庙里开始只有一个和尚，这个和尚每天到山下的井里挑水，过着悠然自在的生活。一年后，来了一个外地和尚，于是变成了两人一起抬水喝。又过了一年，又来了一个云游和尚，这下大家谁也不挑水了，最后变成了谁都没水喝。
>
> **问题：**
>
> 三个和尚应如何解决喝水问题？

2. 管理工作的内容

管理包括决策、组织、领导、控制以及创新等一系列工作。

(1) 决策。决策是组织在未来众多的行动可能中选择一个比较合理的方案。为选择正确的行动方向、确定合理的行动目标，管理者首先要研究组织活动的内外部背景，了解组织的机会和面临的威胁、优势和劣势，为组织决策提供可靠的依据。在制订决策的基础上，还需要将决策目标在时间和空间上分解到组织的各个部门和环节，进行编制行动计划的工作。

(2) 组织。组织是把各种资源科学合理地整合起来形成一个有机整体，从而有效地完成组织计划，实现组织目标。组织职能一般包括：设计与建立组织结构，合理分配职权与职责，选拔与配备人员，推进组织的协调与变革等。

(3) 领导。领导是指利用组织赋予的权力和自身的能力去指挥和影响下属为实现组织目标而努力工作的管理过程。有效的领导要求管理人员在合理的制度（领导体制）环境中，利用优秀的素质，采用适当的方式，针对组织成员的需要及特点，采取一系列措施去提高和维持组织成员的工作积极性。

(4) 控制。控制是为了保证实际工作与目标一致而进行的活动，包括根据预先制定的标准检查和监督各部门、各环节的工作，判断工作结果与目标要求是否相符；如果存在偏差，则要分析偏差产生的原因以及偏差产生后对目标活动的影响程度；在此基础上，还要针对原因，制订并实施纠正偏差的措施，以确保决策活动的顺利进行和决策目标的有效实现。

(5) 创新。组织环境及可利用的相关资源是在不断变化的。即便环境与资源不变，组织中的管理者对资源与环境的认识也可能发生改变。这些变化要求组织内部的活动技术与方法不断变革，组织活动与人的安排不断优化，甚至组织活动的方向、内容与形式选择也需要不断进行调整。这些变革、优化和调整是通过管理的创新职能来实现的。

3. 管理的科学性与艺术性

管理是科学与艺术的结合。管理的科学性是指管理作为一个活动过程，其间存在着一系列基本规律。管理是一门科学，是指它是以反映管理客观规律的管理理论和方法为指导的一套分析问题、解决问题的科学的方法论。管理的艺术性就是强调其实践性，没有实践则无所谓艺术。管理人员必须在管理实践中发挥积极性、主动性和创造性，因地制宜地将管理知识与具体管理活动相结合，才能进行有效管理。所以，管理的艺术性，就是强调管理活动除了要掌握一定的理论和方法外，还要灵活运用这些知识和技能的技巧和诀窍。因此，管理既是一门科学又是一种艺术，是科学与艺术的有机结合体，管理的这一特性，对于我们学习管理和从事管理工作是十分重要的。

案例 1-2

拿破仑站岗

拿破仑带领他的部队进攻意大利。在途中部队感染了瘟疫，减员严重，长途跋涉，极其辛苦。一天晚上，拿破仑出来查岗，发现哨兵睡着了。于是拿破仑站在哨兵旁边，帮他站岗。半个小时以后哨兵醒了，他发现拿破仑在帮自己站岗，腿一软跪下了，磕头请求饶命。拿破仑却说没有关系，太辛苦了，可以谅解，但下不为例。

问题：
1. 你觉得拿破仑这样做对吗？为什么？
2. 从这个小案例中你领悟到了哪些道理？

---

4. 企业管理及其作用

企业管理是对企业生产经营活动进行决策、组织、领导、控制和创新等一系列综合活动的总称。无论是对企业的持续健康成长，还是整个社会的经济发展，企业管理都显得日益重要。

（1）企业管理是企业生产经营好坏的决定因素，企业管理过程就是管理各项职能的实现过程，企业管理是直接影响企业人、财、物诸因素组织得科学不科学，利用得充分不充分的决定因素。国外的"三七开"说法，是指一个企业的成败"三分在技术，七分在管理"，这不是没有道理的。因此，必须重视和加强企业管理。

（2）企业管理是提高经济效益的重要手段。有人把科学和管理形象地比作经济高速发展的两个"轮子"，这是有道理的。提高产品质量，降低消耗，增加经济效益，当然"两个轮子"都有关系，但与先进的管理关系更为密切。大量的事实证明，凡是管理基础工作扎实的企业，在竞争环境中，当机遇到来时，往往能及时抓住机遇，取得长期稳定的发展。

（3）企业管理是建设两个文明的三大支柱之一。现代社会文明的发展，即物质文明和精神文明的发展，要靠管理、科学、技术三大支柱。

1.1.3 企业管理的基本理论及其发展

在漫长的管理活动中，逐步形成了诸多的管理思想。随着社会生产力的发展，人们把各种管理思想加以归纳总结，从而形成了管理理论。管理理论被运用去指导管理实践，并在实践中不断得到修正和完善。管理理论、管理实践、管理思想三者之间的关系如图1－1所示。

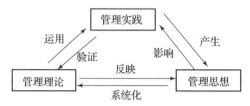

图1－1　管理理论、管理实践、管理思想关系图

总体来看，企业管理理论的形成与发展可以划分为三个阶段。

1. 第一阶段　科学管理理论阶段

科学管理是20世纪初在西方工业国家影响最大、推广最普遍的一种管理理论。所谓科学管理，是指符合客观规律的管理，也就是按照社会化大生产的特点和规律进行管理。具体来看，在这一阶段主要包括以泰罗为代表的科学管理理论、以法约尔为代表的一般管理理论和以韦伯为代表的科层组织理论。

（1）泰罗及其科学管理理论。泰罗（1856—1915）是美国古典管理学家，科学管理的主要倡导人。科学管理理论的要点包括：

①科学管理的中心问题是提高劳动生产率。泰罗认为，提高劳动生产率的潜力很大，其方法是选择合适而熟练的工人，把他们的每一项动作、每一道工序时间记录下来，并把这些时间加起来，再加上必要的休息时间和其他延误时间，就能得出完成该项工作所需的总时间。据此制订出"合理的日工作量"，就是所谓的"工作定额原理"。

②为了提高劳动生产率，必须为工作配备"第一流的工人"。泰罗认为，所谓第一流的工人包括两个方面：一是该工人的能力最适合他所从事的工作；二是该工人从内心愿意从事这项工作，所以要根据人的不同能力和天赋把他们分配到相适宜的工作岗位，使之成为第一流的工人。对那些不适合所从事工作的工人，应加以培训，使之适合工作需要，或把他们重新安排到其他适宜的工作岗位上去。培训工人成为第一流的工人，是企业管理当局的责任。

③为了提高劳动生产率，必须实现标准化。标准化是指工人在工作时，要运用标准操作方法，而且所使用的工具、机器和原材料以及作业环境都应实现标准化。泰罗认为必须用科学的方法对工作的操作方法、使用工具、劳动和休息的时间搭配，以及机器的安排和作业环境的布置等进行分析，消除各种不合理因素，把各种最好的因素结合起来形成一种最好的标准化了的方法，而这种方法的制订是企业管理者的首要职责。泰罗正是通过推行标准化，使当时伯利恒钢铁公司的铲运工由平均每天铲运生铁16吨增加到59吨，每吨操作成本由7.2美分降至3.3美分，工人工资由每天1.15美元增加到1.85美元。

④在制订标准定额基础上实行差别计件工资制。按照作业标准和劳动定额,规定不同的工资率。对完成和超额完成定额的人,以较高的工资率支付工资;对完不成定额的人,则按较低的工资率支付工资。

⑤工人和雇主双方都必须来一次"精神革命"。泰罗认为工人追求的是高工资,资本家追求的是高利润,如果劳动生产率得到了提高,不仅工人可以增加工资,而且资本家可以获得高额利润。因此,泰罗认为劳资双方必须变相互对抗为相互信任,共同为提高劳动生产率而努力。

⑥把计划职能同执行职能分开,将原来的经验工作方法转变为科学工作方法。泰罗有意识地把以前由工人承担的工作分成计划职能和执行职能。计划职能归企业管理当局,并设立专门的计划部门来承担;现场的工人,则从事执行职能,由不同的职能工长,按照计划部门制订的方法和指令,使用规定的标准化工具带领工人负责执行。

⑦对组织机构的管理控制实行例外原则。所谓例外原则,就是企业的高层管理人员把一般日常事务处理权授权给下级管理人员,而自己只保留对例外事项(即重要事项)的决策与监督权。提出例外原则,是泰罗的又一重大贡献,其目的是解决总经理的职责权限问题。他认为,在设置了计划部门和执行部门后,总经理应避免处理工作中的细小问题,而只有"例外"情况和问题才由自己处理。

⑧实行职能工长制。泰罗认为,为了使工长能够有效地履行职责,必须把管理工作细分,使每个工长只承担一种职能。这种做法使一个工人同时接受几个职能工长的指挥,容易造成混乱,所以没有得到推广。但这种思想为后来职能部门的建立和管理专业化奠定了基础。

(2)**法约尔及其一般管理理论**。法约尔(1841—1925)出生于法国,是欧洲古典管理理论在法国的杰出代表人物。法约尔的代表著作是1916年发表的《工业管理与一般管理》。法约尔一般管理理论包括以下几个方面:

①区分了经营与管理的概念,并论述了人员能力的相对重要性。法约尔认为经营和管理是两个不同的概念。任何企业都有六种基本活动或职能,即技术、商业、财务、安全、会计、管理。在各类企业中,下属人员的主要能力是具有企业特点的职业能力,而较上层人员的主要能力是管理能力。随着地位的上升,管理的重要性也在上升。

②概括并详细分析了管理的五项职能,即计划、组织、指挥、协调、控制。法约尔认为,计划是最重要的管理职能,计划不周常常是企业衰败的起因。企业中的组织包括人力和物力的组织。在配备了必要的物质资源后,人员只有通过合理组织,才能够完成他们所承担的任务。组织作用的发挥离不开指挥,即把任务分配给各类领导人员,使他们都承担相应的职责。协调与控制,就是要统一、调节、规范所有的活动,防止和纠正工作中可能出现或已经出现的偏差。

③管理的十四条原则。法约尔提出管理的十四条原则:分工、权力和责任、纪律、统一指挥、统一领导、个人利益服从整体利益、报酬合理、集权与分权、等级链、秩序、公平、人员稳定、**首创精神**、**集体精神**等。

法约尔桥

法约尔桥又名"法约尔跳板"原理,意指在层级划分严格的组织中,为提高办事效率,两个分属不同系统的部门遇到只有协作才能解决的问题时,可先自行商量、自行解决,只有协商不成时才报请上级部门解决。图1-2中,A代表这个组织的最高领导,按照组织系统,F与P之间发生了必须两者协议才能解决的问题,F必须将问题向E报告,E再报告D,如此层层由下而上、由上而下到达P,然后P将研讨意见向O报告,层层上报到A,再经过B、C……最后回到F。这样往返一趟,既费时又误事,所以法约尔提出作一"跳板",使F与P之间可以直接商议解决问题,再分头上报。

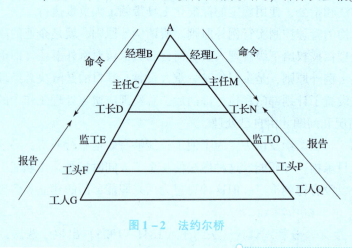

图1-2 法约尔桥

④阐述了管理教育和建立管理理论的必要性和可能性。法约尔认为,企业对管理知识的需要是普遍的,单一的技术教育适应不了企业的一般需要。人的管理能力可以通过教育来获得,而当时缺少管理教育的原因,是因为缺少管理理论。因此,应尽快建立管理理论,并在学校中进行管理教育,使管理教育起到技术教育那样的作用。

(3)韦伯及其科层组织理论。韦伯(1864—1920)是德国古典管理理论的代表人物,主要著作有《新教伦理与资本主义精神》《一般经济史》《社会组织与经济组织理论》等书。韦伯认为,与历史上的其他组织类型相比,科层组织是最理想的组织形式,其科层组织理论的基本内容有:

①权力论。韦伯认为,任何组织都必须以某种形式的权力为基础,才能实现目标,只有权力才能变混乱为秩序。他认为,古往今来,组织赖以建立的权力有三种形态:一是传统型权力,二是个人魅力型权力,三是法理型权力。韦伯认为,以传统型权力或个人型魅力为基础建立的组织不是科学的;理想的组织即科层组织,只有建立在法理型权力基础上,这种组织在精确性、稳定性、纪律性和有效性等方面就比其他组织都优越。

②理想的科层组织体系。韦伯认为,理想的科层组织体系是依照下述规则来建立和组

织运行的：第一，按行政方式控制的机构的目标所要求的日常活动，是作为正式职责来分配的；第二，执行这种职责所需要的权力是按一种稳定的方式来授予的，并且由官员能加以控制地采用某种强制手段来严格限制；第三，对于正常而继续地履行职责来行使相应的权力的方法有所规定：只有按一般规定符合条件的人才被雇佣。按照这三个原则，便可在国家管理领域构建一种官僚（科层）组织体系的机关，在私营经济领域建立一种科层组织体系的企业。

2. 第二阶段 行为科学理论阶段

科学管理理论在实践中的推行，一方面使得生产效率大幅度提高，另一方面也使工人的劳动变得异常紧张、单调和劳累，因而引起工人的强烈不满，工人消极怠工、罢工事件时有出现，劳资关系日益紧张。此外，随着经济的发展和科学的进步，有着较高文化水平和技术水平的工人逐渐占据了主导地位，体力劳动逐渐让位于脑力劳动，也使得单纯的科学管理理论和方法不能有效控制工人以达到提高生产效率和利润的目的。这促使人们对新的管理思想、理论和方法进行探寻。20世纪20年代出现的"人际关系—行为科学"理论，标志着西方管理理论进入了第二个发展阶段。

（1）人际关系学说。

20世纪20年代后期，哈佛大学的梅奥和罗特利斯伯格在霍桑试验结果的基础上指出：员工是"社会人"，在工作中会受到社会和心理的影响；企业的生产效率主要取决于员工的积极性，取决于员工的家庭和社会生活以及企业中人与人的关系。梅奥和罗特利斯伯格以他们的《工业文明的人类问题》等多部论著为基础创立了人际关系学说，并推动了行为科学理论的发展。

（2）行为科学理论。

1949年，美国芝加哥大学召开了一次由哲学家、精神病学家、心理学家、生物学家和社会学家等参加的跨学科会议，讨论了应用现代科学知识来研究人类行为的一般理论。会议给这门综合性学科定名为"行为科学"。1953年，芝加哥大学成立了行为科学研究所。行为科学理论集中反映在以下四个方面：

①需要理论。它侧重研究人的需要、动机和激励问题。美国心理学家马斯洛从社会学和心理学的角度，将人的需要按照其重要性和发生的先后次序，分为生理需要、安全需要、社交需要、尊重需要和自我实现的需要五个层次。马斯洛认为，只有尽可能在客观条件许可的情况下，使不同人不同层次的需要得到相对满足，才能解决现实社会的矛盾和冲突，提高生产率。另一位心理学家赫茨伯格又进而对满足员工需要的效果提出了双因素理论。他认为，员工的需要可以分为保健因素和激励因素两类，保健因素能够消除员工的不满意情绪，但激励因素才是调动员工积极性的关键。哈佛大学教授麦克利兰则创立了成就需要理论，对成就需要与工作绩效的关系进行了十分有说服力的推断，认为成就需要是导致国家、企业取得高绩效的主要动力。

②人性理论。它侧重于研究同企业管理有关的所谓"人性"问题。美国麻省理工学院教授麦格雷戈在1960年出版的《企业的人性方面》一书中，认为在管理中存在两种截然不同的人性假设，并形成了两种对立的管理理论：X理论和Y理论。X理论认为人的本性

是坏的，在管理中强调管束和强制；Y 理论认为人的本性是好的，主张出现问题时多从管理本身去寻找妨碍员工发挥积极性的因素。1970 年，美国管理心理学家莫尔斯和洛什又提出一种新的超 Y 理论。超 Y 理论基于沙因提出的"复杂人"人性假定，认为没有什么一成不变的、普遍适用的最佳管理方式，必须根据组织内外环境自变量和管理思想及管理技术等因变量之间的函数关系，灵活地采取相应的管理措施，管理方式要适合于工作性质、成员素质等。

③ 群体行为理论。它侧重研究企业中非正式组织以及人与人之间的关系问题。"群体动力学"理论的创立者勒温详尽地论述了作为非正式组织的群体的要素、目标、内聚力、规范、结构、领导方式和行为分类等。而另一个对群体行为理论颇有影响的人是美国的布雷德福，他主要通过对企业中人与人之间关系的研究，指出必须更加明确组织成员在团体组织中的地位和责任，使之与组织的目标一致，从而提高工作效率。

④ 领导方法理论。它侧重于研究企业中领导方式的问题。美国的坦南鲍姆和施米特提出领导方式连续统一体理论，强调在从以领导为中心到以员工为中心的方式中，存在多种连续性、统一性的领导方式，企业应当根据自身的人和物的状况及当前和未来的利益具体选择最有效的领导方式。布莱克和穆顿则用一个巧妙的管理方格图，表示了主管人员对生产的关心程度和对员工的关心程度，指出企业领导不应采用极端的领导方式，必须把工作任务和对职工的关心体贴结合起来，采用综合的领导方式。

3. 第三阶段 现代管理理论阶段

"二战"之后，随着现代科学和技术日新月异的发展，生产和组织规模急剧扩大，生产力和生产社会化程度不断提高，许多学者和实际工作者结合自己的专业知识进行现代管理问题的研究，形成了多种管理理论学派，被孔茨称为"管理理论丛林"。1961 年，孔茨在美国《管理学杂志》上发表《管理理论的丛林》一文，划分出了当时的 6 个主要学派。1980 年，孔茨又在《管理学会评论》上发表《再论管理理论的丛林》，指出丛林变得更加茂密，至少产生了 11 个学派。其中的部分代表性学派及其理论包括：

(1) 管理过程学派：该学派的代表人物有孔茨和奥唐奈。管理过程学派强调对管理过程和职能进行研究。其基本研究方法是：首先把管理人员的工作划分为管理的职能，其次对管理职能逐项进行研究，从丰富多彩的管理实践中总结管理的基本规律，以便详细分析这些管理职能。他们认为，从实践中概括出的管理规律对认识和改进管理工作能发挥说明和启示作用。

(2) 经验主义学派：这一学派的代表人物是德鲁克。经验主义学派认为，有关企业管理的科学应该从企业管理的实际出发，以大企业的管理经验为主要研究对象，以便在一定情况下把这些经验加以概括和理论化。他们认为，成功的组织管理者的经验是最值得借鉴的。因此，经验主义学派重点分析许多组织管理人员的经验，然后加以概括，找出成功经验中具有共性的东西，使其系统化、理论化，并据此向管理人员提供实际的建议。

(3) 社会系统学派：代表人物是巴纳德，他的主要观点集中表现在所著的《经理人员的职能》一书中。巴纳德的基本观点可以概括为：a. 提出了社会的各种组织都是一个协作系统的观点。b. 分析了正式组织的三个基本要素，即成员的协作意愿、组织的共同目标和组织内的信息交流。c. 提出了权威接受理论，认为权威的存在，必须以下级的接受为前提。d. 对经理的职能进行了新的概括，经理的主要职责是：建立和维持一个信息交流系统，得到必要的个人努力，规定组织目标等。

（4）决策理论学派：其代表人物有美国的西蒙和马奇，他们的代表著作主要是《组织》和《管理决策新科学》。西蒙以其对决策理论的重大贡献而荣获1978年度诺贝尔经济学奖。决策理论学派的主要观点有：a. 强调了决策的重要性。b. 分析了决策过程中的组织影响，即发挥组织在决策过程中的作用。c. 提出了决策的准则。只有"令人满意"的标准，才是更合理、更可行的准则，而并非最优化。d. 分析了决策中的"组织"作用。他们认为，决策应尽可能地提出可行的替代方案，预测这些方案可能出现的结果，并根据一定的价值体系对这些结果作出全面比较。e. 归纳了决策的类型和过程，根据决策所给的条件不同，他们把决策分为程序化决策和非程序化决策两类。

（5）系统管理学派：代表人物是美国的卡斯特和罗森茨韦克，《系统理论和管理》是他们的代表作。其主要贡献是：a. 把管理组织视作一个开放系统。b. 对组织的运行进行了系统分析，他们把组织看成是一个复杂的"投入——产出"系统，在这个系统中，各种资源依次经过一定的流程，达到组织设计的目标。

（6）权变理论学派：代表人物有英国的伍德沃德和美国的菲德勒等，代表著作有《工业组织：理论和实践》《领导方式的一种理论》等。权变理论学派的基本思想是：管理中并不存在什么最好的方法，相反，管理者必须明确每一情境中的各种变数，了解这些变数之间的关系及其相互作用，把握原因与结果的复杂关系，从而针对不同情况而灵活变通。权变理论学派认为，对管理中的各种可变因素，可以从六个方面加以考察，它们是：a. 组织的规模。b. 组织中人员的相互联系和影响程度。c. 组织成员的技巧、能力、志向、兴趣以及个人性格。d. 目标一致性。e. 决策层次的高低。f. 组织目标的实现程度等。权变理论产生之初，受到双方一些管理学者的高度评价，认为它具有光明的前景，是解决在环境动荡不定情况下进行管理的一种好方法，也有人预测它可能使管理理论"走出丛林之路"。

（7）管理科学学派：其是泰罗的"科学管理"理论的延续和发展，以运筹学、系统工程、电子技术等科学技术为手段，从操作方法、作业水平的研究向科学组织研究扩展，同时吸收了现代自然科学和技术科学的新成果，形成一种现代的组织管理学。管理科学原理有以下几个主要特点：a. 生产和经营领域的各项活动都以企业总体的经济效益作为评价标准，即要求行动方案能以总体的最少投入获得总体的最多产出。b. 借助数学模型求得最优实施方案，使各项活动效果定量化。c. 广泛应用电子计算机进行各项管理活动。d. 强调运用先进的科学理论和管理方法，如系统论、信息论、控制论、运筹学、概率论等数学方法和数学模型。管理科学学派的代表人物是布莱克特、丹齐克丘奇曼等人。主要观点是利用数学、自然科学和社会科学知识，把管理问题建立起数学模型并求解，从而进行系统研究。

1.2　现代企业管理原理及方法

1.2.1　现代企业管理原理

原理是指某种客观事物的实质及运动的基本规律。管理原理是对管理工作的实质内容进行科学分析总结而形成的基本规律，是对各项管理制度和管理方法的高度综合与概括，因而对一切管理活动具有普遍的指导意义。现代企业管理原理主要有人本原理、系统原理、效益原理、权变原理。

1. 人本原理

（1）人本原理的含义和基本内容。人本原理是指在管理过程中要树立以人为中心的观念，有效地调动人的积极性、智慧和创造力，为管理系统的高效运作和功能的优化提供动力基础和保证。人本原理是关于企业管理核心的原理。企业是以人为主体组成的，企业竞争的活力和发展的潜力来自人，企业是为满足人的需要而开展生产经营活动的。因此，以人为本，以人为中心，是一切管理活动的出发点和落脚点。人本原理的基本内容有：

①以人为本，以人为核心的管理观念。企业是为满足自身需要与市场需要以人为主体构成的组织。市场经济条件下，企业与企业竞争归根到底是人的竞争。企业主体劳动者的积极性、智慧和创造力是企业活力的根本源泉。因此，企业管理必须以人为本，以人作为全部管理工作的核心。

②以企业文化为主体的管理模式。企业文化是指一个企业从上到下所共有的，属于统治地位、独特的价值观念、行为准则、传统习惯和作风。它对于凝聚企业职工的意志，规范和引导职工的行为，从根本上调动职工的积极性和搞好企业管理，具有重要意义。

③管理模式中理性化与非理性化的统一。企业管理的核心是人，而人按其本性而言，绝非纯理性的，感性和心理因素的比重不容忽视。

（2）人本原理的应用。

①树立以服务为宗旨。既要为用户服务，又要为职工群众服务。

②建立起以人为核心的双向管理模式。即从"命令—服务"的单向管理模式转向"目标—参与"的双向管理模式，把管理的重心由物转向人，并逐步建立起一整套的激励职工积极性和创造性的动力机制。

③注重企业文化的塑造，建立严爱结合的管理哲学。企业文化的核心是积淀于企业及其职工心灵中的意识形态，如理想、信念、道德规范、价值取向和行为准则等。

④加强和完善企业的民主管理，让职工有更多的机会直接参与管理。在满足他们基本物质需要的前提下，在参与管理的过程中实现自身的价值，使职工有成就感。

⑤重视人力资源的开发。要重点抓好企业员工从招聘、使用、评价到培养和激励等全过程的开发，为人才成长创造良好的环境。要不断提高企业员工的整体素质，充分挖掘人

的潜力。

2. 系统原理

（1）系统原理的含义及特征。系统原理是关于企业管理整体的原理。运用系统理论对管理工作进行研究，以达到现代化管理的优化目标，这就是管理的系统原理。

系统是指由若干相互联系、相互作用的部分组成，在一定环境中运行并具有特定功能的有机整体。除了自然系统外，凡是经人工改造或由人工创造的系统，都称为社会人工系统，企业管理就是一个社会人工系统。社会人工系统具有以下特征：

①目的性。系统都具有某种特定的目的，为了实现这个目的而具有特定的结构和功能。

②整体性。系统不是各个要素的简单集合，而是各个要素按照同一目的，依据一定规则行动的集合体。它要以整体的观念来协调要素间的联系，使系统的功能达到最优。

③层次性。系统都是由组成系统的子系统构成的，这些子系统又由比它更下一层的子系统构成，最下层的子系统则由组成该系统的基础单位的各个部分组成。

④环境适应性。系统不是孤立存在的，主要与周围事物发生各种联系。这些与系统发生联系的周围事物的主体，就是系统的环境，环境也是一个更高级的大系统，如果系统与环境进行物质、能量和信息的交流，能够保持最佳适应状态，则说明这是一个有活力的理想系统。否则，一个不能适应环境的系统则是无生命力的。

系统对环境的适应性并不都是被动的，也有能动的，就是改善环境。环境可以施加作用和影响于系统，系统也可施加作用和影响于环境。这种能动地适应和改造环境的可能性，受到一定时期人类掌握科学技术（包括组织管理）知识和经济力量的限制。作为管理者既要有勇气看到能动地改变环境的可能，又要冷静地看到自己的局限，才能实事求是地作出科学决策。

（2）系统原理的应用。

系统的目的性说明每个系统都具有特定的目的，并根据系统的目的和功能建立系统的结构。因此，企业结构的建立要依据企业的目的和功能。要根据企业所生产产品的结构、工艺特点、生产规模等参数来确定企业的生产单位。不同类型的企业，其管理机构和生产经营单位是不同的。

系统的整体性要求从事各项管理工作都要有整体观念即从全局出发来考虑问题。系统功能不等于要素功能的简单相加，而是整体大于各部分功能的总和。因此，在管理活动中，要以整体为主进行协调，局部服从整体，使整体效果为最优。

系统的层次性要求各层次的子系统必须职责分明、各司其职，具有各层次功能的相对独立性和有效性。要正确处理好上下管理层次之间的纵向关系和同一管理层次之间的横向关系，要分清层次，明确职责，避免越级指挥。

系统的适应性要求各子系统必须要依附于比它更大的系统，要适应大系统的变化。企业作为人造的开放系统，要想在激烈的市场竞争中求得生存和发展，必须主动面向市场，面向用户。只有企业的产品或服务得到了消费者的认可，企业才能不断发展壮大。

3. 效益原理

（1）效益原理的含义。效益原理是关于企业管理目的的原理。按照市场经济的要求，企业要谋求利润最大化，不断提高竞争能力，就必须以获得经济效益为主要目的。因此，企业生产经营活动的目的就是要千方百计地提高企业的经济效益。企业要通过加强管理工作，做到以尽量少的活劳动消耗、物化劳动消耗和尽量少的资金占用，生产尽可能多的符合需要的产品，不断提高经济效益，这就是管理的效益原理。效益 = 产出/投入，企业的效益有三种情况：

①有效产出小于投入，即效益小于1。企业的经营状态长期处于亏损，又无力扭转，企业系统的运行就要终止。

②有效产出等于投入，即效益等于1。企业处于盈亏平衡状态，如企业外部环境和内部条件没有大的变化，经营管理搞得好些，企业还可以维持简单再生产。

③有效产出大于投入，即效益大于1。这是良好的经营状态，企业可以扩大再生产和提高职工的物质生活水平。

（2）效益原理的应用。

①建立经济效益的保证体系。这是指运用系统的概念和方法，根据提高经济效益的要求，从企业整体出发，把各部门、各环节结合起来，规定各自在提高经济效益方面的具体职责、任务和权限而建立的协调管理系统。

②加强企业管理的基础工作。做到基础工作中每一项都能促进活劳动和物化劳动消耗的节约，减少投入，增加有效产出。

③注意企业整体素质的提高。由于科学技术的迅速发展，企业之间竞争激烈，为使其产品和服务能符合市场的需要，获取盈利，就必须不断地从整体上提高企业素质，增强企业的竞争实力。

④推行各种现代管理方法。如价值工程、网络计划技术、量本利分析等各种现代化管理方法的运用都可以促进企业经济效益的提高。

⑤用指标评价经济效益。评价指标有三类：一是产出类，包括品种、质量、销量、产值、利税等指标；二是投入类，包括单位产品成本、原材料消耗、能源消耗等指标；三是综合效益类，包括资金利税率、人均净产值、流动资金周转率、产品适销率、可比产品成本降低率等指标。

4. 权变原理

（1）权变原理的含义和基本内容。所谓权变原理是指为适应环境的变化而选择相应的管理模式和管理方法。权变原理的基本内容有：

①世界上不存在永恒而理想的管理模式。企业的情况以及它们所处的环境是多种多样的，要找到一种适应各种类型企业的万能管理模式是不可能的，因此，管理模式的选择必须立足于"权变"。

②权变原理着重研究环境对管理行为的影响，它指明有效的管理依环境变化而异，企业存在于一定的社会环境中，企业与环境是相互依存的关系。环境制约着企业的生存与发

展，企业同样也给环境以影响。因此，企业要适应环境变化而相应地改变管理。

③在企业内部，权变原理着重研究权变因素对管理行为的影响，指明在不同的权变因素搭配下，应采取不同的管理模式，即应根据不同的工作、不同条件、不同的人员，采取不同的组织结构和管理方法。有效的管理者是那些适合群体环境并能与之紧密配合的人。

④权变原理强调管理必须与实践结合，要求管理的各种活动要服从企业内外环境的要求。

（2）权变原理的应用。权变原理在企业管理中的应用，要把握好以下几个方面：

①注意分析权变因素对管理的影响，随之制宜地设计或选择适当的管理模式。在企业管理中对管理模式选择构成影响的权变因素很多，如外部环境的复杂性、多变性和不可预测性，企业任务的多样性和规范性，企业职工的素质，管理人员的能力和经验等。因此，要结合企业自身的实际，选择合适的管理模式。

②保持管理职能的适度弹性。为了保持企业生产经营活动的正常进行，计划、组织、控制等管理职能都必须相对稳定。但为了适应企业内外环境的变化，也必须保持适度的弹性。如计划要有严肃性，不能朝令夕改，但也要有备选方案，保持适度的可塑性。

③保持经营管理策略的高度灵活性。为适应复杂多变的管理对象和环境，企业在经营方向和经营方式上要考虑多种形式。在领导方式上要根据任务性质、上下级关系、被领导者素质等，采取灵活多样的方式。在调动职工的积极性上，要根据职工的思想觉悟和实际需要，采用恰当的手段和方法。

④注重提高企业管理人员的能力和技巧。企业管理人员既要注重企业管理新理论和新技巧的学习，理论结合实际，大胆创新，又要注重通过实践提高自身的能力和素质，既要认真总结和学习我国企业管理的成功经验，也要不断吸收和借鉴国外企业管理有关的经验和技巧。

⑤增强改革和创新观念。为了适应市场经济的要求，企业管理人员要不断提高自身的素质，与时俱进，不断增强改革和创新观念。

1.2.2 现代企业管理方法

管理方法是在管理活动中为实现管理目标，保证管理活动顺利进行所采取的工作方式。管理原理必须通过管理方法才能在管理实践中发挥作用。管理方法是管理理论、原理的自然延伸和具体化、实际化，是管理原理指导管理活动的必要中介和桥梁，是实现管理目标的途径和手段。管理方法一般可分为法律方法、行政方法、经济方法、教育方法和数学方法。

1. 法律方法

法律方法是指国家根据广大人民群众的根本利益，通过各种法律、法令、条例和司法、仲裁工作，调整社会经济的总体活动和各企业、单位在微观活动中所发生的各种关系，以保证和促进社会经济发展的管理方法。法律方法的主要形式有：国家的法律、法规、企业内部的规章制度，司法和仲裁等。

法律方法的实质是实现全体人民的意志，并维护他们的根本利益，代表他们对社会经济、政治、文化活动实行强制性的、统一的管理。法律方法具有严肃性、规范性、强制性的特点，适宜于处理共性的一般问题，便于集权与统一领导，权利与义务分明，同时还能自动调节。但法律方法缺少灵活性和弹性，不便处理特殊问题和及时处理管理中出现的新问题。

2. 行政方法

行政方法是指依靠行政组织的权威，运用命令、规定、指示条例等行政手段，按照行政系统和层次，以权威和服从为前提，直接指挥下属工作的管理方法。

行政方法实质上是通过行政组织中的职务和职位来进行管理的，它特别强调职责、职权、职位，而并非个人的能力或特权。行政方法具有权威性、强制性、垂直性、具体性、无偿性等特点。企业所有成员对上级所采用的行政手段，都必须服从和执行。行政方法是管理企业必不可少的方法，是执行管理职能的一种重要手段。

行政方法便于管理职能的发挥，是实现各种管理方法的必要手段，能处理特殊问题，灵活性强。但行政方法的管理效果受领导水平的影响，不便于分权，不利于子系统发挥积极性，容易使一些领导者过分迷信行政方法的力量，从而助长某些领导者产生独断专行的行为。

3. 经济方法

经济方法是根据客观经济规律，运用各种经济手段，调节各种不同经济利益之间的关系，以获得较多的经济效益与社会效益的管理方法。这里说的各种经济手段，主要包括价格、税收、信贷、工资、利润、资金、罚款以及经济合同等。

经济方法的实质是围绕着物质利益，运用各种经济手段正确处理好国家、集体与劳动者个人三者之间的经济关系，最大限度地调动各方面的积极性、主动性、创造性和责任感，促进经济的发展和社会的进步。经济方法具有利益性、普遍性、灵活性、平等性的特点。

经济方法易于被管理对象接受，能充分调动各级机构和人员的积极性，但也容易产生讨价还价的现象，易于诱发拜金主义思想。因此，既要注意将经济方法与教育方法等其他方法有机地结合起来运用，也要注意经济方法的不断完善。

4. 教育方法

管理的人本原理认为，管理活动中人的因素第一，管理最重要的任务是提高人的素质，充分调动人的积极性、创造性，而人的素质是在社会实践和教育中逐步发展、成熟起来的。教育方法是指对职工进行思想政治教育和文化科学技术知识教育，提高企业职工素质，开发企业职工潜能的一系列有组织的活动。

教育方法的主要内容有：人生观及道德教育、爱国主义和集体主义教育，民主、法制、纪律教育，科学文化教育，组织文化建设等。教育方法的根本任务是适应和满足社会主义建设事业的需要，培养有理想、有道德、有文化、有纪律的劳动者，提高人的思想道德素质和科学文化素质。

5. 数学方法

数学方法是指对企业生产经营活动，用科学的理论及数学模型或系统模型来寻求优化方案的定量分析方法。数学方法能使企业管理进一步定量化、合理化、精密化。

企业管理常用的数学模型主要有：盈亏平衡点模型、线型规划模型、存储模型、网络模型、排队模型、模拟模型等。

数学方法在企业管理中具有非常重要的作用，但由于人的因素难以用数学模型来描述，以及企业生产经营活动的复杂多变，数学方法也有它的局限性，只有各种方法综合运用，相互补充，才能更好地发挥每一种方法的作用。

1.3 现代企业组织管理

1.3.1 企业管理组织及其作用

1. 企业管理组织

组织是人们为了实现某一特定的目的而形成的系统集合，它有一个特定的目的，由一群人所组成，有一个系统化的结构。组织必须要有目标，为了实现组织的共同目标，组织内部必然要进行分工与协作，没有分工与协作的群体也不是组织，分工与协作关系是由组织目标决定的。

企业组织则是为有效地向社会提供产品或劳务，将企业的各种资源按照一定形式结合起来的社会系统。现代企业组织具有目的性、系统性、结构性、群体性、适应性等基本特征。企业组织分为两大方面：一是由职工和生产资料紧密结合而形成的企业生产劳动组织，二是配备一定数量和能力的管理人员，按分工协作关系划分，具有明确职责、权限和义务的企业管理组织。管理组织通过其整体性的活动和信息传导，决定和影响企业生产劳动组织配置的合理性和效率。管理组织既要对直接生产过程进行计划、组织、领导、控制，又要对企业生产经营过程中出现的一系列问题负责。

管理组织主要是由管理人员、规章制度和企业信息等要素所构成。其工作内容主要是组织机构的设计、组织规章制度的建立和组织人事工作等。

2. 企业管理组织的作用

（1）确定企业的生产经营目标。对企业经营目标和经营战略作出决策并加以贯彻落实，是管理组织的重要职能之一。作出决策和制定目标，领导者个人的才智、能力和知识对组织整体固然有十分重要的影响力，但是只有与组织的力量和集体的智慧融合在一起才能充分发挥其龙头作用。

（2）组织生产经营，实现企业目标。企业只有经常不断地对企业的各种物质资源、劳动力、资金和信息作出适当安排和合理配置才能形成持续发展的生产力，才能实现企业的经营目标。

（3）协调各职能部门的工作。企业的人、财、物等各要素和供、产、销各环节，各管理部门与生产部门之间，经常会出现各种脱节和不平衡的情形，组织管理的职能就是要发现和解决这种脱节和失衡的问题，使生产经营活动均衡发展，保持良性循环状态。

（4）发挥组织的凝聚作用和群体效应。管理组织通过一定的组织制度和激励措施能够将分散的个体的企业员工，凝聚成一个强大的整体，充分发挥团队的优势与合力，使企业员工紧紧围绕企业的总目标而开展活动，产生巨大的群体效应，促进企业不断发展。

1.3.2 企业组织设计原则

组织所处的环境、采取的技术、制订的战略、发展的规模不同，所需的职务和部门及其相互关系也不同，但任何组织在进行机构和结构的设计时，都需要遵守一些共同的原则。

1. 目标一致原则

任何企业都有其特定的战略及目标。组织设计只是一种手段，其目的是保证组织战略的顺利实施和目标的实现。企业管理组织设计，首先必须明确组织的发展战略及目标是什么，并以此为依据，设计组织的总体框架。同时，在组织设计中要以事为中心，因事设机构、设职务、设人员，避免出现因人设事、因人设职、因人设机构的现象。

2. 有效管理幅度原则

有效管理幅度是指一名主管能够有效地监督、管理其直接下属人员的数量总是有限的，这个有限的直接领导的下属数量总是有限的，这个有限的直接领导的下属数量被称作管理幅度，管理层次受到组织规模和管理幅度的影响，它与组织规模成正比，组织规模越大，包括的成员越多，则层次越多，在组织规模已定的条件下，它与管理幅度成反比，主管直接控制的下属越多，则管理层次越少，相反，管理幅度减小，则管理层次增加。管理层次与管理幅度的反比关系决定两种基本的管理组织结构形态，扁平结构形态和锥型结构形态，管理幅度的大小受多种因素影响，如领导者的知识、能力、经验、工作性质、下级的工作能力等。管理幅度增大，管理层次减少，但管理幅度过大，领导者管不过来，达不到有效管理的目的；管理幅度减小，管理层次增多，则机构臃肿，信息损耗量大，效率低。因此，组织机构设计要遵循有效管理幅度原则。

3. 统一指挥原则

机构设置应当保证行政命令和生产经营指挥的集中统一，这是现代化大生产的客观要求。统一指挥原则指的是"组织中的任何成员只能接受一个上司的领导。"要求每个管理层次、各种管理组织机构都必须实行首脑负责制，即由一个人总负责并统一指挥，才能防止政出多门，遇事互相扯皮、推诿、无人负责现象，才能保证有效地统一和协调各方面的力量、各单位的活动，统一指挥还要求分层授权，自上而下地一级指挥一级，不能越级指挥。

4. 权责对等原则

职权是指一定职位在其职责范围内，为完成其职责应具有的权力；职责是职位的责任、义务；权责对等原则是要求职责与职权保持一致，一个人在得到某种职权的同时，就应承担相应的责任，在组织机构设置时，既要明确规定每一管理层次和各职能机构的职责范围，又要赋予完成其职责所必需的权限。没有明确的权力或权力的应用范围小于工作的要求，则可能使责任无法履行，任务无法完成，当然对等的权责也意味着赋予某个部门或岗位的权力不能超过其应负的职责。权力大于工作的要求，虽能保证任务的完成，但会导致不负责任地滥用职权，甚至会危及整个组织系统的运行。所以设置什么机构，配备什么样的人员，规定什么职责，就要授予什么样的职权。

5. 分工协作原则

分工就是按照提高管理专业化程度和工作效率的要求，划分职责范围。组织结构中的分工有管理层次的分工，部门的分工，职权的分工。管理层次的分工，即分级管理。部门的分工，即部门划分，部门划分过细，容易产生"隧道视野"。组织有三种职权类型，即直线职权、参谋职权和职能职权。直线职权是指挥权，参谋职权是提供咨询、建议，而职能职权介于直线职权和参谋职权之间。有分工就必须有协作，只有分工没有协作，分工就失去意义，而没有分工就谈不上协作，分工与协作之间是相辅相成的，在组织机构设计时必须遵循分工协作原则。

6. 精干高效原则

所谓精干高效就是在保证完成目标、达到高效和高质量的前提下，力求减少管理层次，精简机构和人员，充分发挥组织机构的积极性和创造性，提高管理效率和工作效率，节约非生产性开支。

7. 集权与分权相结合原则

集权与分权是一组相对的概念，集权形式就是将企业经营管理权集中在企业的最高管理层，而分权形式则是将企业经营管理权适当地分散在企业的中下层。集权是社会化大生产保持统一性与协调性的内在需要，但是，集权又有弹性差、适应性弱等致命的弱点，特别是在社会化大生产的复杂性和多样性面前，无弹性的集权甚至可能造成企业的窒息。因此，必须实行局部管理权力的分散。企业在进行组织机构设计和调整时，应根据实际情况，正确处理集权与分权的关系。

8. 稳定性与适应性相结合的原则

为了保证企业生产经营活动有序进行和提高效率，企业组织机构设计首先应保持一定的稳定性，即保持相对稳定的组织机构权责关系和规章制度。同时环境条件的变化必须影响企业的目标，以及企业成员的态度和士气，企业组织机构必须针对这些条件作适应性调整。但是，企业组织机构过于频繁地调整，也会对企业产生不利的影响。因此，企业组织机构设计要遵循稳定性与适应性相结合的原则。

1.3.3 企业组织结构类型

企业组织结构的类型主要有以下几种：

1. 直线制组织

直线关系中，由于低层次的主管是受高层次主管的委托来进行工作的，因此，必须接受他的指挥和命令。所以，直线关系是一种命令关系，是上级指挥下级的关系，这种命令关系自上而下，从组织的最高层，经过中间层，一直延伸到最基层，形成一种等级链。直线制组织的优点：机构简单，权力集中，指挥统一，决定迅速，工作效率高，责任明确。但这种组织结构也有明显的缺点：它要求行政负责人通晓多种专业知识及技能，能够亲自处理各种事务。直线制组织结构一般只适用于规模较小、生产技术比较简单的企业，其组织结构形式见图1-2。

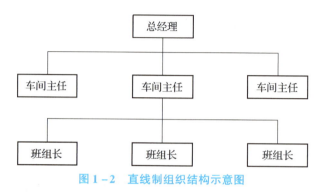

图1-2　直线制组织结构示意图

2. 直线职能制组织

直线职能制又称直线参谋制，它试图综合直线型组织和职能型组织两种结构形式的优点，并力图克服其缺点。直线职能制组织一般设置两套系统：一套是按命令统一原则组织的指挥系统，另一套是按专业化原则组织的管理职能系统，直线部门中的主管在自己的职责范围内有决定权，对其所属下级的工作实行指挥和命令，并负全部责任，而职能部门和人员仅是直线主管的参谋，只能对下级机构提供建议和业务指导，没有指挥和命令的权力。可见，这种组织形式既保证了权力的集中，又实行职能的分类集中。

直线职能制组织的优点是统一指挥与专业化管理相结合，工作效率较高，而且整个组织有较高的稳定性。其缺点是：当职能部门和直线部门之间目标不一致时，容易产生矛盾，致使上层主管的协调工作量增大；下级部门的主动性和积极性的发挥受到限制；不利于培养熟悉全面情况的管理人才；整个组织系统缺乏弹性，对环境变化的反应迟钝，难以应对环境变化带来的挑战。这种组织结构一般比较适用中、小型企业，但对于规模较大、决策时需要考虑较多因素的组织，则不太适用。直线职能制组织结构见图1-3。

3. 事业部制组织

事业部制是一种采取"集中政策，分散经营"的分级管理、分级核算、自负盈亏的分权管理形式，在这种制度下，企业按产品、地区或经营部门分别设立若干个事业部，该项产品或地区的全部业务，从产品设计、原材料采购，到产品制造，一直到产品销售，全部由事业部负责，企业高层管理者只保持人事决策、财务控制、规定价格幅度以及监督等大权，并利用利润指标对事业部进行控制。事业部制的优点是：有利于企业高层领导摆脱日常事务，集中精力考虑全局性的问题，可以充分发挥下属组织的经营管理积极性和展示个人才智，也便于组织专业化生产和企业内部协作。但该组织形式职能机构重叠，会造成人员浪费，各事业部只考虑自身利益，容易引发本位主义，影响事业部之间的协作。事业部制适用于大型企业或跨国公司。事业部制组织结构见图1-4。

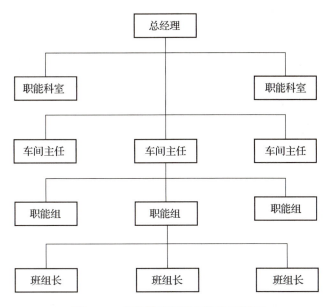

图 1-3 直线职能制组织结构示意图

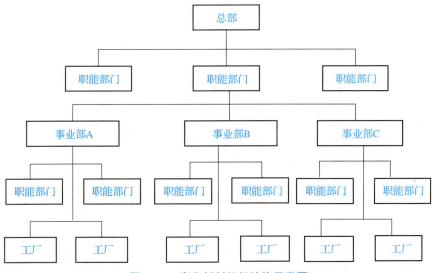

图 1-4 事业部制组织结构示意图

4. 矩阵制组织

矩阵制组织是一种由纵横两套系统交叉形成的复合结构组织。纵向的是职能系统，横向的是为完成某项专门任务而组成的项目系统。项目系统没有固定的工作人员，而是随着任务的进度，根据工作的需要，从各职能部门抽人参加，这些人员完成了与自己有关的工作后，仍回到原来的职能部门。

矩阵组织的优点是具有很大的弹性和适应性，可以根据工作的需要，集中各种专门的知识和技能，短期内迅速完成重要的任务，由于在项目小组中集中了各种人才，便于知识和意见的交流，所以能促进新的观点和设想的产生。但由于项目组织的成员是根据工作的进展情况临时从各职能部门抽调的,其隶属关系不变,从而不仅可能使他们产生临时观念,影响工作责任心,而且由于要接受并不总是保持一致的双重领导,在工作中可能有时会感到无所适从。矩阵制组织的特点决定了它主要适用于那些工作内容变动频繁、每项工作的完成需要众多技术知识的组织,或者作为一般组织中安排临时性工作任务的补充结构形式。矩阵制组织结构见图1-5。

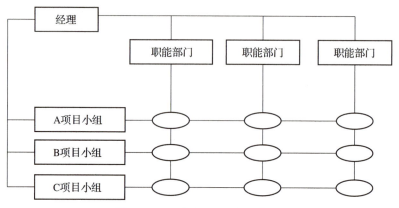

图1-5 矩阵制组织结构示意图

5. 多维立体组织结构

多维立体组织结构(图1-6)是矩阵制和事业部制的综合发展,是一种适应新形势要求而产生的组织结构,这种组织结构由三个方面的管理系统构成:一是按产品划分事业部,是产品利润中心;二是按职能(市场研究、生产、销售、技术研究、财务管理等)划

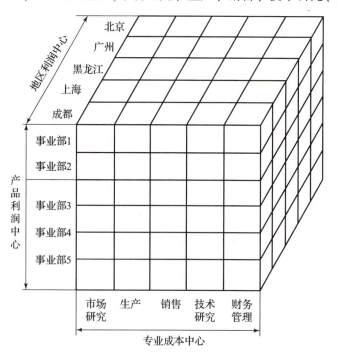

图1-6 多维立体组织结构示意图

分专业参谋机构（职能部门），是专业成本中心；三是按地区划分管理机构，是地区利润中心。在这种管理组织形式下，事业部经理不能单独做出决定，而是由产品事业部经理、专业参谋部门和地区部门的代表三方面共同组成产品事业委员会，对各类产品的产销进行领导，这样就把产品事业部经理和地区经理以生产经营为中心的管理与专业参谋部门以成本为中心的管理较好地结合起来，协调了产品事业部之间、地区之间的矛盾，有助于及时互通情报，集思广益，共同决策，这种组织形式适用于规模巨大的跨国公司或跨地区公司。

1.4 现代企业管理基础工作与管理现代化

1.4.1 企业管理基础工作

1. 企业管理基础工作的概念和作用

企业管理基础工作，是指企业在生产经营活动中，为实现企业经营目标和各项管理职能，提供资料依据、共同准则、基本手段和前提条件的工作。一般包括标准化的工作、定额工作、计量工作、信息工作和厂内价格、规章制度、职工教育和培训、现场管理工作等。

企业管理基础工作的作用主要有：

（1）企业管理过程就是管理的各项职能的实现过程，离开了企业管理基础工作为企业的生产经营活动提供的数据、信息和资料，管理的计划、组织、领导、控制职能便无法实现。

（2）企业管理过程就是决策的制订和实施过程，离开了管理基础工作，管理者、领导者便失去及时、准确、可靠的信息来源，决策便失去科学的依据。

（3）企业管理过程就是信息联系与沟通的过程。信息联系与沟通是达到目标统一、行动一致的主要途径，是正确地组织人力、物力、财力，有效地实现企业经营目标，并激励和调动职工积极性的重要手段，这一过程也离不开管理的基础工作。

（4）改革开放以来，我国国有企业被全面推向市场，成为自主经营、自负盈亏的市场竞争主体，各种形式的非公有制经济成分的企业蓬勃兴起，大量的事实证明，凡是管理基础工作扎实的企业，在竞争环境中，当机遇到来时，经常能及时抓住机遇，取得长足稳定的发展；相反，凡是不重视管理基础工作，抱着"短期行为"的心理，机遇来了也抓不住，或抓住了，也不能持久。也有这样一些企业，市场为它提供了极好的机会它也抓住了，企业成长起来了，但由于管理基础工作薄弱，反过头来，又不得不下大力气去强化管理的基础工作。

2. 企业管理基础工作的特点

（1）科学性。企业管理基础工作体现和反映企业生产经营活动的客观规律，是一项科学性较强的工作。科学性体现在企业定额的制订、执行和管理中；体现在计量的检测手段和测试，信息的收集、整理、传递和储存的全过程；体现在规章制度、职工教育和培训与现场管理的方方面面。

（2）先行性。基础工作一般要走在各项专业管理之前，为专业管理提供资料、准则、手段和前提条件，保证企业的经营决策和各项管理能够实现最佳的经济效益。

（3）群众性。企业管理基础工作涉及面广、工作量大，其制订、执行、管理离不开员工的参加，且要落实到基层。大量的管理基础工作需要依靠全体员工来做，并要持之以恒，因此是一项群众性很强的工作。

（4）先进性。基础工作的各项标准和定额的制订要先进合理。因为只有先进合理的标准和定额，才能被群众所接受，调动群众的积极性，充分发挥其在管理中的作用，也才能有先进的管理水平。为了保持标准先进合理性，企业要随着生产技术和组织管理水平的不断提高，而对其进行定期或不定期的修订。

（5）经常性。企业管理基础工作的经常性表现为，有些基础工作要天天甚至时时去做，如信息工作、统计工作等。所有的基础工作天天都在参与企业的生产经营活动，并起指导作用，同时，它们的实践情况信息随时都要通过各种渠道反馈到相关部门，为管理人员决策提供依据。

（6）适应性。企业管理的基础工作建立后，不能朝令夕改，要保持相对的稳定性。但又不是一成不变的，要随着企业各项专业管理的变化而变化，随着企业生产技术组织条件的变化而进行修改，以适应实际的需要，这是基础工作的服务性所决定的。

3. 企业管理基础工作的内容

不同行业、不同生产特点的企业，其基础工作的具体内容和表现形式各不相同，但就其共同性来看，主要内容包括以下几个方面：标准化工作、定额工作、信息工作、计量工作、规章制度、培训工作等。随着科学技术进步和生产方式的变革，上述基础工作会不断补充新的内容，其结构也会发生变化。

（1）标准化工作。标准是为获得最佳程序和效益，依据科学技术和实践经验的综合成果，在充分协商的基础上，对经济技术和管理活动中具有多样性、相关性特征的重复性事物，以特定程序和特定形式颁发的统一规定。标准化是以制订标准和贯彻标准为主要内容的全部活动过程。企业的标准化工作是指企业制订和执行各种技术标准和管理标准的工作。它是企业管理中一项涉及技术、经济、管理等方面的综合性基础工作。

技术标准是企业标准的主体，是对生产对象、生产条件、生产方法等规定的标准，主要有产品标准、工艺标准、工艺装备标准、材料标准、基础标准、安全与环保标准等。管理标准是对企业中重复性的管理工作的任务、程序、内容、方法和要求及考核奖惩办法所做的统一规定。管理标准主要有技术管理标准、生产组织标准、经济管理标准、管理业务标准、工作标准等。

（2）定额工作。定额是企业在一定的生产技术组织条件下对人力、物力、财力的消耗、占用以及利用程度所应达到的数量界限。定额工作就是企业各类技术经济定额的制订、执行和管理工作，是进行科学管理、组织社会化大生产的必要手段，是实行企业内部计划管理的基础，是开展劳动竞赛、贯彻按劳分配、提高劳动生产率的杠杆；是推行内部经济责任制、开展全面经济核算的工具。定额水平的先进程度也是一个国家的科学技术水平和管理水平的重要体现。

定额的种类很多，主要包括：劳动定额，是劳动消耗的数量标准；物资定额，是物资消耗、储备数量的标准；资金定额，是资金使用、占用数量的标准；设备定额，是设备在利用和修理方面的数量标准；费用定额，是各种费用在使用方面的限额；等等。定额是企业计划工作的基础，是企业组织生产经营活动的依据，是企业开展经济核算、不断提高经济效益的手段，也是正确组织工资与奖励工作的一个尺度。因此要加强企业的定额管理，建立健全完整的定额体系，始终保持定额水平的先进合理。

（3）信息工作。信息工作是指企业进行生产经营活动和进行决策、计划、控制所必须的资料数据的收集、处理、传递、贮存等管理工作。信息是一种重要的资源，没有信息就无法进行管理。准确而及时的信息，是企业进行决策的依据，是对企业生产经营活动进行有效控制的工具，是沟通组织有效活动的重要手段。因此，企业必须做好信息工作。

（4）计量工作。计量工作是指计量检定、测试、化验分析等方面的计量技术和管理工作。它是用科学的方法和手段，对生产经营活动的量和质的数值进行测定，为企业的生产、科学试验、经营管理提供准确数据。原始记录和统计所获数据的准确性在很大程度上依赖于计量工作，没有真实的原始记录，标准化和定额工作就搞不好。计量工作的基本要求是：保证量值的统一和准确，保证计量器具准确一致。

（5）规章制度。规章制度是为了保证企业生产经管活动正常进行，对各项工作要求所作的规定，是全体员工行动的规范和准则。企业规章制度不是一成不变的，随着企业的发展、技术的更新、管理水平的提高和人们认识的深化，也需要修改和完善。

（6）培训工作。要建立具有竞争力的一流企业，人员素质是关键。中小企业的人员流动性较大，培训工作往往被忽视。虽然对员工培训会损失一些局部利益，但为了企业的长远利益和持续发展，企业必须对员工进行培训并形成制度。

1.4.2 企业管理现代化

1. 企业管理现代化的含义

企业管理现代化是指为适应现代化生产力发展的客观要求，按照社会主义市场经济规律，积极运用现代经营的思想、组织、方法和手段，对企业生产经营进行有效的管理使之达到或接近国际先进水平，创造最佳经济效益的过程。企业管理现代化是一个综合系统的概念，它要求把自然科学和社会科学的最新成果应用到管理中去，使企业管理适应生产力和生产关系发展变化的要求，推动社会生产的进步。

企业管理现代化是现代生产技术的要求，是我国经济体制改革的一项重要内容，是提高企业经济效益的有益途径，也是我国实现社会主义现代化的必然要求。我们要适应国际市场的激烈竞争和世界新技术革命的严峻挑战，就必须在积极推进技术进步的同时，狠下功夫，推进企业管理现代化的进程。

2. 企业管理现代化的内容

（1）管理思想现代化。管理思想现代化是管理现代化的灵魂。管理思想现代化就是要求在思想观念上进行变革，以适应现代化大生产、现代化技术和现代经济发展的要求。企业管理人员特别是企业领导者要彻底摆脱长期形成的小生产观念和旧的习惯势力的影响，树立起以提高经济效益为中心的思想理念。按社会主义市场经济的客观要求，管理者要树立起市场观念、竞争观念、用户观念、创新观念、效益观念、人才观念、民主管理观念、系统管理观念、时间和信息观念等企业的重要资源观念。

（2）管理组织现代化。管理组织现代化就是要根据企业具体情况，从提高企业生产经营效率出发，按照职责分工明确，指挥灵活统一，信息灵敏畅通，精简、高效的要求，合理设置组织机构、配置人员，并建立健全以经济责任制为中心的科学的、严格的规章制度，充分调动职工的积极性、主动性和创造性，保证生产经营的良好秩序。

（3）管理方法现代化。管理方法现代化是指在管理方法上运用科学研究的新成果对管理中的问题进行科学分析，在总结和继承传统的行之有效的管理经验和方法的基础上，积极推行现代化管理方法在企业管理中的应用。现代化管理方法是现代科学技术成果包括自然科学和社会科学的某些成果在管理上的应用。现代管理方法内容十分广泛，如目标管理、市场预测、价值工程、网络计划技术、量本利分析、线性规划等。企业在推行现代化管理方法时，必须根据自身的条件，注重适用、效能的原则，有选择、有分析地采用，切忌违背客观实际，盲目求全求新，追求形式主义。同时，要注意在管理实践中，创造和总结新的管理方法。

（4）管理手段现代化。管理手段现代化是指在企业管理的各个方面，广泛积极地采用包括电脑以及经济、行政和法律在内的一切管理手段。管理手段现代化要根据企业的实际情况，逐步应用和推广。从"硬手段"方面来看，应用计算机建立企业管理信息系统，建立国内外信息网络系统，应用计算机、电子设备和仪表对生产过程、供应和销售、人事、财务等进行科学管理；从"软手段"方面来看，应用价值观念、企业文化、战略管理等对员工实行管理和激励。现代化管理手段是"软硬兼施"的手段。

（5）管理人才现代化。企业管理现代化的关键是实现管理人才现代化。没有大批具有现代化管理知识、丰富的实践经验、头脑敏锐、视野开阔、善于吸收国内外先进科学技术成果和管理经验的开拓型人才，就不可能实现企业管理现代化。企业管理人才现代化包括管理人才的结构、知识、观念、素质、培训和开发。企业管理现代化是一个系统的整体的概念，管理现代化五个方面的内容存在着一定的内在联系，管理思想现代化是灵魂，管理组织现代化是保证，管理方法现代化是基础，管理手段现代化是工具，管理人才现代化是关键。我们要从系统的观念出发，不能孤立地看某一方面，要从整体上去把握，否则，就不可能实现企业管理现代化。

本章小结

1. 所谓企业，是以盈利为目的，为满足社会需要，依法从事商品生产、流通和服务等经济活动，实行自主经营、自负盈亏、自我约束、自我发展的法人实体和市场竞争主体。

2. 所谓管理，就是特定的环境下对组织所拥有的资源进行有效的计划、组织、领导和控制，以便组织实现既定目标的过程。管理有四层含义：①管理是服务于组织目标的一项有意识、有目的的活动。②管理的过程是由一系列相互关联、连续进行的工作活动构成的。这些工作活动包括计划、组织、领导、控制等，它们成为管理的基本职能。③管理工作的有效性要从效率和效果两个方面来评判。④管理工作是在一定环境条件下开展的，环境既提供了机会，也构成挑战或威胁。

3. 企业管理理论的形成与发展可以划分为三个阶段：第一阶段，科学管理理论阶段；第二阶段，行为科学理论阶段；第三阶段，现代管理理论阶段。

4. 企业组织设计原则：目标一致原则、有效管理幅度原则、统一指挥原则、权责对等原则、分工协作原则、精干高效原则、集权与分权相结合原则、稳定性与适应性相结合原则。

5. 企业组织结构类型：直线制组织、直线职能制组织、事业部制组织、矩阵制组织、多维立体组织结构。

6. 企业管理基础工作，是指企业在生产经营活动中，为实现企业经营目标和各项管理职能，提供资料依据、共同准则、基本手段和前提条件的工作。一般包括标准化的工作、定额工作、计量工作、信息工作和厂内价格、规章制度、职工教育和培训、现场管理工作等。

本章练习

一、简答题

1. 什么是企业？现代企业有哪些特征？
2. 怎样理解管理的概念？
3. 如何理解管理实践、管理思想和管理理论三者之间的关系？
4. 科学管理阶段有哪些代表人物？他们的主要观点是什么？
5. 企业组织结构设计应遵循哪些原则？
6. 什么是管理现代化？它的基本内容是什么？

二、案例分析

钱兵是某名牌大学企业管理专业的大学生，分配到宜昌某集团公司人力资源部。前不久，因总公司下属的油漆厂出现工人集体闹事问题，钱兵被总公司委派下去调查了解情况，并协助油漆厂高厂长理顺管理工作。

到油漆厂上班的第一周，钱兵就深入"民间"，体察"民情"，了解"民怨"。一周后，他不仅清楚地了解到油漆厂的生产流程，同时也发现工厂的生产效率极其低下，工人们怨声载道，他们认为工作场所又脏又吵，条件极其恶劣，冬天的车间内气温只有零下8度，比外面还冷，而夏天最高气温可达40多度，而且他们的报酬也少得可怜。工人们曾不止一次地向厂领导提过，要改善工作条件，提高工资待遇，但厂里一直未引起重视。

钱兵还了解了工人的年龄、学历等情况，工厂以男性职工为主，约占92%。年龄在25～35岁的占50%，25岁以下的占36%，35岁以上的占14%。工人们的文化程度普遍较低，初高中毕业的占32%，中专及其以上的仅占2%，其余的全是小学毕业。钱兵在调查中还发现，工人的流动率非常高，50%的工人仅在厂里工作1年或更短的时间，能工作5年以上的不到20%，这对生产效率的提高和产品的质量非常不利。

于是，钱兵决定将连日来的调查结果与高厂长做沟通，他提出了自己的一些看法："高厂长，经过调查，我发现工人的某些起码的需要没有得到满足，我们厂要想把生产效率搞上去，要想提高产品的质量，首先得想办法解决工人们提出的一些最基本的要求。"可是高厂长却不这么认为，他恨铁不成钢地说："他们有什么需要？他们关心的就是能拿多少工资，得多少奖金，除此之外，他们什么也不关心，更别说想办法去提高自我。你也看到了，他们很懒，逃避责任，不好好合作，工作是好是坏他们一点也不在乎。"

但钱兵不认同高厂长对工人的这种评价，他认为工人们不像高厂长所说的这样。为进一步弄清情况，钱兵采取发放问题调查问卷的方式，确定工人们到底有什么样的需要，并找到哪些需要还未得到满足。他也希望通过调查结果来说服厂长，重新找到提高士气的因素。于是他设计了包括15个因素在内的问卷，当然每个因素都与工人的工作有关，包括：报酬、员工之间的关系、上下级之间的关系、工作环境条件、工作的安全性、工厂制度、监督体系、工作的挑战性、工作的成就感、个人发展的空间、工作得到认可的情况、升职机会等。

调查结果表明，工人并不认为他们懒惰，也不在乎多做额外的工作，他们希望工作能丰富多样化一点，能让他们多动动脑筋，能有较合理的报酬。他们还希望工作多一点挑战性，能有机会发挥自身的潜能。此外，他们还表达了希望多一点与其他人交流感情的机会，他们希望能在友好的氛围中工作，也希望领导经常告诉他们怎样才能把工作做得更好。基于此，钱兵认为，导致油漆厂生产效率低下和工人有不满情绪的主要原因是报酬太低，工作环境不到位，人与人之间的关系冷淡。

（资料来源：改编自李文武《油漆厂工人为什么闹事》，2015年）

问题：

1. 高厂长对工人的看法属于X理论吗？钱兵的问卷调查结果又说明了对人的何种假设？

2. 根据钱兵的问卷调查结果，请你为该油漆厂出点主意，来满足工人们的一些需求。

第二章 现代企业制度

学习目标

1. 掌握企业制度的概念和企业制度的种类。
2. 掌握公司的概念及特征，了解公司治理的基本内容。
3. 了解有限责任公司与股份有限公司的区别和联系。
4. 了解公司上市的基本条件。

素养目标

本章以现代企业制度为基本内容，培养适应市场经济发展，具有良好人文素养、职业素养和职业技能，专业知识扎实、社会适应能力强，具有一专多能的知识结构，能满足现代企业制度需要的中高级专业人才。

本章导读

现代企业制度是以产权制度为基础和核心的现代企业组织制度和管理制度。企业制度有单个业主制企业、合伙制企业和公司制企业。公司制企业在适应社会化大生产要求下产生，有两种形式：有限责任公司和股份有限公司。

案例导入

红毛城的由来

在中国台湾岛上有一个著名的旅游景点红毛城，顾名思义，就是红毛人居住过的城堡。岛上怎么会有红毛人呢？红毛城是1624年荷兰人所建，如果看一下世界地图，荷兰与中国台湾的距离简直是遥不可及，以当时的交通工具来看，更是难以想象荷兰人是如何到达台湾岛的。是荷兰的经济决定了它的"海上马车夫"的地位。1602年，荷兰东印度公司正式成立，这是世界上第一个股份有限公司。通过证券交易的方式，用股票换取资金，荷兰东印度公司成功地将社会分散的财富集中起来变成了自己对外扩张的资本。建立荷兰东印度公司是为了派遣更多更大的商业船队前往南洋，通过交易换回当时欧洲没有的货物，如瓷器、香料、纺织品等。这些物品在当时的欧洲可以卖到很高的价钱，但是没有人能够单独提供巨资组织起巨大的船队。考虑到资金的周转与运货的时间很长以及风险，加之准备航海和贸易所需的资金，仅靠一两条船无法满足庞大的市场需求，又不能浪费时间和赚钱的机会，于是，人们发现通过发行股票可以筹集更多的资金。对于买了荷兰东印度公司股票的人来说，他们以此参与这个组织的经济活动来获得公司分红，并且随时可以卖出股票换回现金。对于大多数投资人来说，所获得的利润既可以黄金、货币的形式支付，还可以用香料支付。由于船队贩运回来的货物有可能一年比一年值钱，人们预期可以获得可观的利润，所以踊跃地大量购买荷兰东印度公司的股票。从发起人到购买股票的人，都把自己的风险放进了荷兰东印度公司这个篮子里，大家都为该公司的未来出钱。作为世界上第一个股份有限公司，荷兰东印度公司就这样肩负起它的历史使命。对于荷兰东印度公司而言，皇家与普通人都是平等的公司投资者，因股权大小分担责任，但没有贵贱之分，公司股东对海运的风险只承担有限责任，利益是按照股份来获得的。到了1669年，荷兰东印度公司已是世界上最富有的公司，拥有超过150艘商船、40艘战舰、5万名员工、1万名雇佣兵的全能型公司制组织，股息高达40%。

荷兰东印度公司作为人类历史上的第一个股份制公司、一家有董事会的公司、一家上市的公众公司，成为人类经济发展史上的里程碑。1602年在荷兰的阿姆斯特丹成立了世界上第一个股票交易所，并且正式印制了最早的股票——荷兰东印度公司股票。

荷兰因为有了股份公司这种先进的经济组织，大大加速了经济发展，使得荷兰经济实力变强，一度成为世界海洋大国、世界经济强国与政治影响力很大的国家。

问题：
1. 荷兰是如何发展成为世界经济强国的？这与国家的经济组织是否有关？
2. 公司制企业是如何产生的？它与之前出现的经济组织有什么不同？

2.1 企业制度

2.1.1 企业制度的概念

企业制度是指以产权为基础和核心的企业组织和管理制度。构成企业制度的基本内容有：企业的产权制度、企业的组织制度、企业的管理制度。

企业制度主要包含以下几个方面的含义：

（1）从企业的产生来看，作为生产的基本经济形式，企业从产生开始，就是作为一种基本制度即企业制度被确立下来了。

（2）从法律的角度来看，企业制度是企业经济形态的法律范畴，从世界各国的情况来看，通常都是指的单个业主制企业、合伙制企业和公司制企业三种基本法律形式。

（3）从社会资源配置的方式来看，企业制度是相对于市场制度和政府直接管理制度而言的。市场制度就是在市场处于完全竞争状态下，根据供求关系，以非人为决定的价格作为信号配置资源的组织形式；政府直接管理制度是国家采取直接的部门管理，用行政命令的方式，通过高度集中的计划配置资源的组织形式。

当市场交易成本小于企业组织成本时采用市场制度最好；反之，当市场交易成本大于企业组织成本时，采用企业制度则最好。由于政府直接管理制度不但要规定人们做什么还要规定怎样做，所以政府直接管理成本很高，在大多数情况下，政府直接管理是低效的。政府从直接管理转为间接管理，则有利于降低政府管理费用。一般来说，政府直接管理成本比较高，而间接管理的成本则相对较低，所以，企业制度的引入，作为市场制度和政府直接管理制度的一个中间层次，有利于降低政府的管理成本。

企业作为一个将各种生产要素按一定制度而组合起来的经营主体，企业制度对企业来说，是非常重要的。因为企业本身就是各种生产要素的组合体，企业对各生产要素的组合，实际上就是依靠企业制度而组合起来的。企业制度是企业赖于存在的体制基础，是企业及其构成机构的行为准则，是企业员工的行为规范，是企业高效发展的活力源泉，是企业有序运行的体制框架，是企业经营活动的体制保证。

2.1.2 企业制度的种类

市场经济在其数百年的孕育和发展过程中，在国际上逐步形成了三种基本的企业制度，即单个业主制企业、合伙制企业和公司制企业。单个业主制企业和合伙制企业的经营活动都是建立在自然人的信誉上的，它们属于自然人企业人，出资人承担无限责任；公司制企业则建立在法人的组织信誉上，它们属于法人企业，出资者承担有限责任。在现代市场经济中，公司制企业虽然在数量上不是最多的，但它们却占据着支配地位，因为大中型企业通常都采用公司形式。在组织结构上，公司制企业比单个业主制企业和合伙制企业要复杂得多。近现代市场经济中企业制度的演变，主要表现在公司制的逐步完善和成熟上。

1. 个人独资企业

（1）概念：个人独资企业，又称个体企业，是由一个自然人投资的企业，企业由自己经营，收益归自己所有，风险也由自己承担。个人独资企业是自然人（非法人）企业。

（2）优点：

1）由于所有权与经营权归于一体，因此，经营灵活，决策迅速。

2）由于这类企业注册资本要求不多，因此，开业和关闭的手续都比较简单。

3）由于产权属于个人，因此，产权可以自由转让。

4）企业所获利润只需交纳业主所得税，不需交纳企业所得税。

（3）缺点：

1）一般情况下，企业存续的时间比较短，信誉有限。

2）由于企业规模小，财力不大，取得贷款的能力有限，因此，难以从事投资规模较大的产业。

3）如果经营失败，出现资不抵债时，需用自己全部财产进行赔偿，一旦企业倒闭，业主就有倾家荡产的可能。

4）企业完全依赖于业主个人的素质，即使是素质低的业主，也难有外部人员替换。

（4）适应：零售商业、服务业、手工业、家庭农场等。

2. 合伙制企业

（1）概念：合伙制企业是由两个或两个以上的个人或单个业主制企业通过签订合伙协议，联合经营，收益由合伙人共享，风险由合伙人共同承担的组织。

（2）优点：

1）扩大了资金来源和信用能力。与个人独资企业相比，每个合伙人能从多方面为企业提供资金，同时，因为有更多的人对企业债务承担责任，其信用能力也扩大了，容易向外筹措资金。

2）集合伙人的才智与经验，提高了合伙制企业的竞争力。

3）增加了企业扩大和发展的可能性。由于资金筹措能力和管理能力的增强，给企业带来了进一步扩大和发展的可能性。

4）企业所获利润只需交纳业主所得税，不需交纳企业所得税。

（3）缺点：

1）产权转让困难。产权转让须经所有合伙人同意方可进行。

2）承担无限责任。普通合伙人对企业债务负无限连带责任，即要求有清偿债务能力的合伙人，对没有清偿债务能力的合伙人应负债务的无限连带责任。

3）企业寿命不容易延续很久。如果一个合伙人死去或退出，企业往往难以再维持下去。

4）合伙人皆能代表企业，因此对内对外均容易产生意见分歧，从而影响决策。

5）企业规模仍然受局限。由于合伙制企业筹措资金的能力仍然有限，不能满足企业大规模扩展的要求。

（4）适用：资产规模较小、管理不复杂、不需要设立专门的管理机构的生产和经营企业。

> **案例 2-1**
>
> ### 会计师事务所
>
> 为了与国际接轨，我国目前成立了大批合伙制会计师事务所，这种负有无限责任制的会计师事务所在经营中若发生财务审计的违规、违法行为，其会计师事务所的所有人员都将承担相应的法律责任。与有限责任制的会计师事务所相比，无限责任制

会计师事务所最大的不同就在于：无限责任制的会计师事务所一旦发生赔偿，除了要把会计师事务所内的所有财产赔出外，其从业人员还要用自己的私人财产进行赔付，直到倾家荡产。此外，在组建方式上，无限责任制不要求验资，但它必须由两个以上具有五年以上从业经验的注册会计师作为发起人，而有限责任制会计师事务所要求的注册资本通常在30万到50万元之间。无限责任制会计师事务所的发展，可以有效地杜绝假账的发生。合伙制会计师事务所将成为这个行业未来的发展方向。

问题：
1. 合伙企业与有限责任公司的主要区别是什么？
2. 为什么会计师事务所要推行合伙制？

3. 公司制企业

（1）**概念：公司制企业是依照公司法组建并登记的以营利为目的的企业法人。**

（2）公司制企业的特征。

1）公司是依照《公司法》规定设立的社会经济组织。

2）公司是以营利为目的的法人团体。所谓以营利为目的，是指公司从事生产、经营或提供劳务是为了获取利润。

3）公司是法人。法人是具有民事权利和民事行为能力，依法独立享有民事权利并承担民事义务的组织。公司作为法人，应该具备以下三个特征：a. 组织特征：组织特征的核心是公司必须依法成立。b. 财产特征：公司必须拥有自己独立支配和管理的财产，且要有法定的资本金数额。c. 人身特征：人身特征是一种人格化了的经济组织，因此，公司必须有自己的名称、组织机构和活动场所。

4）公司的所有权归股东所有。公司股东按照拥有的资本价值或数额比例分配利润。一旦公司终止并进行清算，股东有权分得公司出卖全部资产并偿还有债务之后剩余的资产净值。

5）公司具有联合性。凡是公司制企业都具有一个共同的特征——联合性：一是人的联合，各国对各类公司股东人数都有最低限度规定；二是资本的联合，每个股东都必须出资，是资本的结合。投资主体多元化：公司的联合性决定了投资主体的多元化。公司股东很多，资本来自各个渠道，如国家股、法人股、个人股等。

6）出资者所有权和法人财产权分离。公司虽然投资主体多元化，但公司的财产只能作为一个整体来发挥其功能，任何出资者既不能独立支配公司的财产，也不能支配本人出资的那部分财产。同时，出资者也无权干预公司的经营管理，经营管理是由专门的企业家来进行的。因此，出资者所有权和法人财产权是相分离的。

7）公司法人财产具有整体性、稳定性和连续性。整体性是指股东一旦投资到公司，其财产就以公司的整体财产出现并进行运行，任何股东不能对整体财产进行分割；稳定性是指股东一旦投资到公司,就不可抽回,只能转让,因此,公司的财产不会因股东的变化而出现经常性变动;连续性是指股东个人的生命不影响公司的生命,只要公司存在,公司法人就不会丧失财产权,股东变化再大,也不会影响法人财产权的连续性。

8)公司的决策权最终由股东共同控制。

(3)公司制企业的种类。

1)无限公司:无限公司也称无限责任公司。无限责任公司是由两个以上负无限责任的股东出资组成,股东对公司债务负连带无限清偿责任的公司。无限公司是最早出现的公司形式,是由合伙制企业发展演变而成的,在有限责任公司诞生前大量存在,而在现代社会中只有极少无限公司存在。

2)有限责任公司。

①有限责任包含两层含义:一是对股东而言,是以股东的出资额为限,对公司的债务承担有限责任;二是对公司法人而言,是以其全部法人财产为限,对公司债务承担有限责任。

②企业以法人财产为限承担有限责任,经营者可以比较放心大胆地经营公司。

③有限责任公司有两种组织形式:有限责任公司和股份有限公司。

3)两合公司:两合公司是由一个以上负无限责任的股东和一个以上负有限责任的股东组成的公司。无限责任股东对公司债务负连带无限责任,因其风险大,所以在公司中占主导地位,享有管理公司的权利,但其股份必须征得其他股东同意后才能转让。

表2-1为企业制度比较。

表2-1 企业制度比较

企业制度 选择要素	个人独资企业	合伙制企业	公司制企业
企业设立	企业设立简单	企业设立简单	有限责任
资本规模	资本规模小	资本规模中等	资本规模大
法人性质	无法人地位	无法人地位	具有法人地位
责任风险	无限责任	无限连带责任	有限责任
税收	个人所得税	个人所得税	企业所得税和个人所得税
利润分享	个人独享	合伙人共享	按比例分享
出资转让	容易	合伙人一致同意	多数人同意
企业存续期限	企业主生命	合伙期	可以永续
代理成本	无代理成本	代理成本低	无代理成本
两权分离程度	两权统一	两权统一	两权分离

> **案例2-2**
>
> **合伙制企业与公司制企业的对比**
>
> 假设有两家造纸加工企业,一家是合伙制企业,注册资本1 000万元,另一家是公司制企业,注册资本也是1 000万元。两家企业在经营过程中违反环境法规排放废液和废气,对所在社区造成了严重的物质和财产损失,环保执行部门已经就两家企业的问题展开了调查,遭受损失的社区也在寻求法律解决手段。最终的结果是每家企业赔偿1 100万元。合伙制企业除企业财产外,不足部分需要个人财产进行赔偿,而公司制企业只需要以公司法人财产进行赔偿,如果公司法人财产不足以支付全部赔偿,股东也不需要赔偿不足部分。在两种企业形式下,所有者承担的责任是不同的。

2.2 现代企业制度及其特征

2.2.1 现代企业制度的概念

现代企业制度是适应社会化大生产和市场经济发展要求的、以产权制度为核心,以有限责任制度为保证,以现代公司制企业为主要形式的,产权清晰、权责明确、政企分开、管理科学的新型企业制度。以现代企业制度的认识和理解,应注意以下几个方面:

(1) 现代企业制度是一种企业体制,或称微观经济体制,不只是企业内部组织管理制度,而是一种制度体系,它涉及企业外部环境和内部机制的各个方面。现代企业制度明确了企业的性质、地位、作用和行为方式,规范了企业与出资者、企业与债权人、企业与政府、企业与市场、企业与社会、企业与企业、企业与消费者、企业与职工等方面的基本关系。在这些基本的关系中,最主要的是确立企业董事法律关系的主体地位和在市场中的竞争主体地位。

(2) 现代企业制度是市场经济体制的基础。现代企业制度是局部的改革目标,而市场经济是整体的改革目标,现代企业制度与市场经济体制相衔接,是局部与整体的关系。现代企业制度是经济体制大系统下的一个子系统,所以推进现代企业制度的改革不能脱离整个经济体制改革。建立现代企业制度,绝不仅是企业的事,需要外部、内部共同配合,是综合配套改革的产物。

(3) 现代企业制度是一种有生有死的制度。现代企业制度作为一种企业体制模式,是生产关系的反映,而不是指企业的装备水平和管理手段。现代企业制度和企业现代化不是一回事。企业现代化主要是指企业生产力的发展水平。现代企业制度可以提高经济效益,但并不等于建立了现代企业制度就使每一个企业都不会被市场淘汰,而恰恰是该淘汰的一定要淘汰。

（4）现代企业制度是各类企业改革的共同方向。建立现代企业制度是企业改革的方向、目标，所有企业都要朝这一方向努力，并不是特指国有企业，但国有企业建立现代企业制度是重点。因为国有企业的改革一直是经济体制的中心环节，因此，增强国有企业的活力，建立现代企业制度是深化国有企业改革的方向。

（5）现代企业制度的企业组织形式是多样化的。公司制是建立现代企业制度的一种最典型、最有效的组织形式，但不是唯一的形式。与市场经济相适应的企业制度，除了公司制度企业外，还有单个业主制企业、合伙制企业等多种形式。在市场经济发达的美国，单个业主制企业从数量上说是大多数，约占企业总数的75%；合伙制企业约占企业总数的9%；公司制企业仅占企业总数的16%，但资本额却占85%，营业额占90%。可见公司制企业在现代经济中起着举足轻重的地位。公司制企业是现代企业制度的主体，但不能把现代企业制度简单地理解为公司制。因此，看一个企业是否建立了现代企业制度，不是看是不是公司制，而是看是否具有现代企业制度的基本特征，是否适应社会化大生产和市场经济的要求。

2.2.2 现代企业制度的特征

现代企业制度的基本特征是产权明晰、权责明确、政企分开、管理科学。

1. 产权关系明晰是指所有者要明晰

出资者拥有出资所有权，企业拥有出资者投资形成的全部法人财产权，成为享有民事权利、承担民事责任的法人实体。具体包括三个层次的内容：

一是通过清产核资、资产评估，界定资产的归属，即明确出资者和出资者的所有权；二是明确企业法人财产的范围和享有的法人财产权，即资产的管理和经营；三是产权的出让、出售和流动。

这一特征就是用法律的形式界定了出资者和法人财产权的关系，即产权关系。企业以其法人财产权享有民事权利，承担民事责任，并成为真正的法人实体。

2. 企业法人的责任和权利

企业以其全部法人财产，依法自主经营、自负盈亏，照章纳税，承担对出资者资产的保值增值的责任。

这一特征是从企业法人的权责出发，其权利是以全部法人财产依法自主经营的权利，其责任是自负盈亏，向国家缴纳税款，并对出资者投资形成的财产保值增值。

3. 出资者的有限权利和有限责任

出资者按投入企业的资本享有所有者权益，即资产的受益、重大决策、选择管理者等权利。企业破产时，出资者只以投入企业资本额对企业债务负有限责任。

资产受益主要是经营收益，即公司的税后利润扣除公司亏损弥补和提取公积金、法定公益金后所余的利润。重大决策主要指：决定公司的经营方针和投资计划；审议和批准公司的年度财务预算方案、决算方案；审议和批准公司的利润分配方案和弥补亏损的方案；对公司的增减注册资本、公司债券做出决议；对公司的合并、分立，变更公司形式，解散和清算等事项做出决议及修改公司章程等。选择管理者主要是选举和罢免董事，决定有关董事的报酬事项；选举和罢免由股东代表出任的监事，决定有关监事的报酬事项；批准董事会、监事会的报告等。

这一特征从出资者出发，其权利是按出资者投入资本额享有资产受益权，并享有重大问题决策权和选择管理者的权利。其责任是当企业破产时，只以其投入企业的资本额对企业债务负有限责任，而不是负无限责任。

4. 政企分开

企业按市场生产经营，以提高劳动生产率和经济效益为目的，政府不直接干预企业的生产经营活动，企业在市场竞争中优胜劣汰，长期亏损、资不抵债的企业应清算破产。

这一特征提出了企业要完全面向市场，按照市场需求组织生产和从事经营。企业要以经济效益最大化为主要目标，要把政府的行政管理者职能与国有资产所有者职能分开、国有资产管理者职能与国有资产营运者职能分开、出资人机构与企业法人分开、政企职责分开，政府通过政策法规和经济手段进行宏观调控，引导企业进行经营活动，在市场中平等竞争，优胜劣汰。

5. 管理科学

建立科学的企业领导体制和组织管理体制，调节所有者、经营者和职工之间的关系，形成激励和约束相结合的经营机制。

这一特征要求企业建立科学的组织管理机构、内部管理体制和企业规章制度，要形成激励和约束相结合的经营机制，协调出资者、经营者和职工之间的关系，做到所有者放心，经营者专心，生产者用心。

> **案例 2-3**
>
> **公司是谁的**
>
> 张先生是某公司的创始人兼董事长，持有公司 99% 的股份，其妻子持有 1% 的股份。公司的主要经营业务是租赁飞机为农作物喷洒农药，但在一次业务中，张先生驾驶的飞机失事，导致机毁人亡。其妻子以公司疏忽管理为由，把公司告上法庭，要求公司赔偿。你认为张先生妻子的要求能得到满足吗？

2.3 现代企业制度的内容

2.3.1 现代企业产权制度

市场经济本质上是商品经济，各经济主体通过市场结成一定的经济关系，等价交换是其遵循的最基本原则。而进入市场的各经济主体，必须明确所有权主体及界区，才可能建立真正的商品经济关系，如果某经济主体的产权关系本身具有不确定性，那么真正的商品交换就不可能实现。不仅如此，市场经济的运作机制是价格机制，而市场价格也只有在交易双方所有权主体界区明确时才可能形成。显然，作为市场经济基本主体的企业，必须明确其所有权主体和界区，这是企业进入市场的前提条件。最初在历史上出现的商品经济所要求的所有权原则是确定其市场主体身份的。但古典商品经济向现代经济转化，所有权与经营权开始分离了，如何能使企业作为市场主体既具备商品经济交换的必要条件，又具备适合社会化大生产要求不断扩大规模的能力呢？现代企业制度提供了使这两个要求都得到满足的企业组织形式。在公司法人制度下，原始所有权退化为股权，公司法人则获得了公司财产的法人所有权，公司法人可以像单个业主制企业一样支配交换对象，参与市场交易。由此可见，企业法人制度下的产权明晰化，使企业具备一个交换对象具有的独占的真正市场主体的身份，按照等价交换原则参与各类市场交易活动，是现代企业制度不可缺少的首要内容。

1. 产权

产权实质上是一种财产权。产权是指在法律的允许下，资产的所有权以及对资产的占有、使用、收益和处置权。产权定义主要有以下四层含义：

（1）产权指产权受法律确认、保护和监督。产权以所有权为基础，但也包括所有权派生出来的相关权利和义务。这些权利、义务和责任都受到国家法律的确认、保护和监督。

（2）产权指资产的原始产权，也称为资产的所有权，是指受法律确认和保护的经济利益主体对财产的排他性的隶属关系。

（3）产权指法人产权，即法人财产权，是指企业法人对资产所有者授予其的资产有占有、使用、收益与处分的权利。这一权利是由法人制度的建立而产生的一种权利。

（4）产权指股权和债权，即在实行法人制度后，由于企业拥有对资产的法人所有权，致使原始产权转变为股权或债权（或称终极所有权）。这时，原始出资者只能利用股东的各项权利对法人企业产生影响，但不能直接干预企业的经营活动。

产权具有以下几个基本特征：

（1）明确性。产权体现的是资产归谁支配、运营这样一种经济法律关系。因此，产权主体明晰、资产归属明确是产权的最基本特征。

（2）独立性。产权关系一经确立，产权主体就可以在合法的范围内独立自主地行使对资产的各项权利，而不受同一财产上其他财产主体的随意干预。

（3）转让性。产权的转让性可包含三层含义：一是所有者可以把原始产权依法让渡给企业法人去占有使用，原始所有权就转化为终极所有权；二是所有者的终极所有权可以自由转让；三是法人财产权也可以转让。

（4）收益性。产权的收益，一方面是指所有者的收益，另一方面是指法人财产产权的收益。

（5）风险性。产权的所有者不仅有资产收益的权利，同时也要对资产的运营承担一定的风险和责任。

（6）法律性。产权的确定必须以国家法律为前提，产权主体行使其职能、产权客体发挥作用，都必须在国家法律监督和保护下进行。

2. 企业法人财产权

企业法人财产权是由出资者依法向企业注入的资本金及其增值和企业在经营中负债所形成的财产。企业的总资产＝负债＋所有者权益，企业的总资产就是法人财产。企业法人财产是由所有者权益和负债所构成的。企业法人财产权是指企业法人所拥有的、对法人财产享有占有、使用、收益和处置权，并以法人财产承担民事责任的财产权。只要企业法人仍然存在，也就是说只要企业不解散、清算或破产，任何出资者都无权从企业抽回或支配他所出资的部分，但可以依法转让，并以出资额为限承担有限责任。

3. 企业产权制度

产权制度是指以产权为依托，对财产关系进行合理有效的组合、调节的制度安排。这个制度安排具体表现为在一定的生产资料所有制基础上，对财产占有、使用、收益和处置过程中所形成的各类产权主体的地位、行为权利、责任、相互关系加以规范的法律制度。产权制度的功能主要有：

（1）财产约束功能。在合理的产权制度下，明晰的产权关系可以使所有者通过产权有效约束经营者，从而保证资产增值，实现所有者利益。

（2）自主经营和激励机制功能。产权具有排他性和独立性，企业一旦拥有产权，其生产经营权即可得到法律的保护，进而使经营者在激励机制的作用下，既可以也可能真正做到自主经营、自负盈亏。

（3）增进资源配置效益功能。由于产权的各项权能是可以分解转让的，所以通过以产权转让为基础的企业间的资产联合、兼并等形式，可以促进资产合理流动。

（4）规范市场交易行为功能。产权关系的界定具体规定了人们相关的行为规范，每个人在与他人的相互交往中都必须遵守这些规范，或者必须承担不遵守这些规范的成本。这样，保障受损索赔的原则可以有效抑制企业不正当交易行为，从而使企业行为合理化。

2.3.2 现代企业组织制度

公司制企业在市场经济的发展中，已经形成了一套完整、科学和行之有效的组织制度，其基本特征是：所有者、经营者和生产者之间，通过公司的权力机构、决策机构、执行机构、监督机构，形成各自独立、权责分明、相互制约的关系，并以法律和公司章程加以确立和实现。

公司是由许多投资者即股东投资设立的经济组织，必须充分反映公司股东的个体意志和利益；同时，公司作为法人应当具有独立的权利能力和行为能力，必须形成一种以众多股东个体意志和利益要求为基础的、独立的组织意志，以自己的名义独立开展业务活动。在市场经济长期发展的过程中，国外公司已经形成了公司组织制度方面两个相互联系的原则，即企业所有权和经营权相互分离的原则，以及由此派生出来的公司决策权、执行权和监督权三权分立的原则。由此形成了公司股东会、董事会、经理和监事会并存的公司组织机构框架。

1. 股东会

股东会是公司的最高权力机构。股东会是指依照公司法、公司章程的规定设立的由全体股东组成的决定公司重大问题的公司权力机构。所谓权力机构，是指公司的一切重大问题，需要由该机构做出决议，权力机构既区别于执行机构，不执行日常业务，也区别于监督机构和咨询机构。股东会只负责就公司的重大事项做出决议，集体行使所有者权益。股东会以会议的形式行使权力，而不是采取常设机构或日常办公的方式，这是由股东会的权力性质和所有权与经营权相分离的现代公司制度的基本原理所决定的。

股东会的职权主要有以下几个方面：

（1）投资经营决定权。这是指股东会有权对公司的投资计划和经营方针做出决定。公司的投资计划和经营方针是公司经营的目标方向和资金运用的长期计划，这样的计划和方针是否可行，是否会给公司带来赢利，影响股东的收益预期，决定公司的命运与未来，是公司的重大问题，所以法律明确规定由公司股东会对公司的经营方针和投资计划做出决定。

（2）人事决定权。股东会有权选任和决定本公司的非由职工代表担任的董事、监事，对于不合格的董事、监事，有权予以更换。董事、监事受公司股东委托或委任，为公司服务，参与公司日常经营管理活动，需要给予他们相应的报酬。

（3）重大事项审批权。股东会享有对重大事项的审批权，具体包括两个方面：一是审议批准工作报告权，即股东会有权对公司董事会、监事会或者监事提出的报告进行审议，并决定是否批准；二是审议批准有关经营管理方案权，即公司股东会有权对公司董事或执行董事向股东会提出的年度财务预算方案、决算方案、利润分配方案，以及弥补亏损方案进行审议，并决定是否批准。股东会行使有关方案审议批准权，需要董事会、监事会提交相关的方案。董事会或者执行董事不得隐瞒不报。股东会批准以后，董事会、监事会应当严格执行。

（4）重大事项决议权。股东会有权对公司增加或者减少注册资本，发行公司债券，公司合并、分立，变更公司形式，解散和清算等事项做出决议，这些事项与股东的所有者有着密切的联系，所以应由股东会做出决议，股东会做出决议后，董事会、监事会应当认真组织实施。

（5）公司章程修改权。公司章程是由公司全体股东设立公司时共同制订的，规定了公司的重大问题，是公司组织和行为的基本规则，所以应当由股东会修改，而不能由董事会、监事会进行修改。股东会修改公司章程，必须有代表三分之二表决权的股东赞成通过方为有效。

（6）其他职权。除了上述职权外，股东会还享有公司章程规定的其他职权。至于其他职权的具体内容，由公司章程规定。

股东会行使职权，应当按法律规定和公司章程规定的议事方式和表决程序进行，一般情况下，股东会应当通过以召开会议的形式，行使自己的职权。但是，如果全体股东以书面形式一致表示同意将属于股东会职权范围的事项,以不召开股东会会议的形式做出决定的,则应当由全体股东在相关决定文件上以签名、盖章的形式做出决定。

股东会是资产所有者的代表,以维护股东权益为宗旨,保持着对公司的最终控制权。它从产权关系上对公司董事会形成必要的制约。但是股东会无权干预公司的经营活动,因此,股东会的权力也受到制约。

2. 董事会

董事会是公司的经营决策机构,受公司股东会的委托或者委任从事经营管理活动。董事会由董事组成,董事会设董事长一人,可以设副董事长若干人。

我国《公司法》规定,董事会的组成人数是:有限责任公司由3到13人组成;股份有限公司由5到19人组成。董事人选通常由股东推荐,经股东会选举产生。但《公司法》特别规定了"两个以上的国有企业或者两个以上的其他国有企业投资主体投资设立的有限责任公司,其董事会成员中应当有公司职工代表。"董事长、副董事长的产生办法由公司章程规定。国有独资公司是由国有资产管理机构从董事会成员中指定的。另外,我国《公司法》特别规定"股东人数较少或者规模较小的有限责任公司,可以设一名执行董事,不设董事会,执行董事可以兼任公司经理。"

董事会对股东会负责,执行股东会决议。董事会的主要职权有:

(1) 召集股东会会议,并向股东会报告工作。董事会由董事组成,董事由股东选举产生,董事会对股东会负责。因此,召集股东会会议,并向股东会报告工作,既是董事会的一项职权,也是董事会的一项义务。

(2) 执行股东会的决议。股东会是做出公司决议的权力机构,是公司的最高决策机关,依照法律规定和公司章程规定决定公司的重大问题。股东会对公司生产经营方面做出的决议,由董事会执行。因此,执行股东会的决议,是董事会的一项职权,也是董事会的一项义务。

(3) 决定公司的经营计划和投资方案。所谓公司的经营计划,是指管理公司内外业务的方向、目标和措施,是公司内部的、短期的管理计划。所谓公司的投资方案,是指公司内部短期的资金运用方向。根据法律规定,决定公司的经营方针和投资计划的是公司股东会,所以公司的经营计划和投资方案,是执行股东会决定的经营方针和投资计划的一项具体措施。因此,决定公司的经营计划和投资方案,既是董事会的一项职权,也是董事会的一项义务。

(4) 制订公司的年度计划、财务预算方案、决算方案。根据法律规定,审议批准公司的年度财务预算方案、决算方案,是股东会的职权。董事会作为股东会的执行机关,应当按照有关规定及时撰写公司的年度财务预算方案、决算方案,这既是董事会的一项职权,也是董事会的一项义务。

(5) 制订公司的利润分配方案和弥补亏损方案。公司经过一段期间的经营活动,或者产生利润或者产生亏损或者收支相抵没有盈亏。当公司出现盈利时,应当进行分配;出现亏损时,应当进行弥补。根据法律规定,初次批准公司的利润分配方案和弥补亏损方案是股东会的职权,而制订公司的利润分配方案和弥补亏损方案则是董事会的职权。

董事会应当按照规定及时制订公司的利润分配方案和弥补亏损方案,并提交股东会会议审议批准。

(6) 制订公司增加或减少注册资本以及发行公司债券的方案。公司根据经营情况的需要,可以增加注册资本,也可以减少注册资本,还可以依照法律规定发行公司债券。根据法律规定,公司增加或者减少注册资本以及发行公司债券的方案,由股东会做出决议。而提出增加或者减少注册资本以及发行公司债券的方案,则是董事会的职权。董事会应当根据公司经营需要,及时制订公司增加或者减少注册资本以及发行公司债券的方案,并提请股东会审议,做出决议。

(7) 制订公司合并、分立、解散或者变更形式的方案。合并、分立、变更公司形式以及解散,都是公司的重大事项,关系到公司是否继续存在、以何种形式存在、股东权利义务变化等,依照法律规定,由股东会做出决议。但是,公司与谁合并、怎样分立、变更为什么样的股份有限公司以及解散的具体方案,由董事会制订,然后提请股东会会议进行审议并做出决议。

(8) 决定公司内部管理机构的设置。董事会作为公司的业务执行机关,负责公司经营活动的指挥和管理,所以有权决定管理机构的设置。董事会决定内部管理机构设置,指董事会有权根据本公司的具体情况,确定内部的管理机构设置。

(9) 聘任或者解聘高级管理人员并决定报酬事项。聘任或者解聘高级管理人员,是指董事会有权决定聘任或者解聘公司经理,并根据经理的提名聘任或者解聘公司的副经理、财务负责人等高级管理人员。同时,董事会有权决定经理、副经理、财务负责人等高级管理人员的报酬事项。

(10) 制订公司的基本管理制度。所谓公司的基本管理制度,是指保证公司能够正常运营的基本管理体制。基本管理制度涉及公司内部运行的方方面面,董事会应当依照国家法律、公司章程等的要求,及时制订公司的基本管理制度,保证公司具体良好的生产经营秩序。

(11) 除了上述十项职权外,董事会还行使公司章程规定的其他职权。

董事会实行集体决策,采取每人一票的简单多数通过的原则。我国《公司法》规定,董事会的决议须由全体董事过半数通过,同时,每个董事会成员对其投票要签字在案并且承担责任。董事会的决议违反法律、行政法规或公司章程、股东大会决议致使公司遭受严重损失的,参与决策的董事对公司负赔偿责任,但在表决时已表明异议并记载于会议记录的董事可免除责任。这就是对董事的决策能力和决策水平提出的要求,并在实践中进行检验。

3. 经理

经理负责主持日常生产经营管理工作,并对公司日常生产经营活动具有决策权、指挥权、控制权。

经理由董事会聘任或解聘,对董事会负责。经理的职权主要有:

(1) 组织实施董事会决议。

(2) 组织实施公司年度经营计划和投资计划。

（3）拟定公司内部的机构设置方案和规章、管理制度。

（4）提请董事会聘请或解聘副经理和财务负责人。

（5）聘请或解聘应由董事会决定聘任或者解聘以外的管理人员。

经理是董事会决议的执行人，也是公司日常经营管理的负责人。公司经理可以从企业外部聘请，也可以经公司董事会决定由董事会成员兼任。

4. 监事会

监事会是公司的监督机构。监事会由股东代表和一定比例的职工代表组成。

监事会、不设监事会的公司的监事行使下列职权：

（1）检查公司财务，主要是审核、查阅公司的财务会计报告和其他财务会计资料。审核、查阅公司的财务会计报告和其他财务会计资料，是指监事有权对公司的财务会计报告和其他财务会计资料进行审查与核实，看其所制作的表册和内容是否合法、是否符合公司章程的规定。

（2）监督董事、高级管理人员履职情况及提出罢免建议。为了确保董事、高级管理人员依法履职，监事会、监事应当对董事、高级管理人员执行公司职务的行为进行监督。如果发现董事、高级管理人员在执行公司职务的过程中，存在违反法律、行政法规、公司章程或者股东会决议情形的，有权提出罢免董事、高级管理人员的建议。

（3）要求董事、高级管理人员纠正其损害公司利益的行为。监事会、监事应当认真履行监督董事、高级管理人员执行公司职务的行为，当发现董事、高级管理人员的行为损害公司利益时，应当及时向董事、高级管理人员提出，要求其予以纠正。

（4）提议召开及召集、主持临时股东会会议。监事会、监事在监督工作中，因情况紧急，如董事、高级管理人员实施严重违法行为并拒绝监事会、监事要求纠正的意见，不予制止将产生重大利益影响的，有权提议召开临时股东会。如果董事会不履行召集和主持股东会会议职责的，监事会、监事有权直接召集和主持股东会会议。

（5）向股东会会议提出提案。监事会、监事有权直接向股东会会议提出议案，如提出罢免董事的议案等。

（6）依法对董事、高级管理人员提起诉讼。公司董事、高级管理人员在执行公司职务时，违反法律、行政法规或者公司章程的规定，给公司造成损害的，监事会、监事有权依法对董事、高级管理人员提起诉讼，要求董事、高级管理人员赔偿公司损失。

（7）公司章程规定的其他职权。除了上述职权外，监事会、不设监事会的公司的监事还行使公司章程规定的其他职权。

监事会向股东会负责。为保证监督的独立性，公司的董事、经理及其他高级管理人员一律不得兼任监事。

公司组织机构包括股东会、董事会、监事会及经理四部分，它们相互间的关系构成了现代企业组织结构，如图2-1所示。

从图中可以看出，从产权关系上来说，股东会对董事会是委托管理关系，董事会对经理是授权经营关系，监事会代表股东对董事、经理和具体执行部门人员实行监督。从职权关系上来说，它们都有各自不同的职权范围，而这些职权是具体明确的，谁都不能越权行

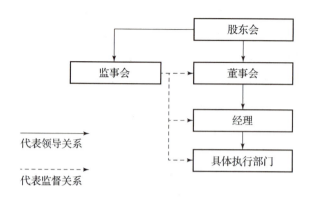

图 2-1　公司组织结构示意图

事，形成了彼此的相互制约。这种财产负责关系与职权限定关系，构成了整个公司内部约束机制。同时，这种结构还将不同方面的利益关系统一在一个完整的利益机制下，因此，这种组织制度既赋予经营者充分的自主权，又切实保障所有者的权益，同时又能调动经营者的积极性，是现代企业制度中不可缺少的内容之一。

2.3.3　现代企业管理制度

建立现代企业管理制度，就要求企业适应现代生产力发展的客观要求，按照市场经济发展的要求，积极应用现代科学技术成果，包括现代经营管理的思想、理论和技术，有效地进行管理，创造最佳经济效益，围绕实现企业的战略目标，按照系统观念和整体优化的要求，在管理人才、管理思想、管理组织、管理方法、管理手段等方面实现现代化，并把这几个方面的现代化内容同各项管理职能有机结合起来，形成完整的现代化企业管理制度。

现代企业管理制度包括以下几个方面的内容：

（1）具有正确的经营思想和能适应企业内外环境变化、推动企业发展的经营战略。战略管理是企业现代化管理的重要内容。现代企业所处的经营环境多变，制订战略、强化战略管理，是企业在市场中立于不败之地的重要保证。正确的经营思想是优化战略的先导，因此，必须树立质量第一的观念、市场观念、竞争观念、时间和信息观念、以人为中心的管理观念、创新观念，以及法制观念。

（2）建立适应现代化生产要求的领导制度。企业现代管理制度是关于企业内部领导权的归属、划分及如何行使等所做的规定，建立科学完善的企业领导制度，是搞好企业管理的一项最根本的工作。现代企业领导制度应该体现领导专家化、领导集团化和领导民主化的管理原则。

（3）拥有熟练掌握现代管理知识和技能的管理人才，以及具有良好素质的职工队伍。

（4）有一套符合本企业特点、保证生产经营活动高效率运行的组织机构和管理制度。

（5）在生产经营各个环节普遍地、有效地使用现代化管理方法和手段，建立起比较完善的电子计算机管理系统，推选计算机集成制造系统（CIMS）等现代化管理。

（6）建设以企业精神、企业形象、企业规范等内容为中心的企业文化，培育良好的企业精神和企业集体意识。

我国企业应该按照现代企业管理制度的要求，注重生产与流通的结合，注意公司内部能力与外部环境的结合，注重经营战略与具体管理方法的结合，集生产管理、营销管理、人力资源管理、研究与开发管理及财务管理等于一体，建立起具有现代公司经营管理特征的管理制度。

企业管理制度实际上并没有一个统一的模式，因为企业的管理制度是不断随着生产力发展以及产权制度和组织制度等的调整而变化的。就是在国际上也很难找到一个完全一样的企业管理制度，我国国内当然也很难找到一个完全一样的企业管理制度，因为企业管理制度是处于不断变化的状态中的。虽然一定时期内它有一定的相对稳定性，但从总体上来看是不断变化的。因此，我们要非常关注企业管理制度的创新。

企业的管理制度与企业的产权制度以及组织制度，是不能相互替换的。建立现代企业制度，绝不能只强调企业组织制度和产权制度的重要性，而忽视甚至否定管理制度的重要性。企业的组织制度和产权制度固然重要，但它们是不能替代企业管理制度的。虽然产权制度和组织制度是企业管理制度的基础，但是企业管理制度往往又是组织制度和产权制度作用的延伸，这充分表明它们之间是不能相互替代的。一个好的企业管理制度当然需要有一个比较好的企业组织制度和产权制度，在一个糟糕的产权制度和组织制度的基础上，是建立不起好的企业管理制度的。但是，反过来讲，如果仅仅有一个好的产权制度和组织制度，而没有一个好的管理制度，那么产权制度和组织制度的作用必然是发挥不好的。因此，现代产权制度、现代企业组织制度和现代管理制度三者相辅相成，共同构成了现代企业制度的总体框架。

现代企业产权制度确立了企业的法人地位和企业法人财产权，真正做到了不但企业有人负责而且有能力负责，实现了企业民事权利能力和行为能力的统一，使企业真正作为自主经营、自负盈亏的法人实体进入市场。企业要进入市场，成为市场竞争主体，就必须能够独立地享有民事权利，承担民事责任。可见，企业法人制度确立了企业市场主体资格，规定了企业与企业商品生产者平等进入市场，按照等价交换原则进行商品交换的经济关系，是现代企业制度的基础。

现代企业组织制度以合理的组织结构，确立了所有者、经营者和职工三者之间的制约关系，做到出资者放心、经营者精心、生产者用心，从而使企业始终保持较高的效率，并使企业的长期稳定发展有了组织保证。

现代企业管理制度通过科学的生产管理、质量管理、营销管理、人力资源管理、研究与开发管理、财务管理等一系列管理体系的建立，以及企业管理模式、管理轴心、管理体制、管理目标、管理手段等的选择，有效地保证企业内部条件与外部环境相适应，使企业各项资源得到最有效的应用。

因此，建立现代企业制度，一定要把握好企业产权制度、组织制度和管理制度三者之间的关系。从我国实际出发，吸收和借鉴世界发达国家的有益经验，真正建立起既符合国情，又能与国际惯例接轨的具有中国特色的现代企业制度。

2.4 我国建立现代企业制度对公司形式的选择

公司制度是现代企业制度的主体。我国建立现代企业制度选择公司制形式，我国《公司法》确定了两种公司形式，即有限责任公司和股份有限公司。

2.4.1 有限责任公司

1. 有限责任公司的法律特征

有限责任公司是根据法律规定的条件成立，股东以其出资额为限对公司承担责任，公司以其全部资产对公司的债务承担责任的企业法人。有限责任公司是一种资合公司，但也具有人合公司的因素，其法律特征主要有：

（1）有限责任公司的股东，仅以出资额为限对公司承担责任，公司以其全部资产为限对公司债务承担责任。有限责任公司是以股东出资为基础建立起来的法人组织，股东只对公司负以其出资额为限的责任，对公司的债权人不负责任。公司则以其全部资产为限承担责任。

（2）有限责任公司的股东人数有最高的限制。我国《公司法》规定，有限责任公司由 50 个以下股东共同出资设立。有限责任公司的股东不限于自然人，法人和政府都可以成为其股东。

（3）有限责任公司不能通过公司募集股份，不能发行股票。我国《公司法》规定的方法有两种，一种是发起设立，另一种是募集设立。对于有限责任公司来说，只能采取发起设立，不得向社会公开募集股份。有限责任公司成立后，股东所持有的是载明其出资额的权利证书。这种出资证明书，不能像股票那样在证券市场上买卖。

（4）有限责任公司兼有资合性和人合性。有限责任公司是将人合公司与资合公司的优点综合起来的公司形式。

有限责任公司的人合性表现在：

①股东人数有一定的限制，一般在 50 人以下。

②股东出资的转让有严格的限制，股东之间可以相互转让其出资，但股东以外的人转让其出资时，必须经过全体股东半数同意，并且股东享有同等条件下的优先购买权，同时还应在公司依法记载。

③有限责任公司不得向社会募集资金。

④公司的经营状况，不需要向社会公开。

有限责任公司的资合性表现在：

①股东对公司的债务只负有限责任，即以其出资额为限对公司债务承担责任。

②股东可以用货币出资，也可以用实物或知识产权、土地使用权等可以用货币估价并可以依法转让的非货币财产作价出资，但是法律、法规规定不得作为出资的财产除外。

③实行"资本三原则"。资本确定原则，指公司在设立时，必须在章程中对公司的资本总额做出明确规定，并须由股东全部认足，否则公司不能登记成立。资本维持原则，指公司在其存续过程中，应经常保持其资本额相当的财产，以防止资本的实质减少，保护债权人的利益，同时也防止股东对赢利分配的过高要求，确保公司本身业务活动的正常开展。资本不变原则，则指公司的资本一经确定，就不得随意改变，如需增减，必须严格按法定程序进行。

④有限责任公司的组织比较简单，因其有发起设立而无募集设立，程序上较为简化，可以由一个或一个以上的人发起，其组织比较简单，股东人数少，规模较小的公司可以不设董事会等。

2. 有限责任公司的设立

（1）设立的条件。

有限责任公司设立的条件主要包括以下几个方面：

①股东符合法定人数。股东符合法定人数是指有限责任公司的股东必须在50人以下，对有限责任公司股东人数做出限制，主要考虑到有限责任公司虽然以出资联合为基础组成，但股东是在相互了解、相互信任基础上进行的联合，所以人数不宜过多；同时有限责任公司不公开募集股份，管理上较为封闭，股东人数过多反而会影响公司的决策和经营。

②股东出资达到法定资本最低限额。公司资本是公司开展经营活动的物质条件，也是公司对外承担债务责任的保证。公司资本是由股东的出资组成的，股东出资必须达到法定最低限额，这包括两方面的含义：一是设立有限责任公司，股东必须出资，不出资不能成为有限责任公司的股东；二是股东出资必须符合规定的要求，我国《公司法》对股东出资做了明确的规定，如全体股东的首次出资额不得低于注册资本的20%，其余部分自公司成立之日起两年内缴足；全体股东的货币出资额不得低于注册资本的30%等；股东出资必须达到法定资本最低限额。

③股东共同制订公司章程。设立有限责任公司，必须制订公司章程，制订公司章程必须符合法律的规定，公司章程由公司股东共同制订，如果是新设立的公司，则由参与设立的各个股东共同制订。共同制订是指在制订公司章程时，股东们取得协商一致，有共同的意愿表达，体现全体股东的意志。

④有公司名称，建立符合有限责任公司要求的组织机构。设立公司，必须有确定的公司名称。按照《公司登记管理条例》的规定，设立公司应当申请名称预先核准。申请名称预先核准，应当由全体股东指定的代表或者共同委托的代理人向公司登记机关提出，并提交相应的文件。公司的运行是由公司的内部组织机构来进行的，没有相应的组织机构，公司就无法开展生产经营活动。设立公司，应当建立符合有限责任公司要求的组织机构。

⑤有公司住所。设立公司必须有公司住所。没有住所的公司，不得设立。公司以其主要办事机构所在地为住所。

（2）设立的程序。

同股份公司相比，有限责任公司的设立程序比较简单些。股东订立公司章程并根据公司章程履行出资义务。建立公司机关、依法办理登记手续后，有限责任公司即可成立。

①设立人订立公司设立协议。设立人首先要对设立公司进行研究，确定设立公司的意向和方案。在此基础上，设立人要就设立公司的有关问题订立协议。公司设立协议内容通常包括：公司宗旨、经营范围、注册资本、投资总额、各方的出资数额和出资形式、公司的组织机构和经营管理、利润分配和风险共担的原则、设立人的权利义务等。公司设立协议是在公司设立阶段设立人之间就公司设立的有关事项以及设立人的权利义务所达成的协议。

②订立公司章程。设立公司必须订立公司章程，以确定公司的类型、宗旨、资本、组织机构等重大问题，为公司的设立和活动提供基本的准则。订立公司章程既是公司设立的一个重要条件，也是公司设立程序中必不可少的环节。有限责任公司的章程订立者是公司的首批股东，章程应当由全体股东在自愿协商的基础上共同制订。股东必须亲自或委托代理人参加公司章程的制订。公司章程必须全体股东一致同意并由全体股东在公司章程上签名盖章。公司章程必须载明法律（公司法）要求必须载明的事项。

③履行出资义务。股东要按照公司法和公司章程规定的出资额、出资形式、出资缴纳期限缴纳出资。股东未按照公司法和公司章程规定的出资额、形式、期限缴纳出资额的，应当向已经按期足额缴纳出资的股东承担违约责任。公司成立后，应当向股东签发出资证明书。出资证明书应当载明下列事项：公司的名称、公司登记日期、公司注册资本、股东的姓名或者名称、缴纳的出资额和出资日期、出资证明书的编号和核发日期。

④办理设立登记。股东履行出资义务、缴纳出资后，应当依法办理设立登记。全体股东应当指定代表或者共同委托代理人向公司登记机关——工商行政管理机关申请设立登记。申请设立登记应当提交登记申请书、公司章程、验资证明等文件。法律、行政法规规定需要经政府有关部门审批的，应当依法办理有关审批手续，并在申请设立登记时提交批准文件。申请公司符合公司的法规规定的条件的，经公司登记机关登记，取得公司营业执照，有限责任公司即行成立。

2.4.2 股份有限公司

1. 股份有限公司的法律特征

股份有限公司是根据法律规定的条件成立，公司全部资本分为等额股份，股东以其所持股份为限对公司承担责任，公司以其全部资产对公司的债务承担责任的企业法人。股份有限公司的法律特征主要有：

（1）发起人符合法定人数。发起人是指依法筹办创立股份有限公司事务的人。我国《公司法》明确规定，设立股份有限公司，应当有2人以上200人以下的发起人。发起人应符合法定人数，发起人少于2人，或者超过200人，都不得设立股份有限公司。

（2）发起人认购和募集的股本达到法定资本最低限额。所谓法定资本最低限额，是指法律规定的股份有限公司注册资本的最低数额。股份有限公司是典型的资合公司，其股本由股东出资的全部财产构成。我国《公司法》规定发起人认购和社会公开募集的股本应当达到资本的最低限额，明确规定了股份有限公司的法定注册资本的最低限额为人民币500万元。法律、行政法规对股份有限公司注册资本的最低限额有较高规定的，从其规定。

（3）股份发行、筹办事项符合法律规定。发起人为了设立股份有限公司而发起股份时，以及进行其他的筹办事项，都必须符合法律规定的条件和程序，不得有所违反。例如，向社会公开募集股份，应当依法报国务院证券监督管理机构核准，并公告招股说明书、认股书；应当同依法设立的证券公司签订承销协议，通过证券公司承销其发行的股份；应当在法定期限内召开创立大会，依法决定有关事项；应当在法定期限内依法向公司登记机关申请设立登记等。

（4）发起人制订公司章程。采用募集方式设立，公司章程须经创立大会通过方为有效。股份有限公司的章程是记载有关公司组织和基本规则的文件。公司章程对公司股东、董事、监事、高级管理人员都具有约束力。由于筹办创立股份有限公司事务的是发起人，所以在设立股份有限公司的过程中，公司章程应当由发起人制订。对于以发起设立方式设立的股份有限公司，由于是由发起人认购公司应发行的全部股份而设立公司，所以全体发起人共同制订的公司章程，对全体发起人也就是全体股东有约束力，无须以其他形式确认其效力，而且发起人制订的公司章程，以股东所持的半数股份以上通过，方为有效。

（5）有公司名称，建立符合股份有限公司要求的机构。公司名称是指本公司与其他公司、企业相区别的文字符号。没有公司名称，该公司就无法参与经济活动，无法受到法律保护。因此，股份有限公司必须有公司名称，并且应依照《公司法》的规定，在其名称中标明股份有限公司或者股份公司字样。建立符合股份有限公司要求的组织机构是指公司必须依照《公司法》的规定，建立股东大会、董事、监事，并依法行使其职权。

（6）资本总额平分为金额相等的股份。股份有限公司的资本总额必须平分为每股金额相等的股份，出资多的股东只是占有数量较多的股份，而不能增加每股的金额。

（7）股份可以自由转让，股本可以上市交易。股份有限公司可以公开向社会发行股票，股票可以自由转让或买卖，但是股东不能抽回资金。

（8）公司账目要公开。股份有限公司要定期公布公司经营状况，让社会了解公司的财务状况和经营状况，便于接受股东的监督，使众多的股东了解和放心，也便于投资者及时做出投资与否的选择。因此，股份有限公司的透明度较高。

2. 股份有限公司的设立方式

（1）股份有限公司的设立，可以采取发起人设立或者募集设立的方式。发起设立是指由发起人认购公司应发行的全部股份而设立公司。以发起设立的方式设立股份有限公司的，在设立时其股份由该公司的发起人认购，而不向发起人之外的任何社会公众发行。由于没有向社会公众公开募集股份，所以，以发起设立方式设立的股份有限公司，在其发行新股之前，其全部股份都由发起人持有，公司的全部股东都是设立公司的发起人。发起设立不向社会公众募集股份，因此，以发起设立的方式设立股份有限公司，比较简单，只要发起人认足了股份就可以到登记机关申请设立登记，但它要求各个发起人有比较雄厚的资金，仅发起人就能够认购公司发行的全部股份。

（2）募集设立。募集设立是指由发起人认购公司发行的一部分，其余股份向社会公开募集或者向特定对象募集而设立公司。以募集设立方式设立股份有限公司的，公司设立时，认购公司应发行股份的人不仅有发起人，而且还有发起人以外的人。以募集设立方式设立股份有限公司，发起人只需投入较少的资金，就能够从社会上聚集到较多的资金，从而使公司能够迅速聚集到较大的资本额。但是，法律对募集设立规定了较为严格的程序，以保护广大投资者的利益，保证正常的经济秩序。

3. 发起人

根据我国《公司法》的规定，设立股份有限公司，应当有 2 人以上 200 人以下发起人，其中须有半数以上的发起人在中国境内有住所。无论是自然人还是法人、中国人还是外国人，均有资格作为设立股份有限公司的发起人。作为自然人的发起人，必须是具有完全行为能力的人，无行为能力或者限制行为能力的人，不得作为发起人。同时，虽然中国人和外国人都可以作为发起人，但发起人必须有半数以上的在中国境内有住所，以便于一定数量的人能够具体办理设立股份有限公司的各种手续，也便于国家对发起人进行监管，防止发起人利用设立股份有限公司来损害广大社会公众的利益。

发起人承担公司筹办事务和发起人协议。股份有限公司发起人必须承担公司筹办事务，例如制订公司章程、依法向国务院证券监督管理机构申请核准公开发行股份、依法选举董事会和监事会、依法公告招股说明书、制作认股书、与证券公司签订承销协议、与银行签订代收股款协议、让法定的验资机构验资并出具证明、依法召开公司创立大会等。发起人协议是指公司发起人之间签订的明确规定了各个发起人在公司设立过程中的权利和义务的协议。由于设立股份有限公司的发起人为多人，所以，每个发起人在公司设立过程中应当认购多少股份、应当具体去承担哪些事务、各自的权利是什么等，都需要明确。

4. 股份有限公司的注册资本

股份有限公司是典型的资合公司，股东以其认购的股份对公司承担有限责任，公司以其全部财产对公司的债务承担责任。因此，确定和维持公司一定数额的资本，并公之于众，使他人了解和掌握公司的信用状况，对于保护债权人的利益和社会交易的安全稳定十分重要。

（1）采取发起人设立方式设立的股份有限公司的注册资本，是指公司全体发起人同意购买并且在公司登记机关依法登记的股本的全部数额。根据我国《公司法》的规定，股份有限公司采取发起设立方式的，注册资本为在公司登记机关登记的全体发起人认购的股本总额。公司全体发起人的首次出资额不得低于注册资本的 20%，其余部分由发起人自公司成立之日起两年内缴足；其中，投资公司可以在五年内缴足。在缴足前，不得向他人募集股份。因此，采取发起人设立方式设立股份有限公司，法律并不要求其注册资本一次全部缴足，发起人可以分期缴纳。

（2）采取募集设立方式设立的股份有限公司的注册资本。由于采取募集设立方式设立的股份有限公司，发起人只需较少的投入，其他资金可以由社会上大批的小股资金聚集而来，所以，发起人没有必要对注册资本进行分期缴纳。为此，我国《公司法》规定，股份有限公司采取募集方式设立的，注册资本为在公司登记机关登记的实收股本总额，即公司的注册资本为公司实际收到作为公司股本的财产总额。已由股东认购但实际并未缴纳的部分，不得计入公司的注册资本额。

（3）注册资本必须达到法定资本的最低限额。股份有限公司作为资本集中的高级企业形式，应当具有足额的资本，以保持一定的规模，为此，我国《公司法》规定，股份有限公司注册资本的最低限额为人民币 500 万元。同时，对于一些行业的股份有限公司，从其具体情况出发，法律、行政法规要求注册资本最低限额高于人民币 500 万元的，则应当遵从法律、行政法规较高的规定。

案例 2-4

华为股份有限公司的选择

在国内经济结构调整、经济下行压力增大的背景下，近期华为公司被暴刷，原因是其创新能力与取得的不俗业绩。

华为股份有限公司于 1987 年在中国深圳正式注册成立，是一家生产和销售通信设备的民营通信科技企业，总部位于中国广东省深圳市龙岗区坂田华为基地。华为的产品主要涉及通信网络中的交换网络、传输网络、无线及有线固定接入网络、数据通信网络及无线终端产品，为世界各地的通信运营商及专业网络拥有者提供硬件设备、软件、服务和解决方案。

华为的产品和解决方案已经应用于 170 个国家，服务于全球运营商 50 强中的 45 家及全球 1/3 的人口。华为在 2010 年以 218.21 亿美元营业收入首次杀入《财富》世界 500 强榜单，排名第 397 位。2016 年，华为的销售收入达到 5 200 亿元，这也意味着华为超越 IBM，进入全球前 75 名，增速为全球千亿规模企业第一。

华为是一家股份有限公司而不是有限责任公司，它成就了 8.2 万名员工持股的梦想。根据华为 2015 年的年报，华为的工资、福利、离职后计划的总开支等接近 1 008 亿元，加上分配给员工折净利润 369 亿元（绝大多数分红+股票升值），华为花在员工身上的钱达 1 377 亿元，17 万名员工人均年收入超过 80 万元。

华为是一家股份有限公司而不是上市公司，它的研发费用比例高于 10%，放大了长期激励的效应。2016 年研发投入达到 608 亿元，稳居世界第八。以投入研发经费计，华为最近十年的研发经费达到 1 900 亿元。

华为是一家内部员工持股的公司，它把关键员工和股东的身份集为一体，解决了委托代理问题。任正非说了三句关于人才的话成为经典："一个人不管如何努力，永远也赶不上时代的步伐，更何况在知识爆炸的时代。只有组织起数十人、数百人、数千人一同奋斗，你站在这上面，才摸得到时代的脚步。""也许我是无能、傻，才如此放权，使各路诸侯的聪明才智大发挥，成就了华为。""什么是人才，我看最典型的华为人都不是人才，钱给多了，不是人才也变成了人才。"

华为是一家创始人尚在的民营企业，创始人任正非是总裁而不董事长，而且 CEO 采取轮值模式。华为公司的以上特征，不是简单照搬公司法的强制性治理，也不是模仿国内外其他公司的治理模式，而是基于自我发展需要制定的《华为基本法》。这部《华为基本法》决定了上述特征的实际行为。

问题：

华为为什么不走上市之路？

5. 股份有限公司的股份发行

(1) 股份发行的原则。

股份是指由股份有限公司发行的股东所持有的通过股票形式来表现的可以转让的资本的一部分。股份有限公司的股份一般具有表明资本成分、说明股东地位、计算股东权责的含义。我国《公司法》规定了有限责任公司和股份有限公司两种公司形式，但只把股份有限公司股东所持有的出资称为股份，而没有把有限责任公司股东所持有的出资称为股份。股份作为公司资本的一部分，是公司资本的最小构成单位，不能再分，所有股东持有的股份加起来即为公司的资本总额。股份有限公司的股份具有平等性，公司每股金额相等，所表现的股东权利和义务是相等的，即只要所持有的股份相同，其股东可以享受的权益和应当履行的义务就相同。股份为股份有限公司股东所持有，股份是股东权利的象征，股东持有多少股份，就享有所持股份限度的权利。

股份的发行是指股份有限公司为了筹集公司资本而出售和分配股份的法律行为。股份的发行应该遵循下列原则：

一是公平原则。参与股份发行的当事人在相同条件下的法律地位是平等的，股份相同的投资者有相同的权利，在法律上负有相同的责任，不应当在股份相同的投资者之间存在不公平的待遇。股份有限公司每次发行股份时的发行条件和发行价格对于社会公众要相同。同次发行的股份，每股的发行条件、发行价格应当相同。任何单位和个人所认购的股份，每次应当支付相同的价格。

二是公正原则。公司在发行股份时要依法处理发行中的问题，做到一视同仁。在股权发行中必须遵守统一制定的规则，当事人受到相同的法律保护，股份发行活动应当做到客观公正，依法行事，维护社会正义，保证有关公正原则的各项规范得以实施。

三是同股同权原则。相同的股份在相同的条件下应当平等。同一个公司，相同的股份在享有的权利上是平等的，在股票上所体现的权利也应当是平等的，按持有股份的多少行使表决权，股利的分配也取决于持股的多少，不应当相同的股份有不相同的权利和股利分配。

(2) 股票的种类。

股份有限公司的股份采取股票的形式。股票是指股份有限公司签发的证明股东按其所持有股份享有权利和承担义务的凭证。股票具有以下性质：

一是有价证券。股票是一种具有财产价值的证券。股票记载股票种类、票面金额及代表的股份数，反映着股票持有人对公司的权利。

二是证权证券。股票表现的是股东的权利。任何人只要合法占有股票，就可以依法向公司行使权利，比如公司盈利时要求公司分配自己的股息，公司破产清算时要求分配公司的剩余财产，而且公司股票发生转移时，公司股东的权益也应随之转移。

三是要式证券。股票应当采用纸面形式或者国务院证券监督管理机构规定的其他形式，其记载的内容和事项应当符合法律的规定。

四是流通证券。股票可以在证券交易所进行交易。

股票的种类有很多，我国目前发行的股票通常按三种方式分类：

①按股东的权利划分，股票可分为普通股和优先股。普通股是公司发行的无特别权利的股票，是公司资本构成中的基本部分，具有一切股票的基本特点，是最常见的投资形式，又是风险最大的投资形式。普通股只可以享受红利分享权、资产分配权、公司管理权、认股优先权等。优先股是指股份有限公司为吸引希望获得稳定收入，但不参与公司经营决策的出资者附加某种优惠条件而发行的股份。优先股比普通股具有一定的优先权，即分配股息时优先领到公司股息，优先分配公司剩余财产。

②按股票是否记名划分，股票可分为记名股票和无记名股票。记名股票是指股东姓名记载在股票票面，无记名股票是指股东姓名不记载在股票票面。

③按股票的发行对象划分，股票可分为 A 种股票、B 种股票和 H 种股票。我国公司对境内自然人和法人发行的股票统称为 A 种股票。以人民币标明股票面值，以外币认购和进行交易，专供外国和我国香港、澳门、台湾地区的投资者买卖的股票，称为 B 种股票。外国和我国香港、澳门、台湾地区的投资者不得买卖人民币股票，即 A 种股票，大陆籍投资者不得买卖 B 种股票。我国公司在香港上市的股票称为 H 股。

（3）股票发行的价格。

股票的发行价格是股票发行时所使用的价格，也是投资者认购股票时所支付的价格。股票发行价格一般由发行公司根据股票面额、股市行情和其他有关因素决定。股票的发行价格可以分为平价发行价格和溢价发行价格。平价发行是指股票的发行价格与股票的票面金额相同，也称之为等价发行、券面发行。溢价发行是指股票的实际发行价格超过其票面金额。股票可以按照票面金额发行，也可以按高于票面金额的价格发行，但不能以低于票面金额的价格发行。按照市场经济的要求，股票的发行价格应主要通过市场机制形成。

（4）发行新股的条件。

股份有限公司登记成立后，即向股东正式交付股票。公司登记成立前不得向股东交付股票。

股份有限公司公开发行新股必须符合下列条件：

①具备健全且运行良好的组织机构。良好的公司治理是实现公司科学管理、提高公司运营效率、促进公司发展、维护股东利益的重要组织保障。我国上市公司存在公司结构、机制不健全，影响公司的经营管理，使股东特别是中小股东利益受损的问题，也反面证明了健全良好的公司组织机构的重要性。对此，中国证监会在 2001 年发布的《上市公司新股发行管理办法》中就要求上市公司发行新股，"必须具有完善的法人治理结构"。

②具有持续赢利能力、财务状况良好。股东投资公司是为了获取股利收益，股东购买公司股票实际上是购买公司的赢利能力。因而，公司良好财务状况、具有持续赢利能力，就成为股东利益的重要保证。

③最近三年内财务会计文件无虚假记载，无其他重大违法行为，这对提高发行新股的依法经营意识，促进其依法经营，具有积极意义。

④经国务院批准的国务院证券监督管理机构规定的其他条件。

根据《证券法》的规定，上市公司非公开发行新股（即 200 人以下、特定对象发行新股），应当符合经国务院批准的国务院证券监督管理机构规定的条件。

（5）新股发行的程序。

股份发行不但具备法定条件，还要履行法定程序。根据《公司法》的有关规定，新股发行要履行以下程序：

①股东大会对发行新股的有关事项做出决议。发行新股是公司增加资本的一种方式，不仅涉及公司资本的增加，而且涉及（原有）股东持股比例，进而涉及其享有的权利和利益，因而公司增资发行新股，通常必须由股东大会做出决议（而且是特别会议）。需要由股东大会做出决议的有关事项包括：新股种类及数额、新股发行价格、新股发行的起止日期、向原有股东发行新股的种类及数额。

②办理公司公开发行新股审核。向社会公开发行股份直接关系到社会投资者的切身利益和证券市场秩序，为保护社会公众投资者的利益，保证证券交易的安全和证券市场秩序，国家通常会对向社会公开发行的股份进行规划。根据我国《证券法》的规定，向社会公开发行股份，必须经国务院证券监督管理机构审核；未经核准，发起人不得向社会公开发行股份。

③公告招股说明书和财务会计报告。招股说明书和财务会计报告是记载公司股份发行计划和公司业务、财务状况的详细资料，是投资者全面了解公司及其股票发行、判断公司经营和效益状况，进而做出投资决策的主要资料。我国《公司法》规定，"公司经国务院证券监督管理机构核准公开发行新股时，必须公告新股说明书和财务会计报告，并制作认股书。"公司公告的招股说明书和财务会计报告必须真实、准确、完整。

④确定承销机构并签订协议。公司向社会公开发行新股，必须由证券经营机构承销。股票承销可以采取代销和包销两种方式。股票代销是指证券公司代发行人销售股票，在承销期结束时将未出售的股票全部退回给发行人的承销方式。股票包销指证券公司将发行人的股票按照协议全部购入或者在承销期结束时将售后剩余股票全部自行购入的承销方式。承销机构确认后，发行公司要同其签订承销协议。为了收回和保存股款，发起人还要同银行签订代收股款协议。

⑤认股人认股并缴纳股款。认股人认股时，必须填写认股书。认股人应当在认股书上填写所认股份数量及金额、认股人住所并签名、盖章。认股人认股后，有按照所填认股书缴纳股款的义务。公司发行股份全部认足后，发起人应当向认股人发出缴纳股款的通知。认股人应当按所认股款数额在规定的缴纳股款期限内向代收股款的银行缴纳股款。代收股款的银行应当按协议代收和保存股款，向缴纳股款的认股人出具收款单据，并有向有关部门出具收款证明的义务。

⑥办理变更登记并公告。我国《公司法》规定，"公司发行新股募足股款后，必须向公司登记机关办理变更登记，并公告。"

6. 股份转让

股份转让是指股份有限公司的股份持有人依法自愿将自己所持有的股份转让给他人，使他人取得股份成为股东的法律行为。

（1）股份转让的特点。

①股份转让在公司法中特指股份有限公司的股份转让。公司法将有限责任公司股东转

让出资的行为称为股权转让（有的称为出资的转让）。

②股份转让须依法进行。所谓依法转让，是指股份转让持有人在转让自己的股份时必须按照公司法、有关法律（比如证券法）和行政法规等的规定将自己的股份转让给他人，比如按照证券法的规定，上市公司上市交易的股票必须在法定的证券交易所进行转让等。

③股份转让属于相对自由的转让。股份自由转让是股份有限公司的一个特点，也是一项基本原则。在股份转让中，只要股东转让符合法定要求，其他人就无权干涉股份持有人转让自己的股份。股份转让，对于股份有限公司的股份持有人来讲，是将自己的出资收回；对于取得股份的人来讲，意味着成为公司的股东。股份转让不影响公司"资本"的稳定。由于股份有限公司是一种资合性公司，公司与股东的关系如何并不重要，只要公司"资本"不减，就能维持公司的正常运行，确保公司债权人的合法权益。所以，股份有限公司的股权转让是一种自由转让。

④股份转让在特定情况下要受到一定的限制。股份转让是股份有限公司的一般原则，股份的转让不是一种绝对自由的转让，必须遵守法律、行政法规的规定。比如公司的发起人、董事、监事、高级管理人员所持股份的转让要受到一定限制。

⑤股份转让是以股票的形式出现的。按照《公司法》的规定，公司的股份的具体表现形式是股票，因此，股份的转让是通过股票的转让来完成的。

⑥股份转让是一种法律行为，转让人和受让人买卖股票的行为均出于双方自愿，但该行为须符合法律、行政法规的要求。

（2）股份转让的方式。

股份转让是在依法设立的证券交易所进行的。证券交易场所包括证券交易所和证券交易所以外的其他交易所。关于证券交易所的设立，《证券法》《行政法》等法律有所规定。按照现行规定，上市公司股票的转让在证券交易所进行。目前，我国依法设立的证券交易所有两个：一个是上海证券交易所；另一个是深圳证券交易所。同时，为确保股份依法有序转让，确保股份的转让自由，还可以采取由国务院根据我国的实际情况做出具体规定的方式进行。

（3）股份转让的限制。

①股东转让股份的限制，包括发起人和上市交易股东。

发起人持有的本公司股份，自公司成立之日起一年内不得转让，其目的是增强发起人在公司创办阶段的责任感和防止某些人利用创办公司的名义从事违法的投机行为。

公司公开发行股份前已发行的股份自公司股票在证券交易所上市交易之日起一年内不得转让，其目的是确保上市公司上市初期的稳健运作和防止某些人从事一些违法投机行为。

②公司管理人员转让股份的限制，包括法律规定的限制和公司章程规定的限制。

法律规定的限制。一是公司董事、监事、高级管理人员应当向公司申报所持有公司的股份及其变动情况。二是这些人员在任职期间每年转让的股份不得超过其所持有本公司股份总数的25%；公司股票在证券交易所上市交易的，自上市交易之日起一年内不得转让。三是这些人员离职后半年内，不得转让其所持有的本公司的股份。其目的是防止这些人因了解公司情况从事投机行为，损害其他投资者的合法权益。需要说明的是，如果这些人属于法定限制的"发起人"，则同时执行有关发起人的限制性规定。

公司章程规定的限制。公司章程可以对法定的公司管理人员转让股份做出更严格的规定，这些规定属于授权规定，公司章程可以规定，也可以不规定。章程有规定的，执行章程规定；章程没有规定的，执行法律的规定。

7. 上市公司

上市公司是指其股票在证券交易所上市交易的股份有限公司。上市公司只是股份有限公司中的一小部分，并非所有的股份有限公司都是上市公司。西方发达国家对上市公司的管理非常严格，规定了非常具体的上市条件。美国有几十万家股份公司，而股票在纽约证券交易所上市的公司只有 2 000 家。日本上市公司数量在全部股份公司中所占的比重为 0.2%。在伦敦证券交易所上市的公司只有 2 400 家，在巴黎证券交易所上市的法国公司只有 1 000 家。西方各国对上市公司都做了严格的限制。上市公司具有以下两个特征：

一是必须是已向社会发行股票的股份有限公司即以募集设立方式的股份有限公司，可以依照法律规定的条件，申请其股票在证券交易所内进行交易，成为上市公司。以发起设立方式成立的股份有限公司，在公司成立后，经过批准向社会公开发行股份后，又达到公司法规定的上市条件的，也可以申请成为上市公司。

二是上市公司的股票必须在证券交易所开设的交易所公开竞标交易。证券交易所是国家批准设立的专门为证券交易提供公开竞价交易场所的事业法人。目前我国有深圳证券交易所和上海证券交易所。上市公司的股票，依照法律、行政法规及业务规则上市交易。

（1）上市公司的法律特征。

上市公司是股份有限公司的构成部分，也是最具有典型性的股份有限公司。与一般的股份有限公司相比，上市公司具有如下法律特征：

①上市公司是建立在股份公开发行基础之上的股份有限公司。按照我国《证券法》规定，股份有限公司申请股票上市的条件之一就是"股票经国务院证券监督管理机构核准已公开发行"，说明公开发行股票是股份有限公司上市的前提。实践中，公开发行股票的股份有限公司又称"公众公司"，"公众公司"是上市公司的主要来源。

②上市公司是股份在证券交易所集中交易的股份有限公司。"上市"的含义就是公司股份"上市交易"，即进入证券交易所进行集中交易。我国上市公司目前的股份还有流通股和非流通股之分，只有流通股才能"上市交易"，非流通股正逐步通过"股权分置"等方式来解决"上市交易"的问题。

③上市公司是与证券市场紧密联系的股份有限公司。上市公司作为股份有限公司的典型形式，其主要功能的形成和释放，都离不开证券市场。正是借助和依托证券市场机制，上市公司才有可能真正建立一整套科学的法人治理结构，从而不断提高公司的效率。

④上市公司是股东人数众多的股份有限公司。正是由于上市公司与证券市场的关系，任何社会公众只要在证券市场购买了公司股票就成为该公司股东，因此，实践中的上市公司，股东人数动辄数万、数十万并不为奇。

⑤上市公司是信息必须有披露制度的股份有限公司。按照《公司法》规定，信息披露

是上市公司必须履行的一项法律义务。如果上市公司不履行这一义务或不按照规定披露信息，就可能承担相应的法律责任。

⑥上市公司是受法律严格规制的股份有限公司。就我国目前情况看，对上市公司的规制，其严格性和严密程度不仅超过了其他任何一种公司形式，也为所有企业形式之冠。

(2) 公司上市的条件。

根据《证券法》的规定，股份有限公司申请上市交易，应当符合下列条件：

①股票经国务院证券监督管理机构核准已公开发行。公开发行股票包括募集发行与新股发行，二者均须国务院证券监督管理机构核准，只有经核准已公开发行的股票，才能上市交易。

②公司股本总额不少于人民币3 000万元。这是对公司股票发行规模的要求，其目的是使上市公司具有较大的资本实力和较强的经济实力。修改的《公司法》规定公司股本总额不少于人民币5 000万元，修改后的《证券法》降低了股本的总额要求，进而降低了公司股票上市的门槛。

③公开发行的股份达到公司股份总数的25%以上；公司股本总额超过人民币4亿元的，公开发行股份的比例为10%以上。这是关于公司股本结构的要求，其目的是使公司发行的股份占有适当比例，使上市股票有足够的流通性，防止股票过于集中而可能产生的问题。

④公司最近3年无重大违法行为，财务会计报告无虚假记载。这是对公司依法、诚信经营的要求。

证券交易所可以规定高于以上四项的上市条件，并报国务院证券监督管理机构批准。

(3) 公司上市的程序。

股份有限公司申请上市，除应具备法定条件外，还必须遵循相应的法定程序。股票上市交易实行核准制度，应当向证券交易所提出申请，由证券交易所依法审核同意，并由双方签订上市协议。

①提出股票上市交易申请，根据我国《证券法》的规定，股份有限公司向证券交易所提出股票上市交易申请时，应当报送下列文件：上市报告书；申请股票上市的股东大会决议；公司章程；公司营业执照；依法经会计师事务所审计的公司最近3年的财务会计报告；法律意见书和上市保荐书；最近一次招股说明书；证券交易上市规则规定的其他文件。

②证券交易所依照法定条件和法定程序对股份有限公司的上市申请进行审核，做出同意或不同意的决定。对证券交易所做出的不予上市决定不服的，申请人可以向证券交易所设立的复核机构申请复核。

③和证券交易所签订上市协议，由证券交易所安排股份有限公司证券上市。

④进行上市公告。股票上市交易申请经证券交易所审核同意后，拟上市公司应当在规定的期限内公告股票上市的有关文件，并将该文件备置于指定场所供公众查阅。拟上市公司除公告上述申请文件外，还应当公告下列事项：股票获准在证券交易所交易的日期；持有公司股份最多的前10名股东名单和持股数额；公司的实际控制人；董事、监事、高级

管理人员的姓名及其持有本公司股票和债券的情况。

（4）股票上市交易的暂停和终止。

上市公司有下列情形之一的，由证券交易所决定暂停其股票上市交易。

①公司股本总额、股权分布等不再具备上市条件。

②公司不按照规定公开其财务状况，或者对财务会计报告作虚假记载，可能误导投资者。

③公司有重大违法行为。

④公司最近三年连续亏损。

⑤证券交易所上市规则规定的其他情形。

上市公司有下列情形之一的，由证券交易所决定终止其股票上市交易。

①公司股本总额、股权分布等不再具备上市条件，在证券交易所规定期限内仍不能达到上市条件。

②公司不按照规定公开其财务状况，或者对财务会计报告作虚假记载，且拒绝纠正。

③公司最近三年连续亏损，在其后一年内未能恢复赢利。

④公司解散或者被宣告破产。

⑤证券交易所上市规则规定的其他情形。

（5）创业板IPO上市条件。

创业板作为多层次资本市场体系的重要组成部分，主要目的是促进自主创新企业及其他成长型创业企业的发展，是落实自主创新国家战略及支持处于成长期的创业企业的重要平台。具体讲，创业板上市公司应是具备一定的盈利基础、拥有一定的资产规模，且需存续一定期限，具有较高的成长性的企业。首次公开发行股票并在创业板上市主要应符合如下条件。

①发行人应当具备一定的盈利能力。为适应不同类型企业的融资需要，创业板对发行人设置了两项定量业绩指标，以便发行申请人选择：第一项指标要求发行人最近两年连续盈利，最近两年净利润累计不少于1 000万元，且持续增长；第二项指标要求最近一年盈利，且净利润不少于500万元，最近一年营业收入不少于5 000万元，最近两年营业收入增长率均不低于30%。

②发行人应当具有一定规模和存续时间。根据《证券法》第五十条关于申请股票上市的公司股本总额应不少于3 000万元的规定，管理办法要求发行人具备一定的资产规模，具体规定最近一期期末净资产不少于2 000万元，发行后股本不少于3 000万元。规定发行人具备一定的净资产和股本规模，有利于控制市场风险。管理办法规定发行人应具有一定的持续经营记录，具体要求发行人应当是依法设立且持续经营三年以上的股份有限公司，有限责任公司按原账面净资产值折股整体变更为股份有限公司的，持续经营时间可以从有限责任公司成立之日起计算。

③发行人应当主营业务突出。创业企业规模小，且处于成长发展阶段，如果业务范围分散，缺乏核心业务，既不利于有效控制风险，也不利于形成核心竞争力。因此，管理办法要求发行人集中有限的资源主要经营一种业务，并强调符合国家产业政策和环境保护政

策。同时，要求募集资金只能用于发展主营业务。

④对发行人公司治理提出从严要求。根据创业板公司特点，在公司治理方面参照主板上市公司从严要求，要求董事会下设审计委员会，强化独立董事职责，并明确控股股东责任。

本章小结

1. 企业制度是指以产权为基础和核心的组织制度和管理制度。
2. 企业制度的种类：个人独资企业、合伙制企业和公司制企业。
3. 现代企业制度的特征：产权明晰、权责明确、政企分开、管理科学。
4. 现代企业制度的内容涉及现代企业产权制度、现代企业组织制度和现代企业管理制度，其中现代企业组织制度是指在所有权和经营权相互分离的原则下，由此派生出来的公司决策权、执行权和监督权三权分立，形成了公司股东会、董事会、监事会和经理人员并存的公司组织机构框架。
5. 公司制度是现代企业制度的主体，我国建立现代企业制度选择公司制形式，并确定了两种公司形式，即有限责任公司和股份有限公司。

本章练习

一、简答题

1. 什么叫企业制度？它的含义包括哪些方面？
2. 市场经济条件下的企业制度有哪几种？单个业主制企业与合伙制企业各有何优点和缺点？
3. 公司制企业有哪些特征？如何理解现代企业制度的概念？
4. 什么是产权？什么是法人财产权？
5. 有限责任公司有哪些法律特征？
6. 设立有限责任公司应具备哪些条件？按什么程序设立？
7. 股份有限公司有哪些特征？
8. 什么是股票？股票的种类有哪些？
9. 什么是上市公司？股份有限公司申请上市必须符合哪些条件？

二、案例分析

谁动了我的"灯泡"——雷士照明控制权争夺始末

吴长江，1965年生于重庆铜梁，1998年年底创立雷士照明。雷士照明于2010年5月20日在香港联交所主板上市（代码：02222.HK）。雷士照明拥有广东、重庆、浙江、上海等制造基地，2家研发中心，36家运营中心和3 000余家品牌专卖店，并在世界30个国家和地区设立了经营机构。2012年，雷士照明已由一个创建初100万元的小公司成长为年收入超过150亿元的上市公司。

2012年5月25日，雷士照明宣称董事长兼CEO吴长江因个人原因辞职。此后，雷士照明陷入动荡之中，工人罢工两周，高管离职不断。2012年8月17日，吴长江赶到惠州工厂进行安抚，并以创始人身份主持生产。

◆吴长江创业融资的血泪史

1998年年底，吴长江出资45万元，他的两个高中同学出资55万元，以100万元的注册资本在惠州创立了雷士照明。2005年，吴长江与另外两个股东产生了严重的分歧。其他两个股东认为，公司这几年一直在投入，现在赚钱了应该分红，吴长江却认为，企业还做得不够大，赚来钱应投入扩大再生产。双方互不相让，最后股东之间摊牌，对方占有55%股份，吴长江只有45%的股份，吴长江让出董事长的位置，并被要求领走8 000万元后彻底退出雷士照明。在吴长江签订协议退出后，经销商、供应商以及公司的中高层干部发起了雷士战略研讨会，大家决定举手表决吴长江的去留，结果是全票通过吴长江留下，其余两名股东被迫各拿8 000万元离开，吴长江持有雷士照明100%股权。

困难随之而来，支付给另外两名股东的总额1.6亿元的现金使得雷士照明不堪重负，吴长江开始寻求外部资金。2006年，亚盛投资创始人兼总裁毛区健丽开始协助吴长江融资，他与陈金霞等四人共投资994万美元购买雷士照明30%的股份，吴长江的股份稀释为70%。

由于扩大再生产的需要，2006年8月，毛区健丽牵线软银赛富投资雷士照明2 200万美元。两次稀释公司股权之后，吴长江拥有雷士照明41.8%股权。

2008年8月，雷士照明为了增强其节能灯制造能力，以现金加股票的方式收购世通投资有限公司，其中现金部分必须支付4 900万美元，但雷士照明并没有足够的现金来支付这笔收购款，不得不引入高盛。高盛出资3 656万美元，占股11.02%。软银赛富选择行使上次融资时合同规定的参与下次融资的买权，跟投出资1 000万美元，占股36.05%，成为雷士照明的第一大股东。至此，财务投资者拥有47.07%的股权，控制企业；而吴长江持股34.4%。

吴长江收购世通投资，定向增发了326 930股雷士照明给世纪集团作为收购对价的一部分，世纪集团占14.75%。这次增发后，吴长江的股权减少为29.33%。

2010年5月，雷士照明在港交所上市，发行6.94亿新股，占发行后总股本的23.85%，发行价2.1港元，募集资金14.57港元。吴长江的股权进一步被稀释到22.33%。

2011年7月，雷士照明引进法国施耐德电气作为策略性股东，由软银赛富、高盛联合吴长江等六大股东，以4.42港元，共同向施耐德电气转让2.88亿股股票。施耐德电气耗资12.75亿港元，股份占比9.22%，成为雷士照明第三大股东。施耐德电气与雷士照明签订了为期十年的《销售网络战略合作协议》，据此施耐德电气的电气产品可以通过雷士照明旗下的3 000家门店渠道进行销售。至此，创始人吴长江占股17.15%。期间，吴长江通过与汇丰银行签订涨股权衍生品交易合约以及向券商贷款买股票方式在二级市场上增持股票，到2012年5月15持股比例达到19.19%。

◆ **吴长江 PK 机构投资者**

雷士照明2012年5月25日早晨发布公告，称公司创始人吴长江因个人原因已辞任董事长、执行董事兼首席执行官、董事会所有委员会职务，接任者为公司的非执行董事、机构投资者阎焱，委托机构投资者一方张开鹏为首席执行官。

2012年6月14日，经多方证实，吴长江疑因在重庆涉嫌未经董事会批准将2 000元的政府补贴和一块土地转到自己公司名下，已被有关部门带走调查。6月22日，吴长江接受采访时强调自己是雷士照明这艘船上的一分子。"明理的人都知道，大家已经上了船，如果不愿意，你想赶也赶不走。何况我是一个创始人，如果我不想下这个船，谁也赶不走我，这是个很简单的道理。"

2012年7月12日，吴长江首次公开回应辞职门，表示当时辞职是董事们要求自己回避一段时间。随后，雷士照明董事会与员工、管理层、运营商等召开沟通见面会。会议上，雷士照明的中层管理人员、基层员工、经销商、供应商等一致向投资方赛富基金合伙人、雷士照明现任董事长阎焱及施耐德电气代表提出诉求，包括让雷士照明创始人、原董事长吴长江尽快回到雷士照明工作，以及施耐德电气退出雷士照明等。经销商和供应商与股东谈判的五点要求如下：①改组董事会，不能让外行领导内行，阎焱不能干涉公司经营管理；②争取更多员工期权；③要让吴长江回到雷士照明工作；④让施耐德电气退出雷士照明；⑤选出两位经销商进入董事会。

部分雷士照明员工称，如果资方不尊重员工意见，就会无限停工。在雷士照明的万州工厂、惠州工厂等基地，有员工拉起了"无良施耐德""吴总不回坚决不复工"等横幅，部分岗位出现了上岗不工作的情况。

自2012年7月27日罢工停止以来，万州工厂约55名员工、惠州工厂约102名员工已辞职，分别占万州工厂总员工数的2.6%、惠州工厂总员工数的4.1%。雷士照明万州及惠州工厂共有50家核心原材料供应商，其中有25家表示未来不再为雷士照明供货。预计工厂现有的存货只能维持一段时间生产，如果这种情况无法解决，公司只能寻找合适的替代供应商。

2012年8月15日，吴长江回归雷士照明，以大股东兼创始人身份主持生产。雷士照明14日晚间发布公告，对吴长江的卸任缘由、员工等情况进行说明。雷士照明公告显示，"就董事会组成而言，董事会并不认为现在是一个恰当的时间向董事会委任额外董事。"这意味吴长江暂时无法回归雷士照明的董事会。

2012年9月4日晚间，雷士照明发布公告，称公司决定设立一个临时委员会管理公司日常运营，运营委员会由吴长江、朱海、张开鹏等组成，其中吴长江担任该临时委员会的负责人。吴长江作为运营委员会的负责人向董事会确认其会遵守上市规则以及相关的所有法律法规和董事会作出的所有决议和决定。此前停止供货的供应商陆续恢复供货，辞职的高管也已经全部回归，公司正常运营，雷士照明全国各区域市场也趋于正常。

◆ **争斗尾声**

2012年9月29日，继雷士照明内斗风波之后，雷士照明创始人、前董事长吴长江，现任董事长阎焱，施耐德电气（中国）有限公司兼总裁朱海首次共同亮相。三人表示，之前的风波是因为对公司管理方式的意见不同，如今已经达成和解，有信心使雷士照明重回正常轨道并取得良好的业绩。阎焱在接受媒体采访时谈道："我是被董事长的，我个人希望明天就辞掉董事长。"阎焱认为理想的董事长人选是吴长江，并表明吴长江回归董事会不会超过三个月。吴长江也表现出对回归董事会的迫切心情。吴长江认为董事会是公司的最高决策机构，他希望能够进入董事会，尤其在决策上能发表一些见解意见，也希望能够参与制订公司经营战略。

吴长江的结局：2014年4月，德豪润达通过从吴长江手中收购股份，累计持股比例上升到27.03%，吴长江个人持股下降到1.71%。雷士照明2014年8月8日晚间在香港联交所网站上发布公告，宣布罢免吴长江CEO职务。2015年1月5日，据证券时报网消息，吴长江因涉嫌挪用资金罪，已于1月4日下午被广东惠州市公安局移送至惠州市人民检察院提请批准逮捕。2016年12月22日，广东省惠州市中级人民法院对外公告称，因挪用资金罪、职务侵占罪，吴长江被判处有期徒刑14年。

问题：

1. 吴长江失去控制权的原因何在？
2. 吴长江可以通过哪些方式保持控制权？
3. 创始人应该如何处理与机构投资者的关系？
4. 本案例带给民营企业创始人哪些经验教训？

第三章 现代企业战略管理

学习目标

1. 掌握企业战略与企业战略管理的概念。
2. 掌握企业战略管理的工具：SWOT 分析法、PEST 分析法、波士顿矩阵和波特的五力模型。
3. 掌握企业竞争战略的种类，如何选择和实施竞争战略。
4. 了解战略评价与控制的基本内容。

素养目标

通过本章的学习，掌握企业战略及企业战略管理的概念、企业战略管理的常用工具，了解企业一般竞争战略的基本内容，为制订企业战略决策提供基础知识。

本章导读

现代企业面临动荡不安的经营环境，企业管理者必须牢牢把握那些关系企业未来生存和发展的关键性、全局性的战略问题，从战略高度考虑合理运用可取得的资源，充分利用环境提供的机会，改善本身的素质，努力实施适应环境变化的战略性管理，才能使企业在竞争中求得成长和发展。

案例导入

某些情况下，公司所在的环境会发生巨大变化，这些变化往往会改变公司的未来前景，并要求公司对自己的发展方向和战略方向进行大幅度的修订，英特尔的总裁安德鲁·格罗夫把这种情况叫作"战略转折点"。

格罗夫和英特尔在 20 世纪 80 年代中期遇到了一次这种战略转折点。当时，计算机存储芯片是英特尔的主要业务，而日本的制造商想要占领存储芯片业务，因此他们比英特尔以及其他芯片生产商的价格降低了 10%，每一次美国的生产商回应日本生产商的降价行为时，日本的生产商都会再降低 10%，为了对付日本竞争对手的这种挑衅性定价策略，英特尔公司研究出了很多战略选择——建立巨大的存储芯片生产工厂，以克服日本生产商的成本优势；投资研究与开发，设计出更加高级的存储芯片；撤退到日本生产商并不感兴趣的小市场上去。最后，格罗夫认为，所有这些战略选择都不能为公司带来很好的前景，最好的长期解决方案是放弃存储芯片业务——尽管这块业务占英特尔公司收入的70%。

格罗夫将英特尔的全部能力致力于为个人计算机开发出更强大的微处理器（英特尔早在20世纪70年代的早期就已经开发出来了一种微处理器，但是由于微处理器市场上的竞争很激烈，生产力过剩，所以英特尔现在才将公司的资源集中在存储器芯片上）。从存储器芯片业务撤退，使英特尔公司在1986年承担了1.73亿美元的账面价值注销，并全力以赴参与微处理器业务——格罗夫所做的这项大胆的决策实际上给英特尔公司带来了一个新的战略使命：成为个人计算机行业微处理器最主要的供应商，使个人计算机成为公司和家庭应用的核心，成为推动个人计算机技术前进的一个无可争辩的领导者。

今天，85%的个人电脑带有"Intel Inside"的标签，同时，英特尔公司是美国1996年盈利最大的五家公司之一，营业收入额达208亿美元，税后利润为52亿美元。

（资料来源：[美] 亚瑟·A·汤姆森. 战略管理：概念与案例 [M]. 15版. 高增安，译. 北京：机械工业出版社，2008.）

3.1 企业战略与战略管理

3.1.1 企业战略的概念

自1965年美国著名管理学家安索夫（Ansoff）发表了"企业战略论"以来，企业战略一词被广泛地运用于社会经济生活中的各个领域，成为管理科学领域中一门年轻的学科，经过几十年的发展，不同的管理学家或企业管理工作者对企业战略的概念有着各自不同的观点和解释。

从广义上说，企业战略包括了企业的意图（purpose）、企业的目标（goal）、企业的战略（strategy）、企业的政策（policy）。战略是目标、意图或目的以及达到这些目的而制订的主要方针和计划的一种模式，这种模式决定着企业正在从事或者应从事何种经营业务以及应该属于何种经营类型，它涉及企业所有的关键活动，而且与企业的外部环境紧密相连，因此，它应是长期计划的演变和发展。它体现了战略的两个基本特征：前瞻性——战略形成在经营活动发生之前；主观性——反映企业高层主管对未来行动的主观愿望。

从狭义上说，企业战略仅仅是指企业实现其宗旨和一系列长期目标的基本方法和具体计划。企业战略就是决定企业将从事什么事业，以及是否从事这一事业，这种战略更强调关注企业外部环境，尤其是企业的产品构成和目标市场。随着经济全球化的发展，竞争范围的确成为企业的一项重要工作，现实中许多企业因业务范围过宽而形不成自己的竞争优势，同样也有许多企业因业务范围过窄而失去发展的良好机会。因此，确定企业正在从事何种事业或决定将要进入哪种行业，已经成为企业战略研究的中心议题。企业战略的主要观点如下：

1. 安索夫的观点

安索夫指出，企业在制订战略时，有必要首先确定自己的经营性质。不论是按照产品系列的性质还是按照构成产品系列的技术来确定企业的经营性质，企业目前的产品和市场与企业未来的产品与市场之间一定存在着一种内在的联系，安索夫将这种内在联系称为"共同的经营主线"，通过分析这种共同的经营主线可以把握企业运行的方向，寻找企业发展的新使命。

他认为使命是现有产品的一种需求，而用户是产品的实际购买者。因此，企业的使命与用户的需求之间是有区别的，一个用户往往会有一系列不相关的需求，在制订战略的过程中，企业应该在用户已定的情况下，寻找存在于企业使命中的产品特征、技术或者需求相似性作为企业共同的经营主线。企业如果将其经营性质定义得过宽，则会失去共同的经营主线，也就无法制订企业战略；反之，企业如果将其经营性质定义得过窄，则会由于应变能力不足，而难以在复杂多变的环境中生存，总之，经济发展的现实对企业家和管理学家提出了客观的要求，即企业的战略必须一方面能够指导企业的生产经营活动，另一方面能够为企业的发展提供足够的空间。

2. 安德鲁斯的观点

安德鲁斯（K. Andrews）是美国哈佛大学商学院的教授。他认为企业总体战略是一个决策模式，决定和提示企业的目的和目标，提出实现目的的重大方针和计划，确定企业应该从事的经营业务，明确企业的经济类型与人文组织类型，决定企业应当对职工、顾客和社会做出的经济与非经济的贡献。

安德鲁斯的定义指出了企业总体战略要解决的主要问题是企业长远发展的使命与实现使命的有机结合，使企业能够形成自己的特殊的战略属性和竞争优势，将不确定的环境因素与企业的经营活动很好地结合起来，以便能够集中企业的各种资源形成企业产品市场的"生长圈"，并且能够在较长的时间内相对稳定地执行企业的战略。

3. 明茨博格的观点

明茨博格（H. Mintzberg）是加拿大麦吉尔大学的管理学教授，他认为在企业经营活动中经营者可以在不同的场合以不同的方式赋予战略不同的定义。他提出了战略是由五种规范的定义阐明的，即计划（plan）、计策（ploy）、模式（pattern）、定位（position）和观念（perspective），即5P。

（1）战略是一种计划。

作为计划的战略有两种含义，一方面战略是有意识地开发出来的，是设计出来的，是明确的,一般情况下还应该是公开的;另一方面战略是行动前制订的,供决策者在行动中使用。

(2) 战略是一种计策。

作为计策的战略是指在特定的环境下,企业把战略作为威胁和战胜竞争对手的一种手段、一种方式。任何一个竞争对手的重大战略行动,如技术创新、产品换代、管理改革、降低价格等,都会产生一连串的联动效应,进而改变市场或行业的竞争格局。作为计策的战略就是要在行动前充分考虑对手可能的变革,在行动中争取先发制人的战略行动。

(3) 战略是一种模式。

作为模式的战略是指战略不仅可以是行动前制订的,即是由人们有意识地设计出来的,而且可以是人们行动的结果。明茨博格提出战略是一种模式的定义用于说明战略执行结果的行为。根据这一观点,战略可以被看作一种行为流,作为计划的战略是行动前的战略,而作为模式的战略是已实现的战略,在两者之间是战略的实施过程,在战略的实施过程中还会有事前没有设计的自发产生的战略被执行,也会有事前计划而没执行或虽然被执行却没有结果的战略,因而战略是一种动态的过程。

(4) 战略是一种定位。

作为定位的战略一是指战略应当确定企业在环境中的位置,由此确定企业在产品与市场、社会责任与自身利益、内部组织与外部组织的一系列的经营活动和行动之中,而避免栖身于前景黯淡的行业;二是在行业竞争地位的选择上,依靠有意识地开发出来的竞争优势,创造出有利的竞争地位。

(5) 战略是一种观念。

作为观念的战略是指战略应当体现组织中人们对客观世界固有的认识方式,是人们思维的产物。战略之所以能够成为企业制胜的法宝,就是因为战略体现了决策者对企业的变革,而这种变革的集中体现就是一种与众不同的观念,一种能够使组织成员共享的观念,有了这种不仅能够共享而且能够转化为组织成员共同行动的观念,战略才可能得到准确的执行,才能获得成功。

综上所述,企业战略就是着眼于企业的未来,根据企业外部环境的变化和内部的资源条件,为求得企业生存和长期发展而进行的总体性谋划。

3.1.2 企业战略的发展及其特征

美国经济学家切斯特·巴纳德(Q. Barnard)对影响企业发展的各种因素和各种因素之间的相互关系进行了分析,在1938年出版的《经营者的职能》一书中,就企业生存和发展的核心因素首先使用了战略这一概念。

美国学者钱德勒于1962年发表的《战略与结构:美国工业史的考证》、1965年美国学者安索夫发表的《企业战略论》、1965年美国学者安东尼发表的《经营管理学基础》等一系列著作初步构成了企业战略的基本框架。1970年美国的弗雷德、博尔奇(Fred Borch)就任通用电气(General Electric)总经理,1971年他大胆地将战略管理的思想和方法运用到公司的管理之中,通过编制取代长期计划职能的战略计划,停止生产没有发展前途的产品,将公司有限的资源集中使用到有发展前途的、最能获利的产品上,获得了巨大的成功,开创了成功地实施战略管理的先例。

20世纪60年代末,美国汽车工业"三巨头"——通用汽车公司、福特汽车公司和克莱斯勒汽车公司均以生产体积大、油耗高的小轿车为主,而长期以来一直注重企业发展战略和战略管理的日本企业,却在开发与研制体积轻巧、耗油量低、经济实惠的小型轿车系列,以其质优价廉战胜了欧美企业。日本企业重视企业发展战略和战略管理的成功经验,推动了企业战略管理理论的发展,引发了世界性的研究企业战略的"战略热"。西方学术界出版了大批企业战略的专著和教材;各大学的工商管理学院也纷纷将企业战略管理列为工商管理硕士教学计划的一部分,一些管理咨询公司也推出了企业战略咨询服务,如著名的波士顿咨询集团公司(Boston Consultation Group)在1982年有3.5亿美元的营业额。20世纪70年代后半期和80年代可以称为西方企业的战略管理时代。

20世纪80年代,企业战略日益成熟和完善。主要表现在:a. 强调战略思维的重要性,代表作是美国学者德鲁克的《管理——任务、责任、实践》等。b. 运用系统论的分析方法,代表作是美国著名战略学家迈克尔·波特的《竞争优势》和《竞争战略》等著作。c. 提倡企业文化因素,代表作是美国学者肯尼迪与迪尔合写的《公司文化》、米勒的《美国精神》等。

企业战略作为企业管理发展的最新分支,其特征主要表现为以下几个方面:

1. 全局性

企业战略是以企业全局为对象,根据企业总体发展需要而制订的,它规定了企业的总体行为,从全局实现对局部的指导,使局部得到最优结果,使全局目标得到实现。它所追求的是企业的总体效果,是指导企业一切活动的总体性谋划。

2. 长远性

企业战略的制订要以企业外部环境和企业条件的当前情况为出发点,并且对企业当前的生产经营活动有指导和限制作用,但是,企业战略制订的着眼点在于企业未来的生存和发展,只有面向未来,才能保证战略的成功。

企业战略立足于未来,对较长时间内企业的生存和发展问题进行通盘考虑,从而决定企业当前的行动。凡是为适应环境变化而确定的、长期基本不变的行动目标和实现目标的行动方案,均是企业战略的研究范畴;而那种针对当前形式灵活地适应短期变化,解决基本问题的方法都是战术;企业战略实现战略与战术的统一和互动。

3. 整体性

战略研究立足于组织整体功能,按照事物各个部分之间的有机联系,把总体作为研究的主要对象,从总体与部分之间的相互依存、相互结合和相互制约的关系中,揭示总体的特征与运行规律,发挥战略的整体优化效应,达到预期的目标。

4. 风险性

风险性的实质是组织的变革,这种变革的正确与否关系到的生死存亡,具有很强的风险性,在制订企业战略的时候必须采取防范风险的措施。同时战略既是关于组织在激烈的竞争中如何与竞争对手进行竞争的行动方案，也是针对来自组织外部各个方面的压力对付各种变化的方案，具有明显的抗争性。

5. 社会性

企业战略研究不能仅仅立足于组织目标，还要兼顾国家和民族的利益，兼顾组织成员的利益，兼顾社会文化、环境保护等方面的利益。企业制订组织战略时还要特别注意自己所应承担的社会责任，注意树立良好的社会形象，维护企业的品牌。

3.1.3 企业战略的分类

通常企业战略可以分为三种基本类型：企业总体战略、企业竞争战略和企业职能战略。

1. 企业总体战略

正如安德鲁斯教授所指出的那样，企业总体战略决定和揭示企业目的和目标，确定企业重大的方针与计划、企业经营业务类型和人文组织类型以及企业应对职工、顾客和社会做出的贡献。总体战略主要是决定企业应该选择哪类经营业务，进入哪些领域。企业总体战略还应包括发展战略、稳定战略和紧缩战略。

2. 企业竞争战略

企业竞争战略又称企业经营战略，主要解决企业如何选择其经营的行业和如何选择在一个行业中的竞争地位的问题，包括行业吸引力和企业的竞争地位。行业吸引力指由长期盈利能力和决定长期盈利能力的各种因素所构成的各行业对企业的吸引力，一个企业所属行业的内在盈利能力是决定这个企业盈利能力的一个重要因素。同时，在一个行业中，不管其平均盈利能力怎样，总有一些企业会因其有利的竞争地位而获得比行业平均利润更高的收益，这就是企业的竞争地位。

行业吸引力和企业竞争地位都可以加以改变。通过竞争战略的选择，企业可以在相当程度上增强或削弱一个行业的吸引力；同时，一个企业也可以通过对其竞争战略的选择显著地增强或减弱自己在行业内的地位。因此，竞争战略不仅是企业对环境做出的反应，而且是企业从对自己有利的角度去改变环境的行为。

除成本领先战略、差异化战略和重点战略三种基本竞争战略外，企业经营战略还要包括投资战略及其在不同企业行业中的经营战略等。其中三种基本竞争战略主要涉及如何在所选定的领域内与对手展开有效的竞争，因此，它所研究的主要内容是应该用哪些产品或服务参与哪类市场的竞争等问题。

3. 企业职能战略

企业职能战略是为实现企业总体战略和经营战略，对企业内部的各项关键的职能活动做出的统筹安排。企业的职能战略包括财务战略、人力资源战略、研究开发战略、生产战略、营销战略等。职能战略应特别注重不同的职能部门如何更好地为各级战略部门服务以提高组织效率的问题。

概括地说，企业的总体战略和竞争战略分层次表明了企业的产品、市场、竞争优势和基本目标，规定了企业的核心任务和总的方向，而企业要实现这样的战略设想，必须通过有效的职能活动来运用资源，使企业的人力、物力和财务与其生产经营活动的各个环节密切结合，与企业的总体战略和竞争战略协调一致。

> **案例 3-1**
>
> **红塔集团的多元化**
>
> 　　2003年秋天，红塔集团出人意料而毅然决然地以3 800万元的价格将中超（中国足球协会为推动中国足球的发展而苦心规划的顶级联赛）的坐席转让给了力帆，这笔财产尚不及贝克汉姆一年送给维多利亚的礼物的价值总和。红塔集团就这样以一种不顾一切的方式退出了中国足球的游戏圈，这可以说是红塔集团从盲目多元化向专业化转型最为明显的表现。
>
> 　　从改革开放初期到1997年的18年间，红塔从一个名不见经传的乡镇烟草企业迅速成长为中国最大的烟草企业，向国家缴纳的利税以平均每年43.93%的高速增长，红塔的品牌价值在国内企业当中一直雄踞榜首，一个强大的"烟草帝国"初步成型。
>
> 　　1997年红塔集团掌门人褚时健因贪污受贿而获罪，新一届领导上任伊始，便推翻了褚时健原来"创建烟草帝国"的发展思路，开始四面出击，进军医药、旅游、金融、酒店、能源、交通等行业，大力推行多元化战略，并提出了"再造一个无烟帝国"的宏伟目标。然而事实证明，这样的决策是失败的：红塔集团从1997年开始，上缴利税连年下滑。在2002年"中国最有价值品牌"评估中，红塔也被海尔超越，屈居第二，并且直到2003年年底的又一次评估，红塔的品牌价值在一年当中有减无增。
>
> 　　为了避免红塔的沉没，2002年春夏之交，股东会重新选举了公司董事，组成了公司新一届董事会，公司决策层提出了"做大主业，重塑红塔"的口号，开始大刀阔斧剥离多余的产业分支，企图以归核化战略重振红塔雄风。

3.1.4 企业战略管理过程

　　战略是对重大问题的决策结果，是企业将要采取的重要行动方案；战略管理则是决定企业将采取何种战略的决策过程，它还涉及如何对所选战略进行评价和实施。也就是说，企业战略管理包括战略制订、评价和实施的全过程。

　　战略管理过程的基本思路是：企业高层领导者要根据企业宗旨和目标，分析企业生产经营活动的外部环境，确定存在的经营机会和威胁；评估自身的内部条件，认清企业及其主要竞争对手经营的优势和劣势。在此基础上为企业选择一个适宜的战略。管理人员要尽可能多地列出可供选择的战略方案。所以设计战略方案是进行战略决策的重要环节，在此基础上依据一定的标准对各个方案进行评估，以决定哪一种方案最有助于实现企业的目标，作出决策。战略实施就是要将备选战略转化行动方案，根据战略计划的要求，进行企业资源的配置，调整企业结构和分配管理工作，并通过计划、预算和进程等形式实施既定的战略。在执行战略过程中，企业管理人员还要对战略的实施成果和效益进行评价，同时，根据战略实施中的各种信息的变化修订原有的战略，或者制订新的战略，开始一个新的战略管理过程。因此，战略管理是一个循环复始、不断发展的全过程整体性管理过程。

综上所述，战略管理过程是指对一个组织的未来发展方向制订决策并实施这些决策，战略管理过程大致可以分为两个阶段：战略分析与选择即战略规划阶段和战略实施与评估阶段。

1. 战略规划阶段——战略分析与选择由如下活动组成

（1）确定组织使命。
（2）制订企业的战略目标，提出企业的组织方针。
（3）制定实现组织使命的长期目标和短期目标。
（4）选择决定用于实现企业战略目标的具体战略方案。
（5）分析与评价企业内外部战略环境。

2. 战略实施与评估阶段由如下活动组成

（1）建立实现组织战略的组织结构。
（2）确保实施战略所必须的活动能有效地进行。
（3）监控战略在实施过程中的有效性。
（4）评估战略。

3.1.5 企业的组织使命

1. 组织使命的含义

一个组织的使命是指组织存在的目的或理由。企业的组织使命就是要描述企业组织的根本性质和存在的理由，因而应该能够将企业赖以生存的经营业务与其他类似企业的业务区分开来。

美国管理大师彼得·德鲁克认为，提出"企业的业务是什么"这一问题，也就等于提出了"企业的使命是什么"。企业使命的描述要求战略决策者慎重考虑组织当前经营活动的性质与范围，认真分析企业环境因素，考虑和评估企业当前产品与市场活动的长期潜力，结合企业发展历史和各种资源条件，为企业未来的发展描述出美好的前景。

2. 组织使命的内容

组织使命包括两个方面的内容：组织哲学和组织宗旨。

（1）组织哲学。

组织哲学是一个组织为其经营活动方式所确立的价值观、信念和行动准则。

企业的组织哲学对于一个企业而言是至关重要的，它影响着企业的全部经营活动和企业中人的行为，决定着企业经营的成功与失败。它的重要性还体现在不论企业管理者是否认识到这一点，也不论企业管理者是否采用了准确的文字来描述它，它都是客观存在的。任何不同企业的组织哲学都是不同的，它决定着企业的活力，左右着企业的前途。

（2）组织宗旨。

组织宗旨规定组织去执行或打算执行的活动，以及现在的或期望的组织类型。彼得·

德鲁克认为，要了解一个企业，应当首先知道它的宗旨，而宗旨存在于企业之中。企业宗旨的唯一定义是："创造顾客。"

企业宗旨可以不用文字表述出来，而只为企业高层领导人所掌握。但以文字的形式将企业宗旨表述出来有以下几点好处：可以保证企业内外对企业追求的战略目标取得共识；可以为有效地使用企业资源提供基础；可以为合理分配企业的资源提供依据或标准；可以为企业创造良好的经营氛围；可以为企业成员理解企业的各项活动提供依据；可以为企业管理者确定企业目标、选择企业战略、制订企业政策提供方向和指导。

优秀的组织宗旨须明确以下几个方面的内容：

① 顾客——谁是企业的主要顾客。
② 产品或服务——企业的主要产品或服务是什么。
③ 市场——企业主要在哪个地区或行业展开竞争。
④ 技术——企业主导技术是什么。
⑤ 对企业生存发展和盈利的关注——对企业短期、中期、长期经济目标的态度。
⑥ 组织哲学——企业的基本信仰、价值观和愿望是什么。
⑦ 自我意识——企业的长处、短处和竞争优势分别是什么。
⑧ 对公众形象的关注——企业期望给公众塑造一个什么样的企业形象。
⑨ 利益协调的有效性——是否有效地反映了顾客、股东、公司员工、社区、供应商和销售厂商等相关团体的利益。
⑩ 激励程度——展开的企业宗旨能否有效地激励企业员工。

3.1.6 组织目标与目的

组织目标的确定在企业战略的制定中有着特殊的作用，它将组织使命和组织的日常活动连接在一起，成为组织使命的具体化。

1. 组织目标的定义

企业战略中的组织目标是指组织的战略目标，它规定着组织执行其使命时所预期的成果。组织的战略目标通常在一个财政年度以上，目标需要准确地描述，要尽可能量化，成为事后可评价、可考核的标准。

2. 目标与目的的区别

目标不同于目的，有时人们往往将它们混为一谈。目标是想要达到的境地或标准；目的是想要达到的地点或是想等到的结果。目标群体概念，重视的是实现目标的过程，实现以后会有更高的要求；目的通常指某一点，强调的是结果，达到以后会有和以往不同的新起点。所以，目标包括目的、实现目的的指标和实现这些指标存在的障碍、实现指标的时间表三部分。

从战略管理的角度看，企业的战略目标是指企业在其战略管理过程中所要达到的市场竞争地位和管理绩效的目标，它的时限可有长期和短期之分，长期目标通常是指预期目标，短期目标是指执行目标，通常是指时限在一个财政年度以内的目标。

3.1.7 战略方案选择及其标准

战略方案的建立与选择过程是一个重大决策过程。战略方案的建立一般包括以下主要内容：提出决策目标；确定方案标准；建立、比较和选择备选方案；评估风险。

1. 方案标准的分类

（1）限定性标准。

限定性标准是指一个方案能够成为可行方案的最低标准，实际工作中通常使用限定性标准来确定可行方案。

（2）合格标准。

合格标准是指判定一个方案最后能够作为最终方案的合格判定标准，实际工作中通常使用合格标准来确定满意方案。

2. 选择标准应该回答的问题

在战略方案的选择阶段，决策者应该明确回答以下问题：

（1）"什么样的方案可以达到这些标准，即什么样的方案可以达到预期目标？"

（2）"什么情况发生这个方案会失败？"

（3）"什么情况发生则会使这个方案产生负效应？对企业会产生哪些负效应？对社会产生哪些负效应？"

方案标准不仅是判断方案可能产生的效果的标准，而且是判断一个方案是否可行或满意的标准，假如一个方案不能够对上述问题做出肯定的回答，那么这一方案就不能列为可行方案。

3.2 企业战略环境分析

企业是一个开放的经济系统，它的经营管理活动自然受客观环境的控制和影响。企业的产生、存在和发展不仅是因为他们的产品或服务能够满足社会的需要，而且也是因为它们能适应自身所处的环境。所以，把握环境的现状及未来的变化趋势，利用有利于企业发展的机会，避开环境的威胁因素是制订企业战略的首要问题。企业战略环境分析就是确定哪些外部因素会影响企业，这些因素将会发生哪些变化，这些变化会以何种方式影响企业，这些因素对企业影响的程度如何等。这些多主体、多层次、发展变化的战略环境构成了一个系统，以空间为坐标的宏观外部环境、中观行业环境和微观企业内部环境（企业内部资源条件与竞争优势）的分析。

3.2.1 外部宏观环境分析

企业宏观环境是指那些来自企业外部并对企业战略产生影响、发生作用的所有不可控因素的总和。企业宏观环境分析可以大体概括为四类：政治环境（political environment）、经济环境（economic environment）、社会环境（social environment）和科技环境（technological environment），即 PEST 分析法。

1. 政治环境

政治环境是指那些制约和影响企业的政治要素的总和。政治是一种十分重要的社会现象，政治因素及其运用状况是企业宏观环境中的重要组成部分。政治环境中对企业起决定、制约和影响作用的因素主要有政治局势、政党、政治性团体、地方政府的方针政策等。

此外，政治环境中也包括政府制定的一些法律、法规，它们也直接影响着某些商品的生产和销售，对企业的影响具有刚性约束的特征，主要有政府的政策和规定、税率和税法、企业法、关税、专利法、环保法、反垄断法、进出口政策、政府预算和货币政策等，比如在我国已经出台的经济法律、法规有：食品卫生法、烟草专卖条例、药品管理法、经济合同法、专利法、工商企业登记管理条例等近 400 项。这些有关的经济法律、法规对市场消费需求的形成起了重要的调节作用。

> **案例 3-2**
>
> 华为的辞职门事件
>
> 2008 年 1 月 1 日正式实施的新《劳动合同法》生效之前，其对企业产生的冲击和震撼却已经开始发酵。而知名高科技企业华为公司大规模裁员的举措，再次引起了人们对一些企业为规避新《劳动合同法》的约束而提前"解套"的关注。
>
> 据《南方都市报》报道，华为公司包括老总任正非在内的所有工作满 8 年的华为员工，在 2008 年元旦前都要办理主动辞职手续，再与公司签订 1～3 年的劳动合同。华为共计 7 000 多名工作满 8 年的老员工，相继向公司提交请辞自愿离职。辞职员工随后即可竞聘上岗，职位与待遇基本不变，唯一的变化就是再次签署劳动合同和工龄，全部辞职老员工均可获得华为公司支付的赔偿。据了解，总计高达 10 亿元。深圳市劳动和社会保障局已对此事展开调查。
>
> 据悉，"先辞职再竞岗"时，所有自愿离职的员工将获得华为公司相应的补偿，补偿方案为"$N+1$"。N 为在华为工作的年限，如果某个华为员工的月工资是 10 000 元，一年的资金是 120 000 元，假如他在华为工作了 8 年，那么他将得到的最终赔偿就是 10 000 元乘以"$8+1$"，计 90 000 元。

2. 经济环境

经济环境是指构成企业生存和发展的社会经济状况及国家经济政策的多维动态系统，主要由社会经济结构、经济发展水平、经济体制和宏观政策四个要素构成。一个企业经营的成功与否在很大程度上取决于整个经济运行状况。对于经济环境的分析，关键要考查以下几点：

(1) 国民经济总体运行情况，即经济周期当前处于哪个阶段，国民生产总值的各项指标变动情况。

(2) 某国或某地区的通货膨胀率、银行利率、外汇汇率等经济指标，这些是影响市场和消费水平的重要指标。

(3) 经济体制、就业率、失业率、市场机制的完善程度、能源供给与成本等。

3. 社会环境

社会环境是指企业所处环境中诸多社会现象的集合。企业在保持一定发展水平的基础上，能否长期地获得高增长和高利润，取决于企业所处环境中的社会、文化、人口等方面的变化与企业的产品、服务、市场和所属顾客的相关程度。在社会环境中社会阶层的形成和变动、社会中的权力结构、人们的生活方式和工作方式、社会风尚和民族构成、人口的地区流动性、人口年龄结构等方面的变化都会影响社会对企业产品或劳务的需求。

社会环境中还包括的一个重要因素就是物质环境。社会生产离不开物质资源，无论生产创造的财富属于哪一个部门，其起始点都必定是物质资源。物质环境包括土地、森林、河流、海洋、生物、矿产、能源、水源等自然资源以及环境保护、生态平衡等方面的发展变化对企业的影响。

4. 技术环境

技术环境是指一个国家和地区的技术水平、技术政策、新产品开发能力以及技术发展动向等。在衡量技术环境的诸多指标中，整个国家的研究开发经费总额、企业所在产业的研究支出状况、技术开发力量集中的焦点、知识产权与专利保护、实验室技术向市场转移的最新发展趋势、信息与自动化技术发展可能带来的生产率提高的前景等，都可作为关键战略要素进行分析。

3.2.2 SWOT分析法

SWOT分析法就是对企业外部环境中存在的机会与威胁和企业内部能力的优势和劣势进行综合分析，据此对备选的战略方案做出系统的评价，最终选择出最佳的竞争战略。SWOT中的（strengths）是指企业内部的优势；W（weaknesses）是指企业内部的劣势；O（opportunities）是指企业外部环境中的机会；T（threats）是指企业外部环境的威胁。

SWOT分析的具体做法是：根据企业的总体目标和总体战略的要求，列出对企业发展有重大影响的内部及外部环境因素，确定标准、进行评价，判断什么是企业内部的优势及劣势，什么是外部的机会和威胁。

相对于竞争对手而言，企业内部的优势和劣势可以表现在资金、技术、设备、产品、市场、管理和职工素质等方面。判断企业内部的优势和劣势有两项标准：一是单项标准，如市场占有率低则表示企业在市场上存在一定的问题，处于市场的劣势；二是综合标准，即对影响企业的一些重要因素根据其重要程度进行加权打分、综合评价，以此判断企业内部的关键因素对企业的影响程度。表3-1为企业内部因素评价表。

表3-1　企业内部因素评价表

关键内部因素	权数	分数	加权分
产品质量	0.18	4	0.72
利润率	0.1	3	0.3
流动资金	0.15	3	0.45
组织结构	0.3	1	0.3
研究和开发力量	0.05	2	0.1
职工积极性	0.22	2	0.44
总计	1.00		2.31

说明：各项内部因素最高分为5分，最低分为1分。加权计算出总分。总分在4~5分，企业内部优势明显；3~4分，企业内部不具有明显的优势；3分以下则企业内部处于明显的劣势，需要改善。

企业外部的机会指环境对企业发展有利的因素，如政府支持、高新技术的应用、良好的供应和销售关系等。企业外部的威胁是指环境中对企业发展不利的因素，如新的竞争对手的出现、市场增长率减缓、供应商和购买者讨价还价的能力增强、技术老化等影响企业目前竞争地位或未来竞争地位的主要因素。

表3-2是对企业外部因素的举例说明。

表3-2　企业外部因素分析表

关键外部因素	权数	分数	加权分
贷款利息降低	0.2	4	0.8
信息系统计算机化	0.2	4	0.8
主要竞争对手采取扩张战略	0.2	2	0.4
政府政策放宽	0.3	4	1.2
劳动力向东南沿海转移	0.1	4	0.4
总计	1.00		3.6

说明：各项外部因素最高分为5分，最低分为1分。加权计算出总分。总分在4~5分，企业外部有许多的机会；3~4分，企业外部有较多的机会，需要企业把握；3分以下，企业所处的外部环境较为不利。

根据上述分析，就可以基本判断企业应采取什么样的经营或发展战略，如图3-1所示。

SWOT分析法为企业提供了四种可供选择的战略：增长型战略（SO）、扭转型战略（WO）、防御型战略（WT）和多种经营型战略（ST）。

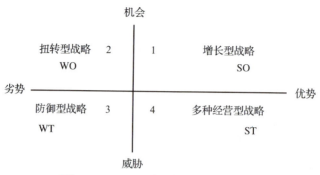

图 3-1 SWOT 分析与企业战略选择

3.2.3 经营业务组合分析法

1. 波士顿矩阵

这是由美国波士顿咨询公司为大企业确定和平衡其各项经营业务发展方向和资源分配而提出的战略决策方法，其前提假设是大部分企业经营有两项以上的业务，这些业务扩展、维持还是收缩，应该立足于企业全局的角度来加以确定，以便使各项经营业务能在现金需要和来源方面形成相互补充、相互促进的良性循环局面。

这种决策方法，在确定各经营业务发展方向的时候，企业应综合考虑该项经营业务的市场增长速度情况以及企业在该市场上的相对竞争地位。相对竞争地位是通过企业在该项业务经营所拥有的市场占有率与市场上最大的竞争对手的市场占有率的比值较高的市场占有率的比值（即相对市场份额）来表示的，它决定了企业在该项业务经营中获得现金回笼的能力及速度，较高的市场占有率可以带来较大的销售量和销售利润额，从而能使企业得到较多的现金流量。而该项业务的市场增长情况则反映该业务所属市场的吸引力，它主要用该市场领域最近两年平均的销售增长率来表示，并且将平均市场销售率在10%以上的划定为高增长业务，10%以下的则为低增长业务。

根据市场增长率和企业相对竞争地位这两项标准，可以把企业所有的经营业务分为四种类型（图3-2）。

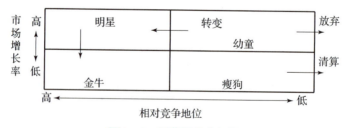

图 3-2 经营组合分析图

（1）金牛类业务。

该类经营业务的特点是：企业拥有较高的市场占有率，相对竞争地位强，能从经营中获得高额利润和高额现金回笼，但该项业务的市场增长率低，前景并不好，因而不宜投入很多资金盲目追求发展，而应该将其当前市场份额的维护和增长作为经营的主要方向，其目的是使金牛类业务成为企业发展其他业务的重要资金来源。

（2）明星类业务。

这类经营业务的市场增长率及相对竞争地位都较高，能给企业带来较高的利润，但同时也需要企业增加投资，以便跟上总体市场的增长速度，巩固和提高其市场占有率。因而，明星业务的基本特点是，无论其所回笼的现金，还是所需的现金投入，数量都非常大，两者相抵后的现金流可能出现零或者负值状态。

（3）幼童类业务。

这类经营业务的市场增长率较高，但企业目前拥有的市场占有率相对较低，其原因很可能是企业刚进入该项相当有前途的经营领域，由于高增长速度要求由其他渠道获得的大量现金投入该项幼童类业务中，使其尽快扩大生产经营规模，提高市场份额。采取这种策略的目的就是使幼童类业务尽快变成明星类业务，但是如果决策者认为某些刚开发的业务并不可能转化成为明星类业务，则应及时采取放弃策略，因为这类业务如果勉强维持下去，企业可能要投入相当的资金，其投资量甚至还会超过它们提供的现金量，这样，企业就容易出现现金的短缺。

（4）瘦狗类业务。

这是指市场销售增长率比较低，而企业在该市场上也不拥有相对有利的竞争地位的经营业务。由于销售前景和市场份额都比较小，经营这类业务只能给企业带来极微小甚至负值的利润。对这种不景气的瘦狗类经营业务，企业应采取缩小规模或者清算、放弃的策略。

（5）波士顿矩阵的启示。

经营业务组合分析法之所以被认为是企业经营决策的一种工具，是因为它通过将企业所有的经营业务综合到一个平面矩阵中，使决策者可以简单明了地看出现有业务中哪些是产生企业资源的单位，哪些是企业资源的最佳使用单位，依此可以判断企业经营中存在的主要问题及未来发展方向和发展战略。比较理想的经营业务组合情况应该是：企业有较多的明星类和金牛类业务，同时有一定数量的幼童类业务和极少的瘦狗类业务，这样企业在当前和未来都可以取得比较好的现金流量平衡。如果产生现金的业务少，而需要投资的业务过多，企业发展就易陷入现金不足的陷阱中；或者相反，企业目前并不拥有需要重点投入资金予以发展的前景业务，则企业就会面临发展潜力不足的战略性问题。

根据企业现有所经营业务各自的特点和总体组合的情况，决策者可以根据以下两条来确定经营和发展的战略：一是把金牛类业务作为企业近期利润和资金的主要来源来加以保护，但不作为重点投资的对象；本着有选择和集中地运用企业有限资源的原则，将资金重点投放到明星类或将来有希望的幼童类上，并根据情况有选择地抛弃瘦狗类业务和无望的幼童类业务。二是如果企业对经营的业务不加区分，采取一刀切的办法，规定同样的目标，按相同的比例分配资金，结果往往是对金牛类和瘦狗类业务投放过多资金，而对企业未来生存发展真正依靠的明星类和幼童类业务则投资不足，这样的决策是没有战略眼光的。

(6) 波士顿矩阵的局限性。

企业在把波士顿矩阵作为分析工具时，应该注意到它的局限性。

①实践中，企业要确定各业务的市场增长率和相对市场份额是比较困难的，有时数据会与现实不相符。

②波士顿矩阵按照市场增长率和相对市场份额，把企业的业务划分为四种类型，相对来说，有些过于简单，实际上市场还存在着难以确切归入某个象限中的业务。

③波士顿矩阵中市场地位与获利之间的关系也会随行业和细分市场的不同而发生变化。在有些行业里，企业的市场份额大，会在单位成本上形成优势；而有些行业则不然，过于庞大的市场份额可能会导致企业成本增加。实际上，市场占有率小的企业如果采用创新、产品差别化和市场细分等战略，仍然获得很高的利润。

④企业对一系列经营业务进行战略评价，仅仅依靠市场增长率和相对市场份额是不够的，还需要行业的技术等其他指标。

2. 通用矩阵

(1) 基本分析原理。

通用矩阵，又称行业吸引力矩阵，是美国通用电气公司设计的一种投资组合分析方法。相对于波士顿矩阵，通用矩阵（图3-3）有了很大的改进，在两个坐标上都增加了中间等多级，增加了战略的变量。这不仅适用于波士顿矩阵能适用的范围，而且对需求、技术寿命周期曲线的各个阶段以及不同的竞争环境均可适用。九个区域的划分，更好地说明了企业中处于不同地位经营业务的状态，使企业可以更为有效地分配其有限的资源。

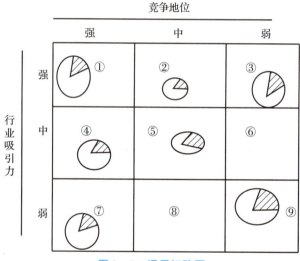

图3-3 通用矩阵图

(2) 分析方法。

从矩阵图九个方格的分布来看，企业处于左上方三个方格即①、②、④的业务最适于采取增长与发展战略，企业应优先分配资源；处于右下方三个方格即⑥、⑧、⑨的业务，一般就采用停止、转移、撤退战略；处于对角线三个方格即③、⑤、⑦的业务，应采用维持或有选择地发展的战略，保护原有的发展规模，同时调整其发展方向。

图 3-3 中，通用矩阵的横坐标表示经营业务的竞争地位，纵坐标表示行业的吸引力。行业吸引力和竞争地位的值决定着企业某项业务在矩阵上的位置。矩阵中圆圈面积的大小与行业规模成正比。圆圈中小扇形部分表示某项业务所占有的市场份额。

企业利用通用矩阵比较其经营业务以及决定其资源的分配方式时，必须估测行业吸引力及经营业务的竞争地位。影响行业吸引力的因素有：行业增长率、市场价格、市场规模、获利能力、市场结构、竞争结构、技术及社会政治因素等。评价行业吸引力的大致步骤是：首先根据每个因素的相对重要程度，定出各自的权数，然后根据业务定出行业吸引力因素的级数，一般用 1、2、3、4、5 表示，最后用权数乘以级数，得出每个因素的加权数，并将各个因素的加权数值汇总为整个行业吸引力的加权数。

影响经营业务竞争地位的因素有：相对市场份额、市场增长率、买方增长率、产品差别化、生产技术、生产能力、管理水平等。评估经营业务竞争地位的原理，同评估行业吸引力的原理基本相同。表 3-3 为某企业所在行业的行业吸引力测定。

表 3-3 某企业所在行业的行业吸引力测定

因素	权数	等级评分	加权分
税收	0.05	4	0.20
汇率变化	0.08	2	0.16
零件供应	0.10	5	0.50
工资水平	0.10	1	0.10
技术水平	0.10	5	0.50
人员来源	0.10	4	0.40
市场容量	0.15	4	0.60
市场增长率	0.12	4	0.48
行业盈利率	0.20	3	0.60
总计	1.00	…	3.54

(3) 通用矩阵的局限。

通用矩阵虽然改进了波士顿矩阵，提出了一般性的战略思考，但不能有效地说明一些新的经营业务在新的行业中发展的状态。

3.2.4　行业环境分析

1. 行业性质

行业状况是企业需要面对的最直接、最重要的环境，也可以称为任务环境。企业首先要判断自己所处行业是否存在发展的机会，根据行业寿命周期来判断行业所处的发展阶段，进而判断该行业是朝阳产业还是夕阳产业。

行业的寿命周期是一个行业从出现直到完全退出社会经济领域所经历的时间。行业寿命周期主要包括四个阶段：投入期（introduction stage）、成长期（growth stage）、成熟期（maturity stage）和衰退期（decline stage）。行业寿命周期曲线随社会对该行业的产品需求的发展而发展，最后，当这种需求消失时，整个行业也就随之消失。行业的寿命周期是在忽略产品型号、质量、规格等差异的基础上对行业整体发展水平予以考察和分析得出的，判断行业处于寿命周期的哪个阶段，可以用市场增长率、需求增长率、产品品种、竞争者数量、进入（退出）行业的障碍、技术变革和用户购买行为等方面作为分析指标。

图3-4是按照该行业产品在市场上销售增长状况来划分的。

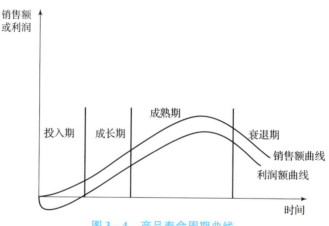

图3-4　产品寿命周期曲线

①投入期，也称介绍期、引入期、诞生期，指新产品试制成功投放到市场进行试销的阶段。投入期的产品刚进入市场试销，尚未被顾客接受，销售额增长缓慢。由于生产批量小，研制费用高，所以产品生产成本通常很高，而用户对产品又不了解和熟悉，企业需要投入大量的费用做广告宣传来进行促销，从而销售费用也较高，这样，投入期产品的经营往往发生亏损或很低。

②成长期，指新产品试销成功后转入成批生产和扩大市场销售额的阶段。在成长期阶段，产品销售会呈现出高达两位数的强劲增长态势。由于产销量迅速增大，产品成本显著下降，利润明显上升。成长期是企业经营的黄金阶段。竞争者也被吸引加入该行业生产行列，市场从而出现竞争形势。

③成熟期，指产品销售增长逐渐减缓乃至出现停滞开始下降的阶段。产品进入成熟期后，市场需求渐趋饱和，新的消费者基本不再增加，销售额的维持主要靠原有消费者的重复购买。在这种市场增长趋缓的情况下，同类产品生产企业为了保护各自的市场占有率往往会展开激烈的竞争，从而使企业不得不投入大量的营销费用来应对竞争。这样，成熟期产品在销售额达到最高点的同时，其经营利润的增长也达到了最高限度并开始出现下降的局面。

④衰退期，指该行业产品在市场上的寿命趋于结束。该行业进入衰退期后，原有产品的市场已经萎缩，销售额急剧下降，利润也不断下降，甚至出现经营亏损局面。衰退期阶

段的市场实际上处于产品革新换代的时期,老产品已经面临要为市场上的新产品所替代的局面。

2. 行业能力分析

行业能力是指某个行业中每个竞争者所具有的能力的总和。行业能力分析主要是对行业规模结构和行业技术状况的分析。

(1) 行业规模结构分析。

行业规模结构分析是弄清行业的发展与社会需求之间的关系,这对于确定企业的经营范围具有重要意义。进行行业规模结构分析的内容有:行业生产产品或提供服务的总量与社会需求之间的关系;行业产品结构与该产品发展趋势之间的关系;行业目前的实际生产能力与设计能力之间的关系;行业内规模能力悬殊型企业和规模能力均衡型企业各自所占的比重;本企业规模与行业规模的发展趋势之间的关系等。

(2) 行业技术状况分析。

在科学技术高速发展的当代,技术状况对行业发展的影响越来越重要,只有对行业技术状况进行全面的分析,才能正确地判断行业的发展前景和行业能力的发展水平。进行行业技术状况分析的内容有:行业目前的技术位于技术寿命周期的哪个阶段?行业的总体技术水平如何?行业技术的变化节奏如何?行业技术的发展方向是什么?本企业的技术水平在行业中处于什么地位?等等。

3. 行业竞争结构分析

在某个具体的行业内,企业与企业之间的力量对比构成了行业竞争环境,一个行业的竞争激烈程取决于行业内的经济结构,行业的经济结构状况又对竞争战略的制订和实施起制约作用。所以,要根据行业内影响企业竞争的经济力量及其发展变化来确定企业的竞争战略,进行良好的行业竞争结构分析是制订优秀的企业战略的基础。

行业竞争结构和竞争强度分析是在行业分析的基础上,进一步回答行业中竞争压力的来源和强度,进而做好对竞争的防范。在对行业中的竞争进行分析时通常采用的方法是五种竞争力模型。

美国哈佛大学工商管理学院教授迈克尔·波特(Michael E. Porter)在其所著的《竞争战略》(*Competitive Strategy*,1980年)一书中提出:任何一种行业都存在着五种竞争作用力,即进入威胁、替代威胁、买方讨价还价能力、供方讨价还价能力和现有企业的竞争强度(图3-5)。企业的竞争环境就源于企业在行业内这五种竞争作用力之间的相互关系。这种基本竞争力量的状况及其综合强度,决定着行业竞争的激烈程度,同时也决定了行业内企业的最终获利能力。为此企业欲想在市场上取得竞争优势,必须首先对这五种基本的竞争力量进行分析。

(1) 潜在进入者。

行业外准备或正在进入某行业的企业称为潜在进入者。潜在进入者的加入,将使行业内原有的竞争力量的格局将要发生或已经发生变化。因为潜在进入者在加入某一新领域时,会向该项行业注入新的生产能力和物质资源,以获取一定的市场份额,其结果可能导

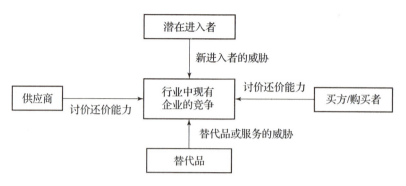

图 3-5 波特的产业竞争五力模型

致原有企业因与其竞争而出现价格下跌、成本上升、利润下降的局面。这种由于竞争力量的变化而对行业内原有企业产生的威胁称为进入威胁。但是,一个企业能否进入另一个行业,取决于该行业对潜在进入者设置的进入障碍高低以及该行业现有企业对进入者的态度。

1) 进入障碍。如果某一行业进入障碍比较多、比较高,对欲进入该行业的企业来说进入就会非常困难,对行业内现有企业来说,进入威胁就会小一些;反之,进入威胁就会增大。决定进入障碍高低的因素有:

①规模经济。规模经济是指在一定时期内,企业所生产的产品或劳务的绝对量增加时,其单位成本就会趋于下降。规模经济会迫使新进入者不得不面对两种难以接受的选择:或者以大的生产规模进入该行业,结果是大量投资导致的市场投入量的增加,利益分配格局剧烈变化,引发该行业现有企业的强烈抵制,或者以小的生产规模进入该行业,结果是产品成本过高所导致的新进入者的竞争劣势。

②产品差异。产品差异是由于顾客或用户对企业产品的质量或品牌信誉的忠实程度不同而形成的产品之间的差异。新进入者要想进入市场并从现有企业手中夺取用户,取得一定的市场份额,就要在产品开发、广告和用户服务等方面进行大量的投资,而这种投资具有特殊的风险性。

③资金需求。资金需求是企业进入行业所需的物资和货币的总需求量。资金是一个重要的进入障碍。如果进入一个新的行业需要大量的投资,就会迫使企业慎重考虑是否值得进入或如何进入。尤其资金密集型行业,企业如果没有足够的资金就难以进入。如果贸然进入,就要承担巨大的投资风险。

④转换成本。转换成本是企业从一个行业(或产品)转向另一个行业(或产品)时所支付的一次性成本。如果转换成本过大,对企业就会形成进入障碍,企业或者冒着成本过高的风险进入该行业,或者放弃进入的机会而停滞不前。转换成本包括由于重新训练业务人员、增加新设备、调整检测工具等因素而增加的成本。

⑤销售渠道。企业进入新行业时将面临与以往不同的产品分销途径或方式。一个行业原有的分销渠道已为行业中原有的企业所占有,新进入者要想让这些销售渠道接受自己的产品或服务,就必须采用让利、合作、广告津贴等减少企业利润的方式,这就形成了进入障碍。

⑥其他因素。除了上述因素以外，政府的政策、法规和法令，政府补贴和政府的某些限制政策等也会在某些行业中成为进入者的进入障碍。

2）现有企业的反应。如果现有企业对新进入者采取比较宽容的态度，进入某一行业就相对地容易些。反之，如果现有企业非常敏感，就会对新进入者采取激烈的反击措施，如在规模、价格、广告等方面加大进入障碍以扼制新进入者。

(2) 供应商的讨价还价能力。

任何行业中以满足物资需要为己任的供应商都会想尽办法使自己获得更高的收益，这就是供应商的砍价能力或叫供应商的讨价还价能力。能力强的就可得到较多收益，能力差的收益就低，甚至遭受损失。影响供应商讨价还价的因素有：

①行业中的集中程度。如果供应商所在行业的集中程度比企业高，即：由几家大企业控制，就会相对提高自己的重要地位，迫使企业接受自己的交易条件。

②交易量的大小。如果企业采购量占整个供应商销售量的比重较小，供应商的讨价还价能力就强。

③产品差异化情况。如果供应商提供产品的差异大，企业对产品的依赖就大，供应商就处于优势地位，在交易中就占据主动地位。

④转换供货单位费用的大小。如果企业转换供货单位的费用大，转换困难，供应商讨价还价的能力自然就强。

⑤一体化的程度。若供应商已实现了前向一体化，就会使企业处于不利的地位。

⑥信息的掌握程度。在信息社会，信息影响着供应商和企业双方的力量对比，谁拥有的信息量大，掌握的信息速度快，运用及时，谁就拥有主动权。

(3) 购买者的讨价还价的能力。

对于行业中的企业来讲，购买者是一个重要的竞争力量。购买者在价格、质量、服务等方面提出有利于购买者利益的条件，从而造成作为其供应商的企业之间相互竞争的能力就是买方砍价能力或者叫购买者的讨价还价的能力。购买者可以通过压低价格、要求高质量的产品、要求提供附加服务、加剧供应商之间的相互竞争等手段提高自己在交易中的地位。当具备以下条件时购买者就会有很强的讨价还价的能力。

①购买者的购买能力集中，或购买者购买的产品比较固定，则购买者重要性就高。

②购买者的交易费用占全部购买费用的比重大，购买者在价格和挑选余地上就会有优势。

③购买者购买的是标准产品或产品的差异性较小，在这种情况下，购买者就可以挑选其供应商，并造成其供应商之间的相互竞争，从而得利。

④购买者的转换成本不高，购买者不必固定于某个供应商，砍价能力就会提高。

⑤购买者的盈利水平较高，购买者的注意力不会只局限在价格上，对价格就不会太敏感。

⑥购买者采用后向一体化，就会在交易中取得优势地位，对供应商造成威胁。

⑦购买者充分掌握了有关市场需求、市场价格、供应商制造成本等详尽的信息资料，就会具有较强的讨价还价的能力。

(4) 替代品的威胁。

替代品是指那些与本企业产品具有相同功能或类似功能的产品。在质量相同的情况下，替代品的价格会比被替代品的价格更具有竞争力。替代品投入市场以后，被替代产品就会失去价格优势，生产被替代产品的企业的收益就会降低，对企业构成威胁。

(5) 现有企业间的竞争。

现有企业间的竞争是指行业内各企业之间的竞争关系和竞争激烈程度。不同行业的竞争激烈程度是不同的。如果一个行业内主要竞争对手基本上势均力敌，行业内部的竞争必然激烈，在这种情况下，某个企业想要成为行业的领先企业或保持原有的高收益水平，就要付出较高的代价。如果行业内只有少数几个大的竞争对手，形成半垄断状态，企业间的竞争便会趋于和缓，企业的获利能力就会增大。决定企业间竞争激烈程度的因素有：主要竞争者的数目、竞争者之间的实力对比、行业销售水平的增长程度、产品及服务的差异化程度、企业的战略目标以及退出障碍等。

虽然五种竞争力量共同决定了行业竞争的强度和获利能力，但是，对于不同行业或在不同的时期，各种力量的作用是不同的，一般是最强的力量或者某几种力量共同处于支配地位，起决定作用。因此，进行竞争战略分析就必须抓住那些处于支配地位、起决定作用的竞争力量。应该指出的是，企业对行业的竞争强度和获利能力并不是完全无能为力的，企业可以通过制订适当的战略或进行战略调整来谋求相对优势地位，从而获得更高的利润，甚至改变影响行业的竞争结构。

3.2.5 竞争者分析

竞争者分析的目的在于预测竞争对手行为，企业进行竞争者分析的重要性依赖于所处行业的结构。在一个生产同质产品、分散程度很高的市场上，市场竞争是众多生产者决策的结果，分析单个生产者显得毫无意义；而对于高度集中的行业，一个企业的竞争环境主要受几个主要竞争对手的影响，此时应进行详尽的竞争者分析。

竞争者的信息一般包括以下三大方面：预测竞争者未来的战略和决策；预测竞争者对本公司采取战略的反应；确定如何影响竞争对手才能有利于本公司的发展。

竞争者分析的基本框架就包括四个方面的内容：

1. 确定竞争者目前的战略

分析的起点是确定对手正在采用的战略。如果没有任何引发变化的力量，我们可以假设公司将来竞争的方式同现在一致。竞争对手的战略可以通过公司的言行表现出来。当然言行不一定相同，明茨伯格指出，战略意图与实际实施的战略会有很大的区别。了解公司战略意图的主要来源是年度报告，尤其是公司执行主席向股东发布的信息、一些高级管理者的谈话和一些投资分析会议的记录。而公司正在实施的战略，必须通过竞争者的行为和决策体现出来，比如正在实施的投资项目、雇佣人员状况、最近启动的收购与兼并计划、最新的广告和宣传计划等。对竞争者目前战略的了解一方面可以通过与实施计划的员工进行交流；另一方面也可以通过与评估战略的投资家进行沟通来了解该公司目前的战略。

2. 确定竞争者目标

预测竞争者战略的未来变化，就必须了解其目标，确定基本的财务与市场目标尤其重要。以中短期获利为目标的公司，如爱默生电子公司和美国通用电气公司与以长期占有市场为目的的宝洁公司显然不同。以短期盈利为目的的公司较少考虑竞争对手的行为，因为这种行为从短期来看是得不偿失的。英国摩托车行业的失败和美国摩托车行业的衰落，其原因都在于英美国内摩托车公司退出竞争，将生产局限于安全盈利的领域。然而宝洁公司面对竞争的反应则截然不同，为了在市场上立足，宝洁公司可以容忍连续9年亏损。

3. 明确竞争者对行业的假定

竞争者的战略决策受外部环境、所处行业、宏观经济状况等因素的影响，也反映了高层管理者的理念。实践表明，这种行业内流行的高层管理者的理念会直接影响整个行业的发展。因此，在任何时点上，不同的公司都遵循相同的原则，这种在行业内流行的理念被斯彭德描述为"行业处方"。

4. 确定竞争者的实力

对公司来说，如何评价竞争对手具有的实力也很重要。竞争者面对市场威胁的反应能力取决于公司自身的实力。在评价竞争对手这一阶段，关键是要审视公司的战略资源，主要包括：财务状况、资本、设备、劳动力、商品忠诚度和管理技巧。同时也要评价该公司各主要环节的能力，比如研发能力、生产能力、市场营销能力、服务能力、财务能力、市场占有率和产品竞争力等。

3.2.6 竞争优势与可持续竞争优势

1. 竞争优势

竞争优势是指能够给某一企业带来高于行业平均利润水平的利润的、具有更高附加价值的、特殊的资源条件和管理基础。

自从迈克尔·波特提出竞争优势论之后，"竞争优势的可持续性"就一直是一个争论不休的议题。这方面的争论激发出20世纪90年代一些极富创造力的策略思考，其中包括资源基础论（resources – based view）以及知识基础论（knowledge – based view），前者衍生出核心竞争力论，而后者衍生出知识管理理论。竞争优势的可持续性直接影响企业战略的实施效果和企业成长的质量。

2. 可持续竞争优势及其特点

可持续竞争优势是指那些深刻地镶嵌在组织结构内部的、特殊的资源条件和管理基础。

可持续竞争优势的主要特点可以概括为以下几个方面：

（1）体现在产业结构当中进入障碍（entry barriers）的显著程度，进入障碍会决定潜在进入者侵入、分享企业竞争优势的程度。

（2）表明企业价值活动的移动障碍（mobility barriers）的显著程度，移动障碍会决定企业调整基本身的价值活动以及追求竞争优势的能力，会影响竞争对手模仿企业竞争策略以追逐相同竞争优势的难易程度。

（3）可持续竞争优势对竞争优势具有防护作用，这主要来自竞争阻绝机能（isolating mechanisms）。如果进入障碍高，对手所遭遇的移动障碍相对于企业较高，加之企业的竞争阻绝机能发挥作用，企业则会有机会维持一段时期的竞争优势。反之，进入障碍遭到瓦解，对手迅速调集资源模仿企业策略或者是竞争机能失效等都会使获得的竞争优势荡然无存。

（4）可持续竞争优势通常是那些深刻地镶嵌在组织结构内部的资源条件和管理基础之中，不易被竞争对手所模仿的管理要素或无形资产，比如品牌形象、投资方式、技术专利、良好的服务等。

3.2.7　竞争优势的分析法——价值链理论

使用系统性方法来考察企业的所有活动及其相互作用对于分析竞争优势的各种资源是十分重要的。一般地说，价值链理论可以作为分析企业核心竞争力的基本工具。价值链将一个企业的经营活动分解为战略性相关的许多活动。企业正是通过比其竞争对手更廉价或更出色地开展这些重要的战略活动来赢得竞争优势的。

企业的价值链体现在企业价值系统的更广泛的一连串活动之中，如图3-6所示。

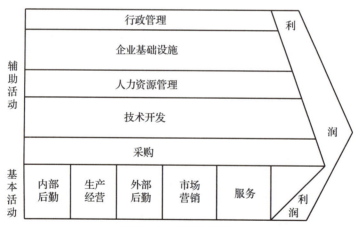

图3-6　企业价值链

供应商拥有创造和交付企业价值链所使用的外购输入的价值链（上游价值）。供应商不仅交付他的一种产品，而且影响企业的很多方面。此外，很多产品通过一些渠道的价值链（渠道价值）到达买家手中。渠道的附加活动影响着买方，也影响企业自身的活动。企业的产品最终成为买方价值链的一部分，能否获取和保持竞争优势不仅取决于对企业价值链的理解，而且取决于对企业如何适合于某个价值系统的理解。

价值活动可以分为两大类：基本活动和辅助活动。基本活动是涉及产品的物质创造及其销售、转移给买方和售后服务的各种活动。任何企业的基本活动都可以分为五种基本类型。辅助活动是辅助基本活动并提供外购投入、技术、人力资源及其公司范围的职能以及互相支持。事实上辅助活动中的采购、技术开发和人力资源管理与各种具体的基本活动相联系并支持整个价值链的运行。

从竞争的角度看，价值是买方愿意为企业提供给他们的产品所支付的价格。总收入则是企业产品价格与销售数量的综合反映。如果企业得到的价值超过创造产品所花费的各种成本，那么企业就会盈利。为买方创造超过成本的价值是所有企业的目标。分析竞争地位时必须使用价值而不是成本，因为企业为了获取经营差异性所带来的价格溢价常常有意识地抬高成本。

在某一产业内，企业的价值链千差万别，这反映了它们各自的历史、战略和实施的成功。一个重要差异是在竞争框架里一个企业与其竞争对手的价值链有所差别，代表着竞争优势的一种潜在资源。仅服务于一个特别的产业细分市场也许更能使企业将其价值链与该细分市场相适合，并在服务于该市场时比竞争对手更能实现低成本和差异化。扩展或缩小所服务的市场的地理范围也能影响竞争优势。各种活动集成的程度对竞争优势起着关键的作用。最后，协调一致的价值链，将支持企业在相关产业中获取竞争优势。

3.3　企业竞争战略及其选择与实施

3.3.1　企业竞争战略的提出

1. 企业经营面临的两个基本问题

在企业经营的现实中经常碰到两个情况：一是在一个非常有吸引力的行业里，一个企业如果处于不利的竞争地位，依然可能得不到令人满意的利润；二是与此相反的情况，即一个具有优越竞争地位的企业，由于栖身于前景黯淡的行业，而获利甚微，即便努力改善其地位也无济于事。由此对企业的经营者提出了两个非常严峻的问题，即如何选择企业经营的行业和如何选择企业在一个行业中的竞争地位。这也正是企业战略要解决的两个核心问题。

2. 企业竞争战略选择的核心问题

竞争战略的选择由两个中心问题构成，第一个是行业吸引力，所谓行业吸引力是指长期盈利能力和决定长期盈利能力的各种因素对企业的吸引能力，各个行业并非都提供同等的持续盈利机会，一个企业所属行业的内在盈利能力是决定这个企业盈利能力的一个要素。竞争战略的第二个中心问题是企业在该行业因其有利的竞争地位而获得比行业平均利润更高的收益。

以上两个核心问题中任何一个都不是静止不变的，行业吸引力和企业的竞争地位都会发生变化。随着时间的推移，行业的吸引力会增强或降低，而竞争地位则反映出竞争厂商之间的一场永不休止的争斗，甚至长期的稳定局面也会因竞争的变动而宣告终结。行业吸引力和企业的竞争地位两者都可以由企业加以改变，这也是竞争战略的选择具有挑战性和刺激性的地方。行业吸引力部分地反映了一个企业几乎无法施加影响的那些外部因素，而通过竞争战略的选择，企业却可以从相当的程度上增强或削弱一个行业的吸引力；同时，一个企业也可以通过对其竞争战略的选择显著地增强或减弱自己在行业内的地位。因此，竞争战略不仅是企业对环境做出的反应，也是企业从对自己有利的角度去改变环境。

3.3.2 三种基本的竞争战略

在 20 世纪 80 年代被最广泛阅读的竞争分析方面的书主要是迈克尔·波特的《竞争战略》和《竞争优势》（Competitive Advantage of Nations，1989）。根据波特的理论，各种战略使企业获得竞争优势的三个基本点是：成本领先战略、差异化战略和集中战略。波特将这些基点称为一般性战略（generic strategies，又译通用战略）。成本领先（cost leadership）战略强调以很低的单位成本价格为价格敏感型用户生产标准化的产品；差异化（differentiation）战略旨在为对价格相对不敏感的用户提供某产业中独特的产品与服务；集中（focus）战略指专门提供满足小用户群体需求的产品和服务。

波特的三种基本竞争战略意味着不同的企业采取不同的组织安排、控制程序和激励制度参与市场的竞争，比如可得到更多资源的大公司一般以成本领先或差异化为基点进行竞争，而小公司则往往以集中战略为基点进行竞争。

波特强调战略制订者需要进行成本—收益分析，以评估公司现有的和潜在的经营单位"分享机会"的状况。通过降低成本或提高差异化，共同行动与分享资源可以提高企业的竞争优势。除提倡分享外，波特还强调需要在独立的经营单位之间有效地传输技能和专长，以便获得竞争优势。根据诸如产业类型、公司规模及竞争类型等因素的不同，以便获得竞争优势。不同的战略可以分别在成本领先、差异化及集中战略方面取得竞争优势。

国外的学者通过对北美许多公司的研究发现，在市场竞争中获得成功的企业都具有明显的竞争优势，这种竞争优势集中表现为低成本和产品差异化。对于行业内的特定企业而言，其战略目标可能是全行业范围，如从事无差异产品生产的企业和追求规模经济的企业，其目标往往对准全行业范围；也可能仅仅是针对某一特定市场，针对这一特定现象，波特教授又将第三种竞争战略称为重点战略。企业的目标是全行业范围还是集中于某一特定市场，则取决于企业的现有资源条件和行业的市场竞争结构。成本优势和差异性优势又由行业结构所左右，并且取决于企业是否能够比它的对手更有效地在市场上进行竞争。

1. 总成本领先战略

（1）总成本领先战略的概念。

总成本领先战略又称低成本战略，是指企业在提供相同的产品或服务时，其成本或费用明显低于行业平均或主要竞争对手的竞争战略。或者说，企业在一定时期内为用户创造价值的全部活动的累计总成本，低于行业平均水平或主要竞争对手的水平。

总成本领先战略使企业在竞争中获得低成本优势，其意义是使企业能够在相同的规模经济下，获得最大的盈利，或累积更多的发展资金，或在不利的经营环境中具有更强的讨价还价的能力。低成本优势的另一个含义是其具有可维持性，即相对稳定性。对企业而言，稳定性就是指竞争对手在一定时期内难以达到或接近的成本水平。

（2）总成本领先战略的内容。

总成本领先是三种基本战略中最明确的一种。在这种战略指导下，企业的目标是成为其产业中的低成本生产厂商。企业有广阔的活动空间，为产业中的许多细分市场服务，甚至可能在相关产业中经营，这点对企业获得竞争优势至关重要。成本优势不仅取决于产业结构，而且取决于企业的规模经济性、专有技术、优惠的原材料以及其他技术和管理要素。例如，在电视机制造业中，成本领先要求有足够规模的显示屏生产设备、低成本设计、自动装配线和分摊研究与开发费用的全球规模。

如果企业能够创造和维持全面的成本领先地位，那它只要将价格控制在产业平均或接近平均水平，就能够获取优于产业平均水平的经营业绩。在与对手相当或相对较低的价位上，总成本领先者的低成本将转化为高收益。然而，总成本领先战略会受到差异化战略的挑战，如果其产品被认为与采取差异化战略企业的产品不能相比而不被客户所接受，总成本领先者为了增加销售量，将被迫削价以至于远低于竞争者的价格水平，这将抵消其理想的成本地位所带来的收益。

2. 差异化战略

（1）差异化战略的概念。

差异化战略又称为产品差异化战略、别具一格战略等。与低成本战略形成鲜明对比，差异化战略更直接强调企业与用户的关系，即通过向用户提供与众不同的产品或服务，为用户创造价值。

在差异化战略的指导下，企业力求就客户广泛重视的一些方面在产业内独树一帜。它选择被产业内许多客户视为重要的一种或多种特质，并为其选择一种独特的地位以满足客户的要求，它因其独特的地位而获得溢价的报酬。

（2）差异化战略的内容。

差异化战略赖以建立的基础是产品本身、销售交货体系、营销渠道及一系列其他因素，并且因产业不同而着重点不同。例如，在建筑设备产业，履带拖拉机公司的差异战略建立在其产品的耐用性、服务、备用件供应和出色的销售网络的基础之上。在化妆品产业，差异化战略则更多地依赖于产品形象和在商品柜台内的定位。

3. 重点战略

（1）重点战略的概念。

第三种基本竞争战略是重点战略，又称专一战略。因为着眼于在产业内一个狭小空间内做出选择，这一战略与其他战略相比迥然不同。采取重点战略的企业选择产业内一个或一组细分市场，并量体裁衣使战略为选定的市场服务而不是为其他细分市场服务。通过为其目标市场进行战略优化，重点战略的企业致力于寻求其目标市场上的竞争优势，尽管它并不拥有全面市场上的竞争优势。

重点战略有两种形式：特定目标市场上的低成本战略和特定目标市场上的差异化战略。在特定目标市场上的低成本战略指导下企业寻求其目标市场上的成本优势，而在特定目标市场上的差异化战略中企业则追求其目标市场上的差异优势。

（2）重点战略的内容。

重点战略的这两种形式都以采用重点战略企业的目标市场与产业内其他细分市场的差异为基础。目标市场必须或者满足客户的特殊需要，或者为了适合目标市场的生产和交换体系与其他细分市场不同。特定目标市场上的低成本是开发特定市场客户的特殊需要。这些差异意味着多目标竞争能不能很好地服务于这些细分市场，它们在服务于部分的同时也服务于其他市场，因此，重点战略的企业可以通过专门服务于这些细分市场而获取竞争优势。

采取重点战略的企业较之那些以全行业为战略目标的竞争对手而言，可以在竞争优势和战略目标两个方面中的任何一个取得优势。竞争对手也许会在满足特殊市场需求方面表现欠佳，这时采取重点战略的企业就可以实施特定目标市场上的差异化战略。

> **案例 3-3**
>
> **格兰仕价格战的三个阶段**
>
> 格兰仕是我国乃至世界知名的家电制造商，它的营销战略是价格竞争用无人可乱的价格战来打退竞争对手。研究格兰仕价格竞争战略的来龙去脉，会给我国生产制造行业有益的启示。
>
> 第一阶段，1996年到1997年，对于格兰仕来说主要面临的是国内竞争。面对竞争，格兰仕如果不及早降价，就会被其他厂商瓜分市场，使自身的生存受到极大的挑战。因此格兰仕1996年的第一次降价是为了更好地生存，把小厂商挤出市场。开始其他竞争者没有理解格兰仕的降价行为，以为它是抛售库存，直到1997年，格兰仕继续降价的时候，他们才如梦方醒。
>
> 第二阶段，1998年到中国加入WTO的呼声日渐高涨的时候，格兰仕主要面临外国跨国公司加入竞争后的产业发展问题。此时格兰仕老总梁庆德采取了两个措施，一是将盈利水平尚好的纺织企业降价出售，背水一战，把所有资源集中于微波炉的生产；二是与国外的企业联合。开始格兰仕向欧洲的实力派同行提议将其生产线搬到中国，然后以每生产一台返回8美元的方式偿还其设备价值。在得手后，格兰仕又建议日本人将生产线搬到中国，每生产一台产品返还5美元，并获得日本人的采纳。在设备上没有一分投资，就获得了巨大的生产能力，同时格兰仕放弃自己的品牌，产品由对方贴牌出售，双方各得其所。这样的"竞合"为格兰仕进一步降价提供了坚实的基础，把微波炉的生产成本推向了长期平均成本的最低点。
>
> 第三阶段，在国内同行纷纷消失、国外同行纷纷"投降"的时候，格兰仕仍一如既往地打价格战，此时的价格战是主动的价格战，是战略性的价格战，是基于家电产品本身低附加值、高使用价值特征的价格战。通过价格战，格兰仕不仅巩固了自己在全国微波炉市场的老大地位，而且成为全世界微波炉厂商的生产车间，并向诸多新的家电领域进军。在新的领域内，格兰仕进入的战略仍然是价格竞争。

格兰仕的三大历史机遇

第一大机遇是蚬华被收购。1993年格兰仕推出其国产品牌的微波炉,当年产量为1万台,成为首批进入该行业的国内企业。1995年,行业蚬华被另一家外国企业惠尔浦收购,由于磨合不力而以失败告终。格兰仕抓住这一有利时机,突破蚬华对其的压制,当年产销25万台,市场占有率达25%,跃居于行业第一的位置,造就了格兰仕的成本优势。

第二大机遇是国外家电厂商急于抛售低附加值的产业,这就使格兰仕很快与国外的厂商达成了协议,把国外的生产线顺利地引入中国,并造就了格兰仕的成本优势。

第三大机遇就是在眼前,许多大的家电企业开始转产,国内家电产业竞争出现缓和契机。格兰仕则更加专注于家电产品的生产,进一步扩大家电产品的种类,实施集聚战略,将自己努力建设成为家电业的"世界工厂"。

格兰仕的五大战略选择

第一,生存战略。企业的存在不仅仅是为了利润,更为重要的是生存。格兰仕深悟其中道理,每次降价都是为了生存或更好的生存。最初是要在众多的国内厂商竞争洪流中生存,而后面要在潜在进入者进入威胁下生存,现在是要在利润趋零的生产状态下生存。

第二,成本领先战略。价格战最终靠的就是成本的逐渐降低,没有成本的降低,企业就不可能把价格战当成一个发展的战略,格兰仕也就不会存活到今天,格兰仕通过引进生产线,提升其技术水平,并最大限度利用生产线提高工作效率,同时聘请国外专家提高生产线的管理水平,格兰仕还靠自己在全国乃至世界首屈一指的地位逐渐扩大规模,达到规模经济产量水平。

第三,全球化战略。格兰仕从一开始就把目光集中在全世界的市场,实现产业链的全球化和市场的全球化。在产业链方面它已经和248家跨国企业合资。在市场方面,微波炉绝大多数用来出口,空调也有一半用来出口。这样格兰仕的生产规模与日俱增,其生存和成本战略得以不断强化。

第四,零利润战略。用格兰仕集团副总经理俞尧昌的话说就是:"我们格兰仕每进入一个家电产品市场,就要把这个家电产品的利润归零。"说到底,就是要把价格战进行到底。在家电领域,家电产品同质化程度非常强,速度也非常快,一旦产品质量趋向一致,品牌差距几乎可以忽略不计。格兰仕正是认识到了这一点才做到了"进入一个家电产品市场,利润归零"的壮举。

第五,集中化战略。许多家电企业都在靠扩张争取利润,只有格兰仕把集中战略进行到底,开始是把与微波炉无关的产业全部卖掉,把全部的资源集中、再集中;现在是实行"东方亮了再亮西方"的横向扩张战略,把微波炉的利润打压归零以后,进入空调业,再努力地把利润打压归零,再进入更多的家电产业,一个一个击破。

> 由此可见，格兰仕的价格战略最开始是被逼无奈，拼死一搏，后来生存下来以后，才逐渐由被动到主动，在抓住各种机遇的前提下，逐渐地形成了企业独特的发展战略。而各个战略成为价格战略，即薄利多销战略的基础，最终形成了企业发展的持续竞争力。
>
> （资料来源：《价格月刊》2004年第2期，作者：张帆）
>
> **问题：**
> 1. 结合案例分析企业发动价格战的动因何在？
> 2. 集中化与成本领先战略可以同时运用吗？为什么呢？

3.3.3　竞争战略的选择和实施

1. 总成本领先战略选择与实施

总成本领先战略的逻辑要求企业就是总成本领先者，而不是成为具有专长这一竞争地位的几个企业之一。很多企业因为没能认识到这一点而曾犯过严重的战略性错误，当雄心勃勃的总成本领先者不止一个时，它们之间的竞争常常十分激烈，因为市场份额的每一份都被视作至关重要的。如果没有一个企业能获取总成本领先并"劝阻"其他企业放弃它们的成本战略，那么正如大量石油化工产品的例子一样，对盈利能力（和长期的产业结构）造成的后果可能是灾难性的。所以，总成本领先是一种格外依赖于先发制人策略的战略，除非重大的技术变革允许某个企业从根本上改变其竞争地位。

在有些行业中竞争者很多，即使单就成本领先而言，可能会出现有多个企业的情况。它们相对于任何竞争对手而言，都不具有绝对的成本优势，但相对于差异化的竞争对手而言，它们又是以低成本为基础的，在这种情况下，企业采取的竞争战略是低成本战略。由于任何一个企业都不具有绝对成本优势，这时，企业在价格竞争中往往会很慎重，以防引起价格战，较好的策略是行业内企业都采用成本加成定价法，以确保合理利润。同时，还应该采取各种方法降低成本，增收节支，创造更多的利润源。

成本领先战略采取前向、后向和横向一体化的主要目的在于获取成本领先的收益。但成本领先战略一般必须与差异化战略结合使用。数种成本因素影响着一般战略的相对吸引力及学习和经验曲线效应。在战略选择中需要考虑的其他成本因素包括：在企业内分摊成本和分享知识的潜力、与新产品开发或现有产品调整相关的研究与开发成本、劳动力成本、税率、能源成本及物流成本。

一般来讲，在下述场合，应力求做产业中的低成本生产者：市场中有许多对价格敏感的用户；实现产品差异化的途径很少；购买者不太在意品牌间的差异；存在大量讨价还价的购买者。实施要点在于使价格低于竞争者，从而提高市场份额和销售额，将一些竞争对手逐出市场。

成功的成本领先战略应贯彻整个企业，其实施结果表现在高效率、低管理成本、制止浪费、严格审查预算需求、大范围的控制、奖励与成本节约挂钩及雇员对成本控制活动的广泛参与。

采用成本领先战略的风险有：竞争者可能会进行模仿，这会压低整个产业的盈利水平；本产业技术上的突破可能会使这一战略失效；购买者的兴趣可能会转移到价格以外的其他产品特征上。以采取成本领先战略而著称的几个范例公司包括沃尔玛、BIC 公司、麦当劳公司、布莱克—得克尔制造公司（Black and Decker）、林肯电气公司（Lincoln Electric）及布里格斯—斯特拉顿公司（Briggs and Statton）。

2. 差异化战略选择与实施

实施差异化战略的企业为创造和维护与众不同的差异化优势，通常要承担比低成本战略高得多的成本负担。差异化战略通常考虑差异化形成要素、差异化成本和用户需要，去影响企业价值链中的差异化价值活动，为用户创造可接受的价值。这种价值最终表现为或者降低用户的成本，或者提高用户的绩效，或者兼而有之。因此，了解和确定什么用户的价值是制订差异化战略的出发点。用户的价值体现在其价值链中，企业通过自己的价值链与用户的价值链的联系，去识别和确定需要实现的差异化价值。

差异化战略的逻辑要求企业选择那些不利于竞争对手的并使自己的经营独特的特质。企业如果期望得到价格溢价，它必须在某些方面真正差异化或被视为具有差异性。然而，与总成本领先相反的是，如果存在多种为客户广泛重视的特质，产业中将可能有不止一种的成功的差异化战略。

不同的战略会导致不同程度的差异化。差异化不能保证一定带来竞争优势，尤其是当标准化产品可以充分地满足用户需求，或竞争者有可能迅速地模仿这种差异化产品时。最好能设置防止竞争者迅速模仿的障碍，以保证产品具有长久的独特性。成功的差异化意味着更大的产品灵活性、更大的兼容性、更低的成本、更高水平的服务、更少的维护需求、更大的方便性和更多的特性。产品开发便是一种提供差异化优势的战略。

决定采取某种差异化战略，必须首先仔细研究购买者的需求和偏好，以便决定将一种或多种差异化特征结合在一个独特的产品中，达到所需要的产品特性。成功的差异化战略能够使企业以更高的价格出售其产品，并通过使用户高度依赖产品的差异化特征而得到用户的忠诚。产品差异化可体现如下方面：服务水平、零配件的提供、工艺设计、产品的性能、寿命、能耗及使用的方便性。

采用差异化战略的一种风险是，用户对某种特殊产品价值的认同与偏好不足，难以接受该产品的高价格。在这种场合，成本领先战略会轻而易举地击败差异化战略。采取差异化战略的另一种风险是竞争者可能会设法迅速模仿产品的差异化特征，公司难以长久地保持产品的独特性，使这一独特性能被竞争者迅速而廉价地模仿。

成功的差异化战略对一般组织工作的要求包括：对研究开发和市场销售功能的强有力的协调，以及提供能够吸引优秀的研发人员和创造性人才的良好的工作环境。采取差异化战略的公司包括巴伐利亚汽车公司（BMW）等许多有一定技术专利保护和设计优势的公司。

相对于实行差异化战略的企业而言，总成本领先者虽然具有成本低的竞争优势，但仍必须在相对竞争对手差异化的基础上创造出与差异化竞争对手价值相等或价值近似的地位，以领先于产业平均收益水平。差异化基础上的价值相等能使总成本领先者直接将成本优势转化为较竞争对手更高的收益。差异化的价值近似意味着为获取满意的市场份额而进行的必要的削价不会抵消总成本领先者的成本优势，因此总成本领先者能赚取高于行业平均水平的利润。

3. 重点战略选择与实施

重点战略的成功实施，要求所选择的细分市场有足够的规模，有良好的增长潜力，而且对其他主要竞争者而言并不是至关重要的。诸如市场渗透和市场开发这样的战略可提供相当大的集中优势。中型和大型企业要想有效地采取重点战略，必须将其与差异化战略或成本领先战略结合起来使用。所有的公司实际上都在采用差异化战略，因为在任何一个产业中，只有一家公司能够以最低的价格实现差异化，其他公司则必须通过其他途径使自己的产品实现差异化。

当用户有独特的偏好或需求，以及当竞争公司不想专业化于同一目标市场时，集中的重点战略最为有效。采用重点战略的公司将经营目标集中于特定消费者群众、特定地域市场或特定规格的产品，从而能够比服务于更广泛市场的竞争者更好地为特定的细分市场服务。

如果实施重点战略的企业的目标市场与其他细分市场并无差异，那么重点战略都不会成功。例如，在软饮料产业，皇冠公司专门致力于可乐饮料，可口可乐和百事可乐公司则生产种类繁多、味道多样的饮料。然而，可口可乐和百事可乐在服务于其他细分市场的同时也很好地服务于皇冠公司的细分市场。这样，可口可乐和百事可乐拥有更多种类的产品，而在可乐市场上也享有高于皇冠公司的竞争优势。

采用重点战略的风险在于，一旦竞争结构改变或消费者需求偏好改变，则会给企业带来很大的经营风险。如果一个企业能够在其细分市场上获得持久的成本领先或差异化地位，并且这一细分市场的产业结构很有吸引力，那么实施重点战略的企业将会成为其产业中收益率高于平均收益水平的佼佼者。

在选择重点战略时，细分市场结构上的吸引力是一个必要条件，因为一个产业中，一些细分市场比其他市场盈利率要低得多。只要实施重点战略的企业选择不同的目标市场，产业中通常总有容纳几种持久的重点战略的市场空间。大多数产业包含的大量的细分市场，即每一个包含着不同的客户需求或不同的最优化生产或交货体系的细分市场，都是重点战略的候选市场。

3.4 企业战略评价与控制

3.4.1 企业战略评价标准

战略评价对企业战略执行利害攸关，而及时的评价可以使管理者对潜在问题防患于未然。战略评价应主要包括三个基本活动：一是考察企业战略的内在基础；二是将预期结果与实际进行了比较；三是采取纠正措施以保证行动与计划的一致。

现实中要想证明战略是最佳的或肯定能奏效几乎是不可能的，然而我们可以通过评价发现战略的致命弱点。理查德·鲁梅特（Richard Rumelt）提出了可用于战略评价的四条标准：一致、协调、优越和可行。协调（consonance）与优越（advantage）主要用于对公司的外部评估，而一致（consistency）与可行（feasibility）则主要用于内部评估。

鲁梅特的四条评价标准分别是：

1. 一致

一个战略方案中不应出现不一致的目标和政策。组织内部的冲突和部门间的争执往往是管理无序的表现，但它也可能是战略不一致的征兆。鲁梅特提出了帮助确定组织内问题是否由战略间的不一致引起的三条准则：

（1）尽管更换了人员，管理问题仍然持续不断，便可能存在战略的不一致。

（2）如果一个组织部门的成功意味着另一个组织部门的失败，那么战略间可能存在不一致。

（3）如果政策问题不断地被上交到最高领导来解决，那么便可能存在战略上的不一致。

2. 协调

协调指在评价战略时既要考虑个体趋势，又要考虑整体趋势。经营战略必须对外部环境和企业内发生的关键变化做出适当的反应。

3. 可行

一个好的经营战略必须做到既不过度耗费可利用资源，也不造成无法解决的派生问题。在评价战略时，很重要的一点要考察企业在以往是否已经展示了实行既定战略所需要的能力、技术及人才，以及企业现有的物力、人力及财力资源能否实施这一战略。

4. 优越

经营战略必须能够在特定的业务领域使企业创造和保持竞争优势。竞争优势通常来自企业资源的合理配置从而提高企业的整体效能。此外，企业在行业中所处的位置也会在企业战略中发挥关键作用。好的位置是可防御的，会阻止竞争对手向本公司发动全面的进攻。只要基础性的关键内外部因素保持不变，位置优势便趋向于自我延续。因此，竞争地位牢固的公司很难被搞垮，尽管它们的技能只是平平。良好企业竞争地位的主要特征是，它使企业从某种经营策略中获得优势，而不处于该位置的企业则不能类似地受益于同样的策略。因此，在评价某种战略时，企业应当考察与之相联系的位置优势特性。在进行战略评价时，分析哪些技能可以帮助企业在特定的领域建立和保持竞争优势，确保战略实施的质量也是至关重要的。

3.4.2 战略评价中的关键问题

战略评价对于所有类型和规模的企业来说都是必要的。战略评价能够做到从管理的角度对预期和假设提出问题，对战略目标和价值进行审视，以及激发建立变通战略和判定评价标准的创造性，无论大企业还是小企业，在各个层级实行一定程度的深入实际的走动式管理（management by wandering around），对于有效的战略评价都是必要的。战略评价活动应当连续地进行，而不只是在特定时期末或在发生了问题时才进行。如果只是在年末才进行战略评价，那将无异于亡羊补牢。连续不定期的战略评价可以建立并有效监控经营过程中的各种考核基准。

企业可以用建立修正的外部因素评价（EFE）矩阵和内部因素评价（IFE）矩阵的方法检查企业战略的基础。修正的外部因素评价矩阵（revised EFE matrix）则表明企业战略如何对关键机会与威胁做出反应。修正的内部因素评价矩阵（revised IFE matrix）应侧重于企业在管理、营销、财务、生产、研发及计算机信息系统方面优势和弱点的变化。

1. 外部因素评价中的关键问题

（1）竞争者曾对我们的战略做了何种反应？
（2）竞争者的战略曾发生了哪些变化？
（3）主要竞争者的优势和弱点是否发生了变化？
（4）竞争者为何正在进行某些战略调整？
（5）为什么有些公司竞争者的战略比其他竞争者的战略更为成功？
（6）本公司竞争者对其现有市场和盈利的满意程度如何？
（7）主要竞争者进行反击之前还有多大的忍耐空间？
（8）我们如何才能更有效地与竞争对手进行合作？

有众多的外部及内部因素会阻碍公司实现长期的和年度的目标。从外部看，阻碍企业实现目标的因素包括：竞争者的行动、需要变化、技术变化、经济状况变化、人口迁移及政府行动。从内部看，有可能采取了无效的战略或者战略实施活动不利，原目标可能制订得过于乐观。因此，企业目标未能实现不一定是由管理者和雇员的工作不善而造成的。要使所有企业成员都明白这一点以鼓励他们支持战略评价活动。当企业战略失效时，公司领导需要尽快知道。对于构成现行战略基础的外部机会与威胁和内部优势与弱点，企业应不断地监视其发生的变化。实际上，问题并不在于这些因素是否将要发生变化，而在于它们将于何时、以何种方式发生变化。

2. 战略评价中需审视的内部关键问题

（1）我们的内部优势是否仍是优势？
（2）我们的内部优势是否有所加强？如果是，又体现在何处？
（3）我们的内部弱点是否仍是弱点？
（4）现在我们是否又有了其他新的内部弱点？如果是，它们体现在何处？
（5）我们的外部机会是否仍为机会？
（6）现在是否又有其他新的外部机会？如果是，它们体现在何处？
（7）我们的外部威胁是否仍为威胁？
（8）现在是否又有了其他新的外部威胁？如果是，它们体现在何处？

3.4.3 战略实施后的企业业绩评价

这一评价包括将预期结果与实际结果进行比较，研究实际进程对计划的偏离，评价企业绩效和在实际既定目标过程中已取得的进展，战略评价的标准应当是可度量的和易于调整的。对未来业务指标的预测远比提示以往业务指标的完成情况更为重要。

1. 度量企业绩效的定量标准

战略评价基于定量的和定性的两种标准。战略评价标准的选择取决于特定企业规模、产业、战略和宗旨。各种财务比率被广泛地用作战略评价的定量标准。战略制订者们用财务比率进行三种关键性比较，将公司不同时期的业绩进行比较，将公司的业绩与竞争者的业绩进行比较，将公司的业绩与产业平均水平进行比较。概括地讲，适用于战略评价的一些关键财务比率有：

（1）投资收益率。

（2）股本收益率。

（3）盈利率。

（4）市场份额。

（5）负债对权益比率。

（6）每股收益。

（7）销售增长率。

（8）资产增长率。

然而，采用数量标准进行战略评价也有一些潜在的问题：第一，绝大多数数量标准都是为年度目标而不是为长期目标确定的；第二，对很多数量指标，用不同的会计方法计算会得出不同的结果；第三，在制订数量指标时总要利用直觉性判断。

2. 战略评价的定性标准

鉴于以上评价中可能遇到的问题及其他原因，定性评价标准在战略评价中也同样重要。西摩·蒂尔斯提出了可用于战略评价的下述6个定性的问题。

（1）战略是否与企业内部情况相一致？

（2）战略是否与外部环境相一致？

（3）从可利用资源的角度看，战略是否恰当？

（4）战略所涉及的风险程度是否可以接受？

（5）战略实施的时间表是否恰当？

（6）战略是否可行？

本章小结

1. 企业战略就是着眼于企业的未来，根据外部环境变化和内部资源条件，为求得企业生存和长期发展而进行的总体性谋划。

2. 企业战略可以分为三种基本类型：企业总体战略、企业竞争战略和企业职能战略。

3. 战略管理过程大致可分为两个阶段：战略分析与选择即战略规划阶段和战略实施与评估阶段。

4. 企业的环境分析分为宏观外部环境分析、中观行业环境分析和微观企业内部环境分析。

5. SWOT 分析法就是对企业外部环境中存在的机会与威胁和企业内部能力的优势和劣势进行综合分析，据此对备选的战略方案做出系统的评价，最终选择出最佳的竞争战略。

6. 经营业务组合分析法有波士顿矩阵和通用矩阵。

7. 行业竞争结构分析常用波特的五力竞争模型：潜在进入者的威胁、替代品的威胁、购买者讨价还价的能力、供应商讨价还价的能力和现有企业的竞争强度。

8. 竞争优势的分析法常用价值链理论。

9. 企业经营战略即竞争战略有三种基本类型：差异化战略、成本领先战略（低成本战略）和专一经营战略（集中战略、重点战略）。

10. 战略评价应主要包括三个基本的活动：一是考察企业战略的内在基础；二是将预期结果与实际进行比较；三是采取纠正措施以保证行动与计划的一致。

  本章练习

一、简答题

1. 简述企业战略管理的定义与过程。
2. 我国企业如何判断自己企业的战略构成要素，从而寻求竞争优势。
3. 试述各战略构成要素在不同层次战略中的作用。
4. 简述企业战略管理理论的发展过程及趋势。

二、案例分析

案例分析1　巨人的困境

1991年春，珠海巨人新技术公司诞生，史玉柱宣布："巨人要成为中国的IBM，东方的巨人"。然而，仅仅6年之久，即1996年年底，巨人集团的产量全面萎缩，员工停薪两个月，大批骨干陆续离开，巨人集团陷入困境。分析巨人危机的原因，主要有以下几个方面：

一、管理虚弱

巨人集团从1989年到1992年的腾飞是靠创业精神支撑而发展起来的。遗憾的是，在企业迅速发展的过程中，却没有相应建立起完善的企业制度和科学的管理体系。随着资产规模的急剧膨胀，巨人集团管理上的隐患也日益暴露，整个集团的管理浮躁而混乱。史玉柱曾有一个形象的比喻："一个运动员超极限的训练，必然伤痕累累"。

实际上，在产业多元化初期，史玉柱就意识到了公司的管理隐患，他在公司1994年元旦献辞中说："我们创业时的管理方式，如果只维持几十人状态，不会有问题。但现在的管理系统，不可能运作规模更大的公司。巨人公司正向大企业迈进，管理必须首先上台阶"，并直截了当地指出了集团当时存在的问题，即创业激情基本消失、出现大锅饭机制、管理水平低下、产品和产业单一以及市场开发能力停滞。但是，仅仅意识到问题，而不能发现问题之症结所在，并从根本上找到解决问题的办法，企业仍然会向危险的境地继续滑坡下去。巨人集团在规模迅速膨胀的同时，内部管理虚弱。原本就薄弱的管理基础，再加上领导体制、决策机制、企业组织、财务控制、员工管理等诸多方面都不能适应集团发展的需要，企业陷入困境只是早晚的事。

二、缺乏资本运作的经验，不能有效地利用财务杠杆

房地产业必须有坚实的金融资本作后盾。但令人瞠目的是，巨人大厦从1994年2月动工到1996年7月，未申请过一分钱的银行贷款，全凭自有资金和卖楼的钱支持。到1996年下半年，资金紧张时，由于缺乏与银行的信贷联系，加上正赶上国家宏观调控政策的影响，巨人陷入了全面的金融危机。巨人将银行搁置一旁的理由是以为可以依靠生物工程方面源源不断的销售回款来支持大厦的建设资金，认为"账上的钱花都花不完"。1996年下半年，巨人大厦急需资金。史玉柱作出了抽调生物工程的流动资金去支撑巨人大厦建设资金的决定，把生产和广告促销的资金全部投入大厦，结果生物工程一度停产。从资金运作角度看，史玉柱犯了大忌。

三、缺乏科学决策体系和权力约束机制

史玉柱曾经成功地将知识转化成了商品，又变成了资本，但他却没有把巨人变为一个现代企业。当史玉柱的产业越做越大时，自己倍感驾驭庞大集团的吃力。1994年年初，巨人集团发生管理危机，史玉柱曾宣布从管理第一线上退下来，请北大方正集团总裁楼滨龙出任巨人集团总裁，公司实行总裁负责制。但实际上企业决策体系并没有从根本上改变。巨人显露危机后，种种矛盾全部聚积于史玉柱一身。史玉柱后来反思道："巨人没有及早进行股份化，直接的损失是最优秀的人才流失。更严重的后果是，在决策时没人能制约我，以致形成家长制的绝对权威，导致我的一系列重大决策失误。"

巨人集团也有董事会，但形同虚设。史玉柱手下的几位副总都没有股份，在集团讨论重大决策时，他们很少坚持自己的意见，他们也无权干预史玉柱的错误决策。因此，在巨人集团的高层没有一种权力制约，巨人集团实行的是"一个人说了算的机制。"

对于巨人集团的危机，史玉柱承认两点：一是决策失误，摊子铺得太大；二是管理不善，经营失控。显而易见，目前中国民营企业已进入内部机制变革的时代，它们必须痛苦地告别一人包打天下的时代。

问题： 中国民营企业应从巨人集团经营失败中吸取哪些教训？

案例分析2 通用电气：战略计划的制订与演变

通用电气公司是美国最大的电气公司，该公司拥有职工近40万人，制造、销售和维修的产品约13万种，其中包括飞机引擎、核子反应堆、医疗器械、塑料和家用电器等，业务范围遍及144个国家和地区。1978年，公司的销售额约达200亿美元，利润超过了10亿美元，其中40%来自国际市场。

一、战略计划的由来

由于通用电气公司的规模越来越大、产品的种类越来越多样化，公司在经营管理上，

面临着以下几个关键问题：一是冒一定的风险使利润迅速增长，还是使利润持续不断地低速增长？二是需要一个分权式的组织机构以保持组织上的灵活性，还是建立一个集权式的组织机构以加强对整个公司的控制？三是如何对付环境、技术和国际等方面的新挑战？经过研究，公司选择了利润高速增长的经营战略，这意味着即使在经济下降时期，也要使利润持续不断地增长。为了做到这一点，该公司在业务上保持了多种经营方式，以抵消经济危机对某些业务的影响。为此又需要一个分权的组织机构，以促使下属各单位不断地改进经营管理并使利润增长。但是，怎样管理这样一个机构，并对付来自环境、政治、经济、技术和国际上的各种挑战呢？通用电气公司的答案是需要制订战略性计划。

在 20 世纪 60 年代，通用电气公司有一个高度分权的利润中心结构。这种结构共分四层，最下层是事业部，共有 175 个，每个事业部都有一个利润中心。这些事业部由 45 个部管辖，45 个部又由 10 个大组管辖，这 10 个大组形成最高管理层，它们向公司最高办公室报告工作。最下层的部门的销售额，一般不超过 5 000 万～6 000 万美元，如果超过这个限度，这个事业部就分为两个事业部，当时通用电气公司占统治地位的管理哲学是控制幅度，这个幅度要"小到一个人足以管理的程度"。这套高度分权的利润中心结构，在 60 年代曾大大促进了公司的发展。

随后通用电气公司碰到了一个新问题，即公司的销售额大幅度增长了，但每股的红利并没有随着增长，与此同时，公司的投资报酬率也下降了。出现这种情况的原因是：①由于事业部数目的猛增，事业部之间在竞相使用各种资源时发生了重复。②在 60 年代的繁荣时期，没有对公司各下属企业的前途进行充分的比较就进行投资，而实际上并非所有下属企业都需要投资。有些企业应该尽力使其利润不断增长，但由于这些企业可能在将来被淘汰，所以不需要大量投资，而另一些企业因为很有发展前途，则应为其今后的发展进行大量投资。

鉴于上述情况，通用电气公司开始革故鼎新。从 20 世纪 70 年代初期开始，公司开始制订战略性计划，并建立了一套制订战略性计划的机构、程序和原则。

二、制订战略性计划的机构、程序和原则

从组织机构上来说，通用电气公司在传统的事业部和大组的机构上，又建立了一种制订计划的机构——战略（计划）经营单位。这些经营单位的规模不一，大组、部、部门都可成为战略经营单位。在全公司共建立了 43 个战略（计划）经营单位。从定义上来说，一个战略计划经营单位，必须有一致的业务、相同的竞争对象，有市场重点以及所有的主要业务职能（制造、设计、财务和经销），所有这些都由战略（计划）经营单位的经理负责。在建立了战略计划经营单位之后，通用电气公司就形成了双重机构和双重任务，即新建的战略（计划）经营单位是计划机构，其职责是制订战略，原有的组织机构的任务是执行战略。

这种把生产组织和计划机构分开的思想，也应用在其他方面。例如，生产食品加工设备、特种电子元件和特种变压器的个部和事业部被划入一个工业零件大组，但在这些产品之间并没有战略上的共同点。每个部和事业部都在它独特的领域内进行生产，每个部和事业部都是一个战略（计划）经营单位，并制订自己的战略性计划。但是，将这些部和事业部划进工业零件大组的目的,是为了便于在生产上进行控制,而不是为了成为一个制订计划的机构。

建立了制订战略机构之后,下一步就是采用一种制订计划的程序。制订战略计划的程序,主要是靠一步一步地进行分析,例如,当观察外界环境时,通用电气公司考虑到社会、经济、政治和技术发展趋势,在过去和将来如何影响市场、顾客、竞争对手和供应厂商,并由此找出发展机会和对公司的威胁。当分析到本公司的资源时,应考虑本公司酝酿、设计、生产、销售、资金和管理等方面的能力,由此可以找出本公司的强点和弱点。当分析企业目标时,应考虑公司股东、贷方、顾客、雇员、供应厂商、政府和社会的期望,并辨别出每一个因素如何指导或限制着企业的发展。总之,这个过程所强调的是进行全面的分析,在分析时将一切因素都考虑进去。该公司认为,经过这种分析,就会出现非常有效的战略。

例如,在20世纪60年代,通用电气公司的机件维修业务部的任务,仅限于修理本公司在美国卖出超过保修期的电动机、变压器和断路器。在制订了战略计划之后,这个部将业务扩大到非通用电气公司产品、非电气产品和外国产品的修理方面。这样做的结果,就使这个部的业务扩大到了全世界,在过去5年中,年销售额和利润都增长了20%以上。

再如,通用电气公司现在在向市场供应喷气式飞机的引擎方面取得了很大的成功,这是由于公司生产了适销对路的产品,而能够生产对路的产品,又是由于进行了周密的环境分析的结果。经过分析,公司认识到飞机引擎的发展周期是5年多,还认识到今天对噪声程度、化学污染、燃料节约、第一次生产成本、服务能力等方面的全面要求,已大大不同于20世纪70年代初期了。通用电气公司认为,他们对这些问题的综合考虑,应归功于战略计划的制订。

制订战略计划过程中的各个分析步骤,也使通用电气公司找到了发展业务和进行多样化生产的机会。通用电气公司下属的战略计划经营单位下决心兼并了考克斯广播公司,这使得通用电气公司,在广播和可视电话方面有了新的市场。公司之所以如此快地进行这次兼并,是由于通过战略性的分析,预计到在这方面有发展机会。

同样,对犹他国际公司的兼并,也是出自战略上的考虑。这次兼并使得通用电气公司加强了自己在能源和工业原料供应方面的地位。

在采用了上述制订战略计划的程序之后,还需要规定一些共同遵守的原则,以保证计划的制订。这些原则可以从以下几个方面加以说明:

(1) 所有管理人员都要参与战略计划的制订和学习。通用电气公司的320名高级管理人员,要集中4天时间研究和制订战略计划。428名未来的计划人员,要集中用2周时间全部完成战略计划的制订工作。全公司1万名各级经理人员,要接受一天了解战略计划的视听训练。公司认为,这样做的时间代价虽大,却是成功的关键。

(2) 制订计划时间表,以便对各种战略计划进行检查,并通过预算对不同的发展机会分配公司的资源。对战略计划的审查是为了使其付诸实施,通过预算对不同的发展机会分配资源,是为了从物质上保证战略性计划的实施。

(3) 用投资矩阵图(又称业务屏幕)来声明投资的轻重缓急。每年通用电气公司都用上述矩阵图安排自己的投资。战略计划经营单位用顶上的横轴估价工业的吸引力，用边上的纵轴来估价自己的企业在该行业中的竞争。对投资增长类的企业在投资时予以优先照顾，对选择增长类的企业（即还有一定发展前途的企业）在投资时排在第2位；而对选择盈利类则要求它们在投资同利润之间保持平衡，对业务萎缩类的企业则逐渐撤回投资。

公司认为，关键的问题是如何衡量工业的吸引力和企业本身的力量。为了解决这个问题，公司应用了多种因素估计表。

对于外界各因素和企业本身的力量有了精确的估价后，战略计划经营单位的经理就有了做出投资决策的信心。

（4）对战略计划经营单位的经理人员实行奖励制度。对于战略计划经营单位经理人员的考核，主要是看这些经理人员对通用电气公司的全面贡献如何。对投资增长类的企业经理人员来说，当他们的行动和计划能为全公司带来长远利益时，他们会得到更多的奖励。另外，对于业务萎缩类企业的经理人员来说，奖励的多少主要是看这些经理人员能否在短期内为公司赚到更多的利润。把奖励与战略性的任务联系起来，有助于克服那种不顾企业本身的实际潜力而使业务盲目扩大的倾向。

三、90年代的战略性管理

通用电气公司在20世纪80年代制订战略计划所取得的成功，促使公司走向90年代的战略性管理。

为了应付迅速变化的外界环境，公司将保留计划机构和生产组织这种双重机构。为了应付日益扩大的规模，公司建立了一个新的管理层——大部。这个管理层介于公司执行办公室和每个单独的战略计划经营单位之间。全公司共分6个大部，即：消费品和服务大部、工业产品和零件大部、动力系统大部、国际部、技术系统材料大部和犹他国际公司。其中规模最小的犹他国际公司，年销售额约为10亿美元，其他大部有些年销售额超过40亿美元。大部的经理人员对下属各战略计划经营单位的经营好坏负有责任。大部经理人员负有审查下属各战略计划经营单位的战略的责任，并负责制订大部战略。大部的战略不仅包括向各战略业务单位分配资源，而且还要在各战略计划经营单位所主管的业务范围之外制订业务发展计划。为了处理更加复杂的情况，公司已将原来在一个管理层制订战略性计划的做法，扩大到若干管理层制订战略性计划，甚至在不同的业务之间制订战略性计划。现在公司除有40～50个战略（计划）经营单位的计划之外，还有6个大部的战略性计划和1个全公司的战略性计划。这些上层的计划不是下层计划简单的综合，每个管理层的计划都有不同的范畴。例如，如果整个公司的增长指标要快于国民生产总值，那么消费品和服务大部的增长指标就应该快于国民生产总值中的消费品部门，生产电视机的战略计划经营单位的增长指标就应该快于整个电视工业。公司认为，不同范围、新增添的价值和统一的指标，这三者是制订多层次战略性计划的中心思想，也是在统一的指标下进行分权管理的中心思想。

处理复杂业务的第二个办法，是在多种业务之间制订战略性计划，其形式之一是制订资源计划。在公司和大部一级，公司对各种不同业务部门的职能——财务、人事、技术、生产和销售等进行观察，以求找出节省资源的方法。

在各种业务之间统一计划的第三种形式是进行国际协调。通用电气公司正试图将世界范围内的计划协调起来，并采用一种正式的程序去进行协调。

通用电气公司认为，从20世纪70年代的分权管理发展到80年代的战略性计划的制订，又发展到90年代的战略性经营管理，由于这种管理制度的演变，适应了公司规模和经营多样化的发展，因而给公司带来了巨大利益。为了管理像通用电气公司这样规模巨大的和多样化的企业，公司还在继续研究新的管理方法。但公司认为，管理程序、管理结构固然重要，但同样重要的是需要有一批经理人员，这些处于各阶层的经理人员能够从战略上去思考问题。

问题：我国企业如何借鉴通用电气成功的战略管理经验？

案例分析3：贪大求全，安然公司自取灭亡

2001年10月，世界能源巨擘安然公司曝出假账丑闻，12月2日正式申请破产。破产清单所列资产498亿美元，远远超过了德士古石油公司（Taxaco）1987年创下的359亿美元的纪录，成为当时美国历史上最大的一起公司破产案。在世界500强企业中排名第十六位、在美国500强企业中排名第七位、连续六年被《财富》杂志评为"最富创新能力"、多年来在业备受尊重的超级公司安然，从此成为历史。

2000年2月，当安然公司在休斯敦召开由信贷分析家和债券投资者参加的年会时，公司的情况可谓是蒸蒸日上。当时，安然公司的股价约为每股80美元，资本市值达到700亿美元，比3年前增长了4倍。但是，安然公司高层仍认为这个股价还不够高。当时的安然公司首席执行官杰夫·斯基林（Jeffrey Skilling）向与会者宣称，由于公司在能源市场的统治地位及其进军电信市场的新计划，安然公司应该会涨到每股126美元。然而两年后，安然的股份不仅下跌到几美分的地步，而且其公司也沦为了破产的境地。

美国企业界有关专家分析认为，安然之所以陷入目前这种破产的境地，与其在过去发展过快、摊子铺得过大及公司内部一些违法经营活动有关。

据能源财务顾问卡梅龙·潘恩介绍，安然公司的前身——休斯敦天然气公司的经营情况非常良好，在得克萨斯州的地位举足轻重。但在1985年，肯恩思·莱策划兼并了实力超过自己一筹的经营对手——联合北方，使合并后的安然公司背负了沉重的债务。在20世纪80年代，安然公司压得喘不过气来，它一直试图通过转让部分股权的方式来削减债务，但并不成功。后来肯尼思·莱的左膀右臂——杰夫·斯基林发明了杠杆式扩张办法，这才解决了公司资金短缺的危机，使公司再一次走上了急剧扩张的道路。

实际上斯基林的方法并没有彻底解决安然公司的债务问题，只不过是公司的急剧扩张掩盖了这一问题。到了1992年，随着安然公司跃升为跨国公司，人们似乎将它的债务问题淡忘了。那一年，安然公司经营触角延伸到了欧洲、南美和俄罗斯，之后又进入了印度和中国市场，不仅干起了老本行——天然气，还将业务扩展到了发电、管道及其他众多领域，开始了它外强中干的发迹史。

如果安然公司能够很好地经营这些项目，本来是可以保证公司健康发展的。然而这些扩张活动并没有像安然公司声称那样为公司带来回报。安然公司先后在国外投下75亿美元，但取得的回报实在微不足道。两个最典型的商业败笔是：印度的达博尔电站项目和英

国的埃瑟里克斯水处理项目。用祸不单行来形容达博尔项目再适合不过了。项目没有上马就遇到了麻烦，由于认定其在经济上不可行，世界银行1993年拒绝为这个项目提供贷款，结果安然公司自己投入了12亿美元。后来印度国内政党更迭，工程再次下马，经过一年多的谈判才得以恢复。好容易等到第一台740兆瓦的机组并网发电了，唯一的用户——马哈拉特拉邦电力委员会又认为其收费太高，拒绝支付电费。这纠纷迟迟没有解决，2001年安然公司只好停止了电站的运行。基于同样的原因，第二台1 444兆瓦机组也于2001年6月停工，当时已完成了工程总量的90%。

在埃瑟里克斯项目上，安然公司的损失更为惨重。公司于1998年投入28亿元巨资，买下了英国的外塞克斯水处理公司，期望以该公司作为平台，经营水处理业务，并将项目命名为埃瑟里克斯。由于经验不足，项目于1999年6月步入市场后，在投标中屡屡败给老道的对手，安然公司不得不出高价与他们抢生意，而如此得到的订单肯定是赔钱的。糟糕的是英格兰在此时降低了水价，从而影响了公司的主营业务收入，这使得公司的股份急剧下跌了40%，安然公司2001年公布的6.38亿美元亏损中，埃瑟里克斯项目占了其中相当一部分份额。

但是为了实现从"全美最大能源公司"变成"世界最大的能源公司"这一目标，安然公司继续向印度、菲律宾和其他国家扩张，包括建设玻利维亚到巴西的天然气输送管网络，在北美的业务也从原来的天然气、石油的开发与运输扩展到包括发电和供电的各项能源产品和服务业。然而，这其中的许多项目都是不成功的。不仅在海外，安然公司在国内也不乏类似的盲目举动，宽带网项目就是一个例子。安然于1997年并购了一家小型光缆公司——波特兰通用电气，随即宣布将在全国建设自己的宽带网，为客户提供网络服务。公司承认，要想指望宽带网赚钱需要一些时日，但它相信这一领域的发展潜力巨大，认为其有朝一日将与天然气一样，成为公司的支柱产业。公司为此投入了10亿美元，建造了18 000英里①光纤网络，并购置了大量的服务器等设备，但事实证明宽带接入服务目前还不足以带来利润，为此公司又捅了一个大窟窿。

现在人们甚至已开始怀疑安然公司一直引以为豪的主业，已不像人们认为的那样是一个赚钱机器。波特兰的分析师罗伯特·麦克劳认为，有迹象表明，安然公司可能夸大了长期供电合同中的电价，从而虚报了营业收入，这一观点已经得到了应验。破产前瑞华宝公司只是以净资产的价格收购了安然公司的电力项目，如果这是安然公司能够得到的最好价格的话，这说明其主业肯定不赚钱。纽约基尼克斯联合基金的总裁吉姆·查诺斯称，在2000年的秋天，他们对能源商进行的调查发现，安然公司的投资回报明显偏低，即使在该公司如日中天的时候，其投资回报率也只有6%，而与之类似的公司回报率通常是这个数字的3倍。

安然公司经营的失败绝非偶然，而是与该公司的企业文化有着必然联系。安然公司奖励业绩的办法，颇令人费解。经理人员完成一笔交易的时候，公司不是按照项目给公司带来的实际收入而是按预测的业绩来进行奖励。就是说，如果签署协议那天，预计项目为公

---

① 1英里 = 1 609米。

司带来30%的回报，那么就按照这一数字给负责人发资奖金。

一位不愿透露姓名的安然公司前副董事长说，这样一来，经理人员常常在项目计划上做手脚，让它们看上去有利可图，然后迅速敲定，拿到分红就万事大吉了。至于日后赚不赚钱，根本不关他的事。时下美国贸易通行的会计制度，也助长了安然公司经理人员在签署项目时草率行事的歪风。按照这一个制度，公司在签署一份长期合同时，就将预计公司带来的所有收入，提前登录到账目上去了。日后如果经营业绩与预测的不符，再以亏损计算。不切实际的贪大求全，盲目草率的乱铺摊子，在任何时候对于任何企业都是危险的，安然公司纵然是世界能源巨头，也无法逃脱这一铁的规律。

问题：运用战略管理相关理论，分析安然公司破产的原因。

第四章 现代企业运营管理

学习目标

1. 掌握生产运作管理的相关概念和基本内容：生产管理的概念；生产设施选址与布置；生产计划的制订；设施、设备的管理；现场管理的方法。
2. 掌握质量管理概念和基本内容。
3. 了解企业物流及供应链管理的概念。

素质目标

通过本章的学习，掌握生产运作管理和质量管理的基本内容，了解物流管理及供应链管理的概念，为将来从事相关工作奠定一定的基础。

本章导读

生产是人类社会获得一切财富的源泉。不从事生产活动，人类就无法生存，社会也无法发展。现如今，市场需求千变万化，这要求企业不仅要做到产品新、品种多、质量高，还要做到价格便宜、交货及时。因此，加强生产管理，建立稳定的生产秩序，强化生产管理系统的应变能力就成为当务之急，需要引起企业管理者足够的重视。

案例导入

联合汽车公司高层管理者长期关心的问题是，零部件车间和汽车最后装配线车间的工人对他们的工作缺乏兴趣，使得产品质量不得不由检验部门来保证。对那些在最后检查中不合格的汽车，公司找到的唯一办法是在装配车间内设置一个由高级技工组成的班组，在生产线的最后解决问题。之所以这么做，主要是因为质量问题大多是装配零部件和汽车本身的设计而导致的，但这种做法费用很高，引起了人们的担心。在公司总裁的催促下，分公司总经理召集主要部门领导开会，研究这个问题如何解决。生产经理比尔·伯勒斯断言，有些问题是工程设计方面的原因造成的。他认为，只要工程设计上充分仔细地设计零部件和车辆，许多质量问题就不会出现。他又责怪人事部门没有仔细挑选工人，并且没有让工会的企业代表参与到这个问题中来。他特别指出装配工人的流动率每月高达5%以上，且星期一的旷工率经常达到20%。他的见解是：用这样的劳动力，没有一个生产部门能有效运转。总工程师查利斯·威尔逊认为，零部件和车辆设计没有问题。如果标准要求再高一点，装配就更加困难费时，必将使汽车成本提高。人事经理查利斯·特纳从多方面说明人事问题。首先，她指出鉴于本公司有强有力的工会，人事部门在公司员工雇佣和留用方面很少或没有控制权；其次，她观察到装配工作是单调、苦得要命的工作，公司不应该期望人们除了领取工资以外对这种工作有更多的兴趣。但是特纳女士说，公司可以提高工人的兴趣。她认为，如果降低装配工作的单调性，肯定会降低缺勤率和流动率，提高工作质量。为此，她提出建议：工人必须掌握几道工序的操作，组成小组进行工作，而不只是做些简单的工作；小组间每星期轮流换班，从装配线的一个位置换到另一个位置，目的是给他们创造更具挑战性的工作。特纳的建议被采纳并付诸实施。使每个人感到意外的是，工人对新计划表示极大不满。一星期后，装配线关闭罢工。工人们认为新计划只是管理上的一种诡计：训练他们替代其他工人，要他们完成比以前更多的工作，却不增加任何工资。分公司经理和人事部门都觉得惊奇，当分公司经理问人事经理发生了什么事情时，特纳女士只是说："这对我是不可思议的。我们要使他们工作更有兴趣，而他们却罢工！"

问题：
1. 你认为这个计划存在什么问题？
2. 你认为应采取什么程序和办法来解决这一产品质量问题？

4.1　生产运作管理

4.1.1　引言

1. 生产的概念

所谓生产，就是一切社会利用资源将输入转化为输出的过程。输入可以是原材料、顾客、劳动力以及机器设备等，输出的是有形的产品和无形的服务。输入不同于输出，这就需要转化。典型的转化过程有以下几种：物理及化学过程（例如制造）；位置移动过程（例如运输）；交易过程（例如零售）；生理过程（例如医疗）；信息过程（例如电信）。

2. 生产的分类

不同形式的生产在运作方式上存在较大的差异，因此有必要对生产进行分类。按输出的性质，可以将生产分为制造性生产和服务性生产。

（1）制造性生产。

制造性生产是通过物理或化学作用将有形输入转化为有形输出的过程。例如：汽车制造、钢铁冶炼、石油化工和啤酒生产等都属于制造性生产。

（2）服务性生产。

服务性生产又称非制造性生产，其基本特征是不制造有形产品，但有时为实现服务而必须提供有形产品。服务行业多从事劳务性生产。

1）服务性生产的分类。

按照是否提供有形产品可将服务性生产分成纯劳务服务和一般服务。纯劳务服务不提供任何有形产品，如咨询、法庭辩护、指导和讲课等；一般性劳务则提供有形产品，如批发、零售、邮政、运输、图书馆书刊供阅等。

按顾客是否参与将服务性生产分成顾客参与的服务性生产和顾客不参与的服务性生产。前者如学校、理发、保健、旅游、客运、娱乐中心等，没有顾客的参与，服务不可能进行；后者如修理、洗衣、邮政、货运等，顾客参与服务的服务性生产管理较为复杂。

2）服务性生产的特征。

随着服务业的兴起，提高服务运作的效率日益引起人们的重视。然而，服务性生产的管理与制造性生产的管理有很大不同，不能把制造性生产的管理方法简单地搬到服务业中。与制造性生产相比，服务性生产有以下几个特点：

①服务的产出是无形的、不可储存的。对服务而言，服务过程就是产品。

②有顾客参与，服务作为服务系统的输入，服务人员与顾客直接接触。

③生产率难以确定。

④质量标准难以建立。

⑤服务管理具有服务运作和服务营销双重职能。

⑥有形的产品和无形的服务很难区分，产品往往伴随有服务，服务的同时有物品的提供。

3. 生产运作管理的目标和基本内容

（1）生产运作管理目标。

根据生产的概念，生产运作管理是对一切社会组织利用资源将输入转化为输出过程的管理。生产运作管理所追求的目标就是：高效、灵活、准时、清洁地生产合格的产品和提供满意的服务。其目标体现了五个方面的特征，即低成本（cost）、合格质量（quality）、满意的服务（service）、准时性（time）和清洁地生产（environment）。

（2）生产运作管理的基本内容。

从生产系统的整个生命周期角度看，生产运作管理主要包括三个方面内容：生产系统的设计、生产系统的运行和生产系统的维护。

生产系统的设计包括产品或服务的选择和设计、生产设施的定点选择、生产设施布置、服务交付系统设计和工作设计。生产系统的设计一般在设施建造阶段进行，但在生产系统的生命周期内，不可避免地要对生产系统进行更新，包括扩建新设备，或者由于产品和服务的变化，需要对生产设施进行调整和重新布置，在这种情况下，都会遇到生产系统设计问题。

生产系统的设计对其运行有先天性的影响，设计质量的好坏直接影响生产系统的运行。

生产系统的运行主要涉及生产计划与控制。计划主要解决生产什么、生产多少和何时出产的问题，包括预测对本企业产品和服务的需求，确定产品和服务的品种与产量，编制生产计划，做好资源组织、人员班次安排、生产进展情况统计等。

控制主要解决如何保证按计划完成任务的问题，包括生产进度控制、采购程序控制和库存控制等。生产进度控制的目的是保证各生产单元生产计划的按期完工，产品按期装配和交货。采购程序控制包括对战略性物资、重要性物资和一般性物资的采购审批控制程序等。库存控制包括对原材料库存、在制品库存和成品库存的控制，如何以最低的库存保证供应，是库存控制的主要目标。

生产系统的维护主要涉及设备和设施的维护管理，特别是对于一些资产密集型的企业，如石油化工、电力和航空等行业，设备和设施的运行维护效率直接决定了企业的竞争能力和经济效益。因此，生产系统维护的目标就是优化使用设备和设施的资产，使企业获得最大的投资回报，提高资产的维修效率，增加资产的可靠性，降低资产的总体维修成本，尽可能延长资产的使用寿命。

4.1.2　生产/服务设施选址与布置

1. 设施选址

设施选址在企业生产运作管理中具有十分重要的地位。设施选址直接关系到设施建设的投资和建设的速度，同时在很大程度上也决定了所提供的产品和服务的成本，从而影响整个企业的经济效益。错误的选址决策无论对制造型企业还是对服务型企业都意味着高昂的代价，因为在错误时间、错误地点的选址决策会进一步导致错误的能力规划或者错误的流程选择，从而给企业带来无法弥补的损失。

（1）设施选址的影响因素。

影响设施选址的因素有很多，这些因素主要包括政治因素、经济因素、社会因素和自然因素。

1）政治因素：政治因素是选址首要关注的因素。政治局面的稳定、法律是否健全等直接关系到企业投资的资本权益能否得到保障。

2）经济因素：在经济因素中，原材料的可供应性、交通的便利程度、能源供应的可靠性、与终端市场的接近程度、人力资源的可获得性以及周围商业环境的氛围都是必须考虑的因素。

3）社会因素：在社会因素中，必须考虑当地居民的宗教文化信仰和风俗习惯，除此之外，还要考虑当地的社区环境、环境保护以及科学技术环境等。

4）自然环境：在自然资源中，不仅要考虑气温、湿度等气候条件，而且还要考虑水资源条件，特别是耗水量大的企业，如造纸厂、发电厂、钢铁厂等。

（2）设施选址方案的评估方法。

影响设施选址的因素众多，关系也非常复杂，因此必须对拟定的选址方案进行综合评价分析。在常用的综合评价方法中，既有定性分析方法也有定量分析方法。一般最常用的是因素分析法和重心法。

1）因素分析法：因素分析法在选址方案的应用中相当广泛，它是一种把非常复杂的问题转换为易于理解的简单问题的方法。

因素分析法的使用一般采用如下步骤：

①列出与选址有关的各种因素。

②评价各因素的相对重要程度，赋予它们不同的权重。

③对各种备选地址的各种因素评分。

④将每个因素的评分值与其权重相乘，计算出每个因素的加权分值，累计每个备选地址的所有因素的加权分值，计算出每个备选地址的总分。

⑤选择总分最高的备选地址作为最优方案。

表4-1为不同厂址方案加权评分比较表。

表4-1 不同厂址方案加权评分比较表

序号	影响因素	权重	厂址方案		
			A	B	C
1	建设费用	0.2	100	50	80
2	交通运输	0.18	70	50	90
3	原料供应	0.16	85	85	60
4	动力供应	0.14	65	40	75
5	发展余地	0.1	80	100	50
6	环境保护	0.08	50	100	75
7	协作条件	0.08	90	60	80
8	政治因素	0.06	100	80	90
	总分		80.5	65.8	75.1
	排序		1	3	2

其中，方案A得分最高，方案C次之，方案B最差，故应选A地。

为了保证评价结果的科学性，应用评分法时必须注意以下几个方面的问题：

①正确筛选厂址评价的影响因素。

②正确辨别各种影响因素的相对重要性，规定恰当的权重。

③正确地制订评分标准，并客观评分。

④对每个影响因素和厂址方案必须达到最低分数要做到心中有数，从而当不满足这一条件时，企业可以选择停建新厂，或者选择重新规划厂址。

2）重心法。

这种方法既可用于工厂选址，也可用于仓库选址。

对于工厂选址来说，如果工厂产品的生产成本中运输费用占较大的比重，所需多种原料需由多个产地供应,其产品又需要提供多个仓库或销售点,这类项目就可以用重心法选择厂址。

对于仓库选址来说,属于分配系统的仓库可以从多个工厂运来产品,再运往多个销售点;也可以从多个生产厂家运来原料或零部件,再运往多个加工或装配工厂。这类项目同样可以用重心法来选择仓库的位置。假如货物的运输费用等于运输量与运输距离的乘积,所要确定的工厂或仓库位置某一点到各点的运输量一定,我们就可以运用重心法选择该点的位置,使运费最小。

重心法公式如下:

$$C_x = \frac{\sum_{i=1}^{n} D_{ix} V_i}{\sum_{i=1}^{n} V_i}$$

$$C_y = \frac{\sum_{i=1}^{n} D_{iy} V_i}{\sum_{i=1}^{n} V_i}$$

式中,C_x——重心的 x 坐标;

C_y——重心的 y 坐标;

D_{ix}——第 i 个地点的 x 坐标;

D_{iy}——第 i 个地点的 y 坐标;

V_i——运入第 i 个地点或从第 i 个地点运出的货物量。

2. 设施布置

(1)影响设施布置的因素。

布置决策问题,可以定义为确定生产系统内各物质部分的最优安排。解决布置问题,主要是取决于生产系统目标,具体如下:

1)预期产量。

通常可以要求这样布置应达到的目标:存贮费用、劳动力、闲置的设备和管理费用保持在一定的水平下,达到预期的产量。

2)生产需求量预测。

生产需求量的预测对布置决策的目标确定有着重要意义。在这方面,所要关心的当前的与未来的需求量水平以及当前的与未来的产品品种搭配。如果预见到现有型号的产品,有一个相当稳定的市场,这与那种有显著的技术变化、市场相当不稳定或产品品种搭配有变动这些情况相比,在布置策略上将有明显不同。当然,这种区别与目标是有联系的。在很多工业部门中,公司可以选择不同的策略。例如,可以组织品种多变的多品种生产,也可以为用户的特殊需要单独安排生产等。

3)加工过程的要求。

加工过程的要求,是布置决策的重要依据,它是所选择的布置类型的主要约束条件。决定布置所需的数据因所制造产品的不同而不同:在品种少而且比较固定的制造业中,装配图是主要的输入；在品种繁多的制造业系统中，机器规格说明书有更重要的意义。

4）有效空间的总数。

布置决策另外一个主要依据是要进行布置的建筑物或场地的有效空间总数。典型地说，布置一般约束在建筑物的实际范围内，布置决策时应包括内部与外部所需的空间。

(2) 设施布置的类型。

1) 面向工艺（过程）布置。

面向工艺（过程）布置，是指按加工处理的工艺性质分别设置相应的生产单位，使产品或顾客依次经过相应的各生产单位接受所需的特殊的加工处理或服务。一个生产单位是一种工艺性质的设备、工人等的集合体，进行一种工艺性质的加工处理或服务。它能处理各种具有不同加工要求但加工性质相同的产品或服务。这种布置以部门化或职能化为特征。在这种布置中，各部门只有使用通用设备和具有高技能的熟练人员才能适应大范围的加工处理要求。

2) 面向产品布置。

面向产品布置（即按对象原则布置，或流水生产线布置），是指按产品或顾客的性质分别设置相应的生产单位，使某种产品或顾客在一个生产作业单位里得到所需的几乎是全部的加工处理或服务。一个生产作业单位是多种工艺性质的设备、工人等的集合体，进行规定的各种工艺性质的加工或处理。它借助于高度标准化的产品或服务及其所需的高度标准化的作业得以实现。一项工作被划分成一系列的标准作业，以实现劳动和设备的专业化。这样，就可将所需的设备和工人按此顺序排列布置。由于每个对象都以相同的顺序流过各作业，还可以使用传送带等类似的固定路线的物料搬运设备在这些作业间运送加工对象，从而形成各种装配线。

3) 固定位置布置。

固定位置布置，是指产品或项目的位置保持不变，而人员、物料和设备在需要时移动的布置。它与面向产品布置和面向工艺布置截然相反，是人员、物料和设备向产品移动。产品的特点决定了这种布置，产品的重量、尺寸、体积，以及其他因素致使产品或对象不适宜或极其难以移动，而必须采用这种布置方式。固定位置常用于大型建设项目、造船、大型飞机和空间火箭等的生产，还广泛应用于种植、消防、筑路、房屋改建和维修以及钻井等。

以上三种基本布置类型是典型或理想的模式，实际的布置常是这些布置类型的各种混合形式。

4.1.3　生产计划

1. 生产计划概述

(1) 生产计划系统结构。

生产计划是任何一个组织生产活动的依据。现代化企业的生产是社会化大生产，企业内部有细致的分工和严密的组织体系，若没有一个统一的计划在企业全局高度来协调和指挥生产活动，企业就无法正常地开展生产经营活动。根据不同组织层次管理目标，生产计划也分为不同的层次，每一层次都有不同的内容。长期生产计划是企业的最高层管理部门制订的计划,它涉及产品的发展方向、生产发展战略、技术发展水平、新生产设施的建造等,一般跨度期限为3~5年。中期计划是企业中层管理部门制订的计划,确定现有条件下生产经营活动应该达到的目标,如产量、品种、产值、利润等,具体表现为生产计划、总体能力计划和产品出产进度计划,时间跨度为1~2年。短期计划是执行部门编制的计划,确定日常生产经营活动的具体安排,常以物料需求计划、能力需求计划和生产作业计划等来表示。

(2) 生产计划指标体系。

生产计划的主要任务是回答生产什么、生产多少、何时生产等问题,具体由一系列的指标表示,故称生产计划指标体系。生产计划指标体系的主要内容有品种、产量、质量、产值和出产期。

1) 品种指标:品种指标是企业在计划期内出产产品的品名、规格、型号和种类,它涉及生产什么的决策。确定品种指标是编制生产计划的首要问题,关系到企业的生存和发展。

2) 产量指标:产量指标是企业在计划期内出产的合格品数,它涉及生产多少的决策,关系到企业能获得多少利润。

3) 质量指标:质量指标是企业在计划期内产品质量应达到的水平,常采用诸如一等品率、合格品率、废品率等指标表示。

4) 产值指标:产值指标是企业在计划期内应完成任务的货币表现。根据具体内容和作用的不同,分为产值、总产值、净产值。

5) 出产期:出产期是为了保证按期交货确定的产品出产日期。正确地决定出产期是很重要的,因为出产期太紧,保证不了按期交货,不但会给客户带来损失,企业的信誉也会受到损害;出产期太松,不利于争取客户,还会造成生产能力的浪费。

(3) 生产计划的制订步骤。

1) 制订生产计划的一般步骤:制订生产计划的一般步骤如图4-1所示:

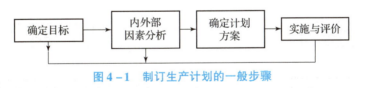

图4-1 制订生产计划的一般步骤

2) 确定目标:通常根据企业的经营计划确定的目标来确定。

3) 内外部因素分析(图4-2):

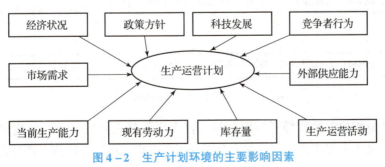

图4-2 生产计划环境的主要影响因素

（4）滚动式计划的编制方法。

编制滚动式计划是一种编制计划的新方法，这种方法可以用于编制各种计划。按编制滚动计划的方法，整个计划期被分为几个时间段，其中第一个时间段的计划为执行计划，后几个时间段的计划为预期计划。执行计划较为具体，要求按计划实施。预计计划比较粗略，每经过一个时间段，根据执行计划的实施情况以及企业内外条件的变化，对原来的预计计划作出调整与修改，原预计计划中的第一时间段的计划变成了执行计划。比如，2021年编制5年计划，计划期从2022年到2026年，共5年。若将5年分成5个时间段，则2022年的计划为执行计划，其余4年的计划为预计计划。当2022年的计划实施之后，又根据当时的条件编制2023年到2027年的5年计划，其中2023年的计划为执行计划，2024年到2027年的计划为预计计划，依次类推。修订计划的间隔时间称为滚动期，它通常等于执行计划的计划期。

滚动式计划方法有以下优点：

1）使计划的严肃性和应变性都得到保证。因执行计划编制与编制计划的时间接近，内外部条件不会发生很大的变化，可以基本保证完成，体现了计划的严肃性；预计计划允许修改，体现了应变性。如果不是采用滚动式计划方法，第一期实施的结果出现偏差，以后各期计划如不作出调整，就会流于形式。

2）提高了计划的连续性，逐年滚动，自然形成新的5年计划。

2. 大批量生产型企业年度生产计划的制订

（1）大批量生产型企业年度生产计划的制订步骤。

产品大批量生产型企业编制年度生产计划，一般分三个层次进行。第一个层次是测算总产量指标，第二个层次是测算分品种产量，这两层工作属于编制生产计划大纲的工作。最后一层是安排产品的出产进度，编制产品出产进度计划。整个工作的流程如图4-3所示。

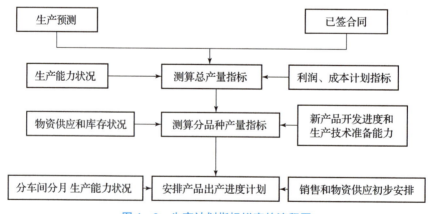

图4-3 生产计划指标拟定的流程图

测算总产量指标需要取得三方面资料。首先也是最主要的是计划年度内产品需求资料，这包括产品未来需求预测和已签定合同的用户订货。在这个阶段，产品需求以总产量表示，即按代表产品或按产品族估计的全年分季度分月产量，其中也需将供销售的半成品和各计划周期（季、月）的库存储备量考虑进去。在确定了总产量指标后，应对它们能否实现预期的利润进行核算检查，若达不到利润目标则应修改计划或提出新的计划成本（目标成本）来加以保证。这时可采用盈亏分析法进行分析计算。另外，还需检查企业的生产能力能否满足计划产量。若在现有资源条件下生产能力不能满足需求，则应制订出调节生产能力的计划。

测算分品种产量指标就是确定一个合理而有利的产品品种构成方案，以期在总产量指标控制数的范围内达到品种产量搭配的最佳化。这时，首先应考虑增加品种以及新品种和新品种的产量。为此，在拟定这项指标时应检查新产品开发的进度和有关的生产技术准备情况。当然，更多的是考虑已有合同的用户订货和市场的需求。分品种产量的需求预测往往利用历史资料来做。例如，小轿车不同型号与不同颜色的需要量可根据历史销售量资料中其所占的百分比做出估计，然后再考虑生产能力和物资供应能力的条件。制定总产量和分品种产量指标时的生产能力平衡核算，是按全年生产能力的总量计算的，而且主要是检查关键设备（瓶颈）的能力是否足够满足需要。测算品种产量常用线性规划法。

编制年度生产计划大纲之后，需进一步将全年的产品总量或产品族产量任务按具体的产品品种、规格、型号分配到各季度、各月中去，形成年度的产品出产进度计划，以便具体指导企业的生产活动。为此，这层计划所强调的是现实可行性。编制计划时应充分考虑销售计划的安排和物料供应的能力；同时，也有必要有条件地对所需要的生产能力进行较细的平衡核算，做到分车间甚至分设备大组和分月来核算检查它们所提供的生产能力能否满足计划任务的需要。

（2）大批量生产型企业品种与产量的确定。

1）品种的确定。

大量大批生产，品种数少，而且既然大批生产，所生产的产品品种一定是市场需求量很大的产品。因此，没有品种选择问题。

对于多种批量的生产，则有品种选择问题，确定生产什么品种是十分重要的决策。确定品种可以采用象限法和收入利润顺序法。

①象限法是美国波士顿顾问公司提出的方法，该方法是根据产品市场增长率和相对竞争地位两大因素对产品进行评价，确定对不同产品所采取的策略，然后从整个企业考虑，确定最佳产品组合方案。

②收入利润顺序法是将生产的多品种按销售收入和利润排序，并将其绘在收入利润图上，表4-2所示的8种产品的收入和利润顺序，可绘在图4-4上。

表4-2 销售收入和利润次序表

产品代号	A	B	C	D	E	F	G	H
销售收入	1	2	3	4	5	6	7	8
利润	2	3	1	6	5	8	7	4

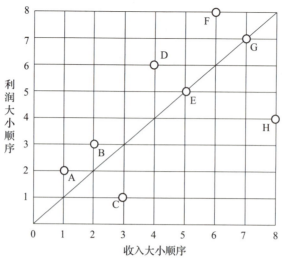

图 4-4 收入—利润次序图

由图 4-4 可以看出，一部分产品在对角线上方，还有一部分产品在对角线下方。销售收入高、利润也大的产品，即处于图 4-4 左下角的产品，应该生产。相反，对于销售收入低、利润也小的产品（甚至亏损产品），即处于图 4-4 右上角的产品，需要作进一步分析。其中，很重要的因素是产品的生命周期。如果是新产品，处于产品投入期，因顾客不了解，销售额低，同时，由于设计和工艺未定型，生产效率低、成本高、利润少，甚至亏损，则应该继续生产，并作广告宣传，改进设计工艺，努力降低成本。如果是老产品，处于衰退期，就不应该继续生产。除了考虑产品的生命周期因素以外，还可能有其他因素，如果质量不好，则需要提高产品质量等。

一般来说，销售收入高的产品，利润也高，即产品应在对角线上，如 E、G。对于处于对角线上方的产品，如 D 和 F，说明其利润比正常的少，是销售价低了，还是成本高了，需要考虑。反之，对于对角线下方的产品，如 C 和 H，利润比正常的高，可能由于成本低所致，可以考虑增加销售量，以增加收入。

2) 产量的确定。

品种确定后，确定每个品种的产量，可以采用线性规划法。利用线性规划，可求得在一组资源约束条件下（生产能力、原材料、动力等）各种产品的产量，使利润最大。

如有 n 种产品品种，m 种资源约束，可采用以下形式的线性规划来优化：

$$\text{Max}Z = \left(\sum_{i=1}^{n}(R_i - C_i X_i)\right) - F$$

满足：

$$\sum_{k=1}^{m} A_{ik} \leq K \quad (K = 1, 2, 3, \cdots, m)$$

$$X_i \leq U_i, X_i \geq L_i, L_i \geq 0 \quad (i = 1, 2, \cdots, n)$$

式中，X_i——产品 i 的产量；

A_{ik}——生产一个单位产品 i 需资源 k 的数量；

F——固定费用；

U_i——产品 i 最大潜在销售量（通过预测得到）；

L_i——产品 i 的最小生产量；

R_i——产品 i 的单价；

C_i——产品 i 的单位可变成本。

(3) 大批量生产型企业处理非均匀需求的策略。

确定了产品品种与产量之后，再安排产品的出产时间，就得到了产品生产计划，需要说明的是预测的需求并不一定等于生产需求。因生产出来的产品还需要经过包装、发运，才能到批发商手中，然后又从批发商到零售商，最后才到顾客手中。因此，生产必须提前一段时间进行，才能满足市场需求。另外，因能力所限，生产并不一定要满足所有的需求。编制产品出产计划需要解决的一个问题是如何处理非均匀需求。市场需求的起伏和波动是绝对的，而企业内部组织生产又要求均衡，要解决这个矛盾，就要研究处理非均匀需求的策略。处理非均匀需求有三种策略：改变库存水平、改变生产率和改变工人的数量。

1) 改变库存水平。

改变库存水平就是通过库存来调节生产，而维持生产率和工人数量不变。当需求不足时，由于生产率不变，库存量就会上升；当需求过大时，将消耗库存来满足需要，库存就会减少。这种策略可以不必按提高生产负荷配备生产能力，节约了固定资产投资，是处理非均匀需求常用的策略。成品库存的作用好比是水库，可以蓄水和供水，既防旱又防涝，保证水位正常。但是，通过改变库存水平来适应市场的波动，会产生维持库存费；同时，库存也破坏了生产的准时性。对纯劳务性生产，不能采用这种策略。纯劳务性生产只能通过价格折扣等方式来转移需求，使负荷高峰比较平缓。

2) 改变生产率。

改变生产率就是使生产率与需求匹配。需要多少就生产多少，这是准时生产制所采用的策略，它可以消除库存。忙时加班加点，闲时把工人调到其他生产单元或做清理工作。当任务超过太多时，可以采用转包或变制造为购买的办法，这种策略引起的问题是生产不均衡，同时会多付加班费。

3) 改变工人数量。

改变工人数量就是在需求量大时多雇工人，在需求量小时裁减工人。对技术要求高的工种一般不能采取这种策略，因技术工人不是随时可以雇到的。另外，工人队伍不稳定会引起产品质量下降和一系列管理问题。

以下三种纯策略可以任意组合成无数混合策略。比如，可以将改变工人的数量与改变库存水平结合起来。混合策略一般要比纯策略效果好，究竟采用什么样的策略，一般要通过反复试验来确定。

(4) 大批量生产型企业的生产进度安排。

在明确了产品品种与产量之后，如何安排生产进度也就是产品的出产时间，就要依据不同的企业类型来分别讨论了。大量、大批生产类型企业产品品种少、产量大。其中，有的企业（乙烯厂、电子元件厂等）产品可以直接供给用户，与用户之间形成了长期的紧密的企业间同盟式供应链；有的企业（如制糖厂、粮油加工厂等）产品市场的需求比较稳定，与销售商之间也形成了一种稳固的同盟式供应链；有的企业（如电视机厂、水泥厂等）虽然也属于大量生产类型，但产品市场竞争激烈，波动性大，与销售商之间只能是一种松散型的供应链关系。对于这些不同的企业特点，需视具体情况，采用不同的生产进度安排方式。

1) 需求稳定，具有固定供应链关系的企业的生产进度安排方式。

如上所说，这类企业生产进度总的原则是均衡安排。所谓均衡安排，并不等于绝对相等，而是包含着相等和有规律的递增（或递减），其主要有以下四种形式：

①平均分配形式：即将总体计划的生产任务等量分配，各季、各月的平均日产量相等。

②分期递增形式：即将总体计划的生产任务分阶段递增，而在每段时间内，平均日产水平大致相同。

③小幅度连续递增形式：即总体计划的生产任务在各月连续地、小幅度均匀递增。

④抛物线型递增形式：即将总体计划的生产任务按照开始增长较快，以后增长逐渐缓慢，形成抛物线的形状安排。

2) 需求变动，松散型供应链的企业的生产进度安排方式。

这类企业的主生产计划的进度安排，有多种形式可供选择。

①均衡安排方式。

该方式是使各月产量相等或基本相等。当产量大于销售需要时，将一部分产品作为库存储备起来，以供旺季需要；当产量小于销量需要时，则动用库存。这种方式有利于充分利用人力和设备，有利于产品质量的稳定和管理工作的稳定。它的缺点主要是成品库存量大，运营资金占用多。

②变动安排方式。

该方式是各月产量随着市场销售量的变动而变动，基本上没有库存和脱销现象。其优点是节省库存保管费用，对市场的适应性好；缺点是需要经常调整设备和人力，生产能力利用差，不利于产品质量的稳定，并要求较高的管理水平。

企业在对均衡安排方式和变动安排方式进行选择决策时，一般应考虑三个因素：a. 生产调整费（包括设备调整改装费用、调整引起的停工损失和废品损失等）。b. 库存保管费（包括保管费、运输费、存储损失费等）。c. 企业特点。其中，首先要考虑企业的生产特点：当企业产品不宜长期储存（食品），则宜采取变动安排方式；当采用变动安排损耗很大、调整费用很高、产品质量波动很大（如连续式生产的化工企业）时，则宜采用均衡安排方式。

3. 小批量生产型企业年度生产计划的制订

单件小批量生产（job-shop production）是典型的订货型生产，其特点是按用户订单的要求，生产规格、质量、价格、交货期不同的专用产品。

它的产品品种繁多，而且不重复或很少重复生产，如炼油设备、大型船舶、高架环路、装配流水线等。

对于单件小批量生产，由于订单到达具有随机性，产品往往又是一次性需求，无法事先对计划期内的生产任务作总体安排，也就不能应用线性规划进行品种和产量组合上的优化。但是，单件小批量生产仍需要编制生产计划大纲。生产计划大纲可以对计划年度内企业的生产经营活动和接受订货决策进行指导。一般来讲，编制大纲时，已有部分确定的订货，企业还可以根据历年的情况和市场行情预测计划年度的任务，然后根据资源的限制进行优化。单件小批量生产企业的计划大纲只能是指导性的，产品出产计划是按订单作出的。因此，对单件小批量生产企业，接受订货决策十分重要。

（1）当用户订单到达时，企业要作出接不接、接什么、接多少和何时交货的决策，在作出这项决策时不仅要考虑企业所能生产的产品品种，现已接受任务的工作量、生产能力和原材料、燃料、动力供应状况，交货期要求等，而且要考虑价格是否能接受。因此，这是一项十分复杂的决策。

用户订货一般包括要订货的产品型号、规格、技术要求、数量、交货时间 D 和价格 Pc，在顾客心里可能还有一个最高可以接受的价格 Pc_{max} 和最迟的交货时间 Dc_{max}，超过此限，顾客将另寻生产厂家。

对于生产企业来说，它会根据顾客所订的产品和对产品性能的特殊要求以及市场行情，运用它的报价系统（计算机和人工的）给出一个正常价格 P 和最低可接受的价格 P_{min}，也会根据现有任务、生产能力和生产技术准备周期、产品制造周期，通过交货期设置系统（计算机和人工的）设置一个正常条件下的交货期和赶工情况最早的交货期 (D_{min})。

在品种、数量等其他条件都满足的情况下，显然，当 $Pc \geqslant P$ 和 $Dc \geqslant D$，订货一定会被接受，接受的订货将列入产品出产计划。当 $P_{min} > Pc_{max}$ 或者 $D_{min} > Dc_{max}$，订货一定会被拒绝。若不是这种情况，就会出现很复杂的局面，需经双方协商解决，结果是可能接受，也可能拒绝。较紧的交货期和较高的价格，或者较松的交货期和较低的价格，都可能成交。符合企业产品优化组合的订单可能在较低价格下成交，不符合企业产品优化组合的订单可能在较高价格成交。

从接受订货决策过程可以看出，品种、数量、价格与交货期的确定对单件小批量生产型企业是十分重要的。

（2）小批量生产型企业的品种与价格的确定。

1）品种的确定：对于订单的处理，除了即时选择的方法外，有时还可将一段时间内接到的订单累积起来再作处理，这样做的好处是，可以对订单进行优选。对于小批量生产也可用线性规划方法确定生产的品种与数量。对于单件生产，无所谓产量问题，可采用 0-1 型整数规划来确定要接受的品种。

2）价格确定。

确定价格可采用成本导向法和市场导向法。成本导向法是以产品成本作为定价的基本依据，加上适当的利润及应纳税金得出产品价格的一种定价方法。这是从生产厂家的角度出发的定价法，其优点是可以保证所发生的成本得到补偿。但是，这种方法忽略了市场竞争与供应关系的影响，在供求基本平衡的条件下比较适用。市场导向法是按市场行情定价，然后再推算成本应控制的范围。按市场行情，主要是看具有同样或类似功能产品的价格分布情况，然后再根据本企业产品的特点，确定顾客可以接受的价格。按此价格来控制成本，使成本不超过某一限度，并尽可能小。

对于单件小批生产的机械产品，一般采用成本导向定价法。由于单件小批生产的产品的独特性，它们在市场上的可比性不是很强。因此，只要考虑少数几家竞争对手的类似产品的价格就可以了。而且，大量统计资料表明，机械产品原材料占成本比重的60%~70%，所以按成本定价是比较科学的。

由于很多产品都是第一次生产，而且在用户订货阶段，只知产品的性能、容量上的指标，并无设计图纸和工艺，按原材料和人工的消耗来计算成本是不可能的。所以，往往采取类比的方法来定价，即按过去已生产的类似产品的价格，找出同一大类产品价格与性能参数、重量之间的相关关系，来确定将接受订货的产品价格。

（3）小批量生产型企业的生产进度安排。

对于订货型生产而言，企业在编制总体计划时，往往只能肯定一部分订货项目，大部分任务还不能确定，因此，在安排进度时，应把握其原则和方法。

1）一般原则。

①先安排已明确的任务，还没有明确的任务可按概略的计算单位作初步安排。随着订货的落实，再通过季度、月度计划调整。

②当最终产品和主要组成都比较特殊时，可采用类似于标准组成组合的方法，主生产计划以主要原料或基本组成为对象来制订。

③要考虑生产技术准备工作进度与负荷的均衡，保证订货按期投放生产，并保证设备、人员的生产能力均衡。

2）出产期与交货期的确定。

出产期与交货期的确定对单件小批量生产十分重要。交货期设置过松，对顾客没有吸引力，还会增加成品库存；交货期设置过紧，造成误期交货，会给企业带来经济损失和信誉损失。

①常数法（constant）。

$$D_i = R_i + K$$

式中，D_i——产品（工件）i的完工期限；

R_i——产品（工件）i的到达时间或准备就绪时间；

K——固定常量，对所有产品都一样，由经验决定。

常数法建立在所有产品从接受订货后的生产技术准备与生产制作所花的时间都是一样的假设基础上。显然，比较粗略。

②随机法（random）。

$$D_i = R_i + E_i$$

式中，E_i——随机数。

随机法指交货期是按顾客要求决定的，因而具有随机性。

③总工时衡量法（total work constant）。

$$D_i = R + KP_i$$

式中，K——系数，由经验确定，一般取 3~8；

P_i——产品（工件）i 的总工作量。

总工时衡量法考虑了不同的工作量，在实际上用得较多。

④差异法（slack）。

$$D_i = R_i + P_i K$$

差异化与恒量化不同之处是将产品的总工作量分离出来，体现了不同产品之间的差别。

对于单件小批量生产，设置交货期不仅要考虑产品从投料到出产之间的制造周期而且还要考虑包括设计、编制工艺、设计制造工装和采购供应原材料等活动所需的生产技术准备周期。

4.1.4 企业设施管理

1. 基础设施管理

基础设施是组织运行的根本条件，是产品实现的根本保证。管理者在考虑相关方需求和期望的同时，应确定、提供并维护为使产品符合要求所需的基础设施。基础设施对确保和提高组织质量管理体系的有效运作有重要作用。

（1）基础设施的范围。

基础设施是企业运作所必需的设施、设备和服务的体系，包括：

建筑物、工作场所和相关的设施，例如：厂房、生产车间、贮存和试验场所、办公室以及与其配套的设施。

过程设备（包括硬件和软件），例如：机床、生产线、工具和设备、计算机硬件及软件系统。

支持性服务，例如：企业的运输设备、供水、供电、供气和通信设施，也包括交付后活动的维护网点、咨询培训等支持性或辅助性服务设施。

对基础设施管理的重点在于依据企业管理体系的需求，更换或增添必要的基础设施；并对已有的基础设施进行维护保养以延长其使用寿命。

（2）基础设施的提供。

基础设施一旦确定和投放使用，往往就很难做出根本的改变。因此，企业确定和提供基础设施的依据和前提条件是：组织的目标、业绩、可用性、成本、安全性、保密性和更新等方面的情况。

1）组织的目标。目标包括所提供的是什么产品和服务、经营规模、经营要达到的目标、质量、环境和安全等领域的方针等。

2）组织的业绩。基础设施是一项很大的投资，如果企业暂时没有业绩或预计的业绩不大，对基础设施的投资就应十分慎重。

3）基础设施必须具有可用性。所有的基础设施都不是用于装饰和欣赏的，如果不具有可用性，投资就是浪费。

4）建设基础设施的成本。企业在确定建设基础设施时，需要进行成本效益分析，以评价建造基础设施的成本费用能否得到回报，能否给企业带来增值效益。

5）基础设施的安全性。如果基础设施不安全，或者安全性措施未指明或难以实施，就可能给组织造成巨大损失，一般来说，采用成熟的技术风险较小。

6）基础设施的保密性。基础设施投放使用后，对组织的机密是否会造成危害，特别是通信设施更要重视其保密性问题。

7）基础设施的改进更新。任何基础设施，特别是设备，都存在一个改进更新的问题，如果其本身不具备改进更新的条件，很可能过早被淘汰而给组织造成损失。

上述因素对于不同基础设施的提供可能具有不同的重要性。例如，对厂房的投资，一般来说较少考虑保密性和改进更新的问题，而对计算机的投资则应重点关注这两点。计算机软件的保密性很重要，特别是企业上网后，自身的技术优势和经营秘密很可能被竞争对手通过网络的方式窃取。在技术日新月异的发展中，计算机硬件和软件的升级更新能力也需要作为企业投资计算机系统时的重要考虑因素。

在确定对基础设施有需求时，应注意两种不良倾向：一是一味追求高、精、尖，贪大求洋，加大企业成本支出；二是故步自封，得过且过，不着眼于组织的发展而使原先投资的基础设施很快就变得过时。因此，企业在确定和提供基础设施时，应综合各个部门的意见，全面考虑、综合平衡，以确保获得适用的基础设施，满足企业在质量、环境和安全等方面的管理要求和整体发展要求。

企业提供基础设施的方式包括购置、新建、租赁、借用、通过委托加工等方式使用供方和合作者的基础设施。

（3）基础设施的维护。

在使用过程中，基础设施会磨损和消耗，因此，企业应对基础设施进行规范化管理，以确保基础设施持续满足组织的需求。基础设施的维护工作包括：

1）制订并实施基础设施的维护保养方法。

不同的基础设施在运行中的磨损和消耗是不同的，对过程和质量的影响也是不同的，因而需要采用不同的维护方法。有的基础设施，例如机床设备，天天都要维护保养，有的基础设施，例如公路，除了常规保护外，一般情况下，只有出现问题才去维护保养。究竟如何维护和保养，什么时候维护保养，都应根据每个基础设施单元的重要性和用途，规定其维护和保养以及运行检验的类型与频率，不能一概而论，一般来说，加工设备（包括工具）在使用过程中经过磨损，其性能、精度很可能衰退，难以继续保持产品质量或过程质量，因而应当是基础设施运行维护的重点。

2）明确各项工作的责任者、维护保养周期和监督考核部门。

在实践中，往往是不同的的基础设施被分到不同的部门去管理。例如，厂房之类的固定资产由办公室或后勤部门管理，设备之类由机修部门或设备科管理，工具之类由工具科或生产车间自行管理，通信设施之类由办公室或其他相关部门管理。由于是多点管理，就可能存在部分基础设施无人管理的现象。例如，车间下水道阻塞，可能谁都不管，使得问题难以得到及时解决。为此，企业有必要对下列管理职能予以明确：

①基础设施由谁进行管理（可以按基础设施的类别落实到部门及相关负责人）。

②基础设施由谁维护保养（为了防止因基础设施使用者和管理者脱节而造成基础设施超负荷使用、管理不善等问题，可以规定基础设施由其使用者进行维护保养，例如机床设备一般由操作者维护保养）。

③基础设施由谁负责维修（例如，电器设施一般由电工负责维修）。

④基础设施何时进行一次大型检查或修理（例如，对厂房每年进行一次大型检查，机床半年进行一次小修、两年进行一次中修、三年进行一次大修）。

⑤基础设施管理由谁进行监督和考核（例如，由企业的设备管理部门或工程部门进行）。

3）明确对设备使用者的要求。

由于使用者直接与设备接触，一旦操作不当，就可能损坏设备。为此，对使用者应当做到：

①进行必要的培训，使他们了解设备，应知其基本原理和构造并学会操作。

②要求其严格按照操作规程或作业指导书操作，不得违章操作。

③要求其按规定对设备进行维护保养。

④通过监督考核进行奖励和处罚。

必须注意到，不可控制的自然现象，如地震、洪水、台风等会对基础设施产生影响。其次，还有相关的风险，如线路故障、环境污染等因素，可能会使基础设施失去作用。因此，基础设施的维护计划需要考虑识别和减轻可能的相关风险，并应包括保护相关利益的应对之策，例如坚固设施、增加备用的设备等。

4.1.5 设备管理

设备是企业基础设施的主要组成部分，是指人们在生产或生活中所需的机械、装置和设施等可供长期使用，并在使用中基本保持原有实物形态的物质资料。设备管理是指以设备为研究对象，追求设备综合效率与寿命周期费用的经济性，通过技术、经济、组织措施，对设备的物质运动进行全过程（从规划、选型、制造或购置、安装、使用、维修、改造、报废直到更新）的科学管理。设备管理是保证产品质量的硬件之一，因此是企业基础设施管理的重点。企业在进行各项设备管理工作时，都要有规定的程序、管理职责、内容、要求，并做好各项工作的记录。

1. 设备的选择与使用

（1）设备的选择。

设备的选择是企业设备管理的首要环节，对于新建企业的设备配套，老企业新设备的购置和专用设备的设计、制造，以及关键技术装备的引进，都是十分重要的课题。

选择设备的目的在于为生产选择最佳技术装备。因此，设备选择的基本原则是综合考虑企业近、远期发展规划，选择采用技术上先进、经济上合理、生产上适用的设备，也就是说，必须考虑技术和经济的要求。

1）企业设备选择与远景开发。

企业的设备选择是一项集技术与经济为一体的系统工程。设备选择的主要依据是企业生产产品的工艺要求，但对企业而言，产品可能在品种、性能、数量上发生改变。因此，必须根据企业的目前需要和远期战略，使设备选择与企业现状及长远发展结合起来。如果只考虑眼前的需要而不顾长远发展，很可能因产品的变化而使设备系统的调整量极大，甚至使设备失去利用价值。

企业的远景开发指的是企业根据自身的设备、人员、资金和环境条件，在生产和经营上将要采取的技术经济措施，以进一步提高企业的素质，创造更多的利润。这些措施中最常见的是：增加产品的品种、规格；调整产品结构，使之更适应市场的需求；企业经营方式上的联合、合并、分营或转让等。不论采取何种措施，归根到底是企业产品的变化。而一个企业的设备状况是由产品决定的，所以在进行设备规划时应把企业未来可能开发的产品给予充分考虑。

在规划设备的技术方案时，针对今后各个时期的发展目标，可将各种设备区分为四类：

①能适应企业产品开发的设备。

②经调整和改装后可适应产品开发的设备。

③不能适应企业产品开发而必须更换的设备。

④待添置的新设备。

然而，任何设备系统对产品变化的适应性都是有限的。人们对这种适应性的期望超高，越不可能为企业目前的产品选择专门化的高生产率的设备，而只能选择能用性强的设备，这种行为必然导致生产率低下。流程式的设备系统本来是为适应单一化产品而设计的，它对于产品品种的变化几乎没有或很少有适应能力。

2）设备寿命周期费用与设备的选择。

通常我们以设备寿命周期费用作为评价设备的重要经济指标，并追求寿命费用最经济。

设备寿命周期指从设备方案研究、设计、制造、安装、试验、投入正式使用、维修改造、更新直至报废的全过程。对于使用设备的企业来说，指从该设备投放使用开始，到将其转让或处理为止的整个时期。设备寿命周期要根据生产技术发展水平、设备更新策略、设备折旧率以及资金贴现等因素来确定。不同的企业，不同的设备，寿命周期是不同的。

设备寿命周期费用指设备在寿命周期内所支出的各种费用总和，包括原始费用和使用费用两大部分。原始费用又称投资费用或购置费用，即企业为取得（制成）某种设备而一次支付（也可以分期支付）的费用。使用费用又称经营费用或维持费用，它是企业取得（或制成）设备之后，为使用该设备而经常支出的各种费用。

设备寿命周期费用最低是评价和选择设备的经济指标之一。对于使用者来说，在选购设备时，不能只考虑设备的价格，还要考虑到使用期间的各种费用支出，即应从设备寿命周期全部支出来评价。然而，不少企业的购买部门往往只考虑价格便宜，不考虑购入后所发生的一系列复杂因素。事实上，购置价格便宜不一定寿命周期费用就最低。

必须指出，设备寿命周期费用只是评价经济性的一个方面，设备的使用效率是评价设备技术性的重要指标，不同的寿命周期费用，要选择效率高的设备。因此，设备评价与选择时需要对设备的费用效率与综合效率进行计算和评价。

设备费用效率指通过设备的系统效率与其寿命周期费用对比来评价设备的一种技术经济分析方法，即：

$$设备费用效率 = \frac{系统效率}{设备寿命周期费用}$$

由此可见，费用效率是单位寿命周期费用支出所取得的效果。设备综合管理的目的是追求寿命周期费用最经济，而不是设备寿命周期费用最低。

系统效率表示选择和评价设备的一系列因素反映的效果，这些因素包括生产性、可靠性、维修性、安全性、环保性、成套性及灵活性。其中，生产性、环保性一般用数量表示；而维修性、可靠性等难以用数量表示，只能用定性分析。定性分析需按每个因素的情况给不同设备评分，综合得分最高的设备为备选设备。

3）设备选择的一般步骤。

设备选择过程一般可分为三个步骤：

①广泛收集设备市场货源信息。

②与有关制造厂和用户联系，了解产品的各种技术参数、货源及供货时间、价格等，初步选出几个机型和厂家。

③进一步深入调查研究，选出方案，签订订货合同。设备若从国外引进，还要考虑其配套性、维修条件、运输与安装条件以及相关涉外法规。

（2）设备的合理使用。

正确、合理地使用设备，可以保持设备良好的工作性能和工作程度，充分发挥设备的生产效率，延长设备的使用寿命，为生产顺利进行创造有利条件，同时也给企业提供良好的经济效益。

1）制约设备运行的技术因素。

设备的使用，一般指设备进厂后直到报废（或调出）为止的整个使用情况。设备的使用过程是一个"人—机工程"，其中人是主导因素，但并不是设备的自然属性不重要。相反，任何一个操作运行的行为都受到设备技术性能的制约。这种制约表现在：

①产品的工艺方案一旦确定，也就是规定了某种最佳的设备结构状态，包括机型、性能、数量、布局等，这些物质形态的因素，构成了企业进行生产活动的基础，人们不能随意配置和启停。

②每台设备在生产过程中所起的作用，必须与其他相关的设备和仓库、厂房、道路、起重运输、能源条件等环境相适应。

③操作维护人员的行为规范，这是现代化生产中设备的技术经济特点所要求的。各种使用规程与人员的岗位责任制相结合，可使人的行为规范化。所以，在设备使用维护阶段，要求操作人员和其他辅助人员、管理人员都必须严格遵守设备的运行使用制度，才能

保证设备系统正常地运行，保持企业各项活动的协调性。

2）合理使用设备的基本要求。

针对合理使用设备，企业要做好五项工作，而设备操作人员要达到"四项要求"，遵守"五项纪律"。

企业要做好的五项工作：

①充分发挥操作工人的积极性。设备是由工人操作和使用的，操作工人积极性的充分发挥是用好、管好设备的根本保证。因此，企业应经常对职工进行爱护设备的宣传教育，提高其自觉性和责任感，吸纳他们参与设备管理。另外，企业必须根据设备的技术要求，采取多种形式对职工进行文化专业理论教育、维护和操作技术教育，帮助他们熟悉设备构造和性能。新工人要经过考试合格，才允许单独上机操作。

②企业应根据自己的工艺特点和要求，合理配备各种类型的设备，在性能上和效率上要互相协调，使它们都能发挥效能。为了适应产品品种、结构和数量的不断变化，还要进行及时的调整，使设备能力适应生产发展的要求。

③企业应根据设备的技术要求和复杂程度配备相应的工种和熟练程度的操作者，同时也应根据设备性能、精度、使用范围安排相应的加工任务和工作负荷，严禁超负荷运转，不允许用精设备干粗活。只有这样才能保证设备正常运转，避免意外损失，确保生产安全。

④建立和健全设备的操作、安全技术、岗位责任等规章制度，作为指导工人操作、维护和保管设备的守则，以保证设备的合理使用。这些规章制度一般按各类设备分别制定，包括：设备的主要性能和最大负荷，正确操作的方法和要领，设备清扫、润滑、维护保养、检查的方法和要求，设备与人身安全注意事项以及紧急情况的处理步骤。

⑤为设备提供良好的工作环境。良好的工作环境，是保证设备正常运转、延长设备使用寿命、保证安全生产的重要条件，因此，要根据设备使用和维护的要求，安装必要的防锈、防潮、防震装置，配备必要的测量、保险用仪器装备等。

对设备操作者的"四项要求"，除了操作技术方面的要求外，还要做到整齐、清洁、润滑和安全。

设备操作者必须严格遵守的设备操作"五项纪律"：

①遵守安全操作规程，凭操作证使用设备。

②经常保持设备清洁。

③遵守交接班制度。

④管好工具附件，不得遗失。

⑤发现故障，立即停车，自己不能处理的应及时通知技术人员检查。

2. 设备的维护与修理

设备在使用过程中，由于物质磨损，必然会使设备的精度、性能和生产效率下降，需要及时地进行维护和修理。设备的维修工作是减少和补偿物质磨损，使设备经常处于完好状态、保证生产正常进行的一项重要工作。

设备维护是指消除在生产中不可避免的不正常技术状况（零件松动、干磨擦、异常响声等）的作业。加强设备维护，可以防止设备过早磨损，消除设备隐患，减少或消灭事故，提高设备使用寿命，使设备保持良好的工作性能。设备修理是指修复由于正常的或不正常原因而造成的设备损坏，更换已磨损、腐蚀的零部件，使设备的效能得到恢复。为了减少故障停机带来的损失，必须加强设备的维护与修理。在企业的设备维修管理中，要贯彻预防为主的方针，正确处理好设备维修中维护保养与修理的关系、维修与生产的关系、群众维修与专业维修的关系。

（1）设备的磨损。

设备在使用（或闲置）过程中均会发生磨损，从而降低设备价值，磨损达到一定程度可使设备完全丧失使用价值。设备磨损的形态分为有形磨损和无形磨损。

1）设备的有形磨损。

设备在使用（或闲置）过程中发生的实体磨损或损失，称为有形磨损或物质磨损。引起有形磨损的主要原因是生产过程的使用。运转中设备的零部件会发生摩擦、震动和疲劳等现象，导致设备的实体产生磨损，即第一种有形磨损。通常表现为：设备零部件的原始尺寸甚至形状改变、公差配合性质改变使精度降低、零部件损坏等。有形磨损分为三个阶段：第一阶段为新设备或大修后设备磨损较轻的"初期磨损"阶段；第二阶段是磨损量较小的"正常磨损"阶段；第三阶段是磨损量增长较快的"剧烈磨损"阶段。有形磨损达到比较严重的程度时，设备便不能继续正常工作，甚至发生事故。

自然力作用是造成有形磨损的又一个原因，由此产生第二种有形磨损，与生产过程的作用无关。设备闲置或封存也同样产生有形磨损，这是由于设备生锈、腐蚀、老化等原因造成的，时间长了会自然丧失精度和工作能力。

2）设备的无形磨损。

设备在使用或闲置过程中，除了有形磨损外还存在无形磨损。无形磨损也称经济磨损或精神磨损。这是由非使用和非自然作用引起的机器设备价值的损失，在实物形态上看不出来。造成无形磨损的原因，一是由于劳动生产率的提高，生产同样设备所需的社会必要劳动耗费减少而使原设备相应贬值；二是由于新技术的发明和应用，出现了性能更加完善、生产效率更高的设备，使原设备的价值相对降低。显然，这两种情况下，原设备的价值已不取决于其最初的生产耗费，而是取决于其再生产的耗费。对应于上述两种原因，把无形磨损分为第一种无形磨损和第二种无形磨损。

3）设备的综合磨损。

设备在有效试用期内同时遭受有形磨损和无形磨损的作用。倘若能使设备的有形磨损期和无形磨损期接近，当设备需要大修时正好出现了效率更高的新设备，这时便无须进行旧设备的大修理，而用新设备更新同时遭受两种磨损的旧设备；如果有形磨损期早于无形磨损期，则需要对旧设备进行大修；如果无形磨损期早于有形磨损期，是继续使用原设备还是更换未折旧完的旧设备，要取决于两种做法各自的经济性。

设备综合磨损形式不同，补偿磨损的方式也不同。补偿磨损的方式分为局部补偿和完全补偿。有形磨损和无形磨损的局部补偿分别是修理和现代化改装，而完全补偿则是更换。设备综合磨损形式及其补偿的相互关系见图4-5。

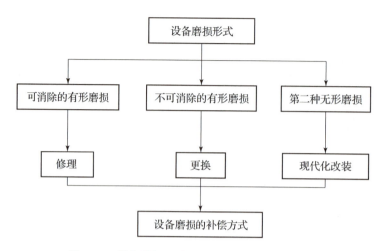

图 4-5　设备磨损形式及其补偿方式的相互关系

（2）设备的保养。

设备的寿命很大程度上决定于维护保养，这也是搞好设备维修工作的基础。设备保养的重要环节是设备的润滑与防腐。

1）设备维护保养的内容。

日常维护。日常维护也称例行保养，要求操作人员在每班生产中必须做到班前对设备进行检查、加油；班中严格按设备操作规程使用设备，尤其要注意设备运转时发出的声音、振动、升温、异味和油位、压力等指示信号，以及限位、安全装置等情况，发现问题及时处理或报告；下班前对设备认真擦拭，并将设备状况记录在交接班日志上。日常维护是维护保养的基础，是预防故障发生的积极措施，应严格制度化。

设备的定期维护。定期维护主要以操作工人为主，由维修工人指导，按计划进行。定期维护又可分为：

①一级保养：主要包括普遍进行坚固、清洁、润滑及部分调整。

②二级保养：主要包括内部清洁、润滑，局部解体检查和调整。

③三级保养：对设备的主体部分进行解体检查和调整，同时更换已达到规定磨损限度的零件。

维护保养工作应有明确的责任制度和要求，应实行定人定机制度。不能定人定机的设备，应由专职维护人员进行区域维护。区域维护由维修工人承担一定生产区域内设备的维修工作，并与有关操作人员共同做好日常维护、定期维护及计划修理工作，及时排除故障，向设备管理部门及时反映设备存在的问题，负责完成管区设备的完好率、故障停机率等考核指标。

2）设备维护保养的技术经济指标。

从企业的某个部门、车间来说，设备维护工作的好坏主要反映在经济指标上。因此，维修效益和设备综合效益这两个反映设备维护经济效益的指标显得尤为重要。其中：

$$设备维修效益 = 产品生产量/设备维修费用$$

$$设备综合效益 = 设备寿命周期内的输出/设备寿命周期费用$$

做好设备维护保养工作，还要有一套科学的维护保养规程并组织实施。设备维护保养规程应按每台设备分别制定。其主要内容包括：

①设备的构造简图和主要技术规程。

②设备的润滑部位、油质标准和润滑规程。

③主要运行部位的调整和运行参数，如温度、速度、各部位间隙等。

④常见故障及其排除方法。

（3）设备检查。

设备检查是及时掌握设备技术状况，实行设备状态监测维修的有效手段。进行设备检查，就是对设备的精度、性能及磨损情况等进行检查，了解设备运行的技术状态，及时发现和消除设备隐患，防止突发故障和事故。设备检查是保证设备正常运行的一项重要工作。

设备检查按检查周期分为随机检查和定期检查；按技术特征分为性能检查和精度检查；按检查方法分为停机检查和不停机检查；按检查手段分为利用人的感官结合简单工具仪表检查和运用诊断仪器检查。

1）日常检查。日常检查是一项由操作工人利用人的感官、简单的工具或装在设备上的仪表和信号标志，每天对设备进行的检查，其目的在于及时发现设备运行的不正常情况并予以排除的检查。检查时间一般在交接班过程中，由交接班双方共同进行，此外，操作人员还应在设备运行中对设备进行运行状态的随机检查。

日常检查是一种有效的日常检查方法。具体做法是对重点设备每班或按一定时间，由操作人员按设备管理部门编制的重点设备点检卡逐条逐项进行检查记录。合理地确定检查点是提高点检效果的关键。根据设备运行状态及管理经验调整检查点及点检的内容和周期是十分重要的。

2）定期检查。定期检查（又称定期点检）是以专业维修人员为主，生产工人参加，定期对设备进行的检查。定期检查的目的在于发现和记录设备异常、损坏及磨损情况，以及确定修理的部位、更换的零件、修理的种类和时间，据以安排计划修理。

定期检查是一种有计划的预防性检查，并往往配合进行清除污垢及清洗换油。检查的手段除了人的感官外，还要用一定的检查工具和仪器，按定期检查卡要求执行。检查间隔一般在一个月以上。

（4）设备修理。

设备的维护与修理是"防"与"治"的关系。设备维护做不好，就会使设备的零部件加速磨损或遭受意外的损坏，增加修理工作量。只有做好经常性的维护与检查工作，才能及时消除设备隐患，把设备事故消灭在发生前。但是维护不能消除设备的磨损，当磨损达到一定的程度时，就需要及时修理。如果只维护不修理，就不能恢复设备应有的效能，甚至会使设备的小问题变成大事故，使设备过早报废。

设备修理指修复由于正常或不正常的原因而引起的设备损坏，通过修理和更换已经磨损、腐蚀的零部件，使设备的效能得到恢复。

按修理工作量大小、维修内容和要求可将设备修理分为小修理、中修理和大修理。

1）小修理：是对设备进行局部的修理，通常只更换和修复少量磨损的零件，调整设备的精度，清洁、换油及解决部分渗漏和缺陷，以保证设备能运行到下次小修理。因为设备小修理的工作量较小，故一般利用生产间歇时间并在设备所在地进行。

2）中修理：是更换与修复设备的主要零件以及数量较多的其他磨损零件，并校正设备的基准，以恢复和达到规定的精度、功率和其他的技术要求，并保证使用到下一次中修理。

3）大修理：大修理是工作量最大的一种全面修理。大修理要求把设备全部拆卸分解，更换或修复主要大型零件及所有不符合要求的零部件，并重新喷漆，恢复原有精度，达到出厂标准。大修理完毕进行验收。大修理可与设备革新、改造结合在一起进行。

小修理和中修理也称为经常修理，其费用直接计入产品成本；大修理费用以折旧形式摊入产品成本，并由大修理折旧基金支付。

3. 设备的改造与更新

在设备的自然寿命结束之前，其经济寿命可能因无形磨损而无可挽回地要趋于结束。此时，如果继续延长设备的役龄，设备系统由于过分老化将不能再给企业带来利润。因此，必须对原有设备系统进行技术改造，使它再焕发创利的生命力，或彻底更新，以新式设备取代旧设备。

设备寿命包括物质寿命、技术寿命和经济寿命等多种含义。物质寿命指设备从开始使用直到不能再使用而报废所经过的时间。一般随着设备使用时间的延长，支出的维修费用也日益提高。因此，延长设备的物质寿命在经济上不一定都是合理的。技术寿命是指从设备开始使用，到因技术落后而被淘汰所经过的时间，通过设备改造可以延长设备的技术寿命。经济寿命是指从设备开始使用到继续使用其经济效益显著下降所经过的时间，设备改造也可以延长设备的经济寿命。在技术飞速发展的今天，设备的技术寿命和经济寿命往往会短于设备的物质寿命。企业的一切工作必须符合经济的原则，因此进行设备更新的依据是其经济寿命。常用的设备经济寿命的确定方法有两种：

1）库存模式法（又称低劣化法）。

设备使用到一定的年限，故障发生的概率增加，当继续使用时就会导致更高的故障，维护成本提高，损失会更大，这个时候就应考虑更换新设备。

假设设备经过使用后残值为 0，并以 K_0 为初始的价值，n 代表使用年限，则每年的设备费用为 K_0/n。随着时间的增加，设备费用减少，但设备故障增加，维护费用增加，其他的费用等也增加，这叫设备低劣化，这种低劣化每年以 λ 增加。年平均设备使用费用为：

$$K = \lambda \cdot n/2 + K_0/n$$

式中，K_0——设备初始价值；

K——年平均设备使用费用；

λ——每年的低劣化增加值（随着使用年限的增加而不断增加的费用，包括逐年增加的维修费、燃料费、动力费、停工损失费等）；

n——设备使用年限。

为了使总费用最小，对上式求导，得到最佳的更新年份为

$$n = \frac{\sqrt{2K_0}}{\sqrt{\lambda}}$$

2）面值法：通过分析计算同类设备的账面统计资料求得设备经济寿命的方法。

4.1.6 现场管理有效的方法——5S 管理

5S 管理是对工作现场进行整理、整顿、清扫、清洁和素养等活动的一种科学管理方法，也是现场环境管理的一项重要内容。

1. 5S 的内涵

5S 由日文单词而来。所谓 5S 就是整理（Seiri）、整顿（Seiton）、清扫（Seisou）、清洁（Seiketsu）、素养（Sitsuke）。因为 5 个单词日文的第一个发音都是 S，所以简称为 5S。5S 的具体含义如下：

"整理"就是明确区分需要的和不需要的物品。在工作现场保留需要的，清除不必要的物品。

"整顿"就是对所需物品有条理地定出位置摆放，且将其保持在立即可取用的状态。

"清扫"就是使工作现场处于无垃圾、无灰尘的整洁状态。

"清洁"就是维持和巩固整理、整顿和清扫的结果，始终使工作现场保持整齐、干净的状态。

"素养"就是自觉执行工厂的规定和规则，养成良好的工作习惯。

5S 的最终目标不仅仅是为了将工作现场打扫干净，而是要通过创造整洁、有序的工作环境而保证工作的优质、低耗和高效。5S 虽然看似简单，但真正做好，却不是一朝一夕就能实现的，而是需要长期、大量、细致地开展很多方面的工作，方能使现场 5S 管理的水平有一个质的飞跃。

2. 整理

（1）整理的目的。

1）腾出空间和充分利用空间。

2）防止误用无关的物品。

（2）整理的过程。

1）在进行整理前，首先需要考虑两个问题：为什么要整理以及如何整理；规定定期进行整理的日期和规则。

2）全面检查，对物品进行盘点，并做好相应记录。整理前，首先需要全面检查工作场所，尤其是制造现场、仓库等物品不能堆积较多的场所，还需要检查不容易看到的地方，例如设备的底部、角落、柜子的顶部和下面、较少使用的通道等。

3）依据标准对物品进行要和不要的划分，确实需要的物品及其数量；并对不要的物品进行处理。分类的方法有很多种，如按种类分、按性能分、按数量分、按使用频率分、按价值分等。但最主要的是按使用频率来分类，可结合使用 ABC 分析法，即以使用频率的高低来区分，高的为 A，依次为 B 和 C，将使用频率高的物品放置在作业人员附近的地方，将使用频率低的物品进行集中管理。具体的判定可参照表 4-3。

表 4-3 物品整理的 ABC 分析法

物品整理的分类	使用频率	处理方法
A 类	每小时使用 1 次的物品 每日使用 1 次 每周使用 1 次	作业区域内或机台旁边
B 类	1 个月以内使用 1 次以上的物品 2 个月到半年内大概使用 1 次的物品	作业现场内集中摆放
C 类	6 个月到 1 年大概使用 1 次的物品	集中放在离工作现场较远的区域
C 类	1 年用不到 1 次的物品、不再用或者不能用的物品	可考虑处理掉

对照表 4-3，需要注意：对暂时不需要的物品进行整理时，也许暂不能确定今后是否会有用，这可以根据实际情况来确定一个保留期限，先暂时保留一段时间，保管时需要防止和使用频率高的物品混杂在一起。等过了保留期限后，再将其清理出场。但是这些保留的物品是否有保留价值，则需要对这些物品进行认真的研究，明确保留的理由和目的。

4）加强日常整理以防止不需要物品的产生。在日常整理时，就要注意不多买多余的材料；不生产多余的产品；不生产不合格的产品；不污染作业现场和物品；不保留作业后残留的物品；不制作多余的备份材料和资料；不在现场放置私人物品。

3. 整顿

（1）整顿的目的。

1）使保留在工作场所的物品摆放一目了然。

2）作业时，易于取用和放回物品。

（2）整顿的过程。

整顿的第一步是对现场的每件物品都提出"某件物品为什么会在那里"的疑问，可以借助于 5W1H 的方法明确是什么物品，在哪里，什么时间，是谁在使用保管，情况如何，等等。

其次，需要确定物品合理的放置位置，也称为定置管理。在定置管理这一环节，要求运用作业研究、工艺分析、环境因素分析等基本技术，进行现场诊断，然后进行定置管理设计。作业研究是通过对操作者和班组作业的分析，人和机械的配置分析，研究作业者的工作效率，去掉作业中的不合理因素，消除人和物品结合得不紧密的状态，消除生产、工作现场的无秩序状态。工艺分析按物品加工处理过程，分成加工、搬运、检查、停滞、贮存五个环节，同时分析工序的加工条件、经过时间、移动距离，从而确定合理的工艺路线、运输路线。动作分析研究作业者动作，分析人和物的结合状态，减少和消除无效的动作，确定正确、合理的动作，并相应规定物品便于取用的位置，以便节约工时提高效率，做到作业标准化、物品定置标准化。环境因素分析的目的是改善不符合国家环境标准要求的情况。

物品在现场的位置确定之后，要对物品进行定位划线，并做好标识。不同物品的放置，可用不同的颜色定位，以示区分，但在公司范围内必须统一。

例如：

白色：物料存放区域，置放待加工料件；

绿色：物料存放区域，置放加工完成料件；

红色：危险区域；

蓝色：待判定、回收、暂放区；

黑色：不合格品区域。

4. 清扫

（1）清扫的目的。

1）消除不利于产品质量、环境的因素。

2）减少对员工的伤害。

（2）清扫的过程。

清扫要分五个阶段来实施：

1）第一阶段：将地面、墙壁和窗户打扫干净。

2）第二阶段：划出表示整顿位置的区域和界线。

3）第三阶段：将可能产生污染的污染源清理干净。

4）第四阶段：对设备进行清扫、润滑，对电气和操作控制系统进行彻底检修。

5）第五阶段：制定作业现场的清扫规程并实施。清扫规程包括清扫对象（科室、车间、设备等）、清扫责任人、清扫的时间、清扫使用的工具和方法、清扫到怎样的程度（即制订清扫的标准）。

总之，清扫是所有工作岗位上都会存在的工作内容，其要点在于"从大到小；从上到下；从里到外，从角落到中央。"如果将清扫的对象扩大一些，将现场存在的影响人们工作情绪和工作效率的东西都当作清扫的对象，这就产生了美化工作环境、活跃工作气氛、缓和人际关系等作用。

5. 清洁

（1）清洁的目的：不断进行整理、整顿和清扫，以维持洁净的状态。

（2）清洁的过程。

1）明确"清洁"的状态。这里含有三个要素：干净、高效、安全。

2）环境色彩化：色彩化是指厂房、车间、设备、工作服都采用较为明亮的色彩，这样一旦产生污渍就很明显，容易被发现。

3）制作专门的手册。在整理、整顿和清扫的基础上，将各项应做工作和应保持的状态汇集成文，形成专门的手册，从而达到确认的目的。

清洁手册要明确以下内容：

①作业场所地面的清洁程序、方法和清洁后的状态。

②区域、界限等整顿的定置原则及完成后的状态。

③设备的清扫、检查进程和完成后的状态。

④设备的动力部分、传送部分、润滑油、油压、气压等部位的清扫、检查进程和完成后的状态。

⑤工厂的清扫计划和责任者，清扫实施后及日常的检查方法。

4）定期检查。不仅在日常的工作中检查，还要定期地进行检查，检查的要求包括：现场的图表和指示牌设置的位置是否合适；提示的内容是否合适；物品安置的位置和方法是否有利于现场高效率运作；现场的物品数量是否合适；有没有不必要的物品。

6. 素养

（1）提高素养的目的。

通过清理、清扫、整理，工作场所变得清洁，这样可以向全体员工提出更高的标准，要求他们维护现场的环境整洁和美观，自愿实施 5S 管理。

素养是保证整理、整顿、清扫和清洁活动得以持续、自觉、有序地开展下去的重要内容，可以说素养是 5S 的核心（图 4-6）。

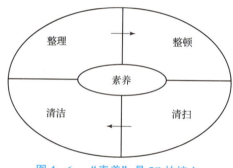

图 4-6 "素养"是 5S 的核心

（2）如何做到素养。

具体可以从以下几方面入手：

1）根据生产进度，制作作业指导书、手册，并经常进行对照检查。

2）根据现场的实际情况，使全体人员对规则予以确认。

3）要明确整理、整顿、清扫、清洁状态的标准。

4）要努力养成遵守作业指导书、手册和规则的习惯。

提高素养的七种工具：标语，醒目的标识，值班图表，进度管理，照片、录像、新闻，手册和表格。这些工具看似简单，但真正灵活有效的运用还需要花费很多精力。素养所包含的内容有很多，但最基本的是按规章办事和自我规范行为的良好习惯，进而延伸到仪表美、行为美。

 案例 4-1

山西焦化集团的现场定置管理

1998 年 5 月 18 日，山西焦化集团有限公司（以下简称为山焦公司）生产一部在全公司组织的"公司清洁文明单位"突击评比活动中，以脏、乱、差排名倒数第一。

会后，生产一部杨部长直接驱车来到厂部、生产车间等地仔细察看，看到的景象也确实令人难以忍受。

近年来，随着公司的飞速发展和市场的不断扩大，对产品的需求也快速增长。生产一部作为山焦公司主打产品生产部门，任务较重，部门领导一直重视生产任务的完成、产品质量的提高，忽视了车间的精神文明建设，现在看来是到了狠抓的时候了。

杨部长要各车间、厂部的领导与负责人，立即将本部门在清洁文明工作方面存在的问题找出来，在第二天做总结汇报。

5月19日清晨，杨部长主持会议，首先向大家通报了他们部在公司评比中的情况。随后，厂部机关的节主任说："厂内和机关存在的问题：一是咱们进厂的道路不清洁，路两旁的绿化带杂乱无章，而且目前厂内的污水从地表排放，一到夏天，臭气四溢；二是办公楼不整洁，各办公室不按规定的时间将垃圾倒到门外；三是各办公室不整洁，不规范，个别办公室还贴着歌星、影星的巨幅照片，办公桌上的玻璃下也压明信片、明星照等与工作无关的用品；四是办公室内的电线、电话线毛拉乱接，就像一个蜘蛛网。"生产车间王主任说："车间区域定置条例很多都不合理，车间内材料随便堆放，占道现象严重，车间内垃圾也不是当日清扫，大多都在某处堆放，天气较热时，易腐物品在车间腐烂发霉。再者，工具、用具等随用随放，没有放在规定的地方，用时有时找不到，因此器材丢失严重。"材料库存处小张说："仓库内的材料堆放不合理，材料没有分门别类，大多按入库时间就近放置，要取用时，搬运非常麻烦。"

接下来，其他各部门负责人也踊跃谈了存在的问题，提出了一些建议。根据存在的问题和提出的建议，厂部领导制定了《定置管理标准》。

问题：

1. 你认为是否有必要对"公司清洁文明单位"评比中的失败而大动干戈，进而推进定置管理，说明原因。

2. 现场定置管理是专门为解决工厂"清洁问题"而产生的管理方法吗？请阐述原因。

4.2 企业质量管理

4.2.1 质量及质量管理

1. 质量概述

（1）质量的概念。

质量是指产品、过程或服务满足规定需求的特征和特性的总和。质是事物所固有的性质、特征和特点方面的规定性；量则是关于事物的范围和程度的规定性。任何事物都是质和量的统一。质量还可以从狭义和广义两个方面理解：狭义的质量，就是指的是产品的质量；广义的质量，则是除了产品的质量外，还包括工作质量。

产品质量指的是产品适合一定的用途，可以满足用户需要所具备的某些自然属性。产品都具备一定质量方面的属性，而这些属性能够满足人们需要的程度，就反映了工业产品质量的优劣。

产品的质量属性一般包括四个方面：

1）使用性：泛指产品适合使用目的所具备的各个物理、化学或技术性能，如机床的功率、钢铁的成分、运行操作方便等。

2）经济性：指产品在制造、购买过程中支出费用的大小及活劳动的消耗，如制造成本，使用燃料、动力的消耗，维修保养的省工省时或费工程度等。它是从经济的角度，即成本费用消耗以及效率方面来反映的质量属性。

3）可靠性：指产品使用过程中完成规定任务的能力，如精度保持时间，寿命的长短，发生故障的频率等。它是在产品使用过程中表现出来的质量特性。

4）美观性：指各种产品在外形及外观方面满足需要的程度，如光洁度、色泽、几何形态等。

产品质量标准按其颁布单位和使用范围不同，分为国际标准、国家标准、部门标准、企业标准和合同标准。凡符合质量标准的产品为合格品，而合格品又按其满足标准的程度，分为不同的等级；凡不符合质量标准的产品就是不合格品，不合格品分为废品、返修品、代用品等。质量标准会随着社会有关因素的变化而不断提高。

（2）工作质量。

工作质量是指企业经营管理工作、组织工作等对达到产品质量标准、提高产品质量所具备的保证程度。

工作质量虽然不像产品质量那样直观具体，但它却客观地存在于企业各项工作之中。因此，工作质量下降了，产品质量必然随之降低。由此可见，产品质量与工作质量既有区别，又有联系。产品质量是企业各方面工作的综合反映，而产品质量的好坏取决于工作质量水平的高低，因此，工作质量是产品质量的保证和基础。提高产品质量不能单纯就产品质量抓产品质量，而必须从改进工作质量入手，在提高工作质量上努力，用高水平的工作质量来保证高水平的产品质量。要真正树立"产品质量是工作质量的综合反映，工作质量是产品质量的保证"的意识。

（3）质量职能。

质量职能就是为使产品达到一定的质量标准而进行的全部活动的总称。为确保产品的质量，使产品达到质量标准，有必要确定各有关部门应发挥的作用和应承担的职责。

产品质量有个产生、形成和实现的"螺旋形上升过程"。过程中的各项工作或活动的总和被称为质量职能。所有这些工作或活动都是保证产品质量必不可少的。

质量职能的各项活动并不都是在一个企业的范围内进行的，即使是在企业范围内的活动，也并不都集中在一个部门，而是由企业各个部门进行的，即企业各部门都承担着部门质量职能。质量职能随质量管理有机地结合起来，并互相协调配合。

2. 质量管理

质量管理是企业为了保证和提高产品质量或工作质量所进行的调查、计划、组织、协调、控制、检查、处理及信息反馈等活动的总称。

通常所说的质量管理，是指从微观的角度来研究企业在保证和提高产品质量过程中所要做的工作，其中主要包括：企业各部门（如设计和研究部门、工艺部门、供销部门、检验部门等）执行质量职能的理论和方法；有关提高产品质量的组织和管理工作；对各种质量职能活动的综合管理；以及在质量管理活动中需要适用的各种统计方法等。

从宏观角度研究质量管理，主要指的是：维护消费者的合法权益以及群众质量监督对于促进提高产品质量的意义；国家和各级主管部门通过法规、条例对企业质量管理工作的领导与干预；市场机制对质量的调节、控制作用；标准化管理；国家对出口的检查与监督；产品生产的论证制度等。

质量管理主要包括两个方面的内容，也就是质量保证和质量控制。

（1）质量保证。

质量保证就是为了保证产品或服务质量所必需的全部有计划的系统的活动。质量保证一般是指对企业外部的保证，目的是确保用户或消费者对质量的信任。也就是说，质量保证是企业对用户在产品质量方面所提供的担保，要保证用户所购买的产品在寿命期内质量可靠，企业要保证提供优质服务、优质配件。

（2）质量控制。

质量控制是指为达到质量要求所采用的一系列作业技术措施。

质量控制活动一般包括三个环节：一是对影响质量的各有关技术活动制订控制计划和标准；二是按计划和标准所规定的程序实施，并在实施中连续进行检验和评价；三是对不符合计划和标准的情况进行处理，并及时采取纠正措施。

要注意的是：质量保证和质量控制是互相依赖、互相渗透、不可分割的整体。企业要加强控制措施或增加某些质量保证活动，以达到企业外部质量的保证。

2. 质量经济分析与质量成本

（1）质量经济分析。

1）质量、成本、利润的关系。

①质量与成本的关系。产品成本会随着质量水平的提高而增加，产品质量等级提高，要求技术、工艺和管理水平提高，设计和制造成本相应增加，总成本会随之提高。当产品质量达到一定的水平后，再提高质量会付出更大的成本支出。

②质量与利润的关系。产品的价格会随着质量水平的提高而提高，而当质量达到一定水平后，再提高质量价格也不会无限提高，否则价格提高和销售量下降会影响到企业的利润。

③质量、成本、利润关系曲线（图4-7）。

根据图4-7所示，当质量由A级提高到B级时，成本增加了a，收益增加了b，而且

b 大于 a，即收益的增加大于成本的增加，所以质量从 A 级提高到 B 级是有益的。当质量由 B 级提高到 C 级时，成本增加了 c，收益增加了 d，c 大于 d，即收益的增加小于成本的增加，所以质量从 B 级提高到 C 级是不可行的。因此，B 级质量水平是最佳的经济等级。任何一种产品，在一定需要和生产条件下都有一个适宜质量水平的问题。

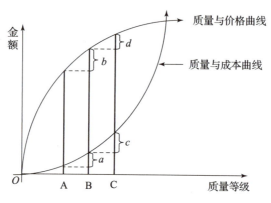

图 4-7　质量、成本、利润关系图

质量、成本和利润之间的关系很复杂，在一定范围内和一定条件下，可以找到三者之间的关系。

2）质量经济分析。

质量经济分析，是通过对产品质量、成本、利润之间的关系分析，研究在不同的经营条件下，用尽可能少的劳动消耗，提供满足用户需要的产品质量，以获得尽可能多的收益。

质量经济分析，也称质本利分析，是以质量为对象，以效益为目的，进行最优产品决策的一种方法，其基本任务是使产品在质量上适用，在经济上合理。

①质量经济分析的内容。研究质量与成本、质量与效益的关系是质量经济分析的主要内容。具体的内容有：在研究设计过程中适宜质量水平的确定，以及新产品开发费用、原材料质量水平的合理确定等；在生产制造过程中，适宜工序能力、合适的废品数、合理的检查、正确的返修决策等；在销售使用过程中，适宜的广告宣传费用、最佳的交货期、"三保"期的确定、服务维修点的设置等。

②质量经济分析的目的。通过质量分析，使企业以尽量少的投入，提供用户需要的适用性产品，从而提高企业产品的竞争力；扩大企业经济活动分析的范围，促进企业不断改善经营管理，提高管理水平；通过质量经济效益分析，能把质量管理与经济效益紧密联系起来，从而有利于全面质量管理的开展。

（2）质量成本。

1）质量成本及其特性曲线。

①质量成本，是指将产品质量保持在规定的质量水平上所需要的费用，它包括预防成本、鉴定成本、内部损失成本和外部损失成本。

根据定义，质量成本是把"产品质量保持在规定的质量水平上所需的费用"，这里

"规定的质量水平"是指由设计规定的质量水平或质量等级,也就是在已定的设计标准规范下,解决制造过程和售后服务过程中,包括鉴定产品是否达到规定质量水平和预防产品达不到规定质量水平的费用,以及制造中没有达到规定质量水平的损失费用。

②质量成本特性曲线(图4-8)。质量成本中预防成本、鉴定成本、内部损失成本和外部损失成本四个项目和产品合格质量水平之间存在着一定的关系,它们的关系用坐标曲线来表示,这就是质量成本特性曲线。

图4-8中C_1是控制成本,控制成本等于预防成本和鉴定成本之和,它随着合格率的增加而增加。C_2是损失成本,损失成本等于内部损失成本和外部成本之和,随着合格品率的增加而减少。C是控制成本和损失成本之和,即质量成本曲线。

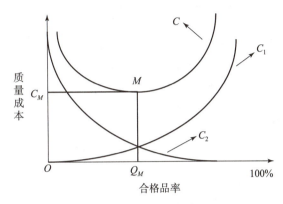

图4-8 质量成本特性曲线

质量成本曲线C有一个最低点M,M点所对应的合格率为Q_M,Q_M就是企业应当控制的经济质量水平,而其所对应的质量成本C_M应该是适宜经济质量水平的质量成本支出。质量成本管理活动的基本出发点就是探求Q_M是多少。应该注意的是,Q_M未必就是用户所希望达到的质量水平,或者说产品处于该质量水平上的产品销售是否好,是否是企业取得最佳效益的质量控制水平还有待于进一步研究。所以,研究质量成本只是单纯从质量与质量成本之间的关系出发,力求在追求企业总效益目标时,进行全面经济效益的权衡,以确定企业的最佳质量标准,市场和用户是确定质量标准的重要依据。产品合格率指标是企业内部生产中的质量控制指标之一,可根据图4-8进行具体研究。

2)质量成本项目的设置。

①预防成本,指为预防产生不合格品及故障等所需的各项费用,包括质量工作费、质量奖励费、产品评审费及技术成果推广费等。

②鉴定成本,指评定产品是否满足规定的质量要求所需的费用,包括检测试验费、检测设备折旧费等。

③内部损失成本,指产品出厂前因不能满足规定的质量要求而支付的费用,主要包括废品损失费、返修损失费、产品降级费、停工损失费、事故分析处理费等。

④外部损失成本,指产品出厂后,因未满足规定的质量标准而导致索赔、修理、更换及信誉损失所支付的费用,主要包括索赔费、退货损失费、维修费、诉讼费等。

3) 质量成本分析。

质量成本分析是开展质量成本管理工作的重要信息,是企业领导进行经营管理决策的重要依据之一。

质量成本分析,主要是对质量成本项目之间的关系进行分析。质量成本项目之间存在着一定的比例关系,虽然在不同产品之间,或在同一产品的不同生产厂家之间,这种比例关系有所差异,但很多厂家的统计资料表明,四项质量成本之间大体比例如表4-4所示。从表4-4中可知,虽然预防成本占质量成本的比例较小,却是质量成本分析的重点。一些企业的经验证明,若将预防成本在一定限度内略作提高,质量成本就会明显下降。

表4-4 质量成本项目关系表

质量成本项目	占质量成本/%	质量成本项目	占质量成本/%
预防成本	0.5~5	内部损失成本	25~40
鉴定成本	10~30	外部损失成本	20~40

4.2.2 全面质量管理

1. 全面质量管理概述

(1) 全面质量管理的概念。

全面质量管理是指企业为保证和提高产品质量,组织企业全体职工和各部门参加,综合运用现代科学和管理技术成果,对影响产品质量的全过程和各种因素实行控制,用最经济的手段,生产出用户满意的产品的系统管理活动。全面质量管理是一种科学的现代的质量管理方法,它的核心是强调人的工作质量,保证和提高产品质量,达到和提高企业和社会经济效益的目标。推行全面质量管理主要作用:第一,认真贯彻执行"质量第一"的方针,根据用户满意程度制订质量标准;第二,充分调动企业各部门和全体职工关心产品质量的积极性,做到人人参与质量管理活动;第三,切实有效地运用现代科学管理技术,做好产品设计、制造、销售服务和市场研究等方面的工作,加强预防性、预见性,控制影响产品质量的各项因素。全面质量管理的目的是要使企业多、快、好、省地生产满足社会需要和用户满意的产品,以达到企业最佳的经济效益。

(2) 全面质量管理的特点。

全面质量管理是一个具有丰富内涵的理论。一般认为,它具有下面一些基本特点:

1) 全面质量管理是一种管理途径,既不是某种狭隘的概念或简单的方法,也不是某种模式或框架。

2) 全面质量管理强调一个组织必须以质量为中心来开展活动,不能以其他管理职能来取代质量的中心地位。

3) 全面质量管理必须以全面参与为基础。这种全面参与不仅仅是指组织所有部分和所有层次的人员要积极认真地投放各种质量活动,同时要求组织的最高管理者坚持强有力的和持续的领导、组织、扶持以及有效的质量培训工作,不断提高组织所有成员的素质。

4）全面质量管理强调让顾客满意和本组织成员及社会受益，而不是其中的某一方受益，而其他方受损。这就要求组织能够在最经济的水平上最大限度地向顾客提供满足其需要的产品和服务。在顾客受益的同时，组织也能获得好的经济效益。

5）全面质量管理强调一个组织的长期成功，而不是短期的效益。这就要组织有一个长期富有进取精神的质量战略，建立并不断改善其质量管理体系，培育并不断更新其质量文化，使组织的长期成功建立在自身素质和实力的基础上。

(3) 全面质量管理的基本工作内容。

全面质量管理的基本工作内容包括设计过程、制造过程、辅助过程和使用过程的质量管理。

1）设计过程的质量管理。设计过程是广义的，它是指企业的生产技术准备过程，包括开发新产品和改造老产品所进行的实验、研制、产品设计、工艺设计、试制和鉴定等。设计过程是影响产品质量的关键阶段，是质量反馈循环的起点。设计是产品生产过程的起点，它是带动其他各环节的首要一环。

设计过程的质量管理主要有下列任务：根据市场调查和用户需要，设计新产品和改造老产品，使之实现技术先进可行和经济合理有效；根据需要和企业的可能条件，采用先进工艺，以取得良好的经济效果。设计过程质量管理工作的内容有：指定产品质量目标；参加审查设计和工艺；参加新产品试制、鉴定；标准化审查；技术文件的质量保证；产品设计的经济分析及其设计程序的审查等。

2）制造过程的质量管理。制造过程质量管理的任务是：建立能够稳定生产合格优质品的生产系统，抓好每个生产环节的质量保证，严格执行技术标准，保证产品全面达到技术标准的要求，努力生产优质产品，减少不合格品。制造过程质量管理工作的内容有：建立和健全岗位责任制，执行操作规程，遵守工艺规律；认真做好文明生产和均衡生产；灵活运用全面质量管理的数理统计方法，预防废品产生；制定和修改现有产品的技术标准；加强计量和检验工作；做好设备的维修、保养工作，改进产品包装质量等。

3）辅助过程的质量管理。辅助过程的质量管理是指辅助生产及生产服务过程的质量管理工作，如物资、工具、工装供应的质量管理，设备维修和动力供应等工作的质量管理。产品制造过程中的很多质量问题，都同辅助过程的质量管理工作有关，因此，在质量保证体系中辅助过程的质量管理相当重要，不可忽视。辅助过程的质量管理包括辅助部门的工作质量（辅助产品质量），如工具、工装、维修及动力供应的质量和服务质量，能否及时供应、方便生产和保证需要。

4）使用过程的质量管理。产品的过程是实现生产目的的过程，也是考验产品实际质量的过程，这是企业质量的归宿。使用过程的质量管理是企业质量管理工作的继续。从全面质量管理的观点出发，产品质量的好坏，主要看用户的评价，所以产品使用过程的质量管理，主要包括技术服务和用户访问两方面的工作。

(4) 全面质量管理的基础工作。

企业开展管理工作，必须具备一些基本条件、手段和制度，主要有标准化工作；计量工作；质量信息反馈工作；质量责任制；质量教育工作等。

2. 质量保证体系

（1）质量保证体系的内容。

1）质量保证体系的含义。

质量保证体系就是企业以保证提高产品质量为目标，运用系统的概念和方法，把质量管理各阶段、各环节的管理职能组织起来，形成一个有明确任务、责任、权限，互相协调，互相促进的有机整体。

质量保证体系是系统工程的理论方法在质量管理中的应用，建立质量保证体系是实现企业方针目标的一种手段和方法。

2）质量保证体系的内容。

①要有一个明确的质量方针、质量目标和目标值，并能将方针展开，目标值层层分解，落实到部门、班组和个人。

②建立一个高效严密的组织机构，可以监督、控制、协调各部门的质量管理工作。

③要有完整的先进技术标准、操作标准、管理标准和各项工作程序，用工作质量保证产品质量，实现所有管理工作的标准化、程序化。

④有标准完整的信息，迅速传递反馈，及时处理有关质量问题。

⑤建立广泛的群众质量管理网，普及质量管理小组活动。

企业的各个部门、每个人都按照标准工作，认真履行自己的责任，通过上述工作内容，实现企业的质量目标、完成企业方针，全面质量管理就会逐渐形成一个真正的质量保证体系。

（2）质量保证体系的种类。

质量保证体系有两大类。

1）工作质量保证体系。

①产品开发与设计工作质量保证体系。

②工艺管理的质量保证体系。

③均衡生产的质量保证体系。

④产品监督的质量保证体系。

⑤设备管理的质量保证体系。

⑥销售服务的质量保证体系。

⑦厂际协作的质量保证体系。

2）产品制造质量保证体系。

①产品制造质量保证体系（制造过程的工作标准化）。

②零件加工质量保证体系（操作标准化、工作典型化）。

（3）确定质量保证的条件。

建立企业的质量保证体系应具备下列条件：

1）企业经过整顿验收，有一个懂业务会管理的坚强的领导班子。

2）各项基础工作完善而扎实，有明确的责任制度、管理制度和考核办法。

3）有正常的生产秩序和工作秩序。

4）全面质量管理工作已经开展，并取得了一定的成效，能运用全面管理的基本思想和方法进行工作。

（4）质量保证体系的建立。

建立企业的质量保证体系没有一个通用的模式，它必须依据不同条件、不同的行业和企业的特点，并且随着全面质量管理的开展而不断深化和完善。通常要从下列四个方面建立保证体系。

1）建立思想保证体系。使企业全体职工树立"质量第一"的思想，树立全心全意为用户服务的思想，为用户生产，为用户服务。企业全体职工都要积极参加创优质、争名牌的活动，树立牢固的质量观念。

2）建立组织保证体系。组织保证体系是思想保证体系的落实，是实现思想保证体系的组织保证。组织保证体系是由公司、分厂、车间、班组四级管理机构组成的，它们是：

①公司全面质量管理小组或公司全面质量管理委员会。它是企业质量的决策机构，由企业领导者和技术权威组成，一般由公司总经理任主任，总工程师任副主任，各部门负责人任小组成员。它的任务是进行质量问题的决策，制订质量计划，确定质量目标，协调各部门工作，处理重大问题以及质量教育等，它下设"总经理全面质量管理办公室"，进行日常质量管理工作，成为总经理的办事机构。

②分厂、各部门建立"全面质量管理领导小组"。它由厂长任组长，下设质量管理员。分厂、部门的质量管理小组的主要任务是贯彻和执行公司质量管理领导小组的计划、任务和措施，负责本部门的现场质量管理，处各分厂内重大质量问题。

③基层质量管理小组是群众性的质量管理小组，是广大职工参加质量管理的最好形式，是全面质量管理的群众基础，以自愿结合为主，定期进行工作考核，并且按成果大小给予奖励。企业要定期召开质量管理成果发布会，表彰先进。

3）建立生产过程的质量保证体系。从产品设计、制造、工艺到装配的每一生产阶段、每一工序都要建立工序质量标准、操作标准、产品完工验收标准和信息传递标准，保证生产过程质量稳定合格。

4）建立检验保证体系。做好质量检验工作，包括工序检验和成品验收，仍然是全面质量管理不可缺少的重要工作。要实行"防检结合、预防为主"的工作方针，技术部门建立质量标准，质检部门执行质量检查工作，要站在用户立场上，从产品的使用出发，做用户的代表，用科学的检测方法开展检验工作。

（5）质量保证体系运转的基本方式。

质量保证体系作为全面质量管理的一个工作体系，是动态系统，其运转的基本方式是按"计划—执行—检查—处理"四个工作阶段周而复始地进行着工作循环，也称为PDCA循环（也叫戴明环）。

1）PDCA循环的含义。

PDCA循环（图4-9）是质量管理的工作方法。开展某项工作，事先必须有个设想或打算（计划），然后按计划去做，实施计划，也可称为执行计划，对计划执行中哪些做对了，哪些做错了，这就是核对检查。第四阶段就是根据检查结果，把成功的经验加以肯定并列入标准中；没有解决的问题反映给下一个循环，继续实现，这就是处理阶段。PDCA 是英语 Plan、Do、Check、Action 四个单词的第一个字母的缩写，意为计划、执行、检查和处理。

2）PDCA 循环的特点。

①大循环套小循环，互相促进，如图 4-10 所示。PDCA 循环作为质量管理的一种科学方法，适用于质量管理的各方面，即整个企业为一个 PDCA 大循环，各个部门、每个员工又有自己的小范围的循环。上一级的 PDCA 循环是下一级 PDCA 循环的根据，下一级循环又是上一级循环的贯彻和具体化。通过不断的循环，把企业各项工作都有机地联系起来，彼此协调、共同工作。

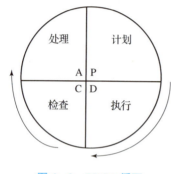

图 4-9　PDCA 循环

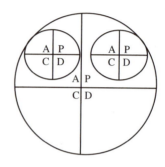

图 4-10　大循环套小循环

②螺旋上升。PDCA 四个阶段的循环是螺旋上升的。每循环一次，质量水平都提高一步，也有人将此特点称为爬楼梯式循环，如图 4-11 所示。

③四个阶段一个也不能少。

④"处理"阶段是关键。"处理"阶段就是总结经验，肯定成绩，纠正错误，将成功经验加以标准化、制度化。

⑤PDCA 循环要不断地开展下去。

为了解决和改进质量问题，通常将 PDCA 循环具体化为八个步骤：

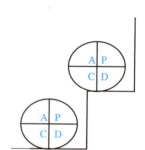

图 4-11　爬楼梯式循环

计划阶段：a. 分析现状，找出存在的质量问题（用排列图、直方图、控制图）。b. 分析产生质量问题的原因（用因果分析图）。c. 找出影响大的原因（用排列图、相关图）。d. 对质量影响大的原因，制订改进质量措施计划，要回答"5W1H"，即 Why（必要性）、What（目的）、Where（地点）、When（时间）、Who（执行人）、How（方法）。执行阶段：e. 执行制订的质量改进措施计划。检查阶段：f. 调查采取措施的效果（用排列图、直方图、控制图）。处理阶段：g. 总结经验、巩固成绩，工作标准化。h. 提出尚未解决的问题（反映到下一循环的计划阶段中去）。

按 PDCA 循环进行质量管理，关键在 A 阶段，即处理阶段。处理就是总结经验教训，采取有效措施，把下一循环推向一个新的高度。

4.2.3 质量管理的常用统计方法

1. 质量管理常用的统计方法概述

(1) 质量统计控制的基本原理。

质量统计控制是依据概率论和数理统计的原理和方法，通过样本来预测和推断总体产品质量的一种方法。

质量统计控制是依据从大量随机事件中，随机提取部分事件进行分析，用以推断总体特征的一种科学方法，在产品质量检查和分析中，通过对从一批产品中提取子样所做的分析，取得所需要的数据，进而推断总体的产品质量。这种用具有代表性的"部分"来推断"总体"本质的办法就是质量统计控制最基本的特征。

(2) 质量统计控制中的数据要求。

全面质量管理要求用数据说话，在现实生产活动中，任何质量特性都是通过一定的数据表现出来的。因此，进行质量管理就必须收集、整理、分析、运用各种与质量有关的数据。

1) 数据的分类。

在质量管理中，数据按其性质可分成如下两类：

①计量值数据，是指可取任意数值的数据，这些数值属于连续型数值，如长度、重量、速度、温度、力量等数据。

②计数值数据，是指只能用个数、件数和点数等单位来计算的数据，如产品件数、台数、产品表面缺点数等，它只能取整数，属于离散型数据。

2) 明确收集数据的具体目的。

收集数据应按其具体目的的不同而收集不同类型的数据。收集数据的目的主要有：分析问题，即为分析现场状况而收集；利于管理和控制；检验、判定产品质量状况。收集数据的方法一般采用随机抽样法，随机抽样又分为单层抽样和分层抽样等。对收集的数据还应进行整理，从而揭示数据内存的规律，使杂乱无章的数据系统化、规则化。

3) 数据的特性。

①波动性。由于加工条件及影响因素的不确定（波动性），而导致质量特性出现差别，这就是数据的波动性。

②规律性。数据虽然具有一定的波动性，但并不是杂乱无章的，而是呈现出一定的规律性，如数据分布的规律性。在质量管理中最常用的分布规律是正态分布、二项分布和泊松分布等。

2. 质量管理常用的统计方法

(1) 分层法（分类法）。

这是整理数据最常用的方法，即将收集来的数据，根据不同的目的及不同的标志进行分类、划分层次的方法。这种数据处理方法使杂乱无章的数据和复杂的因素系统化、条理化，以便分清责任、找出原因、采取相应措施解决质量问题。

(2) 排列图法。

1) 排列图（图4-12）的基本形状。排列图法也叫帕累托图法，它是用来寻找影响产品质量主要因素的一种方法，是依据"关键的少数和次要的多数"的原则制作的。在质量管理中，经常是少数因素对产生的质量不良后果影响较大（约占80%），这类因素即为A类，是主要影响因素，是关键的少数；B类因素是次要因素，对质量的影响占10%左右；C类因素，因素虽多，但对质量不良后果的影响约占10%左右，这就是次要的多数。

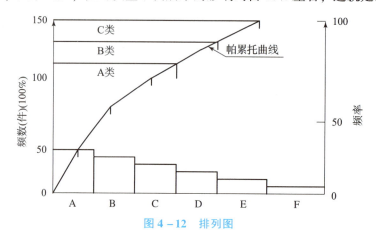

图4-12 排列图

排列图一般由两个纵坐标、一个横坐标、几个直方形和一条曲线所组成。左边的纵坐标表示频数；右边的纵坐标表示频率。横坐标表示影响质量的各种因素或项目，按各影响因素的影响程度大小从左到右顺序排列，直方图的高度表示某项因素影响的大小，曲线表示各影响因素大小的累计百分比，这条曲线就是帕累托曲线。通常把累计百分数分为三类：0~80%为A类因素，这是主要因素；80%~90%为B类因素，是次要因素；90%~100%为C类因素，是一般因素。

2) 排列图的应用。排列图的应用十分广泛，是数理统计常用的工具之一。在实践中要根据不同的目的灵活运用，常见的应用场合有：分析主要缺陷形式；分析造成不合格品的主要工序原因；分析产生不合格的关键工序；分析各种不合格品的主次地位；分析经济损失的主次因素；用于对此采取措施前后的效果。

3) 应用排列图的注意事项。一是主要因素不要过多；二是纵坐标频数的选择可依据分析的问题而定，如件数、金额等，原则以找到主要影响因素为主；三是合并一些一般因素；四是逐层深入，即确定了主要因素、采取了相应措施之后，为了检查措施效果还要重新画出排列图。

(3) 因果分析图。

1) 因果分析图的形式。

因果分析图也称特性图，是将影响某一质量事项的各种原因，按主次因素形象地反映在一张图上，进而逐项分析，由大到小，达到解决质量问题的目的。

为了寻找生产中某种影响质量因素的原因，集思广益，将群众意见反映在一张图上（图4-13）。图中一条主干，它画成较粗的线，并在右端标上箭头，表示某个质量问题。

在主干线的上下方画出倾斜的支线,并用箭头指向主干线,它们表示某个质量问题的原因。探讨某个质量问题产生的原因时,要从大到小,从粗到细,一直到能采取措施消除这种原因时,就不再细分了。因其形状像树枝和鱼刺,故又称树枝图或鱼刺图。

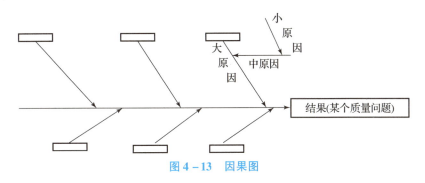

图 4-13　因果图

因果图中的"结果"可以根据具体情况选择,例如为什么零件不合格,为什么某工序能力低,为什么铸件出现砂眼等。有时"结果"很大、很广,有时又很小、很细,具体问题具体分析。

2)因果图的作图步骤。

①确定分析对象,即要解决什么问题。

②动员员工,集思广益,分析产生质量问题的原因。

③整理原因,按其原因的大小关系将其画在图上。

④采用排列图、分层法等方法,确定主要原因。

⑤记录制图的有关事项。

3)作因果图的注意事项。

①调查原因,发扬民主,听取各种意见。

②影响质量的大小原因可以从人员、设备、物料、工艺技术、测量方法和环境等方面来考虑。

③原因分析应细化到可采取措施为止。

④细小的因素未必不是构成质量问题的重大原因,因此不容忽视。

⑤画出图并找出主要原因后,还应到现场实地调查,再制定出改进措施。

⑥措施实施后,还应画出排列图检查其效果。

(4)调查表法。

调查表就是统计调查表,它是利用统计表来进行数据整理工作和原因分析的一种方法。一般由于调查的目的不同,其格式可以不一样。因为调查表用起来简便而且能够整理数据,便于进一步进行统计分析,所以在工厂中得到广泛的应用。调查表的项目和形式要与产品、工序的要求相适应,针对不同的目的,要求制订不同的调查表。下面列举几种常用的调查表。

1)频数分布调查表。首先将产品特性值可能出现的数值及其分级预先列成表格。当检查产品时在相应级内划符号。划毕,频数分布也随之完成了。这种表能将记录、整理数据及作直方图三个步骤合为一步,使用起来很方便。

2) 缺陷位置调查表。每当外伤、油漆脱落、脏污以及铸锻件表面发生缺陷时，将其发生位置标记在产品示意图或展开图上，并给出缺陷的种类和数量，或用不同符号及颜色标出。

3) 不良项目调查表。为了调查生产过程中发生的不良项目及其所占的比率，可以制作不良项目调查表。当发生不良项目时，就在相应的栏目打上记号，到工作结束时，它们的情况就一目了然了。调查表法往往要和分层法联合使用。

(5) 直方图。

1) 直方图又称质量分布图，它是用于工序质量控制的一种质量数据分析图，是整理质量数据、找出数据分布中心和散布规律的一种十分有效的方法。它将产品质量分布情况用一系列直方矩表示，根据直方的分布形状、变动趋势以及直方和公差界限的距离，判断生产过程和工序质量，进一步估算出哪一工序可能产生多少不合格产品，并依此来调查工序。它是常用的数理统计工具。

2) 直方图的观察分析。

数据频数直方图是为了判断和预测产品生产过程的稳定状态与不合格品率的情况，达到这种目的，就要对各种类型的直方图进行观察和分析。

下面介绍直方图的各种类型。

①正常型。由于生产条件稳定而得到的数据画出的频数直方图，呈"中间高，两边低，左右似对称"，说明工序生产正常，我们称这类直方图为正常型。

②倾斜型。直方图向一侧倾斜分布，这种情况一般是在产品质量较差时，把不合格的部分产品剔除后所形成的数据分布类型。

③偏态型。图形偏向一边，这种情况下必须查明技术上的原因。如镗孔时，某些操作工人怕报废，把孔镗得较小，故中心偏左；加工轴时，可能中心偏右。

④孤岛型。这可能是由于在工序中出现了异常原因，如一时材料质量突变，或在短期内由于不熟练工人加工了部分零件，或测量有误也容易产生此型。

⑤平顶型。直方图没有突出的峰顶，呈平顶。这可能由于多个母体、多种分布混合在一起；或由于质量指标在某区间内均匀变化；或由于工序过程中某种缓慢的倾向作用，如刀具的磨损、操作者疲劳等。

⑥陡壁型。在工序能力较差的情况下，对产品进行全部检验后剩下的合格产品可能产生这种形状。

⑦双峰型。直方图中出现两个峰（正常只能有一个峰）。这是两种不同分布中心的产品混合的结果。例如有两台不同的机床或用两批不同质量的原材料生产的产品混合在一起，或者虽然材料、加工机床都相同，但由于两个工人生产的产品混在一起，也容易出现双峰。

⑧折齿型。直方图像折了齿的梳子，出现了凹凸不平的形状，这可能是作频数直方图时分组过多或测量误差较大时出现的形状。

由上可见，从直方图的外形观察，大致可以判断生产过程正常或不正常，以及其中的原因，如图 4-14 所示。

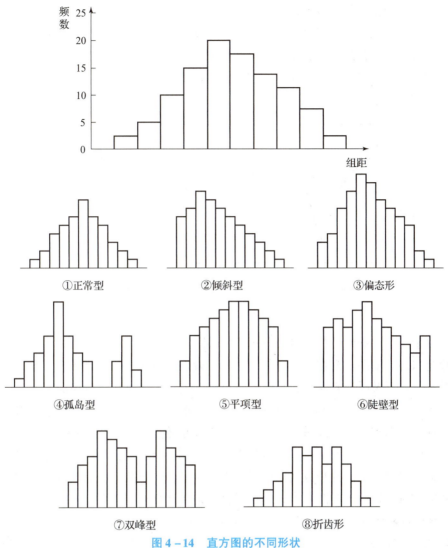

图 4-14 直方图的不同形状

（6）散布图。

散布图是观察两种因素关系的图表方法。将两种有关的数据列出，并用描点的方式将点填在坐标纸上，以便观察两种因素的关系，这种图称为相关图或散布图，如炉火温度与钢制品硬度的关系、漆料温度与黏度的关系等，均可以用散布图清晰地显现出来。散布图所反映出来的两因素之间关系一般为：强正相关，强负相关，弱正相关，弱负相关，不相关及非线性相关等。有了这样的散布图就可以自觉地利用它来分析产品质量的相关因素，以便找到影响产品质量的原因，制订改进措施，控制产品质量。

（7）控制图。

控制图（亦称管理图）是工序质量控制统计的中心内容，是运用控制图来控制工序质量的图表方法。控制图不仅对判别质量稳定性、评定工艺过程状态以及发现并消除工艺过程的失控现象有着重要作用，而且可以为质量评比提供依据。

在生产过程中，对某一批产品随机制取一定数量的样品进行测量，根据测量所得数据计算出某一规定的统计量（如平均值、极差等），并以抽样的试样号或取样时间为横坐标，以对应的统计量（尺寸或其他质量特征数据）为纵坐标，在图上分别做出统计量的中心线及上下控制线。在工艺过程中，按规定时间抽取试样，测量尺寸或其他质量特征，将测得点填在控制图上，就可以得到控制图。控制图的形状如图4-15所示。

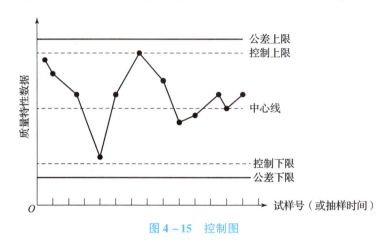

图4-15 控制图

在正常情况下，统计量相应点应分布于中心附近，在上下控制线之内，就表明生产过程处于稳定状态。如果点落在上下控制线之外，就表明出现了非正常因素，生产过程处于非稳定状态，需要及时调查原因，采取调整措施，确保生产过程达到稳定状态。

控制图的种类很多，基本上是根据两类质量数据而划分为计量数据控制图和计数数据控制图。计量数据控制图特性适用于可连续取值（小数点以下）的长度、直径、重量、强度、硬度、纯度、成分等质量特性差异的控制，应用比较广泛，如单值控制图（X图）、平均值和极差控制图等。计数数据控制图适用于对不合格产品、次品等计件数以及缺陷数的计点数的控制。这些控制图基本原理相同，只是在计算控制界限时各有特点。

案例4-2

76台电冰箱的启示

20世纪80年代初，青岛电冰箱厂成为典型的计划经济下的失败企业——债台高筑，职工牢骚满腹，产品质量低下，服务态度恶劣。1天，1位顾客满脸不高兴地来到厂里，抱怨说他买了的是台劣质冰箱。这在当时可不是件小事，因为每1 000家中国城市住户中只有2家拥有这种奢侈品。当年36岁的厂长张瑞敏眼睁睁地看着这位顾客挑了10几台冰箱，挑来挑去都有毛病，最后选中了1台拉走，算是满意的。但张瑞敏不满意，他将仓库里所有的冰箱重新检查了1遍，找出了76台有质量问题的。他把这些不合格产品放在空地上，召集起全厂600名职工拿出了1把大锤，下令"砸掉它们！"工人们犹豫了，但张瑞敏毫不动摇。他说："如果我们把这76台冰箱卖出去，就会继续犯错误，最终导致破产。"不一会儿，空地上留下了1堆废铁。10多年后，那把当年砸冰箱的大锤仍然挂在冰箱生产线的墙上，而这家工厂已经成为中国最引人注目的企业之一，这就是海尔集团。

问题：
1. 砸冰箱这一举动意味着什么？
2. 你认为应如何铸造企业命运的基石——质量？
3. 如果你是企业的普通员工，你应该如何承担自己的质量责任？

4.2.4 ISO9000 质量体系

1. 实施 ISO9000 标准的必要性

质量是企业素质的综合反映，对质量的因素进行全面系统的管理，是企业质量管理的根本所在。对质量进行系统管理的实施途径，就是建立企业的质量体系，并使之有效进行。ISO9000 系列标准就为企业建立质量体系提供了一整套可供借鉴的标准模式。

ISO9000 是国际标准化组织于 1987 年颁布的一套管理性质的国际标准，称为 ISO9000 系统标准。它是在总结世界各国，特别是发达国家的先进管理经验的基础上产生的，这是一套综合性质的标准，它既包括质量标准、质量要素及其保证体系标准，也包括产品形成整个过程的控制体系等。该系列标准从 1993 年引入我国，可进一步促进改革开放，适应国际经贸往来及经济技术合作。ISO9000 系列标准于 1994 年进行了第一次修改，2000 年进行了第二次修改。取得 ISO9000 认证，是企业产品真正走向国际市场的通行证。

2. 94 版与 2000 版 ISO9000 的比较

（1）2000 版标准产生的背景。

全球经济贸易一体化进程日益加快，世界范围内的竞争日益剧烈，世界各国和地区对质量标准和认证已广泛认可和接纳，取得质量认证已成为进入世界经济贸易圈的必备条件。

（2）2000 版 ISO9000 标准的主要特点。

1）取消了一些应用和实施性的指南，标准更具有通用性，可以适用于所有产品类别、不同规模和类型的企业对标准的需求。

2）因为用于认证的标准只有 ISO9000，所以允许对该标准中的某些要求进行剪裁，但允许的剪裁是有严格规定的。

3）将顾客满意或不满意信息的监控，作为评价企业业绩的一种重要手段，并强调企业要以顾客为中心。

4）采用"过程方法"的模式结构和 PDCA 循环，逻辑性更强，相关性更好。

5）更强调最高管理者的作用。最高管理者应在企业建立质量方针和质量目标，承诺向全体员工传达满足顾客和法律法规要求的重要性，策划建立和实施质量管理体系，提供必要的资源，进行管理评审等。

6) 突出"持续改进"是提高质量管理体系有效性和效率的重要手段。

7) 突出了与ISO14000环境管理体系的兼容性。

8) 标准内容简明、语言通俗易懂，用概念图表达术语间的逻辑关系。

9) 标准充分地体现了质量管理八项原则，吸引了当代质量管理理论和实际的成果。

10) 标准明确要求质量管理体系要以顾客为中心，并考虑所有相关方的利益。

总之，2000版标准结构更加简单适用，通用性更强，适用范围更广。

(3) 2000版标准的总体结构变化。

1) 94版标准的结构。

94版ISO9000标准是由20多个分标准组成的，包括：

①ISO8402 术语和定义。

②ISO9000至ISO9004的所有国际标准，包括ISO9000和ISO9004的所有分标准。

③ISO10001和ISO10020的所有国际标准，还包括其各分标准。

④94版ISO9000族的构成简图（图4-16）。

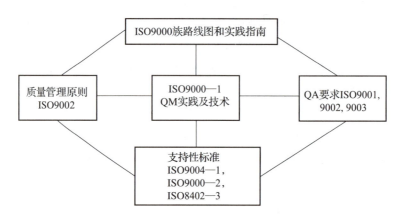

图4-16 94版ISO9000族的构成简图

2) ISO9000的名称和内容。

①ISO9000—1——质量管理和质量保证：选择和使用指南。

②ISO9001——质量体系：设计/开发、生产、安装和服务的质量保证模式。

③ISO9002——质量体系：生产和安装的质量保证模式。

④ISO9003——质量体系：最终检验和试验的质量保证模式。

⑤ISO9004—1——质量管理和质量体系要素。

3) 2000版标准的结构。

与94版标准相比，2000版标准的分标准已由20多个减少到4个，即：

①ISO9000——质量管理体系：基本原理和术语。

②ISO9001——质量管理体系：要求。

③ISO9004——质量管理体系：业绩改进指南。

④ISO19011——质量与环境审核指南。

⑤其中2000版的ISO9000质量管理体系：基本原理和术语取代了94版ISO8402—标

准和 ISO9000—1 标准；2000 版的 ISO9001 质量管理体系：要求取代了 94 版的 3 个质量保证标准，即 ISO9001 标准、ISO9002 标准和 ISO9003 标准；2000 版的 ISO9004 质量管理体系：业绩改进指南取代了 94 版的 ISO9004—1／2／3／4 标准；2000 版的 ISO19011 质量与环境审核指南取代了 ISO10011 标准（包括 3 个分标准）和 ISO14010 标准、ISO14011 标准、ISO14012 标准，既用于质量管理体系的审核，也用于环境管理体系的审核。

⑥94 版的其余标准有的并、有的撤、有的转为技术报告等。

⑦可以看出，2000 版标准的总体结构较 94 版标准的结构已经大为简化。2000 版标准的结构更便于全球质量标准的统一，更有利于质量认证的推广。

⑧与 94 版的标准相比，2000 版标准在 ISO9000 中一开始就介绍了八项质量管理的基本原则。这也是 2000 版标准最大的变化之一。

⑨以顾客为中心，组织依存于其顾客，因此组织应理解顾客当前的和未来的需求，满足顾客要求并争取超越顾客的期望。以顾客为中心将使组织对市场作出快速灵活的反应从而更多地占领市场，同时也会赢得顾客的信任而稳定地拥有市场。

4）领导作用。

①领导将本组织的宗旨、方向和内部环境统一起来，并营造使员工能够充分参与实现组织目标的环境。

②94 版标准也提及了管理者的职责，但在 2000 版标准中将领导的作用列入八大原则之一，并充分强调了这一点。领导要在考虑本组织、它的所有者、员工、顾客、合作伙伴、行业、社会等各类相关方的需求后做出规划、定出方针，确定有挑战性的目标，提供资源，赋予职责和权限，激励员工为实现目标和持续改进做出贡献。

5）全员参与。

各级人员都是组织之本。只有他们的充分参与，才能使他们的才干为组织带来最大的利益。

6）过程方法。

①将相关的资源和活动作为过程进行管理，可以更高效地得到期望的效果。

②94 版标准中已对过程方法作了说明，2000 版标准将其作为基本原理，用以确定各项必须的活动，用过程方法确定职责和义务、所需的资源、活动间的接口等，以便有效地使用资源，获得可预测的结果。

7）管理的系统方法。

针对给定的目标，识别、理解并管理一个由相互关联的过程所组成的体系，有助于提高组织的有效性和效率。

8）持续改进。

持续改进是组织的一个永恒的目标。

9）基于事实的决策方法。

对信息和资料的逻辑分析和直觉判断是有效决策的基础。

10）互利的供方关系。

通过互利的关系，增进组织及其供方创造价值的能力。

3. 质量体系的建立

（1）质量体系的结构。

质量的职责和权限；组织结构；资源和人员；工作程序；技术状态管理。

（2）质量体系的文件。

质量政策和程序；质量计划。

（3）质量体系的审核。

它由以下工作组成：定义与概念；审核大纲；审核范围；审核计划；审核报告；跟踪措施。

（4）质量体系的评审和评价。

定义与概念；质量体系的评审和评价的内容。

（5）质量改进。

质量改进是指整个组织为提高活动和过程的有效性和效率所采取的措施，以便为组织及顾客提供更多的利益。

4. 质量体系的实施（图 4-17）

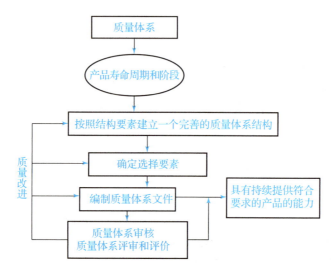

图 4-17　质量体系的实施

5. 质量体系认证

（1）认证制度。

1）由来。

原来：供方的合格声明；现在：第三方质量认证制度。

2）含义。

认证制度，又称合格评定，是指为进行认证工作而建立的一套程序和管理制度。一般包括两方面的内容：产品和质量体系的认证；认证机构的认可。

①产品质量认证——产品符合相应标准和相应技术要求的活动。

②质量体系认证——依据国际通用的《质量管理和质量保证》系列标准,对企业的质量体系进行审核的活动。

③认证机构的认可:产品认证机构;体系认证机构;检验、检定机构;培训机构、审核员的资格注册等。

3)实施质量认证制度的作用。

帮助消费者选购商品,维护消费者利益;推行先进标准的贯彻,实现扶优限劣的政策;帮助企业建立健全质量体系,促进企业提高质量管理水平;促进国家计量水平的提高;减少社会的重复检验和试验,节省大量的试验费用;提高产品在国际上的竞争能力;给销售者带来信誉和经济利益;实现国家对产品质量的宏观控制;降低承担产品责任的风险。

6. 我国的认证制度

(1)我国认证体系的组织结构。

授权机构;认可机构;从事认证实践的机构和人员;企业。

(2)开展认证工作应遵循的原则。

1)统一管理,按国际标准管理规范我国的认证工作。

2)对从事认证工作的机构因如竞争机制,使认证机构能够以公正性、可靠性和有效性,通过提供优质服务,取得信誉。

3)坚持企业志愿申请认证的原则,但对国家规定实行安全认证的产品,在流通领域内实行强制管理。

4)帮助优秀企业取得市场信誉,促进企业加强技术基础工作,建立健全企业质量体系。

7. 认证的要素和类型

(1)认证的要素。

典型型式试验;质量体系检查;监督检验;监督检查。

(2)认证制度的分类。

1)按认证的性质分类:自愿性认证和强制性认证。

2)按认证范围分类:国家认证、区域认证和国际认证。

3)按认证标志分类:合格标志认证(以技术标志为基础的自愿性认证)、安全标志认证(以安全标准为基础的强制性认证)。

8. 认证证书和认证标志

(1)产品认证证书和认证标志。

1)认证证书。

①认证证书是认证机构证明产品质量符合要求的标准和技术的具有法律效力的文件。

②认证证书可以在广告、展销会、订货会等推销活动中宣传、展示,以提高企业的信誉。

③企业不得私自转让认证证书。

2）认证标志。

①产品质量认证标志是认证机构为了证明某个产品符合认证标准和技术要求而设计、发布的一种专用质量标志。

②产品质量认证标志主要有：方圆标志、长城标志、SG 标志、CCES 标志、萌芽标志等。

（2）质量体系认证证书和认证标志。

1）体系认证证书一般包括：证书号，申请方的地址、名称，所认证质量体系覆盖的产品范围，评定依据的质量保证模式标准，颁发证书的机构、签发人和日期。

2）体系认证证书的有效期：一般为三年。

3）企业获得体系认证证书的同时，认证机构向获准企业颁发带有该认证机构专有标志的认证标志。企业不得将其标在产品上，也不得以任何可能误认为产品合格的方式使用。

9. 认证机构对企业的监督和管理

（1）通报：体系认证合格的企业应及时向认证机构通报运行过程中出现的较大变化的情况：

1）质量体系覆盖的产品结构发生了巨大变化。

2）质量手册作重大的调整和修改。

3）企业或质量体系的负责人发生变动。

4）质量体系覆盖的产品发生了重大事故。

（2）监督检查：定期和不定期的检查。

（3）认证暂停。

（4）认证撤消。

（5）认证有效期延长。

4.3　企业物流与供应链管理

4.3.1　企业物流

1. 物流的概念

物流概念中的"物"，广义地讲指的是一切有经济意义的物质实体，即指商品生产、流通、消费的物质对象。它既包括有形的物也包括无形的物；既包括生产过程中的物质，如原材料、零部件、半成品及成品，又包括流通过程中的商品，还包括消费过程中的废品物品。

物流概念中的"流"，指的是物质实体的定向移动，既包含其空间位移，又包含其时间延续,并且这里的"流"是一种经济活动。

"物"和"流"合在一起形成了物流概念。物流是指按用户的要求以最小的总费用将物质资料(包括原材料、半成品、产成品、商品)从供给地向需求地转移的过程,这主要包括运输、储存、包装、装卸、配送、流通加工、信息处理等活动。物流活动是一种创造时间价值、场所价值,有时也创造一定加工价值的活动。

2. 企业物流活动的类型

(1) 企业供应物流。

企业供应物流指企业为保证本身的生产,需要不断组织原材料、零部件、各种辅料供应的物流活动。企业供应物流不仅是一个保证供应的问题,而且还是在以最低成本、最低消耗、最大的保证来组织供应物流活动的限定条件下进行的,因此,就带来了很大的实施难度。现代物流学是基于非短缺经济这一宏观环境来研究物流活动的。在这种市场环境下,供应数量上的保证是容易做好的,而如何降低物流成本,是企业物流的一大难题。为此,企业供应物流必须研究有效的供应网络问题、供应方式问题及库存问题等。

(2) 企业生产物流。

企业生产物流指企业在生产工艺中的物流活动。企业生产物流的过程大体为:原料、零部件、辅料等从企业仓库或企业的"入口"开始,进入生产线的开始端,进一步随生产加工过程一个环节一个环节地"流",在"流"的过程中,本身被加工,同时产生一些废物,直到生产加工终结,再"流"至仓库,便完成了企业生产物流过程。实际上,一个生产周期,物流活动所用时间远多于实际加工的时间。生产流程如何安排,各生产环节如何进行衔接才最有效,如何缩短整个生产的物流时间,工艺过程有关的物流机械装备如何选用等问题都是值得研究的课题。

(3) 企业销售物流。

企业销售物流是企业为保证本身的经济效益,将产品所有权转移给用户的物流活动。在买主市场的大环境下,销售往往要将商品送达用户并经过售后服务才算终止。企业销售物流的空间范围很大,这便是销售物流的难度所在。在这种前提下,企业销售物流的特点,便是通过包装、配货、送货等一系列物流实现销售。为此,企业销售物流需要研究顾客订货处理、配送方式、包装水平、运输路线等,并采取诸如少批量、多批次、定时、定量配送等特殊的物流方式达到目的。

3. 几类典型企业的物流过程

(1) 制造企业的物流过程。

制造企业的物流过程包括原材料供应物流、产品生产物流和产成品销售物流。制造企业的物流可用图4-18来表示。

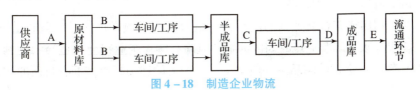

图4-18 制造企业物流

1）原材料供应物流。

制造企业向供应商订购原材料、零部件,并将其运达原材料库。

2）产品生产物流。

在制造企业的车间或工序之间,原材料、零部件或半成品按照工艺流程的程序依次度过,最终成为产成品,送达成品库暂存,其中包括原材料库直接对各车间或工序的供料,半成品在车间、工序间的顺序流动及成品送入成品库储存三部分。

3）产成品销售物流。

制造企业通过购销或代理协议将产成品转移到流通环节或最终顾客。另外,不合格材料的退货、残次品的回收再用、废弃物的处理等,形成了生产物流过程中的去向和回向分支性物流。

制造企业的物流框架可用图4-19表示。

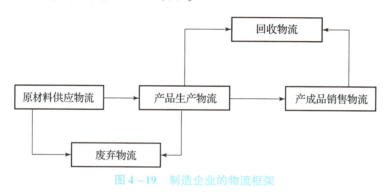

图4-19　制造企业的物流框架

（2）零售企业的物流过程。

零售企业的物流过程主要包括商品采购环节的物流,库存商品的储存及配送物流和销售环节的物流。

零售业物流如图4-20所示。

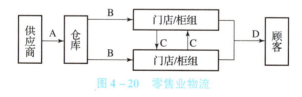

图4-20　零售业物流

1）商品采购环节的物流。

在与供应商签订进货协议后,商品按照协议中的有关条款通过适当的途径和方式,由生产企业或批发企业的储存库存移动到零售企业储存或直接上架。这一物流过程实际上以运输为主体,包括包装、装卸、搬运等物流功能的组合。

2）库存商品的储存及配送物流。

零售企业各门店或柜台组陈列的商品,只是为了便于顾客选购,一般数量不会太多。为了提高顾客服务水平,避免短时间内的缺货风险,零售企业都会按适当的比例,在其储存库（后库）暂存一定量的商品。一般来讲,一个大的连锁超市都拥有自己的配送中心来储存一定量的商品。

配送中心或后库储存的商品向门店或柜组的移动物流称为配送，如图4-20中的B部分，另外，门店或柜组间商品的相互调剂所产生的物流如图4-20中的C所示。

3）销售环节的物流。

在直接的交易过程中，商品由货架移动到顾客那里；在订货或兼有送货上门服务的销售环节中，商品则是由零售企业备车将商品从配送中心、后库或卖场货架送达顾客指定的场所，如图4-20中的D部分。另外，在采购、进货过程中，发现的不合格商品，往往需要退回货主，对配送中心、后库或货架上直接销售过程中的残、次、过期商品，往往需要回收、返销生产企业或将其废弃。这一过程也会产生运输、包装、装卸搬运等物流作业，因此，零售企业的物流构成可用图4-21表示。

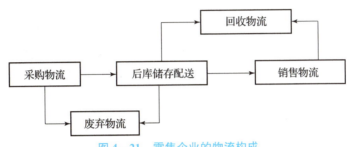

图4-21 零售企业的物流构成

(3) 批发企业（配送中心）的物流过程。

传统形态的批发企业功能比较单一，大多只承担采购和调送两个功能。现代的批发企业，实际上只是一种以物流为主体的流通机构。通常所说的物流中心或社会化配送中心便是其具体化的组织形态。配送中心的一般物流过程可用图4-22表示。

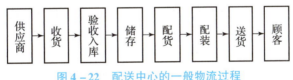

图4-22 配送中心的一般物流过程

1）收货。

收货作业是配送中心运作周期的开始，它包括订货或接货两个过程。配送中心收到一汇总顾客的订货单后，首先要确定配送货物的种类和数量，然后要查询配送中心现有库存中是否有所需的现货。如果有现货，则转入拣选流程；如果没有，或虽然有现货但数量不足，则要及时发出订单，进行订货。通常，在商品货源充裕的条件下，采购部门向供应商发出订货以后，供应商会根据订单的要求很快组织供货，配送中心接到通知后，就会组织有关人员接货，先要在送货单上签收，继而还要对货物进行检验。

2）验收入库。

验收入库就是采用一定的手段对接收的货物进行检验，包括数量的检验和质量的检验。若与合同要求相符，则可以转入下一道工序；若不符合合同要求，配送中心将详细记录差错情况，并拒绝接收货物。按规定，质量不合格商品将由供应商自行处理。

货物经过验收之后，配送中心的工作人员随即要按照类别、品种将其分开，分门别类地存放到指定的位置和场地，或直接进行下一步操作。

3）储存。

储存主要是为了保证销售需要，但要求是合理库存，同时还要注意在储存业务中做到商品不发生数量和质量的变化。

4）配货。

配货是配送中心的工作人员根据信息中心打印出的要货单上所要的商品、要货的时间、储存区域以及装车配货的要求、顾客位置的不同，将货物挑选出来的一种活动。拣选的方法一般是：工作人员推着集货车在排列整齐的仓库架间巡回走动，按照配货单上指定的品种、数量、规格挑选出顾客需要的商品并放入集货车内，最后存放暂存区以备装车。

5）配送。

为了充分利用载货车厢的容积和提高运输效率，配送中心常常把同一条送货路线上不同门店的货物组合配装在同一辆载货车上。在配送中心的作业流程中，把多个顾客的货物混载于同一辆车上进行配载，不但能降低送货成本，而且可以减少交通流量、改善交通状况。一般将一家门店配送的商品集中装载在一辆车上，可以减少配送中心对门店配送事项的安排，同时也有利于环境保护。

6）送货。

这是配送中心作业的最终环节，也是配送中心作业的一个重要环节。送货包括装车和送货两项活动。在一般情况下，配送中心都使用自备车辆进行送货作业。有时，它也借助于社会上专业运输组织的力量，联合进行送货作业。此外，为适应不同超市的需要，配送中心在进行送货作业时，常常做出多种安排：有时是按照固定时间、固定路线为固定用户送货；有时也不受时间、路线的限制，机动灵活地进行送货作业。

另外，为保障配送中心整体的正常运作，在作业部还需要进行信息处理、业务结算和退货、废弃货物处理等作业。

4. 企业主要物流工作

（1）网络设计。所谓网络设计是指对企业物流设施的地理位置及规模的设计，包括对制造工厂、仓库、码头、零售商品以及它们之间的作业条件，确定每一设施怎样进行存货作业，需要储备多少存货，设施安排在哪里，在哪里对顾客的订货进行交付等。

（2）信息处理。物流作业信息处理技术就是平衡物流系统的各个组成部分，使总体效果最佳。物流预测和订货管理是依赖于信息处理的两大物流工作。物流预测是估计未来的需求，指导企业的存货策略，满足预期的顾客需求。订货管理部门的工作涉及处理具体的顾客需求。顾客可以分为外部顾客和内部顾客。外部顾客就是那些消费产品或服务的顾客，以及先购买产品或服务然后再出售的批发商。内部顾客是指企业内部需要物流支持便承担起指定工作的组织单位。订货管理的过程涉及从最初的接受订货到交付、开票以及托收等有关管理顾客的方方面面。所有以上的活动，在当今顾客全球化的趋势下，没有物流信息处理技术的支持是不可想象的。

信息技术是联结各项物流作业的纽带，通过信息这根纽带，各种物流作业被视作物流信息系统的一个组成部分。

（3）运输。在既定的物流网络结构和信息处理能力的条件下，运输是指在不同的地域范围间，以改变物流的空间位置为目的的活动，实现对物料的空间位移。成本、速度和一致性这三个因素对运输是十分重要的。

（4）库存。库存管理的基本目的，是要在满足对顾客所承担的义务的同时实现最低的物流成本。库存必须考虑两个重要因素，即顾客细分和产品分类。

（5）装卸和包装。装卸和包装是网络设计、信息处理、运输和库存这些作业方案的组成部分，把装卸和包装等作业融入企业的各种物流作业中，可以使企业的整个物流系统高效地运行。

4.3.2 供应链管理的一般概念

1. 供应链及供应链管理的概念

（1）供应链的概念。

中国国家标准《物流术语》将供应链定义为：在生产流通过程中，涉及将产品或服务提供给最终用户活动的上游与下游企业所形成的网络链结构。

美国供应链协会对供应链的定义为：供应链涵盖了从供应商的供应商到消费者的消费者，自生产至制成品交货的各种工作努力。这些工作努力可以用计划、寻找资源、制造、交货和退货五种基本流程来表述。

美国生产与库存控制协会将供应链定义为：供应链自原材料供应直至最终产品消费，联系跨越供应商与用户的整个流程；供应链涵盖企业内部和外部的各项功能，这些功能形成了向消费者提供产品或服务的价值链。

从各种不同的论述中可以看出供应链的定义有以下共同点：

1）供应链上存在不同行为主体，如消费者、零售商、批发商、制造商和原材料供应商。

2）供应链是企业间以及企业内部之间的互动与合作。

3）供应链具有特定的功能，如提供某类商品或服务以及某种结构特征，如有起始点和终结点、呈现出网状结构等。

4）供应链的业务过程和操作，可以从工作流程、实物流程、信息流程和资金流程四个方面进行分析。供应链上的工作流程称为商流，指业务规则、交易规则及其操作流程；实物流程也即物流，指从供应链上游到下游直至客户手中的物质转换流程和产品流；信息流程包括产品需求、订单传递、交货状态、交易条件和库存等信息；资金流程包括领用条件、支付方式以及委托与所有权契约等。

供应链可以按从简单到复杂分为基本供应链、段落供应链、最终供应链和全球供应链。

每一条供应链的目标都是使供应链整体价值最大化。一条供应链所创造的价值，就是最终产品对于顾客的价值与供应链为满足顾客的需求所付出的成本之间的差额，即所谓的供应链盈利。对于供应链来说，唯一的收入来源就是最终顾客。在一条供应链中，只有顾客能带来正的现金流。

（2）供应链管理的概念。

1）供应链管理的定义：对供应链各个环节内部和各环节之间的工作流程、信息流程和资金流程进行管理，以实现供应链整体利润最大化。

2）供应链管理的基本原则。

①以消费者为中心的原则。

②贸易伙伴之间密切合作、共享盈利和共担风险的原则。

③促进信息充分流动的原则。应用计算机与信息网络技术，按信息充分流动的原则，重新组织和安排业务流程，实现集成化管理。

3）供应链管理与传统管理的区别。

①系统观念。把供应链看成一个整体，而不是将供应链看成是由采购、制造、分销和销售等构成的一些分离的功能块，为了有助于整体运作，供应链需要有新的业绩评估方法。

②战略决策。战略决策的出发点是为满足消费者的需求和偏好。基于最终消费者对成本、质量、交货速度、快速反应等的多种要求，以及重要性排序，建立整个供应链的共同目标和行动方案。

③动态管理。对供应链的价值过程和合作伙伴关系开展动态管理。供应链管理对库存有不同的看法，从某种角度来看，库存不一定是必需的，库存只是起平衡作用的最后工具。

④建立新型的企业伙伴关系。通过仔细地选择业务伙伴、减少供应商数目，变过去企业与企业之间的敌对关系为紧密合作的业务关系。新型企业关系表现为信息共享，有共同解决问题的协调机制等。

⑤开发核心竞争能力。供应链上的企业努力发展自身的核心竞争能力，即向专业化方向发展。企业自身核心竞争力的形成，有助于保持和强化供应链上的合作伙伴关系。

2. 供应链的特征

供应链是一个复杂网络系统；供应链上的供需匹配是一个持续的难题；供应链系统是一个动态变化系统；供应链上不断出现新的人们所不熟悉的课题。

3. 供应链的类别

（1）按供应链功能分类：有效供应链和反应供应链；生产推动型供应链和需求拉动型供应链。

（2）按供应链产品的分类：功能性商品供应链和创新性产品供应链；消费品供应链和生产物品供应链。

> **案例 4-3**
>
> **宅急送的成功秘诀**
>
> 非典期间，对那些运输方式单一的物流公司来说，遭受的重创让老总们"心疼不已"，而对当时仅8年历史的宅急送来说，只有北京的业务有一点小小的冲击，就在非典肆虐的4月份，其货运量较3月份仍增长高达72%，不仅让同行大吃一惊，就连宅急送自己也有点惊讶。

在常遇客户拒收、航空公司运费上涨的非典时期，宅急送如何取得这般佳绩？宅急送分析得出：缘于"及时增加保障性较强的铁路运输能力和扩充发货渠道，真正发挥货车优势，实现直达配送"的应急方案。

与铁路方面的密切合作从公司创业之初就开始了，这样的基础使宅急送拥有了各地火车站的各种优惠政策。而高效的业务系统、完善的信息传递，"24小时全国门到门"，精品货车快运服务项目，使宅急送具备了抗风险能力。

一、成立仅8年，就成为民营快运业的"领头羊"

1994年1月18日成立的北京双臣快运公司是宅急送的前身，公司成立之初是个仅有7个人、3辆车和1间10平方米办公室的小公司。然而仅仅8年，宅急送一跃成为当时民营快运业的"领头羊"，企业总资产已过亿元，分支机构169家，员工4 000多名，车辆600余台，年货运周转量达400多万件，与400个单位建立了良好的合作关系，并拥有了快递业第一家"专列"，业务触角伸向全国各地。

宅急送每个月都在全国各地布自己的业务网点、建分公司、招聘员工、添置车辆。快速的发展趋势让同行美慕不已，但其仍保持清醒，一再宣称企业还很弱小，在管理机制、业务流程、信息化处理等方面尚无法与其他大型的跨国快递公司相比。"内涵式的发展、外延式的扩张"成为公司坚持不变的经营思路。

二、借助网络、人才、信息技术的优势，迈向现代物流领域

快运公司运送货物之所以快，是因为有健全的网络，网络的覆盖范围必须涵盖客户业务。宅急送通过北京、上海、广州、沈阳、成都、西安等7家全资子公司及全国130余家分公司、营业所、营业厅和280余家合作公司组成的"宅急送快运网络"，使各地的快件都能通过这张运输网络实现相互对接，迅速将货物送达客户手中。这张网络已覆盖全国800多个城市和地区，使异地发货、到付结算成为现实，最大限度地满足客户的要求。

企业的发展离不开人，尤其在企业迅速扩张时，人才的储备显得格外重要。宅急送从企业发展之初就拿出大笔资金，对干部和员工进行文化和业务培训。可以说，给员工最大的福利就是培训，这也是宅急送尊重人才、培养人才的体现。而奖励机制的完善，为企业吸引和留住人才、为企业长远发展战略打下了坚实的基础。

目前，由于国家政策及其因素的限制，宅急送主要的送货业务为家电、通信电脑及较高档次的日用品，面向个人的急送业务大约只占10%。这是经过对市场各方面的调查研究做出的市场调整和定位。重新定位，使宅急送能避开对手的正面交锋，专心针对企业客户的要求，提供更具针对性的服务。

"门对门"业务一直是宅急送追求的完美的快运方式，但这种美好的追求必须建立在快速、高效的现代快运、物流、网络配送服务上。为此，他们率先建立了"宅急送物流信息网络平台"，为客户增加了网上业务委托和货物查询服务功能，使传统的开单、查询、结账等业务可以轻松在网上完成，全面实现信息化；还率先在同行中

采用 GPS 全球定位技术，针对物流及货物车辆的实际运行状况，应用先进的 GPS、GIS、计算机和无线电通信技术对公司货运车辆进行全国范围内的全程监控。

货物条码跟踪技术的采用以及全国公司企业资源管理系统的建立，在确保运营快速、准时的基础上，使宅急送从一个以卡车为主的传统快递公司向以信息技术为主的航空快运公司过渡，开始迈向现代化物流的领域。

问题：
1. 结合案例，分析宅急送在物流管理方面的成功经验。
2. 讨论案例对中小企业物流管理实施的借鉴意义。
3. 假设你是宅急送的老板，你认为宅急送公司在物流管理方面未来的发展方向是什么？

本章小结

1. 所谓生产，就是一切社会利用资源将输入转化为输出的过程。输入可以是原材料、顾客、劳动力以及机器设备等。输出的是有形的产品和无形的服务。输入不同于输出，这就需要转化。典型的转化过程有以下几种：物理及化学过程（例如制造）；位置移动过程（例如运输）；交易过程（例如零售）；生理过程（例如医疗）；信息过程（例如电信）。

2. 影响设施选址的因素很多，这些因素主要包括政治因素、经济因素、社会因素和自然因素。

3. 生产计划分为长期计划、中期计划和短期计划三种类型。

4. 基础设施是组织运行的根本条件，是产品实现的根本保证。管理者在考虑相关方需求和期望的同时，应确定、提供并维护为使产品符合要求所需的基础设施。

5. 5S 管理是对工作现场进行整理、整顿、清扫、清洁和素养等活动的一种科学管理方法，也是现场环境管理的一项重要内容。

6. 质量管理是企业为了保证和提高产品质量或工作质量所进行的调查、计划、组织、协调、控制、检查、处理及信息反馈等活动的总称。

7. 质量管理常用的统计方法有分层法、排列图法、因果分析法、调查表、直方图、散布图及控制图。

8. 物流是指按用户的要求以最小的总费用将物质资料（包括原材料、半成品、产成品、商品）从供给地向需求地转移的过程，这主要包括运输、储存、包装、装卸、配送、流通加工、信息处理等活动。物流活动是一种创造时间价值、场所价值，有时也创造一定加工价值的活动。

9. 供应链管理的定义：对供应链各个环节内部和各环节之间的工作流程、信息流程和资金流程进行管理，以实现供应链整体利润最大化。

本章练习

一、简答题

1. 服务系统有何特点？
2. 生产过程的组织有哪几种基本形式？
3. 有哪些针对需求变动的生产计划方法？
4. 质量管理经历了哪几个发展阶段？
5. 请利用运作管理的相关知识谈谈如何提高企业的运作管理水平。

二、案例分析：

案例分析1：美国制造业何以重振雄风

众所周知，20世纪70年代，日本制造业曾经凭借技术、质量、成本的优势对美国制造业造成了巨大而有力的打击，美国制造业大企业家们开始研究这些企业成功的原因，采取一系列有力措施使制造业重振雄风迎接来自日本的挑战。

1. 广泛采用先进制造技术和信息技术。美国公司首先用信息技术武装自己，所有大公司都建立起自己内部的计算机网络，实现信息的快速处理、传递和共享。而日本在计算机辅助设计、制造和信息技术运用上根本无法与美国相比，从而降低了日本制造业的竞争力。

2. 大规模的公司管理重组和管理革命，不仅使美国宇航业的行业优势更加显著，也使得半导体、汽车、钢铁等原本竞争力下降的行业重新获得了活力。形成鲜明对比的是，日本大企业死抱着老一套的经营管理方式不做任何变化。

3. 追求产品质量第一。美国制造业越来越重视产品质量，并在生产流程中广泛采用质量控制技术，在每一个生产关键部位都有严格的质量检测系统，这对提高产品质量也起到了重视作用。现在，美国产品质量已能与日本并驾齐驱，日本已经丧失了过去的产品质量优势。总体来看，上述各项措施缩短了美国企业产品设计和制造周期，降低了投资和开发成本，提高了产品质量，从而也大大提高了美国制造业在国际上的竞争力。

问题：结合本案例谈谈生产质量、时间和成本的重要性。

案例分析2：丰田公司的"召回门"背后

作为汽车行业标杆的丰田汽车公司（以下简称"丰田汽车"）2008年首次击败美国通用汽车公司，登上全球汽车销量冠军宝座之后，确实有足够的资本向世界炫耀："车到山前必有路，有路就有丰田车。"然而，2008—2010年接连出现了召回事件，让丰田汽车一夜之间坠入凡尘，数代人苦心经营的"重质量、重信誉"的丰田品牌形象，面临严峻考验。

一、丰田汽车简介

丰田汽车公司是一家总部设在日本爱知县丰田市和东京都文京区的汽车工业制造公司，隶属于日本财阀。丰田汽车公司自2008年开始逐渐取代通用汽车公司而成为世界排行第一的汽车生产厂商，其旗下品牌主要包括凌志、丰田等系列高中低端车型等。同时，丰田的产品范围涉及汽车、钢铁、机床、农药、纺织机械、纤维织品、家庭日用品、化工、化学、建筑机械及建筑学等。1993年，总销售额位居世界工业公司第五；全年生产汽车445万辆，占世界汽车市场的9.4%。目前，丰田是世界第三大汽车公司，在世界汽车生产中起着举足轻重的作用。

二、丰田汽车召回事件回顾

2006年4月，因为一汽丰田工厂的空气温度与日本有很大的不同，上市仅两个月的一汽丰田锐志轿车普遍出现发动机底壳渗漏现象。同年6月，丰田对故障车辆免费检修，并将其保修期延长一倍，以此来安慰愤怒的锐志车主。

2008年10月，因手动变速器存在安全隐患，丰田召回8万辆车。2008年12月，丰田因电动转向系统存在缺陷可能导致转向控制失灵，召回了12万辆汽车，包括2004—2006年期间生产的部分雷克萨斯品牌汽车和2005—2006年期间生产的锐志和皇冠轿车。2009年4月，广汽丰田因刹车系统存在缺陷召回了26万辆凯美瑞。

2009年11月，美国开始调查丰田雷克萨斯突然自动加速的问题缺陷导致车辆的失控及死亡事故。28日《洛杉矶时报》指责丰田，丰田汽车公司再次修改事故报告。

2010年1月21日，丰田汽车宣布，由于油门跳板存在设计缺陷，召回大约230万辆美国市场上的8种型号汽车，涉及丰田在美国销售的大部分车型。

2010年1月26日，丰田汽车宣布，由于油门踏板存在安全隐患，暂停在美国销售8种型号的汽车，同时临时关闭部分生产线。

2010年1月28日，丰田汽车宣布召回在中国市场生产的7.5万辆RAV4车型。

2010年1月28日，丰田汽车再次宣布因导致车辆自动加速的油门踏板事件，在美国市场追加召回109万辆汽车。

在此期间，丰田汽车还在欧洲宣布召回近200万辆汽车，在中东、拉美和非洲召回了18万辆汽车。截至目前，丰田公司实际召回数量近千万辆，比丰田2009年全球销量还多37%。

最终丰田汽车在2010年7月29日宣布，正准备在全球范围内召回48万辆亚洲龙轿车和兰德酷路泽SUV车型。40万辆在美国生产的亚洲龙轿车的转向杆托架存在脱落的危险，易导致方向盘被锁住。这些亚洲龙轿车产于2000—2004年。其中，美国市场占37.3万辆，剩下的分布在日本、中国、加拿大和阿拉伯市场。除了亚洲龙外，因为车辆的转向轴存在故障，丰田汽车将在全球范围内召回8万辆兰德酷路泽SUV车型。这些车辆中有3.9万辆为产于2003—2007年的以兰德酷路泽100为名销售的470SUV车型。

三、召回事件的原因

从国际大环境来看，在市场需求扩大和生产能力提高的相互作用下，汽车行业成为拉动全球经济增长的重要力量，各国竞相发展汽车业。老牌厂商不断扩大规模，新的汽车厂商犹如雨后春笋般出现，自动化越来越高，分工越来越细，竞争越来越激烈。为抢占市场，除了改进技术、加强内部管理之外，降低原材料和零配件成本成为各大厂商的重要选择。汽车产业的迅速发展催生了零配件的通用化、全球化，同一厂家的不同车型，甚至不同汽车厂商都在使用同一配件商供应的配件。因此，一个部件出现质量问题，就可能涉及数量众多的汽车或多个品牌。汽车产业的全球化就是丰田一次召回数百万辆车的国际大环境。

从丰田汽车公司自身角度来看，在于它发展战略的失误。丰田汽车公司的真正高速发展始于"二战"之后，通过引进欧美技术，并结合日本民族的特点，创造了以"品质""可靠性""客户第一"为核心价值观的企业文化和著名的"精益生产方式"，工厂生产效率得到极大提升。从1976年丰田汽车产量突破200万辆开始，至2008年销售897万辆，超越通用独占70多年的全球最大汽车制造商的位置仅仅用了30多年的时间。丰田的海外扩张目标是做世界汽车市场的老大，为了实现这一目标，它过度地追求发展速度和降低成本，大力推行全球化生产和采购策略，破坏了汽车零部件设计、开发和供应的封闭式管理模式，无限地放大了公司的生产管理链条，而且其创业之初一贯坚持的高品质和质量管理能力受到影响，导致了产品安全性能的不确定性，为大规模召回的发生埋下了隐患。

问题：

1. 结合案例资料和个人知识积累，讨论丰田汽车之所以出现"召回门"事件，是由于丰田公司质量管理出了什么问题？
2. "召回门"事件对丰田公司来说是一场企业危机，它反映了企业质量管理体系的溃败，你赞成此说法吗？为什么？
3. 结合丰田公司召回事件，讨论企业加强质量管理的意义。

第五章 现代企业市场营销管理

🎯 学习目标

1. 掌握市场营销的概念，了解市场营销的特点。
2. 理解影响和制约企业市场营销决策和实施的内部条件和外部环境。
3. 概述市场营销的过程。
4. 掌握市场营销各关键要素。

🎯 素养目标

本章以市场营销知识为基本内容，为现代企业培养专业知识扎实、社会适应能力强、具有良好的营销素养及在营销管理方面有较强操作能力的中高级专业人才。

🎯 本章导读

什么是市场营销？许多人认为市场营销就是推销或者做广告，其实推销和广告仅仅是"市场营销组合"中的一部分。市场营销者需要很好地理解顾客需求，开发并提供顾客需要的高价值产品（product）、有效的定价（price）、渠道（place）和促销（promotion），从而使这些产品很容易出售。在本章中，我们将介绍市场营销的定义，现代企业进行市场营销管理需要考虑的环境因素并重点介绍市场营销各关键要素。

案例导入

麦当劳的"老年"餐厅

苏珊·杜雷特是某个城市的一家麦当劳餐厅的经理，这里常常有一些"老年人"光顾。起初为了促销，餐厅采取了每月一次对55岁及以上老人以优惠价格供应早餐的策略，早餐价格是1.99美元，再加免费的咖啡。每月的第四个星期一会有100到150名老年人挤在苏珊的麦当劳里，希望享受这种优惠。她注意到现在越来越多的老年顾客几乎天天都到这里来，这些老年人开始成为餐厅的定期顾客，他们常常到这里来吃早饭，并且会一直待到下午3点钟。快餐厅似乎变成了大家聚会的场所。他们可以坐几个小时，拿着一杯咖啡与朋友们闲谈。几乎每天都会有大约 100 个人在这里待 1~4 小时。

苏珊的员工会非常友好地招待他们，用他们的名字来称呼他们。实际上，当她的员工和这些老人建立起良好的关系后，她的店成了一个非常快乐的地方。一些雇员在有些顾客生病住院后还会到医院看他们。"你知道，"苏珊说，"我确实依恋他们。他们就像我的亲人。我们从心里关心他们。" 所有的人都是"朋友"，与顾客友好相处，并且给所服务的社区有所回报，这就是麦当劳的合作理念之一。

这些老年顾客是非常有规律的，并且会友好地与每位走进来的顾客相处。他们是较为注重形象的一群人，每次离开前，都会仔细地清理干净他们的桌子。渐渐地，苏珊开始意识到经营存在着潜在的问题。苏珊担心她所为之奋斗的目标的形象会发生改变。麦当劳是一种快餐店，顾客的印象是快餐服务，需要迅速离开。接受顾客长时间的停留及相互的交往会不会彻底地改变饭店的整体形象？

在那些老年人愿意来的时间段里，还不存在顾客拥挤的情况。但是，如果顾客数量持续增长，拥挤将会成为首要问题。并且，苏珊还在担心她的餐厅有可能会被认为是"老年人"餐厅，这样有可能会失掉许多年轻的顾客。如果顾客觉得这里太拥挤，会认为他们得不到快速服务。

苏珊知道这些老年顾客的消费水平与平均消费水平相差不多。但是，这些老年人使用各种设施的时间确实相对要长一些。不过，大部分的老年顾客都会在 11 点半以前离开——在中午的拥挤时段到来前。

如果决定要加强老年顾客的服务，苏珊还考虑为这些老年人提供纸牌游戏的服务，至少可以安排在上午不太忙的时段里，从早上 9 点到 11 点，纸牌游戏在老年人中非常流行。除了食品和饮料以外，这也许可以成为一个新的收入点。她说她会对每个人玩两小时收费 5 美元。这项收费的三分之二将作为本店购买的赠券用出去（她的游戏室将扩大到可以供 150 人使用）。

（资料来源：威廉·皮诺特，麦卡锡. 营销精要 [M]. 北京：北京大学出版社，2004.）

问题： 苏珊应该怎样对待老年市场呢？

5.1 市场营销概述

5.1.1 市场与市场营销

1. 市场

市场是商品经济发展的产物，市场的概念也是随着商品经济的发展而发展的。最初的市场，主要是指商品交换的场所。因为在人类社会初期，生产力水平很低，能进行交换的产品极少，交换关系十分简单，生产者的产品有剩余时，就需要寻找一个适当的地点进行交换，这样就逐渐形成了市场。随着生产和社会分工的发展，商品交换日益频繁，人们对交换的依赖程度也日益加深，从而"使它们各自的产品互相成为商品，互相成为等价物，使它们相互形成了市场。"市场成为不同生产者通过买卖方式实现产品相互转让的商品交换关系的总和。因此，市场这一概念明显包括了双重含义，其一是商品交换关系的场所，这是进行商品交换的必要条件，没有一个场所，交换就无法进行；其二是一切商品交换的总和，即从事商品生产和交换的生产者、经营者以及商品的消费者之间错综复杂的交换关系的总和。

市场包含了三个主要因素，即有某种需要的人、为满足这种需要的购买能力和购买欲望，用公式来表示就是：市场 = 人口 + 购买力 + 购买欲望。

市场的这三个因素是相互制约、缺一不可的，只有三者结合起来才能构成现实的市场，才能决定市场的规模和容量。例如，一个国家或地区人口众多，但收入很低，购买力有限，则不能构成容量很大的市场；又如，购买力虽然很大，但人口很少，也不能成为很大的市场。只有人口既多，购买力又强，才能成为一个有潜力的大市场。但是，如果产品不适合需要，不能引起人们的购买欲望，对销售者来说，仍然不能成为现实的市场。所以，市场是上述三个因素的统一。市场是指具有特定需要和欲望，愿意并能够通过交换来满足这种需要或欲望的全部潜在顾客。因此，市场的大小，取决于那些有某种需要，并拥有使别人感兴趣的资源，同时愿意以这种资源来换取其需要的东西的人数。

2. 市场营销

美国西北大学教授菲利普·科特勒将市场营销表述为个人和集体通过创造并同别人交换产品和价值以获得其所需欲之物的一种社会过程。可以将市场营销理解为与市场有关的人类活动，即以满足人类各种需求和欲望为目的，通过市场变潜在交换为现实交换的活动。在交换双方中，如果一方比另一方更主动、更积极地寻求交换，则前者称为市场营销者，后者称为潜在顾客。所谓市场营销者，是指希望从别人那里取得资源并愿意以某种有价之物作为交换的人。市场营销者可以是卖主，也可以是买主。假如有几个人同时想买正在市场上出售的某种奇缺产品，每个准备购买的人都尽力使自己被卖主选中，这些购买者就都在进行市场营销活动。在另一种场合，买卖双方都在积极寻求交换，那么，我们就把双方都称为市场营销者，并把这种情况称为相互市场营销。综上所述，我们将市场营销（marketing）定义为：企业为从顾客处获得利益回报而为顾客创造价值并与之建立稳固关系的过程。

5.1.2 市场营销环境

市场营销环境是指一切影响和制约企业市场营销决策和实施的内部条件和外部环境的总和，如供应商、顾客、文化和法律环境等。市场营销环境是企业的生存空间，是企业营销活动的基础和条件。根据企业营销活动受制于营销环境的紧密程度来划分，营销环境可以分为两大类，即微观环境和宏观环境。

微观市场营销环境是指与企业紧密相连，直接影响企业营销能力和效率的各种力量和因素的总和，主要包括企业自身、供应商、营销中介、消费者、竞争者及社会公众。由于这些环境因素对企业的营销活动有着直接的影响，所以又称直接营销环境。

宏观市场营销环境是指企业无法直接控制的因素，是通过影响微观环境来影响企业营销能力和效率的一系列巨大的社会力量，包括人口、经济、政治法律、科学技术、社会文化及自然生态等因素。由于这些环境因素对企业的营销活动起着间接的影响，所以又称间接营销环境。

了解与分析企业市场营销环境的目的在于，一方面使企业把握住有利的营销机会，从而在日益复杂多变的市场竞争中处于不败之地；另一方面则使企业在激烈的市场竞争中避免不利的环境威胁，从而便于采取灵活的应变策略。要分析和评价市场营销环境对企业的影响作用，可以通过分析市场威胁水平高低和市场机遇水平高低来确认企业的处境。据此我们可以把企业分为如下四类：

第一种企业：面对众多的市场发展机遇，同时企业具有明显的优势，应该积极开放新产品，拓展经营领域，获取更大的经营空间。

第二种企业：尽管面对众多的市场发展机遇，但是企业存在明显的劣势，因此，企业必须从自己的劣势出发，设法弥补不足，扬长避短。比如，如果是人力资源不足，应当招聘新的人员补充自己的队伍；如果是资金受到制约，那么，就应当设法融资，抑或是采取直接融资方法抑或是采取间接融资方法筹措资本。

第三种企业：面临强大的市场威胁，同时企业处于明显的竞争劣势，这种企业只能进行业务调整，改变企业经营策略，回避市场威胁，改善企业自身条件，寻求新的市场机遇。

第四种企业：面临强大的市场威胁，同时企业处于明显的竞争优势，这种企业应当利用自己的优势，分析环境威胁的来源，对症下药，变被动为主动。

总之，市场环境中的市场威胁和市场机遇，好似一枚硬币的正反面，一面的存在以另一面的存在为前提，而且，在一定条件下，可以互相转换。即如果企业没有把握住某些机遇，可能面对着的就是市场威胁；如果对某些市场威胁加以重视，寻求对策，也可能就成为企业大发展的良机。比如，人类面临着资源危机，对于某些高耗能源的企业来讲这是一个威胁，但是，如果企业能够开发出某些低消耗的、利用可再生资源的替代品，那么，这无疑是化市场威胁为市场机遇了。

5.1.2.1 宏观市场营销环境

企业营销的宏观环境各因素主要是人口、经济、自然、技术、政治与法律以及社会与文化等，这种环境，或给企业市场营销活动带来机会，或对企业经营活动构成威胁，因而企业必须时刻重视对宏观环境各因素的研究与分析，并对这些不可控制的因素做出必要反应。它们共同作用于企业的市场营销行为，并在某种程度上决定企业营销计划的实际内容

1. 人口环境

人口环境，是指企业市场营销过程中所面对的人口变化状况，包括人口变动的结构、

数量、质量等。人口环境对于企业市场营销的重要性在于：人口是市场的主体，是市场营销活动的直接对象。对于企业来说，把握近期的人口变动状况是很必要的，这是进行自身市场定位的前提。从人口的国际变动趋势上看，近年来大体有几个方面的基本变化：全球性的人口膨胀、结构性的出生率下降、人口老化、家庭的结构性变动、非家庭住户的兴起、人口的地理性流动、教育水平的普遍提高以及"白领阶层"人口的增加等。这种人口环境的变动在西方国家表现得尤为充分。

2. 经济环境

企业经济环境，其实就是指构成购买力的现实居民收入、商品价格、居民储蓄以及消费者的支出模式。企业市场营销的重要任务之一，就是要把握市场的动态变化。市场是由购买力、人口两种因素共同构成的，因而了解购买力的分布、发展和投向，是企业宏观营销环境的重要内容。

（1）消费者实际收入状况。

消费者收入包括工资、奖金、退休金、红利、租金、赠给性收入等，企业市场营销人员必须注意经常分析这种消费者收入的变动状况以及消费者对其收入的分配情况。一般情况下，可随意支配的个人收入主要用于对奢侈品的需求。

（2）消费者储蓄与信贷状况。

在消费者实际收入为既定的前提下，其购买力的大小还要受储蓄与信贷的直接影响。从动态的观点来看，消费者储蓄是一种潜在的、未来的购买力。在现代市场经济中，消费者的储蓄形式有银行存款、债券、股票、不动产等，它们往往被视为现代家庭的"流动资产"，因为它们大都可以随时转化为现实的购买力。日常用品的短期赊销、购买住宅时的分期付款、购买耐用消费品时的分期计息贷款以及日益普及的信用卡信贷等是消费者信贷。因此，研究消费者信贷状况与了解消费者储蓄状况一样，都是现代企业市场营销的重要环节。

（3）消费者支出模式的变化。

消费者支出模式是指消费者收入变动与需求结构变动之间的对应关系。其变化状况主要受恩格尔定律的支配，即：随着家庭收入的增加，用于购买食物的支出比重会相应下降，用于住宅、家务的支出比重则大体不变，而用于服装、交通、娱乐、保健、教育以及储蓄等方面的支出比重会大大上升。除此之外，消费者支出模式的变化还要受两个因素的影响，一个是家庭生命周期，另一个则是消费者家庭所处的地点。因此，注意研究消费者支出模式的变动走势，对于企业市场营销来说具有重大意义，它不仅有助于企业在未来时期内避免经营上的被动，而且还便于企业制定适当的发展战略。

3. 自然环境

企业营销中的自然环境，是指企业生产经营活动中所面对的地理、气候、资源等方面的种种状况。现代经济的高速发展已经使得人类所赖以生存的物质生活环境发生了急剧恶化，尤其是日益严重的工业性环境污染、生态系统失衡以及资源使用上的浪费等，正在给人类的未来构成巨大威胁。鉴于这种情况，许多学者专家提出了各种建议，要求各国政府对此给予应有的关注，各类环境保护组织也应运而生，这些都促使各国政府不断加强在环境保护方面的立法和执法。显然，任何企业的营销活动都不可对此漠然视之，相反还必须特别重视自然环境方面的种种变化趋势及其他们对市场营销所可能形成的威胁和机会。

4. 技术环境

技术环境是指由于技术进步因素而引起的对生产力从而对市场营销所带来的影响。新技术革命后的宏观景象已经使人们看到，传统行业日趋衰落，而许多新兴行业却正在迅速兴起，带给企业营销机构的是更多的市场机会。因此，对于现代企业来说，市场营销活动中不可不重视技术环境的变化及其走向。一般说来，任何一种新技术或新发明，都会引起一些行业的消失，也同时会创造出一些新技术或新发明，从而改变社会上的支出结构。

5. 政治与法律环境

营销学中的政治与法律环境，是指在企业市场营销中能够影响和制约社会各种组织与个人的相关法律以及相关的政府机构和压力集团的行动。现代市场经济并不是完全自由竞争的市场，而是在政府干预之下运行的经济系统，因而政治与法律环境正在越来越多地影响着企业市场营销。

6. 社会与文化环境

市场营销活动所面对的社会与文化环境，是指那些会影响人们消费方式、购买行为的传统风俗习惯、行为准则、道德规范与价值观念。社会与文化之所以能够影响到企业的市场营销，其基础就在于人既是一种社会动物，也是文化的产物。因此，营销活动中的商标设计、广告形式、服务内容等，无一不与社会文化样式相关，当营销行为与营销范围内的文化价值观念相冲突时，营销活动就不会取得预期的效果。

5.1.2.2 微观市场营销环境

在现代市场经济条件下，任何企业的营销管理者都不能仅仅关心目标市场的变化状况，还必须时刻注意企业营销活动所面对的微观环境因素的变动趋势。现代市场营销所面对的微观市场营销环境主要包括以下几种因素：企业高层管理部门、供应商、营销中间商、顾客、竞争者和公众。

1. 企业高层管理部门

现代企业是在一定的利益目标支配下而进行相应业务活动的经济组织，这种业务活动大体上包括制造、采购、研究与开发、财务、市场营销、会计核算以及内部高层管理等，因而企业营销计划的制订与执行，既要向其他相关的业务部门征询意见，也要同其他相关部门协调一致，它们共同构成了企业内部的微观环境。

高层管理部门是企业的最高领导和决策中心，一般要由企业总裁、董事会和执行委员会组成，主要负责企业目标、任务、重大战略和总体政策的制订，而企业营销部门则只能在高层管理部门划定的范围内做出具体的营销决策，而且，这种决策大多还必须经过高层管理部门的批准认可后方可具体实施。

营销部门及其管理者在同其他职能部门发生各种业务联系时，相互之间必须保持协调一致，以使所制订的企业市场营销计划适合具体业务部门和企业总体的实际需要和实际能力。一般来说，在企业营销计划的实施过程中，各个职能部门的业务活动大都具有密切联系，比如，在财务管理上，它与资金的运用状况、资金在生产和营销间的配置状况、资金回收率水平、销售定位及未来预测、营销计划实施的风险程度等都有着直接联系；而在研究与开发部门，新产品的设计与生产方法是其主要任务，但这却与企业战略制订部门的工作息息相关；对于生产部门，原材料供应的充分与否、合适与否，是受采购部门工作成效所直接制约着的，生产部门还要运用劳动部门所提供的劳动力来实现工作效率；财务部门通过成本—收益的估计与比较可以使营销部门来了解营销计划的实现程度和企业达成利润目标的水平。因此，企业各业务部门和职能部门对营销部门的计划与行动具有很强的制约作用。比如，如果营销部门中某项产品的经理在将其营销计划上报高层管理部门之前，没有向生产部门和财务部门通报并征询意见，或者没有取得他们的大力支持和通力合作，那么，该项计划就必须重新修改或遇到困难而不得不放弃。可见，企业自身内部各部门之间的相互关系是企业市场营销微观环境中的一个十分重要的因素，它是其他因素发挥作用的基础。

2. 供应商

供应商是指向企业及其竞争者提供所需资源的一切组织和个人。通常情况下，供应商给企业提供的资源主要包括：原材料、人力、设备、能源、资金及其他附带生产要素。为了内部经济效益和外部的市场竞争力，企业对供应商的选择，必须从多方面同时进行，既要考虑资源的质量、价格，也要重视供应商在运输、信用、成本、风险等方面的良好状况。作为企业市场营销微观环境的要素之一，供应商的选择对于企业营销的发展具有重大影响作用。这方面的主要表现是：a. 供应商所提供资源的价格与数量直接决定着企业产品的价格水平、市场占有率以及利润实现程度。b. 供应商的实际运行状况，如供应不及时或供不应求、供应商所处的干扰事件过多而难以兑现送货承诺等，都会增大企业的依赖性和营销成本。c. 企业营销过程中与主要供应商之间的长期信用关系，可以使企业在资源短缺时取得优先供应地位。

供应商对企业市场营销的重要性在近年来已表现得越来越充分，供应的规划技术变得日益严密。许多企业为了降低供应成本以在竞争中取得优势，正在实行逆向—体化——与掌握生产资源的企业进行合作，以便能制造和控制它们所需的某些主要的生产前提性产品。近来国际上非常流行的准时化生产（JIT），就是在此基础上产生和发展的。所谓准时化生产，就是只进行有订单的产品生产，只存在供应而不存在库存。这种情况下所进行的供应商选择，必须是那些能够按质按量按时交货的供应商。

3. 营销中间商

营销中间商，是指那些协助企业进行促销、销售以及配销等经营活动的中介组织，是企业市场营销活动必不可少的中间环节。营销中间商一般包括中间商、实体分配机构、营销服务机构、金融中介机构等几种。

中间商是帮助企业寻找客户并推介产品销售的商业性组织，它有代理中间商和买卖中间商两种。前者又可分为代理商、经纪人和生产商代表，其特点是只代企业寻找客户或商签合同而不拥有商品权；后者则可分为批发商、零售商和其他中间商，其特点是从事购买商品后再转售业务。企业市场营销中采用中间商的意义在于，可以更为有效地代替企业完成某几项特殊的营销任务，并在这一过程中帮助企业克服产品销售中所可能存在的各种矛盾，主要是生产与消费之间在数量、地点、时间、品种和所有权等方面的差异性矛盾。

实体分配机构的职责是代替企业进行产品储存业务，并在企业进行销售业务时代企业把产品从产地运送到客户指定的目的地。因此，实体分配机构实际上包括仓储公司、运输公司、商品配送公司等几种。

营销服务机构是帮助企业完成"自我推销"、对企业产品进行市场定位、促销其产品价值实现的经济组织，主要包括营销调研公司、广告代理公司、信息咨询公司等。一般来说，对于企业自身所需要的某种营销服务或内部消化，或委托代理，要根据企业规模、营销目标、成本状况以及资本实力等因素而定，但大多数企业都乐意与外部代理机构签订服务合约，因为这能提高企业自身的专业化水平，并降低营销成本。

金融中介机构主要是指银行、信贷公司、保险公司以及其他协助企业进行融资或降低货物购销风险的公司。企业之所以必须在营销业务中同金融中介机构保持密切联系，原因就在于企业的营销效果和企业的总体利润水平经常要受信用成本和信用使用额度的制约。

4. 顾客

顾客，其实就是指企业营销过程中所直接面对的市场类型。现代经济是一种开放性很强的竞争性市场经济，因而企业的顾客市场可被划分为五种类型，即：a. 消费者市场。这是由购买商品或服务以用来进行消费的家庭和个人构成的市场。b. 生产者市场。这是由那些为达成既定目标而购买产品或服务进行再生产活动的其他生产者所组成的市场。c. 中间商市场。这主要由基于利润目标而购买商品或服务，然后再转售的经济组织构成。d. 政府市场。这指为提供公共服务而进行商品或服务购买活动的政府以及其他非赢利性机构。e. 国际市场。这指国外的商品或服务的购买者，包括外国的消费者、生产者、中间商和外国政府。了解顾客状况的重要性在于，它可以使企业在营销活动中进行适当的市场定位，选择恰当的目标市场，并制订切实可行的营销战略。

5. 竞争者

现代企业所面对的市场是一个竞争日趋激烈的市场，无论企业的市场定位状况如何，它所面对的市场服务主体，都不会是由自己一家独占。因此，企业的营销系统必须时刻注意分辨识别竞争者，并不断研究对手的营销策略和现状，才可能在竞争中立于不败之地。

研究企业所面对的竞争者状况，不能仅仅关注于其他公司的营销实绩，还必须重视其他相关事物的变化走势。既要明了自己与对手各自的优势劣势所在，也要确知顾客的即时与未来需要；既要注意新产品、新形式的开发，也要注意产品的外在形象。在通常情况下，辨识企业的竞争者不能只从同行或品牌上去着眼，而必须全方位地考察市场态势。真正具有长期战略眼光的营销者，并不是在固有的市场占有率上斤斤计较，而是将主要精力放在如何扩大未来市场上。

6. 公众

企业微观市场营销环境中还包括公众因素的影响，因为公众是企业寻求目标市场时的人群基础。公众对企业营销方式的态度，企业营销行动对公众利益的影响，其相互之间具有极强的内在联系。因此，科特勒认为，"公众即是任何一个对本机构达成目标的能力有实际或潜在利益或者影响的群体"。

无论企业的性质、规模、目标和任务如何，都必须在其营销活动中注意同周围的各类公众建立起良好的关系，因为公众既可以帮助企业也可以阻止企业实现其既定的经营目标。作为一种开放系统，现代企业大都在内部组织结构中设有公关部门，借以处理和策划与不同公众之间的关系。尤其当出现对企业及其产品不利的反宣传事件时，从公关部门到高层管理领导乃至全体员工，都必须特别引以重视。其实，公共关系是一种广义的营销活动，它需要有组织的公众群体支持，因而，在公众与企业营销活动之间建立起某种联系通道是必要的，这对于企业商誉的形成尤为关键。

任何企业都要面对以下几种重要的公众：a. 融资公众。这是指有可能影响企业获取资金能力的团体，包括银行、投资公司、股票经纪公司、保险公司等，股东则既可视为企业要素之一，也可视为融资公众的组成部分。b. 媒体公众。这主要是指报纸、杂志、电台、电视台等大众传播媒介，它们的宣传行为对企业形象设计和营销战略制订具有重要作用。c. 政府公众。这指同企业营销活动有直接关系的政府政策制定机构与政策执行机构。d. 公民团体公众。这指那些有可能影响企业营销活动开展的消费者组织、环境保护组织、少数民族组织以及其他群众性团体等。e. 当地公众。这指企业所在地附近的居民及其周围的各种社团组织，这类公众由于同企业间的联系的广泛性而极易引发相互间的利益冲突，因此需要企业设有专门处理社团关系的专职人员，并参与企业营销计划的制订。f. 一般公众。这指那些虽对企业产品的即时销售不具直接意义但其态度会对企业形象发生作用的社会民众。g. 内部公众。这指企业内部员工，包括董事会、经理、管理层与基层等。各阶层员工对企业形象的态度，不仅直接影响着企业内部的生产和营销效率，而且还会扩散到外部公众。

企业微观市场营销环境是由多层次的因素构成的，它们直接关系着企业营销目标的实现，因而任何企业都必须给以充分的认识和把握。

总之，市场营销环境包含着一切可能影响企业目标市场有效运行的参与者及外部力量，它们可分为宏观环境与微观环境两种，并从不同方面、在不同意义上、以不同的方式左右着企业营销目标的实现。

5.2 顾客需求

理解顾客需求，是市场营销活动的第一步。我们通过三个核心概念对顾客需求进行介绍：需要、欲望和需求；产品、服务和体验；价值和满意。

5.2.1 需要、欲望和需求

市场产生的重要基础之一就是人类有需要。人类的需要是一种感到缺失的状态，马斯洛认为人类的需求包括：对食物、衣服、温暖的基本生理需要，对安全的需要，对归属和情感的社会需求，对自尊和被他人尊重的需要，以及自我实现的需要。这些需要不是被创造出来的，是人类生而有之的固有部分。

欲望是人类需要的表现形式，它是建立在不同的社会经济、文化和个性等基础之上的需要。如果说需要是人类的共性的话，那么欲望则是针对顾客个体而言的，具有特性。一个对食物有需要的中国人会对米饭、面条或者回锅肉有欲望，而一个需要食物的欧洲人则对披萨、通心粉和小羊排有欲望。人们买牙刷、牙膏、牙线、漱口水，表面上看适合对这些产品的欲望，但实际需要——洁齿和护牙——仍然相同，企业常常只是关注顾客表现出来的对产品的欲望，而忽略了掩盖在欲望下的实质性的需要。

> **案例 5-1**
>
> 一个老太太去市场买水果，看到几个摊位上都有苹果在卖，就走到一个商贩面前问道："苹果怎么样啊？"商贩回答道："我的苹果保证很甜，特别好吃。"老太太摇了摇头，向第二个摊位走去，又向这个商贩问道："你的苹果怎么样？"第二个商贩回答："我这里有两种苹果，请问你要什么样的？""我要买酸一点的。""我这边的苹果又大又酸，咬一口能酸得流口水，请问您要多少斤？"老太太想了想说："那我等会再过来买吧。"
>
> 这时，她又看到第三个摊位上有苹果，又大又圆，便问商贩："你的苹果怎么样？我想买酸一点的。"商贩说："一般人买苹果都想买又大又甜的，您为什么会想要酸的呢？"
>
> 老太太笑着说："我儿媳妇怀孕了，想要吃酸苹果。"
>
> 商贩说："老太太您对儿媳妇真好啊，您儿媳妇一定能给您生个大胖孙子。您想来几斤？""来两斤。"商贩边称苹果，边向老太太介绍："孕妇尤其是胎儿都需要很多营养，包括各种维生素，所以光吃酸的还不够，还要多补充维生素。水果之中，猕猴桃含维生素最丰富，您要是经常给儿媳妇买猕猴桃，我保证您儿媳妇一定能生出一个健康漂亮的宝宝。"老太太一听很高兴，马上又买了一斤猕猴桃。当老太太要离开的时候，商贩说："我天天都在这摆摊，每天进的水果都是最新鲜的，下次来就到我这里买，还能给你优惠。"从此以后，这个老太太每天在这个商贩这里买水果。

需求是以购买力为基础的欲望：在得到购买力支持时，欲望就转化为了需求。智能手机作为时下一种便捷的社会生活的工具，人人都需要。但对于没有购买能力的人来说，这种需要只是一种欲望，只有对具有足够支付能力的人来说，才能转化为需求。在既定的欲望和资源条件下，人们会选择能够产生最大价值和满意的产品。

杰出的市场营销都竭尽全力了解和理解其顾客的需要、欲望和需求。为此，他们往往要进行认真的市场调查、分析大量的顾客数据。

> **案例 5-2**
>
> 随着数字时代的来临，越来越多的企业开始玩起数字游戏，从海量的数据中挖掘有效的信息，研究用户消费习惯，利用挖掘出来的有效数据进行用户需求和行为分析，从而做到精准的营销。
>
> 销售人员如今也大量使用数字工具监督顾客社交媒体行为，以发现趋势、确定潜在顾客，了解顾客希望买什么、他们对供应商有何想法，以及究竟是什么影响交易等问题。他们从网上数据库发掘潜在顾客名单，当潜在顾客访问其网站或设计媒体网站时，销售团队会通过实时聊天工具发起对话。
>
> 正如通用电气公司的CMO所说，如果你从事生意，你就需要社交，因为它能使你与你的客户更加亲近，我们希望我们的销售团队完全数字化。

5.2.2 产品、服务和体验

顾客的欲望和需求可以通过市场上的商品来满足。产品、服务和体验是作为商品提供给市场，被人们使用和消费，并能满足人们某种需求的任何东西，包括有形的产品、无形的服务以及让顾客沉浸于体验过程，产生美妙而深刻的印象，激发其欲望的体验等。

企业在为市场和顾客提供商品时需要应该时刻关注顾客需求的变化，而不仅仅只关注自身商品的利益和体验。一个智能手机的生产商可能认为自己的顾客需要智能手机，但顾客真正需要的是便捷智能的生活平台。

> **案例 5-3**
>
> 体验式营销是一种新的营销方式，其站在消费者的感官、情感、思考、行动、关联五个方面，重新定义、设计营销的思考方式。
>
> 宜家，自1943年创立至今，已经成为全球最大的家具家居用品商场，之所以取得如此大的成功，主要是因为它早已将沉浸体验式营销融入了骨子里。
>
> 从2015年开年的春晚摇红包，微信支付体验式营销的思路已经初现端倪。微信支付在抢红包的基础上，巧妙地使用了"摇一摇"的体验。齐聚一堂看春晚，这是很多家庭除夕夜的真实写照，在这种举家团聚的氛围下，"摇"红包这个体验简单到极致，同时又饱含仪式感，明显的肢体动作使身边人很容易被感染。

成功的市场营销者在看到自身销售商品属性的同时，还会精心整合产品、服务和体验，采用服务营销、体验营销等方式，为顾客创造品牌内涵和品牌体验。耐克不仅是鞋子，它代表运动的高技能和一种说做就做的态度。骑哈雷摩托车是一种体验，去迪士尼是一种体验，去星巴克是一种体验。

5.2.3 价值和满意

消费者在面对可以满足其特定需求的大量产品和服务时，将基于对各种产品和服务传递的价值和满意的预期进行选择。

顾客价值（customer value）是拥有或使用一个产品所获得的价值，与获取这一产品所付出的成本之差。消费者会根据以往的购买经验、朋友的意见以及营销者和竞争者的信息和许诺，来建立对各种营销供给的期望。

> **案例 5-4**
> 　　菲利普·科特勒是从顾客让渡价值和顾客满意的角度来阐述顾客价值的。其研究的前提是：顾客将从那些他们认为具有最高认知价值的公司购买产品。所谓顾客让渡价值，是指总顾客价值与总顾客成本之差。
> 　　总顾客价值就是顾客从某一特定产品或服务中获得的一系列利益，它包括产品价值、服务价值、人员价值和形象价值等。总顾客成本是指顾客为了购买产品或服务而付出的一系列成本，包括货币成本、时间成本、精神成本和体力成本。顾客是价值最大化的追求者，在购买产品时，总希望用最低的成本获得最大的收益，以使自己的需要得到最大限度的满足。

顾客满意（customer satisfaction）是指对于一次购买的满意程度，依赖于一个产品各项要素是否达到了顾客的期望。顾客满意是对消费者将来购买行为的关键影响因素，满意的顾客将会再次购买，并且告诉他人自己愉快的购买经历；不满意的顾客将会转向竞争对手那里购买，并在他人面前诋毁该产品。

顾客价值和顾客满意是发展和管理客户关系的关键。

5.3 目标市场

目标市场（target market），就是营销者准备通过为之提供产品和服务满足其需要和欲望的**细分市场**。在细分市场的基础上正确选择目标市场，是目标市场营销成败的关键环节。选择和确定目标市场，明确企业的具体服务对象，关系到企业任务、企业目标的落实，是企业制订营销战略的首要内容和基本出发点。

5.3.1 市场细分

5.3.1.1 市场细分的概念和作用

市场细分的概念由美国市场学家 Wendell R. Smith 于 1956 年最早提出。

市场细分（segmenting）是指营销者通过市场调查，依据消费者的需要和欲望、购买行为和购买习惯等方面的差异，把某一产品的市场整体划分为若干个消费者群的市场分类过程。每一个消费者群都是一个细分市场，每一个细分市场都是由具有类似需求倾向的消费者构成的群体。

由于消费者数量巨大，其需求和购买行为也多种多样，所以每家企业满足不同细分市场的能力也很不一样。细分市场对于企业在市场上展开竞争、获得优势地位来说是至关重要的：首先，市场细分有利于企业发现最好的市场机会，提高市场占有率；其次，市场细分可以使企业用最少的经营费用取得最大的经营效益；最后，细分市场有利于提高企业的竞争能力。市场细分的作用尤其显现在企业研制新产品时，企业准备把某种已在经营的产品打入新市场时，以及当企业现有市场出现竞争和经营问题时，为探察市场变化、制订新策略时。

5.3.1.2 市场细分的主要变量

市场细分包括消费者市场细分、商业（经营者）市场细分和国际市场细分。在这里我们主要讨论消费者市场细分的主要变量（表 5-1）。消费者市场细分的变量主要有地理变量、人口统计变量、心理变量和行为变量。

表 5-1 消费者市场细分的主要变量

地理变量	地区或国家	欧洲、美洲、亚洲、非洲、中国、澳大利亚等
	地区	北部、南部、东部、西部、中部
	城市大小	5 000 人以下；5 000~20 000 人；20 000~50 000 人；50 000~100 000 人；100 000~250 000 人；250 000~500 000 人；500 000~1 000 000 人；1 000 000~4 000 000 人；4 000 000 人以上
	人口密度	城市、郊区、农村
	气候	北方、南方、热带、温带、寒带
人口统计变量	年龄	6 岁以下；6~11 岁；12~19 岁；20~34 岁；35~49 岁；50~64 岁；65 岁以上
	性别	男、女
	家庭人口	1~2 人，3~4 人，5 人及以上
	家庭生命周期	年轻，单身；年轻，已婚，无子女；年轻，已婚，有子女；年长，已婚，有子女；年长，已婚，无 18 岁以下子女；年长，单身；其他
	收入	少于 3 000 元；3 000~5 000 元；5 000~8 000 元；8 000~15 000 元；15 000 元以上
	职业	专业技术人员；管理者；行政官员；职员；工匠；农民；退休人员；学生；家庭主妇；失业人员
	教育	小学或以下；高中毕业；大学毕业
	宗教	佛教、天主教、伊斯兰教、其他
	种族	亚裔、欧裔、非裔、其他
	年代	50 年代、70 年代、80 年代、90 年代、2000 年
	国籍	中国、日本、韩国、泰国、美国

续表

心理变量	社会等级	工薪阶级、中产阶级
	生活方式	朴素型、时髦型、高雅型
	个性	孝顺、保守、雄心勃勃
行为变量	使用时机	常规时机、特殊时机
	利益偏好	质量、服务、经济、方便、速度
	用户状况	从未使用、曾经使用、潜在用户、首次使用、经常使用
	使用率	使用较少、使用较多、大量使用
	忠诚度	无、一般、强烈、绝对
	准备程度	不知道、知道、清楚知道、有兴趣、准备购买
	对产品的态度	热情、积极、不关心、消极、敌视

1. 地理细分

所谓地理细分就是企业按照消费者所在的地理位置以及其他地理变量来细分市场。地理细分的主要理论依据是：处于不同地理位置的消费者，他们对于企业的产品各有不同的需要和偏好。比如中国北方由于气候干燥，对加湿器需求较大，而中国南方尤其是长江中下游和沿海地区，气候潮湿，对抽湿机的需求更为明显。

2. 人口细分

所谓人口细分就是企业按照人口变量（包括年龄、性别、收入、职业、受教育水平、家庭规模、家庭生命周期阶段、宗教、种族、国籍等）来细分消费者市场。人口变量一直是细分消费者市场的重要变量，这主要是因为人口变量比其他变量更容易测量。

3. 心理细分

所谓心理细分就是按照消费者的生活方式、个性等心理变量来细分消费者市场。消费者的购买行为反映了他们的生活方式。例如对在家里安装摄像头，通过手机实时查看家里情况的这项服务，就很受那些家里聘请了家政服务的职业女性以及很多喂养宠物的家庭的欢迎。

4. 行为分析

行为分析就是企业按照消费者购买或使用某种产品的时机、消费者所追求的利益、使用者情况、消费者对某种产品的使用率、消费者对品牌的忠诚程度、消费者待购阶段和消费者对产品的态度等行为变量来细分消费者市场。

5. 有效细分的要求

显然，细分市场的方式有很多，但并不是所有的细分都是有效的。例如，矿泉水的购买者可以通过种族去细分，但是，很显然，种族并不影响食盐的购买。为了保证细分市场的有效性，必须做到以下几点：

（1）可衡量性：细分市场的规模、购买力和分布必须可以衡量，有些细分市场是很难衡量的，比如中国的左撇子，人口统计、相关年鉴上都没有左撇子的数据。

（2）可接近性：即能有效地到达市场并为之服务。例如，一个香水公司发现大量的消费者是那些晚归的或者社交很多的单身男女，那么除非这个群体在固定的地方生活或购物，以及接触固定的媒体，否则很难接近这些消费者。

（3）足量性：即细分市场的规模应大到足够盈利的程度。例如，专门为1.4米以下的人生产汽车，对于汽车制造商来说是不合算的。

（4）差异性：细分市场在观念上能被区别，并且对于不同的营销组合因素和反应不一样。如果已婚和未婚女性对于香水销售的反应基本相同，那么该市场就不应该被细分。

（5）行动可能性：即为吸引和服务细分市场而系统地提出有效计划。例如，尽管一家小航空公司能够划分出七个细分市场，但是它的员工太少，不能为每个细分市场设计不同的营销方案。

5.3.2 目标市场选择

目标市场（target market）是指企业决定为之服务的、具有相同需求或特征的购买者群体。企业确定目标市场战略时，有四种选择，如图5-1所示，其中微观营销是把每一个购买者都当作独立的目标市场来看待，为每一位购买者制订独立的营销方案。但出于市场体量和成本的考虑，大多数的企业更倾向于选择前三种目标市场战略，以下逐一介绍。

图5-1 目标市场战略

1. 无差异营销（undifferentiated marketing）

无差异营销是指企业在市场细分后，不考虑各子市场的特性，而仅致力于消费者需求的相同之处，通过推出一种产品来服务整个市场。在这种战略下，企业凭借大规模标准化的生产、广泛的销售渠道和大规模的广告宣传来占领市场。然而无差异营销者在面对目标更具体的企业的竞争时困难重重，因为后者能满足特定细分市场的需求。

2. 差异营销（differentiated marketing）

差异营销是指企业在市场细分后，决定为几个子市场服务，并为每个市场设计不同的产品。例如，迪卡侬为几十种运动生产包括运动器材、运动服、运动鞋等在内的产品。这有助于企业更好地满足不同消费者的需求，提高市场占有率和消费者对企业的信任感；其缺点主要体现在经营成本的增加，包括产品设计开发、市场调研、渠道管理等。在决定是否采取这种战略时，企业必须对增加的销售额和增加的成本进行权衡。

3. 集中性营销（concentrated marketing）

集中性营销是指企业在有限的资源下，着力追求一个或几个小细分市场或缝隙市场的大份额。例如，施华洛世奇在水晶饰品市场上是全球的领先者。小细分市场由于体量小，进入市场竞争的企业相对较少，所以对于资源有限并能够提供专业化生产和服务的企业来说比较容易站稳脚跟并深耕市场，从而获取较大利润。采取集中性营销战略的企业面临的主要威胁来自该细分市场本身的需求退化或实力雄厚的公司对该细分市场的进军。

4. 衡量因素

在选择目标市场战略时，企业需要权衡多方面的因素，例如企业资源、产品性质、市场是否同质、产品生命周期以及竞争对手的市场策略。

（1）企业资源。

企业实力雄厚、管理水平较高，根据产品的不同特性可考虑采用差异性或无差异性市场策略；资源有限，无力顾及整体市场或多个细分市场的企业，则宜于选择集中性市场策略。

（2）产品性质。

这是指产品是否同质、能否改型变异。有些产品，主要是某些初级产品，诸如大米、小麦、食盐、钢坯、煤炭等，尽管这些产品自身可能会有某些品质差别，但顾客一般并不太重视或不加区别，亦即它们适应消费的能力较强、竞争主要集中在价格和服务方面，因而这类产品适宜实行无差异营销；而许多加工制造产品，诸如汽车、机械设备、家用电器、服装、食品等，不仅本身可以开发出不同规格型号、不同花色品种的产品，而这种种不同会带来品质、性能等方面的较大差别，消费者或用户对这类产品的需求也是多样化的，选择性很强，因此，生产经营这类产品的企业宜于采用差异性或集中性市场策略。

（3）市场是否同质。

如果顾客的需求、购买行为基本相同，对营销方案的反应也基本一样，亦即市场是同质的，在此情况下可实行无差异营销。反之，则应采用差异性或集中性市场策略。

（4）产品生命周期。

处于导入期（介绍期）和成长前期的新产品，竞争者稀少，品种比较单一，宜于采用无差异市场策略，以便探测市场需求和潜在顾客。产品一旦进入成长后期或已处于成熟期，市场竞争加剧，就应改行差异性营销，以利于开拓新的市场，尽可能扩大销售；或者实行集中性营销，以设法保持原有市场，延长产品生命周期。

（5）竞争对手的市场策略。

假如竞争对手采用无差异市场策略，企业就应采用差异性市场策略，以提高产品的竞争能力。假如竞争对手都采用差异性市场策略，企业就应进一步细分市场，实行更有效的差异性营销或集中性营销；但若竞争对手力量较弱，也可考虑采用无差异营销。

一般来说，企业选择目标市场策略时应综合考虑上述诸因素，权衡利弊方可做出抉择。目标市场策略应当相对稳定，但当市场形势或企业实力发生重大变化时也要及时转换。对手之间没有完全相同的策略，一个企业也没有一成不变的策略。

5.3.3 市场定位

市场定位是指企业针对潜在顾客的心理进行营销设计，创立产品、品牌或企业目标顾客心目中的某种形象或个性特征，保留深刻的印象和独特的位置，从而取得竞争优势。换句话说某产品或企业的市场定位就是其在消费者心目中相对于竞争产品或企业的地位。市场定位包括向消费者灌输品牌的独特利益和差异性。

企业市场定位的全过程可以通过三大步骤来完成，确定本企业潜在的竞争优势、准确地选择相对竞争优势和明确显示独特的竞争优势。

1. 确认本企业潜在的竞争优势

这需要企业从使自己的产品差异化开始，保证它能比竞争产品向消费者提供更多的价值。接下来的任务就是回答以下三个问题：竞争对手的产品定位如何；目标市场上顾客欲望满足程度如何以及还需要什么；针对竞争者的市场定位和潜在顾客真正需要的利益要求，企业应该和能够做些什么。

2. 准确地选择相对竞争优势

这些相对竞争优势主要来源于以下几个方面：经营管理方面；技术开发方面；采购方面；生产方面；营销方面；财务方面；产品方面。同时，为了找到差异点，营销者可以设身处地地考虑消费者与企业产品和服务接触的整个过程。

3. 明确显示独特的竞争优势

假如一个企业能挖掘出多个潜在的相对竞争优势，那么它必须决定选择以哪个（些）优势来策划定位。并非所有产品或品牌的差异点都是有意义或者有价值的，并非每一个优势点都可以成为好的差异点。因此，企业必须小心选择优势点和差异点，使之区别于竞争对手。一个有价值的差异点必须满足下面的标准：重要性，即可以给目标购买者让渡很高的价值；区别性，即该差异化是其他竞争对手所没有的，或者企业可以在这一点上更加与众不同；优越性，即该差异化明显优于通过其他方式而获得相同的利益；可沟通性，即对于购买者而言，是可传递和可见的；领先性，竞争者很难模仿该差异化；可支付性，购买者可以支付购买该差异化；盈利性，企业可以通过该差异化而获利。

5.4 营销策略组合

5.4.1 产品策略

5.4.1.1 产品相关概念

产品（product）是指能够提供给市场，用于满足人们某种欲望和需要的任何事物，包括实物、服务、场所、组织、思想、主意等。现代市场营销理论认为，产品整体概念包含核心产品、有形产品和附加产品三个层次。

（1）核心产品是指向购买者提供的基本效用或利益，是顾客真正要买的东西，是产品整体概念中最基本、最主要的部分。顾客愿意支付一定的费用来购买产品，首先就在于购买它的基本效用，并从中获得利益。

（2）有形产品是指实质产品所展示的全部外部特征，即向市场提供的实体和服务的形象，主要包括产品质量、特色、款式或式样、品牌、包装等。产品的基本效用必须通过某些具体的形式才能得以实现。具有相同效用的产品，其存在形态可能有较大的差别，有的造型美观，有的造型粗糙。因此，企业进行产品设计时，应着眼于用户所追求的核心利益，同时也要重视如何以独特形式将这种利益呈现给顾客。

（3）附加产品是指顾客购买产品时，随同产品所获得的全部附加服务和利益，包括提供信贷、免费送货、保证、安装、售后服务等。

核心产品、有形产品和附加产品作为产品的三个层次，是不可分割并紧密联系的，它们构成了产品的整体概念。其中，核心产品是核心，是基础，是本质；核心产品必须转化为有形产品才能得以实现；在提供产品的同时，还要提供广泛的服务和附加利益，形成附加产品。

企业在市场上推出的产品一般都是一组或多组产品构成的组合，这时，企业就需要对产品组合确定适当的决策和策略。

产品组合是产品的花色品种配备，是企业生产或经营的全部产品，即意味着企业产品线和产品品目的搭配状况和组合方式。产品组合的特点是从其宽度、长度、深度和关联度四个方面表现出来的。产品组合的宽度或广度是指企业有多少不同的产品线；产品组合的长度是指企业各条产品线所包含的产品品目的总数，用企业的产品线的数目除以总的长度可以得出一个产品线的平均长度。产品组合的深度是指产品线中每种产品品牌有多少花色品种规格，用品牌数除以各种品牌的花色品种规格总数，可求得企业的产品组合的平均深度；产品组合的关联度是指企业各产品线在最终用途、生产条件、分销渠道等方面的密切相关程度。显然，产品组合的关联度有不同的考察角度，分析角度不同，得出的结论会有较大差别。

产品组合的四个方面是企业确定产品战略的基本依据。企业可以利用在其他产品线上的声誉，增加新的产品线，扩大产品组合的宽度；还可伸长现有的产品线，成为具备更完全产品线的企业；企业可以增加每一种产品的品种，增加产品组合的深度；企业若考虑提高在某一地区或行业的声誉，就可增加产品组合的关联度，而通过减少其产品组合的关联度，可以实施多角化的经营战略。

5.4.1.2　产品组合的分析评价与决策

1. 产品组合的分析评价

（1）产品线分析。

负责每条产品线的管理人员必须了解产品线上第一产品品目的销售额和利润，以及在同一个市场上，其产品线和部分对手的对比情况。为此，需对产品线的销售量和利润及市场轮廓进行分析。管理人员首先要分析每个产品品目对产品线总销售量和利润的贡献。此外，产品线的负责人还必须针对竞争者产品线情况，考察产品线的市场轮廓，分析本企业的产品线定位问题。若有市场需求，且该公司有能力生产和适当定价就可在其产品线上增加这一产品品目。产品品目图还有助于根据消费者的偏好来识别细分市场，重新考虑企业的市场定位问题。

(2) 对现有产品组合的评价。

企业应定期对其现有产品组合能否使企业在未来的销售增长、销售稳定和获利能力三个方面实现均衡发展进行检查和评价，以便为正确制订或调整产品组合策略提供科学依据。由于市场需求和竞争态势的变化，企业各产品线的获利状况将发生改变。成长—份额矩阵分析就是一种可对企业现有产品组合进行分析和评价的方法。

2. 产品组合策略

对产品线和产品组合进行分析评价之后，就可以针对所存在的问题，采取相应的措施，制订适宜的产品线决策和产品组合策略。产品组合策略也就是根据市场需求和企业的条件，对产品组合的有关变量和内容进行选择和调整的策略。

一般来说，可供企业选择的组合策略主要有：全面化组合，即企业着眼于不同顾客群的消费需求，提供他们需要的各类产品。于是，产品组合就要有相应的长度和宽度，而产品线之间的关联度则可高可低；市场专门化组合，即企业以某个专门市场为服务对象，为该目标市场提供所需的各类产品，不考虑产品组合的关联度；产品专门化组合，即企业只生产某一大类产品去满足不同消费者的需求。该组合方式具有行业化的特点，产品组合的长度和宽度各异，但关联度比较高，如服装厂和食品厂之类；有限产品组合，即企业只生产某一类产品中的一部分产品，以满足有限市场的需求，这类组合的宽度有限，但有利于发挥企业优势，提高在某特定经营范围内的市场占有率；个别产品组合，即企业只生产一种或少数几种特定的产品，以满足顾客的特殊需要，这样的组合其长度和宽度都是最小的，对于实力较弱的企业比较合适。

在企业制订营销策略或调整其产品组合过程中，产品线决策占有相当重要的地位。这部分内容包括产品线长度的调整、产品线削减决策等。

(1) 产品线长度的调整。

确定产品线的最佳长度就是决定在各产品线上安排多少产品品目。产品线总是具有不断延长的趋势。因企业常常具有过剩的生产能力，不断开发新的产品品目，负责销售的人员和经销商往往力求向顾客提供较为全面的产品，而且市场本身也常能提供容纳新产品的机会。不过，若能通过增加品目来增加利润，就说明产品线过短；若削减品目可提高利润水平，则说明产品线过长。总之，企业应当根据自身的目标确定其产品线的最佳长度。若企业想成长为生产或经营产品种类齐全的企业或提高市场占有率，就会选择较长的产品线；若企业追求提高获利能力，则将削减无法获利的产品，采取较短的产品线。所以，应当以拟定的售价为依据，研究如何设计产品，而不能由品目设计来支配定价。

(2) 产品线削减决策。

企业还必须定期检查产品品目，在适当的情况下削减产品线的长度。制定这类决策的情况，一种是通过对销售额和成本的分析，发现产品线中含有使利润减少的积压产品，这时就需削减品目，保留那些销售量和利润的贡献最大并且具有长远发展潜力的品目；另一种是企业缺乏生产使所有品目都达到它所期望的数量的能力，于是需根据获利能力削减利润水平低或亏损的品目，集中生产利润较高的品目。在后一情况下，企业可根据需求情况灵活拉长或缩短产品线。

（3）产品线的现代化。

在产品线长度合适而产品显得落后的情况下，应当选择有利时机，设计升级换代产品，努力实现产品组合的现代化，以满足市场的消费需求。实现企业产品线的现代化有两种方式，一是逐步进行调整，二是全面快速实现现代化。前者可使企业先调查顾客与经销商对新式样的感觉，再确定调整的方向和步骤。这样可节省开支，避免风险，但缺点是竞争对手对企业的意图和行动看得十分清楚，并有足够的时间做出反应，设计新的产品线；而后者可较好地排除竞争者的干扰。

（4）产品线的特色化。

该策略是指在进行产品组合的调整时，选择富有特色的产品品目，努力显示企业的产品与其他产品不同，用以强化企业形象，吸引消费者的注意。如以廉价品激发消费者的购买兴趣，或以高档产品提高产品线的等级地位。

（5）产品组合宽度的调整。

调整企业产品组合的宽度，也就是扩大或缩减产品组合。在市场好转和企业能力增强的情况下，可增加一条或几条产品线，以扩大企业经营范围；而在市场呈现饱和、价格竞争过于激烈，或企业无力经营现有产品组合时，就可以取消一些产品线，以便改善整个产品组合的赢利状况。

5.4.2　价格策略

5.4.2.1　价格策略相关概念

价格策略是指企业通过对顾客需求的估量和成本分析，选择一种能吸引顾客、实现市场营销组合的策略。物流企业的成本比较复杂，包括运输、包装、仓储等方面，所以价格策略的确定一定要以科学规律的研究为依据，以实践经验判断为手段，在维护生产者和消费者双方经济利益的前提下，以消费者可以接受的水平为基准，根据市场变化情况，灵活反应，共同决策。

价格策略就是根据购买者各自不同的支付能力和效用情况，结合产品进行定价，从而实现最大利润的定价办法。价格策略是一个比较近代的观念，源于十九世纪末大规模零售业的发展。在历史上，多数情况下，价格是买者做出选择的主要决定因素；不过在最近的十年里，在买者选择行为中非价格因素已经相对地变得更重要了。但是，价格仍是决定公司市场份额和盈利率的最重要因素之一。在营销组合中，价格是唯一能产生收入的因素，其他因素表现为成本。

5.4.2.2　制定价格策略需要考虑的因素

在第一次制定价格时，企业要考虑以下因素：定价目标；确定需求；估计成本；选择定价方法；各种定价方法的运用；选定最终价格。

1. 定价目标

企业的定价目标是以满足市场需要和实现企业盈利为基础的，是实现企业经营总目标的保证和手段，同时又是企业定价策略和定价方法的依据。企业定价目标包括：

（1）扩展目标。

扩展目标包括维持企业生存、扩大企业规模、多品种经营等。

（2）利润目标。

利润目标包括最大利润、满意利润、预期利润、销售量增加等。

（3）销售目标。

销售目标包括扩大市场占有率、争取中间商等。

（4）竞争目标。

竞争目标包括稳定价格、应付竞争、质量优先等。

（5）社会目标。

社会目标包括社会公共事业、社会市场营销概念等。

2. 确定需求

价格会影响市场需求。在正常情况下，市场需求会按照与价格相反的方向变动。价格上升，需求减少；价格降低，需求增加，所以需求曲线是向下倾斜的，就威望高的商品来说，需求曲线有时呈正斜率。例如，香水提价后，其销售量却有可能增加，当然，如果提得太高，需求将会减少。

在以下条件下，需求可能缺乏弹性。

（1）代用品很少或没有，没有竞争者。

（2）买者对价格不敏感。

（3）买者改变购买习惯较慢和寻找较低价格时表现迟缓。

（4）买者认为产品质量有所提高，或认为存在通货膨胀等，价格较高是应该的。

如果某产品不具备上述条件，那么产品的需求有弹性，在这种情况下，企业应采取适当降价，以刺激需求、促进销售、增加销售收入。

3. 估计成本

需求在很大程度上为企业确定了一个最高价格限度，而成本则决定着价格的底数。价格应包括所有生产、分销和推销该产品的成本，还包括对公司的努力和承担风险的一个公允的报酬。

（1）成本类型。

固定成本，在短期内不随企业产量和销售收入的变化而变化的生产费用。如，厂房设备的折旧费、租金、利息、行政人员薪金等，与企业的生产水平无关。

可变成本，随生产水平的变化而直接变化的成本。如，原材料费、工资等，企业不开工生产，可变成本等于零。

（2）长短期成本变化的规律。

a. 定义不同：长期成本是厂商在长期内根据所要达到的产量调整全部生产要素的投入

量所发生的费用；短期成本是厂商在短期内不改变其生产规模即设备、厂房等固定资产投入量，只改变原材料、燃料、劳动等的投入量来调整生产时发生的费用。b. 内容不同：长期成本包括长期总成本、长期平均成本和长期边际成本；短期成本包括固定成本和可变成本。

4. 选择定价方法

定价方法，是企业在特定的定价目标指导下，依据对成本、需求及竞争等状况的研究，运用价格决策理论，对产品价格进行计算的具体方法。定价方法主要包括成本导向、竞争导向和顾客导向等三种类型。

（1）成本导向定价法。

以产品单位成本为基本依据，再加上预期利润来确定价格的成本导向定价法，是中外企业最常用、最基本的定价方法。成本导向定价法又衍生出了总成本加成定价法、目标收益定价法、边际成本定价法、盈亏平衡定价法等几种具体的定价方法。

总成本加成定价法。在这种定价方法下，把所有为生产某种产品而发生的耗费均计入成本的范围，计算单位产品的变动成本，合理分摊相应的固定成本，再按一定的目标利润率来决定价格。

目标收益定价法。目标收益定价法又称投资收益率定价法，是根据企业的投资总额、预期销量和投资回收期等因素来确定价格。

边际成本定价法。边际成本是指每增加或减少单位产品所引起的总成本变化量。由于边际成本与变动成本比较接近，而变动成本的计算更容易一些，所以在定价实务中多用变动成本替代边际成本，而将边际成本定价法称为变动成本定价法。

盈亏平衡定价法。在销量既定的条件下，企业产品的价格必须达到一定的水平才能做到盈亏平衡、收支相抵，既定的销量就称为盈亏平衡点，这种制定价格的方法就称为盈亏平衡定价法。科学地预测销量和已知固定成本、变动成本是盈亏平衡定价的前提。

（2）竞争导向定价法。

在竞争十分激烈的市场上，企业通过研究竞争对手的生产条件、服务状况、价格水平等因素，依据自身的竞争实力，参考成本和供求状况来确定商品价格，这种定价方法就是通常所说的竞争导向定价法。竞争导向定价法主要包括：

①随行就市定价法。在垄断竞争和完全竞争的市场结构条件下，任何一家企业都无法凭借自己的实力而在市场上取得绝对的优势，为了避免竞争特别是价格竞争带来的损失，大多数企业都采用随行就市定价法，即将本企业某产品价格保持在市场平均价格水平上，利用这样的价格来获得平均报酬。此外，采用随行就市定价法，企业就不必去全面了解消费者对不同价差的反应，也不会引起价格波动。

②产品差别定价法。产品差别定价法是指企业通过不同营销努力，使同种同质的产品在消费者心目中树立起不同的产品形象，进而根据自身特点，选取低于或高于竞争者的价格作为本企业产品价格。因此，产品差别定价法是一种进攻性的定价方法。

③密封投标定价。在国内外，许多大宗商品、原材料、成套设备和建筑工程项目的买卖和承包以及出售小型企业等，往往采用发包人招标、承包人投标的方式来选择承包

者，确定最终承包价格。一般来说，招标方只有一个，处于相对垄断地位，而投标方有多个，处于相互竞争地位。标的物的价格由参与投标的各个企业在相互独立的条件下来确定。在买方招标的所有投标者中，报价最低的投标者通常中标，它的报价就是承包价格。这样一种竞争性的定价方法就称为密封投标定价法。

（3）顾客导向定价法。

现代市场营销观念要求企业的一切生产经营必须以消费者需求为中心，并在产品、价格、分销和促销等方面予以充分体现。根据市场需求状况和消费者对产品的感觉差异来确定价格的方法叫作顾客导向定价法，又称"市场导向定价法""需求导向定价法"。需求导向定价法主要包括理解价值定价法、需求差异定价法和逆向定价法。

①理解价值定价法。所谓"理解价值"，是指消费者对某种商品价值的主观评判。理解价值定价法是指企业以消费者对商品价值的理解度为定价依据，运用各种营销策略和手段，影响消费者对商品价值的认知，形成对企业有利的价值观念，再根据商品在消费者心目中的价值来制定价格。

②需求差异定价法。所谓需求差异定价法，是指产品价格的确定以需求为依据，首先强调适应消费者需求的不同特性，而将成本补偿放在次要的地位。这种定价方法，对同一商品在同一市场上制定两个或两个以上的价格，或使不同商品价格之间的差额大于其成本之间的差额，其好处是可以使企业定价最大限度地符合市场需求，促进商品销售，有利于企业获取最佳的经济效益。

③逆向定价法。这种定价方法主要不是考虑产品成本，而是重点考虑需求状况。依据消费者能够接受的最终销售价格，逆向推算出中间商的批发价和生产企业的出厂价格。逆向定价法的特点是：价格能反映市场需求情况，有利于加强与中间商的良好关系，保证中间商的正常利润，使产品迅速向市场渗透，并可根据市场供求情况及时调整，定价比较灵活。

5. 各种定价方法的运用

企业定价方法有很多，企业应根据不同经营战略和价格策略、不同市场环境和经济发展状况等，选择不同的定价方法。

从本质上说，成本导向定价法是一种卖方定价导向。它忽视了市场需求、竞争和价格水平的变化，有时候与定价目标相脱节。此外，运用这一方法制定的价格均是建立在对销量主观预测的基础上的，从而降低了价格制定的科学性。因此，在采用成本导向定价法时，还需要充分考虑需求和竞争状况，来确定最终的市场价格水平。

竞争导向定价法是以竞争者的价格为导向的定价法。它的特点是：价格与商品成本和需求不发生直接关系；商品成本或市场需求变化了，但竞争者的价格未变，就应维持原价；反之，虽然成本或需求都没有变动，但竞争者的价格变动了，则相应地调整其商品价格。当然，为实现企业的定价目标和总体经营战略目标，谋求企业的生存或发展，企业可以在其他营销手段的配合下，将价格定的高于或低于竞争者的价格，并不一定要求和竞争对手的产品价格完全保持一致。

顾客导向定价法，是以市场需求为导向的定价方法，价格随市场需求的变化而变化，不与成本因素发生直接关系,符合现代市场营销观念要求,企业的一切生产经营都以消费者需求为中心。

6. 选定最终价格

企业最终拟定的价格必须考虑以下因素:

最终价格必须同企业定价政策相符合。企业的定价政策是指:明确企业需要的定价形象、对价格折扣的态度以及对竞争者的价格的指导思想。

最终价格还必须考虑是否符合政府有关部门的政策和法令的规定。

最终价格还要考虑消费者的心理。利用消费者心理采取声望定价,把实际上价值不大的商品的价格定得很高(如把实际上值10元的香水定为100元),或者采用奇数定价(把1台电视机的价格定为1 299元),以促进销售。

选定最终价格时,还须考虑企业内部有关人员(如推销人员、广告人员等)对定价的意见,考虑经销商、供应商等对所定价格的意见,考虑竞争对手对所定价格的反应。

5.4.2.3 常见的价格策略

价格是企业竞争的主要手段之一,企业除了根据不同的定价目标,选择不同的定价方法,还要根据复杂的市场情况,采用灵活多变的方式确定产品的价格。

1. 新产品定价

有专利保护的新产品的定价可采用撇脂定价法和渗透定价法。

(1)撇脂定价法。新产品上市之初,将价格定得较高,在短期内获取厚利,尽快收回投资,就像从牛奶中撇取所含的奶油一样,取其精华,称之为撇脂定价法。这种方法适合需求弹性较小的细分市场,其优点包括新产品上市,顾客对其无理性认识,利用较高价格可以提高身价,适应顾客求新心理,有助于开拓市场;主动性大,产品进入成熟期后,价格可分阶段逐步下降,有利于吸引新的购买者;价格高,限制需求量过于迅速增加,使其与生产能力相适应。缺点包括获利大,不利于扩大市场,并很快招来竞争者,会迫使价格下降,好景不长。

(2)渗透定价法。在新产品投放市场时,价格定的尽可能低一些,其目的是获得最高销售量和最大市场占有率。当新产品没有显著特色,竞争激烈,需求弹性较大时宜采用渗透定价法。其优点包括产品能迅速为市场所接受,打开销路,增加产量,使成本随生产发展而下降;低价薄利,使竞争者望而却步,减缓竞争,获得一定市场优势。

对于企业来说,采取撇脂定价还是渗透定价,需要综合考虑市场需求、竞争、供给、市场潜力、价格弹性、产品特性、企业发展战略等因素。

2. 仿制品定价

仿制品是企业模仿国内外市场上的畅销货而生产出的新产品。仿制品面临着产品定位问题,就新产品质量和价格而言,有九种可供选择的战略:优质优价、优质中价、优质低价、中质高价、中质中价、中质低价、低质高价、低质中价、低质低价。

3. 心理定价

心理定价是根据消费者的消费心理定价,有以下几种:

（1）尾数定价或整数定价。许多商品的价格，宁可定为0.98元或0.99元，而不定为1元，是适应消费者购买心理的一种取舍，尾数定价会使消费者产生一种"价廉"的错觉，比定为1元反应积极，从而促进销售。相反，有的商品不定价为9.8元，而定为10元，同样使消费者产生一种错觉，迎合消费者"便宜无好货，好货不便宜"的心理。

（2）声望性定价。此种定价法有两个目的：一是提高产品的形象，以价格说明其名贵名优；二是满足购买者的地位欲望，适应购买者的消费心理。

（3）习惯性定价。某种商品由于同类产品多，在市场上形成了一种习惯价格，个别生产者难于改变，降价易引起消费者对品质的怀疑，涨价则可能受到消费者的抵制。

4. 折扣定价

大多数企业通常都酌情调整其基本价格，以鼓励顾客及早付清货款、大量购买或增加淡季购买。这种价格调整叫作价格折扣和折让，具体包括以下几种。

（1）现金折扣：是对及时付清账款的购买者的一种价格折扣。例如"2/10净30"，表示付款期是30天，如果在成交后10天内付款，给予2%的现金折扣。许多行业习惯采用此法以加速资金周转，减少收账费用和坏账。

（2）数量折扣：是企业给那些大量购买某种产品的顾客的一种折扣，以鼓励顾客购买更多的货物。大量购买能使企业降低生产、销售等环节的成本费用。例如，顾客购买某种商品100单位以下，每单位10元；购买100单位以上，每单位9元。

（3）职能折扣（也叫贸易折扣）：是制造商给予中间商的一种额外折扣，使中间商可以获得低于目录价格的价格。

（4）季节折扣：是企业鼓励顾客淡季购买的一种减让，使企业的生产和销售一年四季能保持相对稳定。

（5）推广津贴：为扩大产品销路，生产企业向中间商提供推广津贴。如零售商为企业产品刊登广告或设立橱窗，生产企业除负担部分广告费外，还在产品价格上给予一定优惠。

5. 歧视定价（差别）

企业往往根据不同顾客、不同时间和场所来调整产品价格，实行差别定价，即对同一产品或劳务定出两种或多种价格，但这种差别不反映成本的变化。这主要有以下几种形式：

（1）对不同顾客群定不同的价格。

（2）不同的花色品种、式样定不同的价格。

（3）不同的部位定不同的价格。

（4）不同时间定不同的价格。

实行歧视定价的前提条件是：市场必须是可细分的且各个细分市场的需求强度是不同的；商品不可能转手倒卖；高价市场上不可能有竞争者削价竞销；不违法；不引起顾客反感。

5.4.3 渠道策略

营销渠道是市场营销组合中的重要因素。企业的绝大多数产品并不是直接从生产者销售给最终用户，而是要通过一定的渠道，经由执行不同功能的营销中介机构，如取得商品所有权的买卖中间商和不取得所有权的代理中间商和其他辅助机构，才能从生产领域进入消费领域。企业对营销渠道的选择和设计将影响其他营销决策，并涉及与其他企业的长期契约关系，因此，企业应重视渠道策略。

5.4.3.1 营销渠道的含义

1. 营销渠道

制造商在为市场提供产品的过程中要与营销中介机构发生业务关系，这些营销中介机构组成了营销渠道，也称为分销渠道或贸易渠道。营销渠道是由执行者把产品及其所有权从生产者转移到消费者的所有职能活动的组织机构组成的。广义的营销渠道包括了配合在一起生产、分销和消费某个生产商的货物或劳务的所有企业或个人，如供应商、生产商、代理中间商、辅助商以及最后的消费者和用户。有时人们也使用狭义的销售渠道的概念，其含义与我们给出的营销渠道的解释相同，主要包括商人中间商、代理中间商等，但不包括供应商。这里一般使用营销渠道的概念。

2. 渠道级数和渠道流程

在产品从生产者向消费者的转移过程中，任何一个推动了产品及其所有权向最终买主转移的过程的机构，都构成一个渠道级或渠道层次。于是中间机构层次的数目即渠道级数成为衡量渠道长度的一个指标。零级渠道也叫直接营销渠道，是由生产者直接销售给消费者，主要方式有上门推销、邮购和制造商自设商店等。一级渠道包括一个销售中介机构，在消费品市场上常是零售商，在工业品生产资料市场上常是销售代理商或经纪商。二级渠道包括两个中介机构。根据产品属性不同，它们可能是批发商或零售商，也可能是工业分销商和经销商。三级渠道包括三个中介机构，此外还有级数更高的营销渠道。组成营销渠道的各种机构是由几种类型的流程结合在一起的。渠道流程的类型包括：物流；产品实体的流程、商流；商品所有权发生实际转移的过程、资金流；货款的支付和流动过程、信息流；引导各个流程之间相互转换的信息传输过程、促销流程；广告、人员推销、宣传报道、促销等活动由一个单位对另一单位施加影响的过程等。

3. 利用营销中介机构的必要性和中间商存在的意义

生产者也能把产品直接销售给最终顾客，但他们仍把部分销售工作委托给中介机构，这说明中间商的存在有其必要性。而生产者从事直接销售活动就要受到诸多条件的限制。首先，许多生产者缺乏进行直接营销的财力资源。其次，为获得大规模分销的好处，直接营销要求许多生产者成为互补产品制造商的中间商。再次，那些有足够财力建立全国性销售网点的生产者会发现，若将这笔资金投在其主要业务上，将获得更大的投资收益。因此，利用中间商的目的就在于他们在市场营销经验、专业知识、联系范围和经营规模等方面，比生产企业具备优势，能更有效率地推动产品充分进入目标市场。销售渠道中出现中间商，提高了交易效率，降低了直接营销的交易成本，还有利于交易关系的简化和交易接洽次数的降低。而在中间商分化为批发商和零售商的情况下，提高交易效率的效果更为明显。

5.4.3.2 营销渠道的主要功能

营销渠道所承担的工作是把商品从生产者转移到消费者手中，弥补产品、服务从生产到消费的时间、地点和所有权缺口。营销渠道的具体功能包括：调研，即收集制订计划和进行交易时所需要的信息；促销，即沟通和传播有关供应品的信息；接洽，即寻找潜在的购买者并与之沟通；搭配，即按购买者的要求对货物进行调整、分级分等、装配包装等；谈判，即为转移所有权就货物价格和其他条件达成最后协议；实体分配，即运输和储存商品；融资，即为补偿渠道活动的成本而筹措和分配资金；承担风险，即承担与执行渠道任务有关的风险。

5.4.3.3 市场营销渠道的发展

由于经济结构的变动，各种销售机构不断成长或衰落，营销功能的结合方式也处于变化之中，新的渠道系统逐渐形成。于是，市场营销渠道表现出多种多样的发展类型。

1. 垂直营销系统

传统营销渠道是一种高度松散的网络，制造商、批发商和零售商松散地联结在一起，对于销售条件互不相让；而垂直营销系统则是由生产者、批发商和零售商组成的一种统一的联合体。某一渠道成员拥有其他成员的产权，或在相互之间存在着特约代营关系，或该渠道成员具备相当实力，别的成员愿意合作。垂直营销系统可由生产商支配，也可由批发商或零售商支配。这种系统的特征是，专业化管理和集中运作的网络组织，事先规定了必须达到的经营绩效和最佳市场效果，因此其有利于控制渠道行动，消除渠道成员之间为追求各自利益而发生冲突。

垂直营销系统的具体类型：

（1）公司式垂直营销系统。

这是由同一个所有者名下的生产部门和批发零售机构组成的系统。它包括两种形式，一是由大工业公司拥有和统一管理若干生产单位和商业机构，采取一体化经营方式；二是由大零售公司拥有和统一管理若干批发机构、工厂等，综合经营零售、批发和加工生产等业务。

（2）管理式垂直营销系统。

这是由某个规模大、实力强的企业出面组织的，不是以产权为联结纽带的营销系统。有的大制造商无法建立推销自己产品的全部商业机构，于是为实现其营销战略，往往在促销、库存管理、定价、商品陈列、购销业务等问题上与零售商协调一致，或给予帮助和指导，建立协作关系。

（3）契约式垂直营销系统。

这种系统近年来的发展引人注目，它是由各自独立的公司在不同的生产和分配水平上组成的以契约为基础的营销系统，目的是统一行动，求得比独立行动时更好的经济和销售效果。其具体形式包括以下三种：a. 批发商倡办的自愿连锁组织。这是由批发商组织独立的零售商成立的自愿连锁组织，通过推行销售活动的标准化和集中采购，帮助他们和大型连锁组织抗衡；b. 零售商合作组织。这是由独立的中小零售商组成的合作组织，集中采购，联合开展广告宣传，然后按成员的购买量比例分配利润的做法；c. 特许经营组织。这是由生产与市场营销系统中的一些机构与其中某个机构组成的联合体。具体方式有三种：一是由制造商倡办的特许经营系统，如汽车行业中的代理商虽是独立企业，但须遵守各项销售与服务规定；二是制造商倡办的批发商特许经营系统，如饮料行业；三是服务企业倡办的零售商特许经营系统，如汽车出租业、快餐业等。

2. 水平营销系统

水平营销系统是由两个或多个公司联合开发的营销机会（也叫共生营销），难以通过横向联合组成的营销系统。有时某些企业缺乏资本、实力、生产或营销资源，难以独自承担风险，而与其他企业进行短期或长期的联合则可发挥协同作用。

3. 多渠道营销系统

许多工商企业采取多渠道系统进入同样的或不同的市场。多渠道的零售组织也被称为商业联合集团。这种营销系统之间既有合作也有竞争，可扩大企业的市场占有率。有的生产企业还发展起直接市场营销系统，除通过中间商推销产品之外，另外自设销售机构直接销售给消费者，以服务不同层次的顾客。

5.4.3.4　影响营销渠道选择的内容

确定营销渠道将影响企业营销策略组合的其他方面，而且渠道一经确定，本企业与其他企业的关系在相当长的一段时间里就基本确定下来了。不仅如此，相关企业之间会存在利益冲突，并形成在渠道竞争中的摩擦。而且，中间商的加入将使企业对市场的控制能力发生重大改变。因此，企业在选择营销渠道过程中，应充分考虑各种影响因素，合理做出决策。影响企业营销渠道选择的因素有：

1. 产品特性

产品特性是指产品的单价、技术服务标准、物理特性等。单价高的产品一般由公司的推销员销售，较少通过中间商，因为高价带来的高额利润足以弥补直接销售的费用。技术服务难度大的产品，企业可选择短而窄的渠道，满足市场对推销人员的技术要求。体积大、重量大的产品适合采用短渠道销售，以避免重复装卸搬运，增加物流成本。为减少损失，易损、易腐的产品要求较直接的营销。款式、花色变化快的流行品则需选择短而宽的销售渠道，利用较多的中间商迅速占领市场，力争及时售出。非标准化的产品需由顾客直接定制或特制模型，并由企业的销售代表直接销售。至于新产品的上市更需要生产者自己付出大量的营销努力。

2. 中间商特性

渠道的设计和选择，应当反映不同类型的营销中介机构在执行任务时的特点、营销中介机构因其从事促销、谈判、储存、交际和信用方面的能力不同，支出的费用水平存在差别，渠道系统的构成和配备要扬其长、避其短。

3. 竞争特性

渠道的选择必然受到竞争者使用的渠道的制约。有时激烈的竞争不可避免，企业只能与对手争夺现有渠道,有时为避开竞争,可改变销售方式,采用不同级数的销售渠道和不同类型的营销系统。

4. 顾客特性

消费者的购买习惯、市场分布的集中程度、需求容量的大小都制约着渠道的选择。购买量小、购买次数多,就要有较长的渠道,因为少量频繁的订货成本过高。目标市场集中可选择短渠道。市场容量大、潜在购买者多,可以较长的渠道通过中间商扩大销售量。

5. 企业自身条件

企业的规模实力决定了它的市场规模及其获得所需的经销商能力。企业生产能力强、资金雄厚,则选择渠道的余地相对较大。产品组合宽度大,直接销售的能力就越大。产品组合越深,采用独家经销或少量有选择的中间商就越受益。产品组合的关联度大,所采用的营销渠道就越相似。企业的销售力量强,可选择较短的渠道。营销战略对渠道也有影响,若要控制销售渠道,往往就会采用短而窄的渠道,并以控股、联营、协议等方式达到目的。

6. 环境特点

经济的景气状况和宏观管理的政策法规会影响渠道选择。经济状况不佳时,渠道选择的成本约束力量更强一些,须用最经济的方法售出产品,这就要用短的渠道。有关法律规定,特别是反对垄断的规定对渠道的安排会形成较严格的制约。

5.4.4 促销组合决策

现代市场营销不仅要求企业提供满足消费者需要的产品,制定有吸引力的价格,使产品易于为目标顾客所接受,而且要求企业塑造并控制其在公众中的形象,设计并传播产品及产品给目标顾客带来的利益等各方面的信息,即进行沟通和促销活动。在现代营销活动中,每一个企业都不可避免地担负着信息传播者和促销者的角色。

5.4.4.1 促销概述

促销是指企业将其产品及相关的有说服力的信息告知目标顾客,说服目标顾客作出购买行为而进行的市场营销活动。促销活动与其他市场营销活动有所不同。企业的产品开发、产品定价、渠道选择等市场营销活动,主要是在企业内部或者在企业与市场营销伙伴之间进行的。而企业在开展产品促销活动过程中,要向其目标顾客传播有说服力的产品信息,说服顾客前来购买产品,也就是说,促销活动是在企业与其目标顾客或社会公众之间进行的。促销是一种沟通活动。沟通是两个或两个以上的人之间的一种分享信息的过程,其目的是谋求信息、劝说、指导或娱乐。企业的促销活动实质上是企业作为信息的沟通者,发出作为刺激物的产品及相关信息,并借助于某种渠道,把信息传播到目标顾客,以便与之共同分享,从而试图影响目标顾客购买态度与行为的过程。促销是一种说服性的沟通活动。所谓说服性沟通是指沟通者有意识地传播有说服力的信息,以期在特定的沟通对象中唤起沟通者预期的意念,试图有效地影响沟通对象的行为与态度。促销在把产品及相关信息传播给目标顾客的同时,试图在特定目标顾客中唤起营销者预期的意念,使之形成对产品的正面反应，促销活动的目的在于影响目标顾客的行为与态度。

现代市场营销要求企业必须与其顾客、供应商、金融机构、政府和社会公众进行广泛、迅速和连续的信息沟通活动。在企业与其顾客、供应商、金融机构、政府、社会公众进行的信息沟通活动中，企业最为关注的是企业与其目标顾客之间进行的说服性沟通活动。促销是企业整体市场营销活动的组成部分。在行业、企业、产品飞速发展的今天，在瞬息万变的国际国内市场中，在竞争日益激烈的环境下，生产者与消费者或用户之间的信息沟通对于企业的生存与发展日益显示出关键性作用，促销活动成为企业营销活动的重要组成部分，促销决策成为企业营销决策的重要内容。促销的作用，概括起来有以下几个方面：

1. 提供信息情报

在产品正式进入市场之前，企业必须把有关的产品信息情报传递到目标市场的消费者、用户和中间商那里。对消费者或用户来说，信息情报的作用是引起他们的注意；对中间商来说，则是为他们采购适销对路的商品提供条件，调动他们的经营积极性。显然，这是销售成功的前提条件。信息情报的传递应贯穿于企业产品生命周期的各个阶段，因为在周期的每一阶段，企业的战略重点及产品特色都会随着市场需求的变化及企业营销战略的调整而有不同的特点，这些特点应及时地传递到目标市场。

2. 引起购买欲望，扩大产品需求

企业不论采取什么促销方式，都应力求激发起潜在顾客的购买欲望，引发他们的购买行为。有效的促销活动不仅可以诱导和激发需求，在一定条件下还可以创造需求，从而使市场需求朝着有利于企业产品销售的方向发展。当企业产品处于低需求时，可以扩大需求；当需求处于潜伏状态时，可以开拓需求；当需求波动时，可以平衡需求；而当需求衰退时，促销活动又可以吸引更多的新用户，保持一定的销售势头。

3. 突出产品特点，建立产品形象

在竞争激烈的市场环境下，消费者或用户往往难以辨别或察觉许多同类产品的细微差别。这时，企业就可以通过促销活动，宣传本企业产品较竞争企业产品的不同特点及会给消费者或用户带来的特殊利益，在市场上建立起本企业产品的良好形象。

4. 维持和扩大企业的市场份额

在许多情况下，一定时期内的企业销售额可能出现上下波动，这将不利于稳定企业的市场地位。这时，企业可以有针对性地开展各种促销活动，使更多的消费者或用户了解、熟悉和信任本企业的产品，从而稳定乃至扩大企业的市场份额，巩固市场地位。

5.4.4.2 促销组合策略

1. 促销组合的构成要素

促销组合是为了达到某一预定的销售量水平，企业可以采用的各种促销手段或促销工具的组合。同"4PS"一样，促销组合须体现整体决策思想，形成完整的促销决策。

促销组合由四种主要的促销工具组成：广告、销售促进、人员推销与公关宣传。

广告——广告是由特定的广告主,在付费的原则下,通过大众传播媒体所进行的商品或服务信息的有说服力的传播活动。

销售促进——销售促进由各种鼓励购买或销售商品(服务)并在短期内即可见效的策略组成。

人员推销——在与一个或更多个可能的购买者的交谈中,以口头陈述方式促成交易。

公关宣传——企业以非付款方式通过第三者在报刊、电台、电视、会议、信函等传播媒体上发表有关企业产品的有利报道、展示或表演,刺激人们对商品、服务的需求。

企业的市场营销促销组合就是由上述四种促销工具所构成的有机组合。促销组合最佳化是企业促销决策的核心问题。促销决策的富有挑战性的问题是如何找到一个最佳的促销组合。确定最佳促销组合,实质上就是企业在促销组合的各个构成要素之间合理分配促销预算的问题。很明显,促销组合中的每一构成要素互相具有部分的替代性,这些要素作为促销工具都可以刺激顾客的购买欲望与购买行为,只是在程度上有所区别而已。因此,市场营销管理者必须努力协调各种促销工具的使用,以不断提高企业市场营销沟通效益。

每种促销工具——广告、销售促进、人员推销和公关宣传,都各有其独有的特性,这是导致每种促销工具的影响与效果差异的主要原因。

(1)广告的特性。

广告作为一种主要的促销工具,相对于其他促销工具,显示出下述鲜明的特性:

①公开展示。广告是一种高度公开的信息沟通方式,它的公开性赋予产品一种合法性。

②普及性。普及性赋予广告突出的"广而告之"的特点,在短时期内可以同众多的目标消费者沟通。

③增大的表现力。广告可以借用各种艺术形式、手段与技巧,提供将一个企业及其产品感情化、性格化、戏剧化的表现机会,增大其吸引力与说服力。

④非人格化。广告是非人格化的沟通方式,其非人格化决定在沟通效果上,广告不能使消费者直接完成行为反应。在广告被消费者接收的时间与消费者完成购买的时间之间往往存在时间差。在这一时间里,消费者将受到其他广告的冲击,从而可能改变购买意图。

广告的上述特性决定了广告一方面适用于创立一个企业或产品的长期形象,另一方面,它能促进快速销售。从其成本费用看,广告就传达给处于地域广阔而又分散的广大消费者而言,每个显露点相对只需较低的成本,因此,广告是一种较为有效并被广泛使用的沟通促销方式。

(2)人员推销的特点。

①直接沟通。推销人员是以一种直接、生动、与客户相互影响的方式进行推销活动。推销人员在与客户的直接沟通中,通过直觉和观察,可以探究客户的动机和兴趣,从而有的放矢地调整沟通方式。

②培植效应。允许推销人员与客户在交易关系的基础上,建立与发展其他各种人际沟通关系,这即人员推销的培植效应。培植效应使得人员推销作为个人沟通方式,可以得到购买者更多的理解。

③直接的行为反应。人员推销可以产生直接反应，即使客户完成实际购买。

与人员推销的显著特性相关联的是人员推销手段的高成本。人员推销是一种昂贵的促销工具。

（3）销售促进的特征。

①迅速的召唤作用。销售促进可以迅速地引起消费者注意，把消费者引向实际购买。

②强烈的刺激作用。通过采用让步、诱导或赠送的办法带给消费者某些利益，使销售促进具有强烈的刺激作用。

③明显的邀请性。销售促进以一系列具有短期诱导性的手段，显示出邀请顾客前来与之交易的倾向。

在企业促销活动中，运用销售促进方式可以产生更为强烈、迅速的反应，快速扭转销售下降的趋势。然而，它的影响常常是短期的，所以，销售促进不适用形成产品的长期品牌偏好。

（4）公关宣传的特点。

①高度可信性。由于公关宣传是由第三者进行的企业或产品的有利报道或展示，所以比起广告来，其可信性要高得多。

②消除防卫。购买者对推销人员和广告或许会产生回避心理，而公关宣传是以一种隐避、含蓄、不直接触及商业利益的方式进行信息沟通，从而可以消除购买者的回避、防卫心理。

③新闻价值。公关宣传具有新闻价值，可以引起社会的良好反应，甚至产生社会轰动效果，从而有利于提高企业的知名度，促进消费者发生有利于企业的购买行为。

企业运用公关宣传手段也要开支一定的费用，但这与广告或其他促销工具相比要低得多。公关宣传的独有性质决定了在企业促销活动中，如果将一个恰当的公共宣传活动同其他促销方式协调起来，可以取得极大的效果。

2. 促销组合的确定

促销组合的确定是以影响促销组合的因素分析为基础的。促销组合的一般影响因素包括产品种类、促销目标、促销策略、产品生命周期阶段等。

（1）产品种类因素。

不同的促销方式对不同的产品种类会产生不同的效果。如对消费品来说，最重要的促销方式是广告，其次是销售促进，然后是人员推销，最后是公关宣传。而对于产业用品来说，企业分配促销预算的次序，首先是人员推销，其次是销售促进，最后是公关宣传。由此可见，由于消费品和产业用品各具不同的特征，所以必须采用不同的促销方式。

上述促销组合格局的形成或许会使营销管理者误认为广告在产业用品市场营销中不重要，人员推销在消费品市场营销中无足轻重。的确，在产业用品的市场营销中，人员推销通常比广告更具影响力，尤其是当产品比较复杂时，但是，广告在产业用品营销中也执行着通知、提醒、建立理解、提供线索等十分重要的职能，扮演着十分重要的角色。而在消费品的市场营销中，适时、有效的人员推销也可以增大说服力、劝导消费者最终作出预期的反应行为。因而，具体问题具体分析才是在确定最佳促销组合时应采取的态度。

(2) 促销目标因素。

企业在不同时期及不同的市场环境下所执行的特定促销活动，都有特定的促销目标。促销目标对促销方式会产生直接影响，因为相同的促销方式在实现不同的促销目标上，其成本效益是不同的。广告、销售促进和公关宣传在建立购买者知晓方面，比人员推销的作用显著，但购买者购买与否以及购买多少，广告和公关宣传的作用不甚显著，而人员推销的作用则十分显著。由此可见，促销方式同促销目标的关系是密不可分的。

(3) 促销策略因素。

促销策略对促销方式的选择有直接的影响。企业根据营销战略的要求，可以通过"推动"和"拉引"两类策略思想去规划促销策略。推动策略是利用人员推销与中间商促销推动产品——从制造商推向批发商，从批发商推向零售商，直至最终推向消费者和用户。拉引策略则着重于最终消费者，花费大量资金开展广告活动和促销活动，以促进消费者形成需求。企业对推动策略和拉引策略的偏好各有不同，这种策略选择显然会影响促销资金的分配，并影响促销方式的选择。

(4) 产品生命周期阶段因素。

产品所处的生命周期阶段对于促销组合决策会产生影响，因为对处于生命周期不同阶段的产品，促销侧重的目标不同，所采用的促销方式亦有不同。当产品处于生命周期的导入期时，需要提高知名度，采用广告和公关宣传方式可以获得最佳效果，销售促进也有一定作用。在成长期，企业的促销目标应有一个战略性转变，促销重点应从一般性的介绍转而着重宣传企业产品的特色，树立品牌形象，使消费者逐渐形成对本企业产品的偏好。因而，在这个阶段，广告和公关宣传仍需加强，销售促进相对可以减少。在成熟期，竞争对手日益增多，为了与竞争对手相抗衡，保持已有的市场占有率，企业必须增加促销费用。但一般会削减广告预算，因为在此时期大多数目标顾客已经对产品有所了解，只需比较性和提示性广告，而销售促进手段又逐渐起着重要作用。在衰退期，企业应把促销规模降到最低限度，以保证足够的利润收入。在这一阶段，广告仅起提示作用，公关宣传活动可以全面停止，人员推销可减至最小规模，然而，销售促进的某些活动可以继续展开。

由此可以看出，促销方式因产品生命周期阶段的不同而不同，换言之，不同的促销方式在产品生命周期的不同阶段会产生不同的作用。

本章小结

1. 市场包含了三个主要因素，即有某种需要的人、为满足这种需要的购买力和购买欲望，用公式来表示就是：市场＝人口＋购买力＋购买欲望。

2. 市场营销（marketing）定义为：企业为从顾客处获得利益回报而为顾客创造价值并与之建立稳固关系的过程。

3. 市场营销环境包含着一切可能影响企业目标市场有效运行的参与者及外部力量，它们可分为微观环境与宏观环境两种，并从不同方面、在不同意义上、以不同的方式左右着企业营销目标的实现。

4. 顾客需求的三个核心内容：（1）需要、欲望和需求；（2）产品、服务和体验；（3）价值和满意。

5. 目标市场（target market），就是营销者准备通过为之提供产品和服务满足其需要和欲望的细分市场。在细分市场的基础上正确选择目标市场，是目标市场营销成败的关键环节。选择和确定目标市场，明确企业的具体服务对象，关系到企业任务、企业目标的落实，是企业制订营销战略的首要内容和基本出发点。

6. 营销策略组合由产品策略、价格策略、渠道策略和促销策略四个方面构成。

本章练习

一、简答题

1. 企业的市场营销活动包括哪些内容？
2. 企业的微观营销环境和宏观营销环境有哪些？
3. 探讨市场营销的过程。
4. 企业如何选择目标市场？
5. 企业如何进行有效的营销组合策略？

二、案例分析

苹果：做自己的产品让商家为品牌营销买单

2012年11月30日，加利福尼亚州苹果公司宣布，WLAN版iPad mini及配备Retina显示屏的第四代iPad将于12月7日（周五）在中国内地上市，iPhone 5则将于12月14日（周五）在中国内地上市。

WLAN版iPad mini 16GB机型建议零售价为人民币2 498元，WLAN版第四代iPad 16GB机型建议零售价为人民币3 688元。在中国内地，iPad mini和第四代iPad将通过Apple Store在线商店和指定的Apple授权经销商，以及通过申请预定的方式在Apple Store零售店销售。

iPhone 5的16GB机型建议零售价为人民币5 288元。在中国内地，iPhone 5将通过Apple Store在线商店和指定的Apple授权经销商，以及通过申请预定的方式在Apple Store零售店销售。此外，iPhone 4S售价为人民币4 488元起，iPhone 4售价为人民币3 088元起。

有意思的是，除了公布相关信息外，苹果官方再无放出任何信息，也未做其他营销。然而，包括运营商、经销商甚至水货商在内的整个苹果产品产业链却主动承担起营销的重责。

产业链主动提供免费营销

小型手机商铺中，已经早早挂出了iPhone 5预订的自制"广告牌"。而其周围类似的个体店铺，也都有相似的牌子。"只要一到货，马上改成现货销售，这可是苹果零售店都提供不了的服务。"

值得注意的是，苹果官方并未在这种渠道内投入一分一毫的营销费用，而各类手机销售专业市场，已然变成了一片"行货 iPad mini、iPhone 5 预售"的"海洋"。

事实上，在"小打小闹"个体经销商面前，积极为苹果摇旗呐喊的运营商们才是真正的"大户"。"苹果会投入一定比例的费用协助运营商推销 iPhone 5，但运营商的投入更大。"一位不愿具名的运营商人士向南都记者透露，在苹果宣布 iPhone 5 开售时间之前，公司一次又一次地开会、做方案，目的是一定要抢在对手之前，推出这款产品，至少能提前推出预约，在他们看来也是莫大的成功。按照官方公布的信息，中国联通于 12 月 3 日起开通 iPhone 5 合约机预约通道，而中国电信则突然宣布，12 月 2 日上午 9 点就开通全国预约，比联通宣布时间早一天。

"炒货""抢客"成驱动力

华捷咨询电子消费行业分析师李元凯认为，电子消费品历来给人的感觉是更新速度快，一买到手就跌价。但 iPad mini 和 iPhone 5 是业内罕有具备溢价能力的产品，因为苹果的每一款产品，都是通过精心设计而成的，既时尚又有个性，这在同行业中是其他企业无法比拟的，明显的差异化，为苹果塑造了显著的竞争优势。只要有利可图，就会有无数的商家主动为他们打广告。而对于运营商而言，"利"并不是主要驱动力。"年底是争夺高端客户的关键时刻。相对于未引入 iPhone 5 的中国移动，中国电信和中国联通处于'挖用户'的阶段，而 iPhone 5 就是最好的工具。"尽管与苹果没有官方上的合作，但中国移动亦投入资金主动增添了适合于 iPhone 5 的微型 SIM 更换业务。换句话说，由于争夺用户的需要，移动也加入了为苹果产品提供免费营销的行列。除了溢价能力外，产品定位也被视作苹果带动"免费营销"的撒手锏。尽管没有 iPhone 5 那么吃香，但 iPad mini 也是市场上的抢手货。苹果有关人士向南都记者表示，iPad mini 强调便携性，并没有说面向何种消费人群。他以自己为例，iPad 更多时候在固定场所使用，但当搭乘公共交通工具或旅游时，轻便的 iPad mini 更适合。言下之意，在设计 iPad mini 之时，便考虑到与 iPad 之间的"左右互搏"，而不同的使用需求很好地化解了该问题，并将 iPad mini 成功推向"溢价品"的行列。

问题：

请运用市场营销知识，从产品、价格、渠道、促销等方面，分析苹果公司的营销策略及其成功的原因。

第六章　现代企业人力资源管理

学习目标

1. 掌握人力资源管理的概念和功能，了解人力资源选拔的方法。
2. 描述人力资源管理的六大模块，理解内部提升与外部招聘的优劣势。
3. 辨识人力资源与人力资本的区别，掌握薪酬管理与绩效管理的主要内容。
4. 总结人力资源战略与企业战略的匹配方式，领会人力资源培训的方法。

素养目标

本章以人力资源管理知识为基本内容，培养适应市场经济发展，具有良好人文素养、职业素养和职业技能，专业知识扎实、社会适应能力强，具有一专多能的知识结构，能满足现代企业人力资源管理运作需要的中高级专业人才。

本章导读

现代企业管理是以人为核心的管理。人力资源在现代企业管理各种资源中处于支配性地位，科学、有效地甄选、开发、激励人力资源，是实现现代企业经营目标的关键。本章着重介绍人力资源战略规划、人力资源的招聘与甄选、培训与开发、薪酬管理、绩效管理、员工关系管理等内容。

案例导入

得克萨斯州仪器公司的成功秘诀

美国得克萨斯州仪器公司是一家全球化的半导体制造商，公司在数字信号处理设备的设计、生产方面具有世界领先地位。公司的经营目标是实行以价值增长、财务稳定为核心的战略，努力成为位居全球第一的电子公司。得克萨斯州仪器公司一直把人力资源看成是企业的一项巨大资产，因此被公认为是人力资源管理领域的"带头人"。人力资源副总裁帮助公司认识到：对员工技术能力的开发是确保企业长期战略成功的关键，同时，公司的各项经营活动都要接受三个维度的评价，即经营成功与否，财务是否改善，人是否适应。

公司的三大主导目标之一就是加强员工培训与开发。为确保人力资源能在企业战略中做出贡献，公司采取了一系列措施，比如，提前进行员工培训与开发、共同制订个人开发计划、鼓励员工主动参加某些课程的学习、鼓励员工在公司内部进行流动等。员工培训与开发计划不仅提高了员工对公司的满意度，而且为公司发展储备了管理人才。除此之外，公司十分重视通过招募来吸引适合公司需要的新员工。为此，公司花费了大量的资源，在国际互联网上创建了一个专门的招募网页，以便吸引顶尖人才。

为了确保公司具有一支多元化的员工队伍，公司对人力资源管理中的多元化问题和道德伦理问题进行了研究。为此，公司建立了一个多元化的网络，并制订了相应的监督计划；鼓励决策的道德化，并保持与公司价值观的一致性。在与员工的信息沟通上，人力资源部门也积极帮助员工理解公司对伦理道德的要求。

（资料来源：李燕萍. 人力资源管理［M］. 武汉：武汉大学出版社，2011.）

问题： 得克萨斯州仪器公司的成功说明了什么？

6.1　企业人力资源管理概述

人力资源管理是企业管理的中心，它关系着企业的生存和发展，决定着企业的成败与命运。这是因为企业中生产、供销、财、物等各个环节的正常运行，都要靠人来完成。机器要工人来开动和操纵，原材料要供销人员来订购，产品也要销售人员的工作才能推销出去。只有抓住"人"这个中心环节，企业才能维持正常的运转。但是，仅仅维持正常的运转是远远不够的。作为一个以经济利益最大化为目标的经济组织，企业只有在激烈的市场竞争中赢得竞争优势才能持续发展，而人力资源管理正是企业增强核心竞争力、赢得竞争优势的必然途径。

6.1.1　人力资源的含义

当代著名的管理学家彼得·德鲁克在其《管理的实践》一书中谈到"人力资源是所有资源中最有生产力、最多才多艺，也是最丰富的资源""人力资源有一种其他资源没有的特性：具有协调、整合、判断和想象的能力，这是人力资源唯一的特殊优越性"，这种观点的意思是和其他资源相比较，人力资源唯一的区别就是它是人，并且是企业必须考虑的特殊资源。一般认为人力资源主要包括两部分：一部分是现实的人力资源，即现在就可以使用的人力资源，由劳动适龄人口中除因残疾而永久丧失劳动能力者外的绝大多数适龄劳动人口和老年人口中具有一定劳动能力的人口组成，包括正在使用的人力资源和暂时未被使用的人力资源两种；另一部分是后备人力资源，即现在还不能使用但未来可以使用的人力资源，主要由未成年人口组成。

> **知识拓展**
>
> **人力资本理论**
>
> 20世纪60年代，美国著名的经济学家、诺贝尔经济学奖得主西奥多·舒尔茨首次创立了人力资本理论，强调人力资本是促进国民经济增长的最为关键的要素，被后人称为"人力资本理论之父"。他的人力资本理论主要包括：其一，人的知识和技能被认定为是资本的一种形态，故为人力资本，人力资本是以劳动者的质量或技术知识、能力表现出来的资本，是与物质资本相对应的，两者共同构成国民财富。其二，人力资本同其他实体性资本一样需要通过投资来增长。而这些投资包括教育投资、医疗保健投资和劳动力迁徙投资等。其三，人力资本投资收益率是人力投资在国民收入增长额中所占的比率。人力资本的未来收益包括个人的预期收益和社会的预期收益，要大于它的成本，即大于对人力资本的投资。
>
> （资料来源：李燕萍. 人力资源管理［M］. 武汉：武汉大学出版社，2011.）
>
> **思考**：人力资源和人力资本相同吗？为什么？

6.1.2 人力资源管理的概念及功能

1. 人力资源管理的概念

人力资源管理作为企业的职能性管理活动，其概念的提出最早源于著名的社会学家怀特·巴克于1958年出版的《人力资源功能》一书。该书首次将人力资源管理作为管理的普遍职能来加以论述。美国著名的人力资源管理专家雷蒙德·A·诺伊在其《人力资源管理：赢得竞争优势》一书中提出：人力资源管理是指影响雇员的行为、态度及绩效的各种政策、管理实践以及制度。佳里·德斯勒在《人力资源管理》一书中指出：人力资源管理是指为了完成管理工作中涉及人或人事方面的任务所需要掌握的各种概念和技术。美国学者约翰·M·伊万切维奇在《人力资源管理》一书中指出：人力资源管理即有效管理工作中的人专门负责与人有关的问题。

综合以上观点，我们认为，人力资源管理是基于实现组织和个人发展目标的需要，有效开发、合理利用并科学管理组织所拥有的人力资源的过程。

2. 人力资源管理的功能

人力资源管理的功能是指它自身应该发挥的作用，主要体现在以下四个方面：吸纳、维持、激励和开发。

吸纳功能是指企业让杰出的人才加入本企业。吸纳功能是基础，为其他功能的实现提供条件。

维持功能是指企业让已经加入的员工继续留在本企业。维持功能是保障，只有将吸纳的人员保留在企业中，激励和开发功能才会有稳定的对象，其作用才会持久。

激励功能是指企业让员工在现有的工作岗位上创造出优良的绩效。激励功能是核心，是其他功能发挥作用的最终目的，如果企业不能激励员工创造出优良的绩效，其他功能的实现就失去了意义。

开发功能是指企业让员工保持能够满足当前及未来工作需要的知识和技能。开发功能是手段，只有让员工掌握了相应的技能，激励功能的实现才会具备客观条件。

6.1.3 人力资源管理的目标

德鲁克认为，组织的目的是使平凡的人做不平凡的事。考察一个组织是否优秀，要看其能否使每一个普通员工取得他所能取得的更好绩效，能否激发每一个人的长处。组织人力资源管理水平的高低，对企业的发展、地区和国家经济的繁荣、国家的兴旺发达都有着重要的意义。具体来说，人力资源管理的目标如下：

1. 取得员工最大的价值

人力资源管理的首要目标，就是充分调动员工的积极性，做到事得其人、人尽其才、人事相宜，取得最大的价值。根据价值工程理论：V（价值）$= F$（功能）$/C$（成本），价值等于功能与成本之比。若使 V 最大，有四种办法：其一是功能提高，成本不变；其二是成本降低，功能不变；其三是成本提高，功能提得更高；其四是功能提高，降低成本。其中第四种办法最为理想，被称作大价值、高功能、低成本。人力资源管理的根本目标就在于此，即使人的价值达到最大化，使人的能力得到最大的发挥。

2. 发挥员工最大的主观能动性

人的主观能动性的大小，受到许多因素的影响。对于企业的员工而言，其主观能动性主要受以下两方面因素的制约：其一是企业价值观念对员工的影响，其二是激励因素的强弱对员工行为的影响。人力资源管理的主要目标就是塑造好组织良好的价值观念，制定各种激励制度，激发每个组织成员最大的主观能动性。

6.1.4 人力资源管理的六大模块

人力资源管理活动包括以下六项内容，这些内容构成了**经典的人力资源管理六大模块，分别是人力资源战略与规划、员工招聘与甄选、员工培训与开发、绩效管理、薪酬管理、员工安全及员工关系管理**，人力资源管理的这六大模块是本章后续所要讨论的主要内容。

人力资源战略与规划是企业根据其总体战略目标，分析经营环境的变化对人力资源供给与需求的影响，用科学的方法预测未来的人力资源，制定相应的战略与规划。本章的第二小节我们将介绍人力资源战略与规划的制定和实施过程。

员工招聘与甄选是根据人力资源规划而进行的招聘、选拔、录用、配置等工作。招聘与甄选的目的在于科学而有效地找到企业需要的人才。本章的第三小节我们将介绍员工的招聘原则与途径、员工的甄选依据与方法等问题。

员工培训与开发是如何培养和提升员工的知识、技能、素养等，员工培训与开发的最终目的是通过提高员工的知识和技能等水平去改进企业绩效。本章的第四小节我们将介绍员工培训的内涵、作用、原则、方法、工作流程和培训评估等问题。

绩效管理的目的在于激励员工继续恰当地行为并改正不恰当的行为，企业通过绩效管理衡量员工的工作绩效，并将绩效评价的结果作为员工晋升、降级、加薪、解聘等的依据，为管理者提供决策参考。本章的第五小节我们将介绍绩效管理的概念、内涵、地位与作用等内容。

薪酬管理是对员工进行工资、福利、奖金、津贴及其他柔性薪酬的设计。本章的第六小节我们将介绍薪酬与薪酬管理的概念、薪酬水平和薪酬结构等内容。

员工安全及员工关系管理是企业为员工营造健康向上的工作环境的手段，企业通过建立保障员工健康和安全的方案，在企业中建立员工和组织的有效沟通渠道。在本章的第七小节，我们将为大家介绍员工的健康与安全、员工关系管理等内容。

6.2 企业人力资源战略与规划

美国哈佛大学教授、著名的战略管理专家迈克尔·波特认为，企业通过人力资源管理获得竞争优势要以战略的目标进行管理。这意味着企业要把人力资源管理作为优先级来考虑，并将其融入企业的战略与任务中。优秀的企业会将人力资源战略和企业战略相匹配。

6.2.1 人力资源战略的制定与实施过程

企业人力资源战略不是凭空产生的，是企业基于对内外部环境的变化分析及企业战略的匹配等因素的考量基础上的决策结果。人力资源的战略制定由以下步骤构成：

1. 分析企业的内外部环境

外部环境的分析主要涉及以下内容：企业所处地域的经济政策、经济形势及发展态势，跨国企业还要考虑全球的经济形势、相关国家的政策、当地文化与本国文化的差异；企业所处行业的生命周期、发展现状与未来发展趋势；本企业在行业中所处的地位、市场份额；主要竞争对手的发展现状及人力资源现状，与竞争对手相比企业的优势与劣势；潜在竞争对手的发展现状与人力资源现状等。

内部环境分析主要涉及以下内容：企业的总体发展战略；企业文化；企业的发展历史及发展现状；企业的人力资源现状等。尤其要分析企业人力资源的供需现状与发展趋势，企业可用于人力资源开发的资本资源、技术资源、信息资源等的现状。另外，由于人力资源战略具有长远性的特点，企业还要分析员工的期望，当员工的期望得到满足时，他才会愿意继续留在企业中发展，人力资源队伍才会相对稳定。

2. 人力资源战略的制定

人力资源战略目标的确定。人力资源战略是根据企业的发展战略、企业的人力资源现状与趋势、员工的期望等综合确定的。制定人力资源战略的首要任务是确定人力资源战略目标,人力资源战略目标是企业对未来的人力资源的数量、质量、结构、劳动生产率、企业绩效、员工士气与态度、企业人力资源政策等的高层次期望。

战略目标的分解。人力资源战略总体目标确定后要将目标进行层层分解,分解到分公司(子公司)、部门和员工个人,以便确定分目标,分目标的确定要根据分公司(子公司)、部门和员工个人的实际条件与能力,要具备可行性、可操作性和可控性。

人力资源保障计划的制订。人力资源保障计划是在分目标的基础上制订的,保障人力资源战略实施的更为详细的保证。它对人力资源战略的实施从人力资源、物力资源、信息资源、财力资源、管理模式、时间等方面提供了必要的保障。企业高层必须对各部门、各层级的战略计划进行综合平衡,对企业的资源进行合理配置。

3. 人力资源战略的实施

人力资源战略所形成的方案,最终还要在方案执行阶段付诸具体实施。方案实施阶段的关键问题在于必须确保要有专人负责既定目标任务的执行,并且这些人要拥有保证这些目标实施的必要权力和资源。

4. 人力资源战略的评估

人力资源战略的评估包括过程评估和结果评估。过程评估主要从以下方面进行:企业内外环境的分析是否充分、客观;人力资源战略的制定过程是否经过充分酝酿;人力资源战略总目标和分目标是否符合企业实际,是否有衡量的标准。结果评估主要从以下方面进行:根据人力资源战略制订的计划是否完成;结果是否达到了目标的期望和标准。

6.2.2 人力资源战略与企业基本战略的匹配

迈克尔·波特将企业基本战略划分为总成本领先战略、差异化战略、市场聚焦战略三大类(表6-1),人力资源战略作为企业的职能战略,需与企业的基本战略相匹配,才能有效发挥其职能。

表6-1 人力资源战略与企业基本战略的匹配

企业基本战略	人力资源战略
总成本领先	强调员工技能的高度专业化; 企业利用高薪吸引并培养高质量的员工队伍; 实行以员工为中心的绩效管理,绩效工资浮动比例较大; 控制人工成本,严格控制员工数量; 薪酬管理注重内部公平性

续表

企业基本战略	人力资源战略
差异化	外部招聘数量远大于内部晋升数量； 为员工提供职业发展的平台； 薪酬管理注重外部公平性； 绩效管理注重结果绩效指标、团队绩效指标
市场聚焦	注重授权和员工自主决策； 注重培养员工的归属感； 注重团队打造； 员工培训侧重于产品知识、技术领域

（资料来源：根据《人力资源管理》，李燕萍主编，武汉大学出版社，2011年改编）

6.2.3 人力资源规划过程

随着市场变化的速度加快、市场情况的愈加复杂，企业必须对市场出现的稍纵即逝的机会做出快速反应。就人力资源管理工作而言，企业必须对人力资源冗余或匮乏所带来的问题做出提前预测和应对。人力资源规划是一个动态的过程，涉及企业对人力资源需求的预测和对人力资源供给现状的评估，以及在此基础之上对企业人力资源的数量、种类、质量等作出的调整。科学而有效的人力资源规划过程包括环境评估、企业人力资源需求预测与供给现状分析、企业人力资源规划制定、企业人力资源规划执行四个环节。

环境评估。人力资源规划的首要环节是对企业发展及人力资源管理工作所处的环境进行有效评估，企业需要对自身发展所处的技术环境、经济环境、政策环境、行业环境、企业技术和设备、企业规模、企业经营方向等进行现状分析与发展预测，使其制定的人力资源规划和一定的环境相匹配。

企业人力资源需求预测与供给现状评估。人力资源规划第二个环节要回答的问题是"企业目前有多少员工？有什么样的员工？现有的员工能否适应未来的需求？企业未来一段时间需要多少员工？需要什么样的员工？"人力资源需求预测与供给现状评估主要是围绕企业当前及未来的人力资源状况而开展的，需求预测采用的方法多种多样，有些企业采用主观判断，有些企业则采用一些技术工具，如德尔菲法、趋势预测法、回归分析等。供给现状评估既包括了对企业内部人力资源供给量的分析，又包括了企业能够从外部获得的人力资源供给量的评估，前者是供给现状评估的重点。

企业人力资源规划制定。人力资源规划第三个阶段的主要工作是制定人力资源规划，一份典型的人力资源规划书包括目标、人力资源现状分析、人力资源需求分析、实施规划和完成目标的时间、制定者或部门等内容。

企业人力资源规划执行。再好的方案最后也要落地，否则犹如镜中月、水中花。人力资源规划也要落实到执行阶段，在此阶段，要确保每一项人力资源工作都要有人负责，并且要赋予任务实施者确保任务完成的权力和资源。

6.3 企业人力资源的招聘与甄选

6.3.1 人力资源招聘

1. 招聘的含义

招聘是企业根据自身发展需要，通过各种途径与媒介，向目标公众发布招聘信息，并按照一定标准来招募、聘用企业所需人力资源的过程。招聘是企业获取人力资源的重要环节，也是人力资源甄选的基础，招聘质量的高低对企业至关重要。人力资源招聘任务的提出通常有以下几种原因：新组建一个企业；企业因业务扩大而使某些人员缺乏；原有人员调任、离职、退休、死伤等造成职位空缺；现有员工队伍结构不合理，在裁减多余员工时需要补充短缺人才。

2. 招聘的原则

企业在进行人力资源招聘时主要应遵循以下原则：

（1）因事择人。

企业应该根据自身的人力资源规划进行招聘，否则就会出现多招人和招错人的情况，给企业带来高成本、低效率等负面影响，降低企业整体的效益。

（2）公开招聘。

企业所有的招聘信息及招聘方法都应该公开于众，告知社会，形成社会舆论。一方面，可以将招聘工作置于公开监督之下，防止不正之风；另一方面，可以吸引大批竞争者，有利于企业招到一流的人才。

（3）公平竞争。

企业对所有应聘者都应该一视同仁，不能人为地制造出各种不平等的限制，杜绝拉关系、走后门等腐败现象发生。所有应聘者只凭借自身的能力和条件参与竞争，为人才提供平等的竞争机会。

（4）择优录取。

企业应该根据应聘者的考核成绩、测试结果的优劣高低，从中选择优秀者予以录取。择优录取是招聘质量高低的关键，因此企业必须制定严格的招聘制度来约束企业人力资源管理部门尤其是招聘主管的行为。

3. 招聘的途径

人力资源招聘有内部招聘和外部招聘两条途径。内部招聘是指企业吸引内部员工填补企业空缺职位，主要包括内部提升、横向调动、岗位轮换等；外部招聘是指企业吸引广泛的社会人才来填补企业空缺职位，外部招聘的具体渠道很多，如各种媒体招聘、网络招聘、校园招聘、猎头公司等。两种途径各有利弊（表6-2），具体选择哪种途径，由企业所在地的人才市场、拟聘职位的性质、层次和类型及企业规模等多种因素决定。

表 6-2 内部招聘和外部招聘的利与弊

	内部招聘	外部招聘
利	◆对员工了解全面，准确性高 ◆可以鼓舞士气，激励员工的进取心 ◆应聘者对企业熟悉，能很快适应工作 ◆企业前期的培训投资得到回报 ◆招聘成本相对较低	◆人才来源广，企业选择余地大，有利于招到一流人才，有利于优化企业的人才结构 ◆新员工能带来新的思想、新的方法、新的活力 ◆内部有多人竞争而难以做出决策时，外部招聘可以在一定程度上缓和内部竞争者之间的矛盾
弊	◆人才局限于企业内部，容易导致人才结构老化 ◆容易造成"近亲繁殖"，导致原告故步自封，因循守旧，缺乏新鲜血液 ◆容易造成内部矛盾，影响员工士气和组织绩效	◆新员工了解业务时间长，进入角色慢，容易产生工作脱节 ◆企业对应聘者了解不够深入全面，容易招错人 ◆内部员工得不到机会，可能会影响其工作情绪和工作效率

6.3.2 人力资源甄选

人力资源甄选是指企业通过一定的方法和手段，对所有应聘者的各方面特征进行评估、比较，最终选择合适的人进入企业的一个过程。人力资源的甄选可以使企业形成合理的人才结构，做到"事得其人、人适其事"，实现人与事的科学结合，使企业的目标得以顺利实现。

1. 人力资源甄选的依据

一般来讲，企业进行人力资源甄选的时候主要考虑应聘者以下几个方面的特征：

（1）生理特征：如根据工作特征和工作性质选择合适性别、年龄、健康状况等特征的应聘者。

（2）知识和技能方面的特征：如应聘者的学历、专业、专业工作经历、其他工作经历、所接受过的培训、专业资格证书、计算机熟练程度等，这些因素往往是企业在甄选人才时所主要考虑的"硬件特征"。

（3）心理及其他特征：如应聘者的人格特征、兴趣爱好、情商、德商、逆商等各种素质和能力，这些因素往往是企业在甄选人才时所考虑的"软件特征"，在现代社会，企业取得成功的一个主要原因就是具备大量的"软件"过硬的员工。

2. 人力资源甄选的方法

企业在进行人力资源甄选的时候，既要考虑所收集到的人员信息的类型和数量，又要考虑到所使用的甄选方法的有效性。

(1) 申请表。

申请表是企业初始阶段的筛选工具，主要内容包括过去和现在的工作经历、学习经历、培训情况、职业兴趣等特征，其目的在于收集应聘者相关的背景和信息，以评价应聘者是否能满足最基本的工作要求。

(2) 笔试。

笔试是人力资源甄选中较常用的技术之一，也是最为基础的技术之一。笔试主要用于测量应聘者的基本知识、专业知识、管理知识以及综合分析能力、文字表达能力等。现在越来越多的企业在笔试过程中加入了专门用于测试应聘者情商、逆商和德商的心理测试题，这充分说明了企业越来越重视人的综合素质。

(3) 管理评价中心技术。

管理评价中心技术是近几年兴起的一种甄选高级管理人才和专业人才的人员选拔方法，主要采用情景性的测评方法对应聘者的特定行为进行观察和评价，测试人员根据职位需求设置各种不同的模拟工作场景，让应聘者参与，并考察他们的实际行为，以此作为人力资源甄选的依据。

(4) 面试。

面试是企业最常采用的也是必不可少的甄选手段，绝大多数企业在人力资源甄选中都采用这种方法。面试根据结构化程度，可分为结构化面试和非结构化面试。前者的问题与答案都经过事先准备，考评人员根据设计好的问题和有关细节进行提问，适用于选拔一般员工和一般管理人员；后者则无固定主题，考评人员让应聘者自由发表议论，主要考察应聘者各方面的综合能力，这是一种高级面试，适用于选拔中高级管理人才，"无领导小组"就属于非结构化面试中的一种。

各种甄选方法在测试应聘者的思维能力、决策能力、反应能力、组织能力时各有利弊，企业应结合运用不同方法，并通过组织和设计尽可能提高测试的信度和效度，以确保较高的人力资源甄选质量。

6.4　企业人力资源的培训

6.4.1　人力资源培训的内涵

人力资源培训是企业为了实现目标和促进员工发展，有计划地组织员工进行学习和训练，以改善员工工作态度、提高员工工作技能、激发员工创造潜能而使员工能持续胜任本职工作的一种人力资源管理活动。主要从以下四个方面来把握其内涵：

(1) 人力资源培训的主体是企业。应该由企业来组织和实施人力资源培训，有些活动（如员工自学）尽管在客观上也能提高工人工作技能、激发工人创造潜能，但实施的主体不是企业，就不能把这种活动看作是人力资源培训。

（2）人力资源培训的客体是企业中的全体员工，而并非部分员工。这并不是指每次培训的对象都必须是全体员工，而是企业应该把全体员工都纳入培训体系中来。

（3）人力资源培训的内容是与员工工作有关的所有内容。其既包括对与员工工作相关的业务知识、工作技能等相关的"硬件"培训，也包括对员工工作态度、企业文化方面进行的"软件"培训，二者缺一不可。员工工作既包括员工目前所从事的工作，也包括员工将来可能从事的工作。

（4）人力资源培训的目的是通过改善员工工作态度、提高员工工作技能、激发员工创造潜能而改善员工业绩，从而实现企业自身的发展目标。

6.4.2 人力资源培训的作用

人力资源培训的作用主要体现在以下三个方面：

1. 实现企业的发展目标

现代企业管理已经将培训作为组织的一项重要功能。通过有效的员工培训，提高员工的综合素质，从而充分满足企业职位的要求，提高企业绩效，确保企业发展目标的实现。

2. 实现员工的自我价值

任何一名员工进入企业都有实现自我价值的追求，比如有的希望掌握新的知识和技能，有的希望得到较高的报酬和良好的待遇，有的期望使个人的志趣得以发挥等。通过企业的人力资源培训，能够有效地提升员工的职业能力，开拓员工的职业空间，增强员工适应环境变化的能力，从而直接或间接满足员工自我价值实现的内在要求。

3. 实现人力资本内涵式的扩张

现代企业人力资源管理将员工视为一种资源，对员工进行投资，是企业富有潜力、有效的一种投资方式，最终形成知识资本或智力资本，实现企业人力资本的内涵式扩张，提升用人成本的使用效益，增加人力资本存量，开发员工的潜能，使企业的劳动生产率得以迅速提高，从而提升企业的竞争地位。

> **知识拓展**
>
> **培训是一种回报率极高的投资**
>
> 据国外有关资料统计表明：对员工投资 1 美元可以创造 50 美元的收益。美国布兰卡德训练中心曾以一家汽车公司为例证明了员工培训的惊人回报。该汽车公司一年用于培训员工的费用为 20 万美元，但当年节约成本支出达 200 万美元，第二年又节约成本支出 300 万美元。摩托罗拉公司的统计也表明，素质优良的员工通过技术革新和节约操作为公司创造了 40 亿美元的巨额财富。
>
> （资料来源：《人力资源管理实务》，顾沉珠主编，复旦大学出版社）

6.4.3　人力资源培训的原则

企业在进行人力资源培训活动时，应当遵循以下几个原则，才能够充分保证培训的效果。

1. 适应企业战略要求的原则

战略作为企业的最高经营纲领，对企业各方面的工作都有指导意义。培训作为人力资源管理系统中的一个重要组成部分，自然也要适应企业的战略。人力资源培训工作的开展，应当从企业战略的高度出发来进行，绝不能将二者割裂开来。这就要求培训工作不仅要关注眼前的问题，更要从长远角度考虑，从未来发展的角度进行培训，这样才能保证培训工作的积极主动，而不只是充当临时救火员的角色。

2. 效益原则

企业作为一种经济性组织，它从事任何活动都是讲究投入产出比的，都是讲究效益的，都要以最小的投入获得最大的产出。因此对于企业来讲，进行人力资源培训同样要坚持效益原则，也就是说在费用一定的条件下，要使培训的效果最大化；或者在培训效果一样的情况下，使所花费的培训费用最小化。

3. 差异性原则

企业人力资源培训不同于学校教育，它在普遍性的基础之上更强调差异性，差异性的表现主要有以下两个方面：

（1）员工上的差异性。人力资源培训的客体是企业的全体员工，但这并不意味着平均使用力量。为了提高培训投入的回报率，必须有重点地进行培训。根据"二八原理"，企业中80%的价值是由20%的员工创造的，所以在培训中必须对关键职位进行倾斜，尤其是企业中的中高层管理人员和技术人员。

（2）内容上的差异性。人力资源培训必须根据员工的实际水平和所处职位确定不同的培训内容，对员工进行个性化培训，将培训和工作结合起来，做到有的放矢。这样才能改善员工的工作业绩，从而提高企业的经营效率。如果培训不考虑到这些问题，就会造成培训资源的浪费，失去培训的意义。

4. 激励原则

激励原则是调动员工积极性和主动性的有力杠杆。激励贯穿于培训的全过程之中，培训前对员工进行宣传教育，激发员工学习的信心；培训中及时反馈，增强员工学习的热情；培训后进行考核，并且将考核和晋升、奖励相挂钩，考核不合格的予以惩罚，增强员工对培训的重视度。

5. 知识技能培训和企业文化培训兼顾

企业在进行人力资源培训时，不仅要根据不同员工的实际水平和所处的不同岗位进行相关的知识技能培训，还必须要对员工进行理想、信念、价值观、道德观等方面的培训。这些方面要和企业的目标、经营哲学、企业文化、企业制度、企业传统等结合起来进行培训，以增强企业的凝聚力。

6.4.4 人力资源培训的方法

人力资源培训的方法是多种多样的，内容十分丰富。在实践工作中，要结合这些方法的不同特点和企业需要，合理使用。

1. 在职培训

在职培训是指在工作中，由上级有计划地对员工进行的教育培训，以便使员工具有有效完成工作所需要的知识、技能和态度。在职培训的主要特点是培训对象在学习期间身不离岗，从事本职工作的同时参加培训，充分利用现有的人力、物力，不需要另外添置场所、设备。但是这种培训往往缺乏良好的组织，比如：就技术培训来说，机器设备、工作场所只能有限地提供培训使用。在职培训主要包括以下几种方法：

（1）工作轮换。工作轮换是让员工到企业的各个部门，以工作人员的实际身份介入某项具体工作，了解企业的各个工作环节，丰富工作经验。从企业的角度出发，这是企业全面考察员工的有效办法，可以借此发现员工的优点和弱项，安排相应的工作；从员工的角度出发，可以拓展员工的知识和技能，激发员工的工作兴趣，找到适合自己兴趣和爱好的岗位，增进员工间的相互交流。这种方法在实践应用时要有周密计划，企业的各个部门应对来自其他部门的员工进行热情指导。

（2）学徒培训。学徒培训是让员工长期连续性地接受某主管的督导，经过长期的实际操作和学习，达到一定的技术水平，并且由主管针对员工的受训学习情况给出一定的评价及建议，使员工从中得益。这种方法能够让员工集中注意力，很快适应工作要求，也能使主管及时掌握学员进展状况。

2. 非在职培训

非在职培训是指员工在专门的培训现场接受履行职务所必须的知识、技能、态度和价值观的培训。非在职培训主要有以下几种方法：

（1）角色扮演法。角色扮演法是指由培训者给出情景，让受培训的员工身处模拟的工作环境，按照其实际工作应有的权力和责任，模拟性地处理工作事务。角色扮演法在许多大公司培训中被广泛地采用，为员工和企业提供了有效的学习工具。其优点主要有：使受训员工较快熟悉自己的工作环境，了解自己的工作业务，掌握必须的工作技能，尽快适应实际工作的要求；能够使员工在交流中增强人际感情和合作精神。

这种方法的关键问题是应注意排除受训者的心理障碍，让受训者认识到角色扮演的重要意义，减轻其心理压力。角色扮演法主要适用于培训新员工、岗位轮换和职位晋升，主要目的是使员工尽快适应新岗位和新环境。

（2）案例教学法。案例教学法是指由培训者按照培训需求向培训对象展示有关现实事件的真实性背景材料，指导受训员工根据材料来分析问题，提出解决问题的方案，并对各种方案进行比较选优，从而提高员工分析问题和解决问题的能力。

这种方法在人力资源培训中得到越来越多的应用，原因在于：在案例教学中，培训者不是单纯地教，他们同时参与讨论；员工也不仅仅是听讲和接受，同时也可以讨论、分析和阐述，双方都可以在这种模式中得到充实和提高。案例教学法注重实践，有利于员工素质和能力的培养，有助于培养员工积极创新、独立思考的精神。运用这种方法进行培训时，培训者事先要对案例进行充分的准备，对受训员工事先要进行深入了解，确定培养目标，针对培养目标收集相关案例。这种方法的主要适用对象是中层以上的管理人员，目的是训练他们良好的决策能力、分析问题能力、创造能力和应变能力。

（3）讲授法。讲授法是指由培训教师在一定的场所讲解某些知识、概念和原理。可以是企业内部自设培训中心，由主管或专人负责讲授，也可以是企业利用其他专业机构或高等院校所提供的培训资源；可以是短期培训，也可以是长期培训。这种方法的优点是较为经济，并可以一次性将知识传授给多人；缺点是比较单调，员工参与的积极性不大，参与程度不高，相对比较被动。

3. 运用新技术的培训方法

随着现代社会信息技术的广泛运用，各种新的培训方法不断出现，并且被越来越多的企业接受和运用，取得了很好的效果。

（1）网上培训。网上培训是一种基于网络的培训，以计算机多媒体和互联网技术为实现手段，凭借单机、局域网、互联网或手机互联网提供的交互式环境，无须面授就可达到培训目的。网上培训较之传统的讲授法有着明显的优势。一则数据表明，员工网上学习新知识所需的时间是传统讲授法所需时间的40%；对知识的记忆保持力比传统方法提高了25%~60%；学习接受的新的信息量比传统方法增加了56%；培训时间比传统方法减少了30%。更为重要的是，网上培训可以减少培训者素质对员工培训效果的重要影响，降低知识传递过程中由于面授而难以避免的偏差。

（2）虚拟培训。虚拟培训主要利用虚拟现实技术生成实时的、具有三维信息的人工虚拟环境，员工通过运用某些设备接受和响应该环境各种感官刺激而进入其中，员工可以通过多种交互设备来驾驭该环境及有关可操作的物体，从而达到提高员工知识和技能的目的。

6.4.5 人力资源培训的工作流程

强化人力资源培训可以将员工的个人发展目标和企业的目标统一起来，满足员工自我发展的需要，调动了员工的工作积极性，增强了企业的凝聚力和竞争力，必须发挥人力资源培训对企业的积极作用，建立有效的培训体系。人力资源培训的工作流程包括培训需求分析、培训计划的制订和实施、培训效果评估三个环节。

1. 培训需求分析

培训需求分析是整个培训工作流程的出发点，关系到培训的方向，直接决定着整个培训工作的质量。企业之所以会存在培训需求，是因为企业当前出现了问题或者未来可能会出现问题，这些问题就是企业产生培训需求的"压力点"。比如：新员工的进入、职位的变动、顾客新的需求、引进新的技术、生产新产品、企业或个人绩效不佳、组织未来的发展等都可能会使企业产生培训的需求。

麦吉（McGehee）和塞耶（Thayer）早在1961年就提出了企业培训需求的分析，主要包括三个方面：企业层面的分析、任务层面的分析（也称为工作分析）和人员层面的分析（表6-3）。企业层面的分析可以了解到培训可以用的资源情况以及管理者对培训活动的支持情况；任务层面的分析可以确定重要的任务以及需要、在培训中加以强调的知识、技能和行为方式以帮助员工完成任务；人员层面的分析有助于了解谁需要培训、弄清楚绩效不令人满意的原因，并让员工做好接受培训的准备。企业往往通过培训需求分析确定相应的培训目标。

表6-3 企业培训需求分析的三个层面

培训需求分析	目的	方法
企业层面分析	决定企业中哪里需要培训	根据企业长期目标、短期目标、经营计划分析所需培训的知识和技术需求 将企业效率和工作质量与期望水平进行比较 制订人事续接计划，对现有员工的知识技术进行审查；评价培训的企业环境
任务层面分析	决定培训内容应该是什么	对于个人工作，分析其业绩评价标准、要求完成的任务和成功地完成任务所必需的知识、技术、行为和态度
人员层面分析	决定谁应该接受培训和他们要培训什么	通过业绩评估分析造成业绩差距的原因 收集和分析关键事件 对员工和上级进行培训需求调查

2. 培训计划的制订和实施

培训计划的制订是根据企业近期、中期和远期的发展目标对企业员工培训需求进行预测，然后制订培训活动方案的过程。培训计划是整个培训过程展开的源头，必须在一开始便获得各级员工直接主管的支持和认可，要让员工及其主管承担培训效果转化的最终责任。而企业培训中心的职责是提供基于人力资源开发目标的培训平台与相关资源，最终的受益者是员工本人和企业。因此，在制订员工培训计划时，要以人力资源部门及其他主管提供的信息为依据，培训中心要将这些信息转化为培训可以实施的语言，经过汇总形成培训计划表。

培训计划制订好了以后，就要求按照计划进行相应的实施与管理。这个过程首先应该由相关人员编制培训所需的教材，并且聘请合适的培训人员。

整个培训工作的展开纷繁复杂，需要企业的高层领导、人力资源部门、业务部门、培训专业人员以及受训者的支持配合共同完成：高层领导提供政策、方向和支持；培训部门提供资源、方法、制度；各级管理者推动；培训人员有效组织培训，员工积极参与，这样才能真正有效地推动培训工作，提高培训的有效性。

3. 培训效果评估

培训效果评估是培训流程的最后环节，它既是对整个培训活动实施成效的评价和总结，同时评估结果的反馈又是以后培训工作的重要输入，为下一个培训工作确定培训需求提供重要信息。培训效果评估需要遵循以下几条原则：

①过程评估与结果评估相结合。培训评估不仅仅是收集反馈信息、衡量结果，其重要的作用在于检验与促进培训目标的达成。所以培训评估要贯穿培训过程始终，从分析培训需求、制订培训计划开始到培训过程结束，都必须进行评估。

②评估方法与培训目标相适应。评估的主要方法有访谈法、问卷调查法、直接观察法、档案记录法等，评估小组应依培训的目标和内容选择合适的评估方法。

③全员评估。培训工作流程中的每一个参加者都对评估过程和结果负责。培训管理者要对培训评估整个环节负责；员工要对培训应取得的成果负责；各级直线管理者要参与培训评估的各个阶段，为培训效果的实践转化提供支持。

员工培训效果三级评估表

您好！非常感谢您在百忙之中抽出宝贵的时间参与本次培训评估，为您提供优质的服务是我们的根本宗旨，为了能使我们的工作不断得到改进，希望您能认真参与本期培训评估。

培训班名称		受训学员姓名	
培训目标			
受训学员自评	培训前的问题点描述		
	培训后掌握了哪些知识		
	工作中运用了哪些知识		
评估人对受训学员的评价	培训前的状况		评估人签名：
	培训后的评价		

（资料来源：http://wenku.baidu.com/view/7c4574317375a417866f8f95.html?re=view）

6.5 绩效管理

企业人力资源管理活动的任何方面都离不开绩效考评，绩效考评既是人力资源管理活动的手段，又是人事决策的依据，同时还是改进人力资源管理系统的依据。然而绩效考评本身不是一项孤立的工作，它是完整的绩效管理过程中的一个环节，所以绩效考评之前的全部管理工作都会对最终的考核结果产生重要的影响。

6.5.1 绩效、绩效管理与绩效考评的概念

绩效（performance），也称为业绩、成效，泛指企业中所有岗位的员工的工作进展和业务完成情况。它不只是指员工取得的可以用经济指标衡量的业务量，还包括无法用经济指标衡量的业务量，比如由于员工优质的服务而给公司带来的美誉度和良好的社会效应。从理论上讲，绩效的定义更多地是从影响工作绩效的因素来考虑的，我们把影响绩效的因素分为四种，即员工的主动性、技能、环境和机会，其中前两种属于员工自身的主观性影响因素，后两者则是客观性影响因素。

绩效管理是为了确保管理者期望下属产生的工作行为、表现及其结果而进行的企业内管理活动，通常通过企业的管理规章制度和工作流程来体现。绩效管理把对组织的管理和对员工的管理结合起来，保证企业为完成其战略目标而设计流程和规定。它包括企业目标设定、奖惩计划、日常反馈、评估和学习机制。这些流程对企业员工的绩效表现进行持续有效的指导，最终支持企业实现整体的战略目标。总之，绩效管理就是企业内部系统的管理活动流程，通常包括计划、实施、考核、诊断和再计划五个部分。

绩效考评是绩效管理的重要环节，是企业用来测量员工有效工作程度的一种行为。绩效考评是企业针对每个员工所承担的工作，运用科学的考评方法，对员工工作的绩效、价值等进行考核和评价。绩效考评又被称为绩效评估、绩效考核、绩效评价等。企业的绩效考评工作既是企业对员工加薪（减薪）、晋升（降职）、培训等的依据；也可以让员工依据绩效考评结果对自己有个正确的认知，发现不足，自我提高；还可以为管理层评价管理成果、改进管理行为提供客观依据。

6.5.2 绩效管理在企业中的地位及作用

1. 绩效管理的地位

绩效管理的地位，实际上是一个绩效管理的定位问题，也是绩效管理的目标与方向的问题。做好绩效管理，必须首先明确绩效的目标，使绩效管理定好位，使绩效管理从一开始就走在正确的道路上。一个企业能否做出正确的战略选择是重要的，同样能否正确地实施战略也是重要的。绩效管理是企业战略目标实现的一种辅助手段，通过有效的目标分解和逐步逐层的落实帮助企业实现预定战略。在此基础上，理顺企业的管理流程，规范管理手段，提升管理者的管理水平，提高员工的自我管理能力。

2. 绩效管理的作用

（1）提升计划有效性。绩效管理强调合理的目标，通过绩效考核这一制度性要求，使组织上下认真分析每一阶段的工作目标，并对目标完成结果进行评价，从而加强各级部门和员工工作的计划性，提高公司经营过程的可控性。

(2) 提高管理者的管理水平。绩效管理的制度性要求部门主管必须制订工作目标和计划，对员工做出评价，与下属充分讨论工作，并帮助下属提高绩效。这一系列的工作本来是每一位管理者应做的事情，但一些企业没有明确规定下来，淡化了管理者管理企业的责任。绩效管理就是要设计一套制度化的办法来规范每一位管理者的行为。

(3) 发现企业管理问题。企业在实施绩效管理时，会遇到许多问题与矛盾，员工会产生一些疑问。这些问题在实施绩效管理前一直潜伏在企业内部，只是没有暴露而已。绩效管理是一个系统管理，通过发现问题、暴露问题使企业找到管理的方向。

6.5.3 绩效管理过程

绩效管理是一个完整的系统，该系统主要包括制订绩效计划、持续不断地沟通、绩效考核与评估、绩效诊断与反馈四个环节。

1. 制订绩效计划

制订绩效计划是绩效管理的开始。一份有效的绩效计划必须具备以下几个条件：服务于公司的战略规划和远景目标；基于员工的职务说明书而制订；计划具有一定的挑战性，具有激励作用；计划符合 SMART 原则。

2. 持续不断地沟通

沟通是一切管理所必不可少的重要手段，在沟通的前面用"持续不断"修饰，尤其强调绩效沟通的关键性作用。沟通应符合以下几个原则：第一，沟通应真诚。一切的沟通都是以真诚为前提的，都是为预防问题和解决问题而做的。真诚的沟通才能尽可能地从员工那里获得信息，进而帮助员工解决问题，不断提高经理的沟通技能和沟通效率。第二，沟通应及时。绩效管理具有前瞻性的作用，在问题出现时或之前就通过沟通将之消灭于无形或及时解决掉，所以及时性是沟通的又一个重要原则。第三，沟通应具体。沟通应该具有针对性，具体事情具体对待，不能泛泛而谈。管理者必须珍惜沟通的机会，关注于具体问题的探讨和解决。第四，沟通应定期。经理和员工要约定好沟通的时间和时间间隔，保持沟通的连续性。第五，沟通应具有建设性。沟通的结果应该是具有建设性的，给员工提供建设性建议，帮助员工提高绩效水平。

3. 绩效考核与评估

绩效管理的目标最终要通过绩效考核和评估进行衡量，因此有关员工绩效的信息资料的收集就显得特别重要。在这个环节中，经理要注意观察员工的行为表现，并做记录，同时要注意保留与员工沟通的结果记录，必要的时候，请员工签字认可，从而避免在年终考评的时候出现意见分歧，使绩效评估时不出现意外，使评估的结果有据可查，更加地公平、公正。绩效评估一般在年底举行。员工绩效目标完成得怎么样，企业绩效管理的效果如何，通过绩效评估可以一目了然。绩效评估也是一个总结提高的过程，总结过去的结果，分析问题的原因，制定相应的对策，便于企业绩效管理的提高和发展。同时，绩效评估的结果也是企业薪酬分配、职务晋升、培训发展等管理活动的重要依据。

4. 绩效诊断与反馈

没有完美的绩效管理体系，任何的绩效管理都需要不断改善和提高。因此，在绩效评估结束后，全面审视绩效管理的政策、方法、手段并对其他的细节进行诊断，不断改进和提高企业的绩效管理水平。完成了上述过程之后，绩效管理的一轮工作就算结束了，之后，伴随着企业的进一步发展，经理和员工将再次合作，制订新的工作计划，形成良性循环。

6.5.4　绩效考评的步骤

为了使绩效考评程序更加科学、绩效考评结果更加公平，绩效考评工作必须遵循一定的步骤，按照如下步骤来实施考评工作，使考评过程更加可信科学、考评结果更加公平有效。具体步骤如下所示。

◆ 建立绩效考评标准
◆ 确定绩效考评的主体和时间
◆ 考评对象的业绩数据收集与打分
◆ 与员工讨论考评结果
◆ 将最终考评结果形成文件，并据此做出相应决策

1. 建立绩效考评标准。

考核标准是对员工绩效进行考评的基础。不同的企业都有一套自己成熟的绩效考评指标体系，例如工作质量、工作数量、工作成本等。企业不同部门因工作性质的差异其考评指标也是不同的。绝大多数研究表明，单一的考评指标是不科学的，要使考评更加科学，需要建立多重指标，而且要用科学的方法赋予多重指标以合适的权重。比如，有的企业往往根据销售人员打电话的数量（过程指标）和销售业绩（结果指标）来考评一个销售人员，如果某销售人员在一个指标上评分高而在另一个指标评分低，那么如何计算该销售人员的总分就要依据各指标的权重。

2. 确定绩效考评的主体和时间

确定绩效考评主体是回答"应该由谁来考评员工"的问题。在大量的企业实践中，员工的直线主管是员工绩效考评的具体实施者，但除了直线主管之外，还有其他考评主体的参与，才能够使考评结果更加接近员工的实际绩效。一是由几个主管组成的考评委员会来对员工评分，考评委员会可以有效弥补由单个主管评价产生的考评偏差；二是同级员工的评价，如果进行评价的同级员工没有加薪或晋升上的竞争，且与被考评者有频繁的工作接触，那么考评结果会更客观；三是员工的自评，员工对自己在考评期内企业制订的工作目标的工作业绩完成情况及工作态度表现、工作能力强弱等进行自我总结、评价；四是员工下级的评价，下级评价更多地被用在一些大学中，如学生对任课教师的授课效果的打分、学生对辅导员班级管理效果的打分等。有些企业或管理者会质疑下级评价的专业性和客观性，但如果管理者相信下属熟悉他们的工作的话，来自下级的评价结果也是容易被接受的。

确定考评时间是回答"什么时间应该进行考评"的问题。绝大多数企业都是按照一个作业循环结束来安排考评日期的,如工作绩效按照自然年度计算(每年的1月初到12月底),那么考评日期就安排在来年1月的某一个时间段。

3. 考评对象的业绩数据收集及打分

相关部门领导参照考评对象的自评结果,根据考评对象业绩情况、考勤情况、管理日志等各方面进行客观、公平、公正的打分,并交由该部门的最高领导进行审核。根据统一指挥原则,一个主管只能负责直接下属的考评工作,如果一个考评对象有双重直接主管,则由其主要业务直接主管负责协调另一主管对员工进行考评。

4. 与员工讨论考评结果

考评结果出来后,由人力资源部门公示考评结果。员工若对自己的考评结果有疑问,有权向上级主管或考评者进行反映或申诉。直接主管和员工就绩效考核结果谈话讨论,达成一致后,员工在考评表上对最终考评结果签字确认。

5. 将最终考评结果形成文件,并据此做出相应决策

企业人力资源管理部门收集、汇总所有员工的考评结果,编制考评结果一览表,上交企业最高领导层审批、查阅,并以此作为发放绩效奖励的依据。

6.6 薪酬管理

6.6.1 薪酬与薪酬管理的概念

1. 薪酬的概念

不同学者对薪酬做出了不同解释。刘昕(2002)认为,薪酬是员工因为雇佣关系的存在而从雇主那里获得的各种形式的经济收入及有形的服务和福利。乔治·T·米尔科维奇(2002)认为薪酬是雇佣关系的一方所得到的各种货币收入,以及各种具体的服务和福利之和。我们认为,薪酬是员工从事劳动所得的利益回报,这种回报包括360°报酬体系中的货币性报酬和其他福利性保健收入的综合。

2. 薪酬管理的概念

薪酬问题是劳动力市场和企业人力资源管理关注的重中之重的问题。对员工来讲,薪酬是收入的主要来源和经济安全的重要保障,影响员工的工作态度和行为;对企业来讲,薪酬是企业实现其战略目标的手段和工具;对社会来讲,薪酬的高低影响国民经济的运行,是国经济发展的一个重要衡量指标。基于薪酬对员工、企业和社会的影响,薪酬管理愈发显得重要。薪酬管理是企业为确定员工的薪酬形式、薪酬水平和薪酬结构而对薪酬进行管理的过程。

3. 薪酬形式

薪酬形式是指薪酬的外在表现。根据薪酬的表现形式将薪酬分为货币薪酬和非货币薪酬。货币薪酬包括薪资、奖金、津贴、分红、佣金、养老金、社会保障金、住房公积金等员工货币形式的收入；非货币薪酬包括提供挑战性的工作、培训、发展机会、社会地位、办公环境、居住待遇、商品奖励、旅游奖励、疗养娱乐奖励及其他关怀性福利。

4. 薪酬管理的原则

为了使所选择的薪酬体系能够实现企业的目标、满足员工的需求、更好地激励员工的工作积极性、主动性，薪酬管理活动应该符合合法性、公平性和有效性三项原则。一是合法性原则，合法性指企业的薪酬管理过程要符合国家的最低工资立法、同工同酬立法和反歧视立法等的规定；二是公平性原则，公平性是指员工感知到的薪酬管理的过程和结果的公平公正；三是有效性原则，有效性是指薪酬管理能帮助企业实现经营目标、能最大限度地激励员工。

6.6.2 薪酬水平

1. 薪酬水平的定义

微观薪酬水平指企业按照员工年龄、员工工作时间、岗位、货币购买力等因素考察的某一领域内员工薪酬的高低程度和薪酬边际水平。微观薪酬水平的概念指向某个企业及企业内部员工的薪酬。除了微观的概念之外，有学者将薪酬水平扩展到国家、地区、产业或行业范围，用来表示国家、地区、产业或行业的薪酬水平的概念被称为宏观的薪酬水平，宏观薪酬水平受到劳动力生产水平、社会就业状况、物价、政府政策等因素影响。本章所分析的薪酬水平主要是从微观的角度来展开的。

2. 薪酬水平的影响因素

一个企业薪酬水平的高低，主要受下列因素影响：a. 企业的效益。高的薪酬水平意味着企业需要支付给员工的货币薪酬和非货币薪酬的增加，非货币薪酬对于企业而言，最终需要通过支付货币来实现。只有经济效益好的企业才具备支付高水平薪酬的能力，如果企业经济效益不好，甚至都难以维持，那么薪酬水平的提高就成为无源之水。b. 员工供需状况。当一个企业的员工供给量大于需求量，则薪酬水平降低，否则提高；当企业因为发展需要而产生对员工的需求量增加时，企业为了获得足够的人力资源，就势必会提高薪酬，反之会降低薪酬甚至使员工暂时离开企业。c. 心理因素。薪酬水平高低很大程度上是员工通过横向比较和纵向比较之后的一种感觉，是一种相对薪酬而非绝对薪酬。这种感觉受到员工的心理预期、比较对象等的影响。除了上述三个因素之外，企业和工会的谈判也会影响薪酬水平，在薪酬谈判和有关协议签订时，企业和员工代表的每一次薪酬水平主张都会影响实际薪酬水平的变化。

一个企业中员工个人的薪酬水平也有差异，员工个人薪酬水平和员工的绩效、资历及其他工作相关因素等有关。a. 员工个人绩效。员工薪酬中的相当一部分取决于员工个人绩效，最常见的绩效薪酬是年终奖，员工的绩效越高，年终奖越高，绩效薪酬极大增强了员工的公平感和满意度。b. 资历。资历主要取决于员工的经验与技能，员工的技能水平越高，经验越丰富，就越有资历。员工可以根据自己的资历得到某一级别的薪酬的平均增长幅度，不少企业将资历纳入薪酬结构中，成为影响薪酬水平差异的因素之一。c. 工作相关因素。工作相关因素包括工作挑战性的大小、工作的复杂性程度、工作环境的舒适度、工作对技能的要求程度等。员工所从事的工作挑战性越大、越复杂、环境越艰苦、技能要求越高，其薪酬水平就越高。

3. 薪酬水平的衡量指标

企业在薪酬水平设计过程中，为了分析薪酬水平的现状、预测薪酬水平的发展趋势，通常要对薪酬平均率和平均增薪率两个指标进行衡量。

指标一：薪酬平均率

薪酬平均率的计算公式为：

$$薪酬平均率 = \frac{实际平均薪酬}{薪酬幅度的中间数}$$

薪酬平均率大于1，说明企业支付的薪酬水平过高；薪酬平均率等于1，说明企业支付的薪酬水平符合平均趋势；薪酬平均率小于1，说明企业支付的薪酬水平较低。

指标二：平均增薪率

平均增薪率的计算公式为：

$$平均增薪率 = \frac{平均增薪额}{上年平均增薪水平}$$

平均增薪额是企业全体员工本年度的平均薪酬水平与上一年度平均薪酬水平的差值，是平均薪酬水平增加强弱程度的反映。平均增薪率则表示薪酬水平递增的速率，又称增薪幅度，是薪酬边际水平的反映。平均增薪率过大，说明企业的人工成本增长过快，在某种程度上可能说明企业处于快速发展中；平均增薪率过小，说明企业的平均薪酬水平较稳定，人工成本变化不大，也可能说明企业的发展速度缓慢甚至处于维持状态。因此，要将企业的平均增薪率控制在一个合理的范围，既在企业的承受范围之内，又能激励员工，助力企业发展。

薪酬管理的另一项主要工作是设计一套能够激发员工工作积极性与企业目标相一致的薪酬结构，这就要求薪酬结构反映企业的工作流程，工作流程是企业薪酬结构的设计基础。根据工作流程的不同，我们可以把企业分为职能型、流程型、网络型等，职能型企业薪酬结构要反映职位的差异；流程型企业员工的个人价值取决于其对整个工作流程的贡献，所以薪酬结构的设置要淡化职位、更多关注员工的能力发展；网络型企业因其部门或企业间的合作特性，所以薪酬结构更多考虑协议薪酬。

4. 薪酬结构的设计原则

参照企业工作流程进行薪酬结构设计时，要遵循内部一致性和外部竞争性相结合的原则。

①内部一致性原则。内部一致性原则是亚当斯的公平理论在薪酬设计中的运用，它强调企业在设计薪酬时要"一碗水端平"。内部一致性原则包含几个方面：一是横向公平，

即企业统一岗位、级别的员工之间的薪酬标准、尺度应该是一致的；二是纵向公平，即企业设计薪酬时必须考虑历史的延续性，一个员工过去的投入产出比和现在乃至将来都应该基本上是一致的，而且还应该是有所增长的。内部一致性主要通过职位分析、建立职位描述、职位评价、建立职位等级结构来实现。

②外部竞争性原则。外部竞争性原则强调企业在设计薪酬时必须考虑同行业薪酬市场的薪酬水平和竞争对手的薪酬水平，保证企业的薪酬水平在市场上具有一定的竞争力，能充分地吸引和留住企业发展所需的战略、关键性人才。外部竞争性主要通过外部相关劳动力市场界定、市场工资调查并在此基础上调整薪酬结构来实现的。

5. 薪酬结构的动态调整

由于企业的内外部环境处于不断变化中，其薪酬结构的设计基础也在发生变化，所以需要对薪酬结构进行合理动态调整以适应企业内外部环境的变化。薪酬结构的动态调整包括横向调整和纵向调整两个方面。横向调整是指对薪酬的构成要素进行调整，使其符合组织薪酬制度改革的需要。横向调整一般有两种模式：一是保持整体薪酬水平不变，只是重新调整固定薪酬和浮动薪酬的比例；二是薪酬整体水平发生了变化，新增加某些薪酬要素或增加原有薪酬要素的比例。纵向调整是指对薪酬的等级结构进行调整。纵向调整也有两种调整模式：一是增加或减少薪酬等级。增加薪酬等级是将岗位与岗位之间的差别进一步细化，或者同一岗位按照一定标准设置更多薪酬等级，这样有利于对员工进行薪酬激励；减少薪酬等级是使薪酬的等级变少。增加还是减少薪酬等级要根据企业的实际进行选择。二是薪酬等级结构不变，调整不同等级的人员数量或薪酬要素比例。比如某企业降低高薪人员比例或增加高薪人员比例就属于此。

6.7 员工安全与劳动关系管理

6.7.1 员工健康与安全

关于员工健康危害的传统认识，一般局限在生理健康范围内，指自工作环境中逐渐积累的身体伤害（通常这种伤害不可逆转），通常有物理危害和生物危害，如有毒的粉尘导致的毒性的呼吸疾病等。但现在越来越多的企业普遍关注员工的心理健康，如因为较大的工作或人际关系压力而导致的精神压抑、心理紊乱等忧郁症状。我们认为，员工健康是指企业的员工在身体和心理上都保持健康的一种状态。

员工安全是指员工在工作中或从事与工作有关的活动时身体安康得到保护的状态。过去对安全的解释仅局限在员工在工作过程之中的安全，如煤矿工人、运输工人等可能在工作中出现的伤害。现在，学术界和实业界都拓宽了员工安全的外延，员工在上下班、就餐、从事外部工作任务等路线上发生的事故，均被认为属于员工安全范畴的问题。研究发现，员工在工作时间之外发生的安全事故超过了工作时间内的事故，并且同样能影响员工的工作效率。因此，许多企业开始将企业安全计划延伸到工作地和工作时间之外。

企业必须采取一定的措施对员工实施健康管理和安全管理。比如，改善员工工作环境的空气质量，可以有效防止和避免因为有害气体导致的身体健康问题；通过每年的体检计划可以及时发现员工身体存在的健康问题；企业对员工进行压力管理训练、员工有规律的健身计划，可以有效避免或减轻员工的焦虑、抑郁等心理不健康的症状；通过安全工程技术设计更多安全设施提高工作场所的安全性、经常对工程场所进行安全性检查，均可以有效降低因工作场所不安全所引发的员工身体受伤害的可能性。

6.7.2 劳动关系管理

1. 劳动关系的含义、法律特征与基本内容

劳动关系既是人力资源管理领域的一个概念，也是一个法律概念，具有明确的法律内涵。在我国，调整劳动关系的根本法律是《中华人民共和国劳动法》（以下简称《劳动法》）。我国现行的《劳动法》是从 1995 年 1 月 1 日开始实施的，它是调整劳动关系以及与劳动关系密切联系的其他关系的法律规范，其作用是从法律角度确立和规范劳动关系。劳动关系是指存在于企业、个体经济组织与劳动者之间，劳动者事实上已成为企业、个体经济组织的成员，并为其提供有偿劳动的关系。

《劳动法》所规定的劳动关系主要有以下三个法律特征。a. 劳动关系是在现实劳动的过程中发生的关系，与劳动者有着直接的联系。b. 劳动关系的双方当事人，一方是劳动者，另一方是劳动者所在的单位，如企业、事业单位、政府部门等。c. 劳动关系的一方劳动者要成为另一方所在单位的成员，并遵守单位的内部劳动规则。

劳动关系的基本内容包括：劳动者与用人单位之间在工作时间、休息时间、劳动报酬、劳动安全卫生、劳动纪律与奖惩、劳动保险、职业培训等方面形成的关系。此外，与劳动关系密不可分的关系还包括劳动行政部门与用人单位、劳动者在劳动就业、劳动争议和社会保险等方面的关系，工会与用人单位、职工之间履行工会的职责和职权，代表和维护职工合法权益而发生的关系等。

档案保管关系不能等同于劳动关系

刘某于 1991 年在当地劳动部门办理了招工手续，招工单位为兰陵县某公司，档案存放在该公司。之后，刘某一直未到该公司上过班，该公司也未与其签订过书面劳动合同，但该公司从未对刘某的档案做过处理。2014 年 3 月，刘某听说该公司即将改制，便到当地劳动争议仲裁委员会提起申诉，请求确认与该公司存在劳动关系，以便享受相关待遇。仲裁委员会经审理认为，劳动关系是劳动者与用人单位之间的权利和义务关系。劳动者只有与用人单位形成了实际上的劳动权利义务关系，即一方提供劳动，一方支付劳动报酬，才能算形成了劳动关系。如劳动者在用人单位仅保管档案，未在该用人单位工作，也未领取过劳动报酬，该劳动者与该用人单位就仅存在档案

保管关系，不存在劳动关系。本案中，刘某未在该公司上过班，未与该公司签订过书面劳动合同，亦未在该公司领取过劳动报酬，刘某与该公司之间未实际履行劳动权利义务，故刘某与该公司既不存在劳动合同关系，也不存在事实劳动关系。经调解无效，仲裁委员会依法裁决驳回了刘某的申诉请求。对只在单位存放档案，不在单位工作，又未签订劳动合同的人员，单位应遵循对职工负责的原则，及时通知职工在规定时间内将档案关系转移到职工实际工作的单位或人社局档案托管中心。如职工逾期未办理档案转移手续，单位可将档案转至其户口所在地的人力资源和社会保障局进行托管。

（资料来源：http://www.legalinfo.gov.cn/index/content_5722157.htm）

2. 劳动协商

劳动关系的运作有两种基本形式：合作与冲突。劳动双方并不存在矛盾，或虽然有矛盾，但能相互尊重、平等协商、共谋发展时，就产生了劳动合作。而双方涉及与劳动关系相关的利益时，产生矛盾或纠纷，可能表现为劳动争议；当矛盾激化时，就表现为劳动冲突。合作与冲突是企业劳动关系中的一对基本矛盾，主要方向是合作。

我国已经建立了劳动关系的三方协调机制。劳动关系三方协调机制，是以协商的形式，按照一定的规则，解决劳动关系中存在的各种问题，以兼顾政府、企业、职工三方利益，这是目前国际上市场经济国家的通行做法。协商的主要内容包括劳动就业、劳动报酬、社会保险、职业培训、劳动争议、劳动安全卫生、工作时间和休息休假、集体合同和劳动合同等。武汉、厦门、海南等地是率先启动劳动关系三方协调机制的地区。

3. 劳动争议与处理

劳动争议又称劳动纠纷，是指用人单位与劳动者之间因实现或履行《劳动法》确定的劳动权利义务产生分歧而引起的争议。我国劳动关系的特点决定了劳动争议具有如下特征：劳动争议主体一方为用人单位，另一方必须是劳动者；劳动争议主体之间必须存在劳动关系；劳动争议仲裁机构目前受理的只能是用人单位与劳动者之间发生的劳动争议，用人单位之间、公民之间发生的争议不属于受理范围；劳动争议是在劳动关系存续期间发生的；劳动争议的内容必须是与劳动权利义务有关。

劳动争议一旦形成，就会影响企业正常的生产秩序及社会安定，因此必须及时、依法进行处理。处理劳动争议，其仲裁程序的法律依据是《劳动法》《中华人民共和国企业劳动争议处理条例》《劳动争议仲裁委员会办案规则》等法律法规。劳动争议仲裁机构受理下列劳动争议：因企业开除、除名、辞退员工和员工自动离职发生的争议；因执行国家有关工资、保险、福利、培训、劳动保护的规定发生的争议；因履行劳动合同发生的争议；法律、法规规定应处理的其他争议（如履行集体合同发生的争议等）。

劳动争议形成后，企业和劳动者有权依法向企业劳动争议调解委员会申请调解；向劳动争议仲裁委员会申请仲裁；向人民法院提起诉讼；当事人自行和解。向企业劳动争议调解委员会申请调解不是必经程序，当事人一方不愿调解，或双方调解不成，即向仲裁机构申请劳动争议仲裁；未经仲裁机构作出处理的劳动争议，人民法院不能直接受理。

本章小结

1. 人力资源管理是基于实现组织和个人发展目标的需要，有效开发、合理利用并科学管理组织所拥有的人力资源的过程。

2. 人力资源管理的功能主要体现在以下四个方面：吸纳、维持、激励和开发。

3. 人力资源管理活动包括以下六项内容，这些内容构成了经典的人力资源管理六大模块，分别是人力资源战略与规划、员工招聘与甄选、员工培训与开发、绩效管理、薪酬管理、员工安全及员工关系管理。

4. 人力资源规划是一个动态的过程，涉及企业对人力资源需求的预测和对人力资源供给现状的评估，以及在此基础之上对企业人力资源的数量、种类、质量等作出的调整。科学而有效的人力资源规划过程包括环境评估、企业人力资源需求预测与供给现状分析、企业人力资源规划制订、企业人力资源规划执行四个环节。

5. 招聘的原则：因事择人、公开招聘、公平竞争、择优录取。

6. 招聘的途径：人力资源招聘有内部招聘和外部招聘两条途径。内部招聘是指企业吸引内部员工填补企业空缺职位，主要包括内部提升、横向调动、岗位轮换等；外部招聘是指企业吸引广泛的社会人才来填补企业空缺职位，外部招聘的具体渠道很多，如各种媒体招聘、网络招聘、校园招聘、猎头公司等。

7. 人力资源培训是企业为了实现目标和促进员工发展，有计划地组织员工进行学习和训练，以改善员工工作态度、提高员工工作技能、激发员工创造潜能而使员工能持续胜任本职工作的一种人力资源管理活动。

8. 绩效管理是为了确保管理者期望下属产生的工作行为、表现及其结果而进行的企业内管理活动，通常通过企业的管理规章制度和工作流程来体现。绩效管理就是企业内部系统的管理活动流程，通常包括计划、实施、考核、诊断和再计划五个部分。绩效考评是企业针对每个员工所承担的工作，运用科学的考评方法，对员工工作的绩效、价值等进行考核和评价。绩效考评又被称为绩效评估、绩效考核、绩效评价等。

9. 薪酬管理是企业为确定员工的薪酬形式、薪酬水平和薪酬结构而对薪酬进行管理的过程。

10. 劳动关系是指存在于企业、个体经济组织与劳动者之间，劳动者事实上已成为企业、个体经济组织的成员，并为其提供有偿劳动的关系。劳动关系的基本内容包括：劳动者与用人单位之间在工作时间、休息时间、劳动报酬、劳动安全卫生、劳动纪律与奖惩、劳动保险、职业培训等方面形成的关系。

本章练习

一、简答题

1. 如何进行人力资源规划？

2. 企业招聘的途径有哪些？

3. 薪酬水平的影响因素有哪些？

4. 如何进行绩效考评？

5. 什么是薪酬管理？

6. 谈谈你对员工安全的理解？

二、分析题

1. 请在互联网或相关书籍查阅资料，分析你所熟悉的某个组织，这个组织的人力资源实践与组织战略相一致的有哪些？是否有不相一致的地方？

2. 如何进行人力资源培训工作才能够使培训更有效？

【本章实训】

如果绩效考评只由一位考评者进行评价，那么可能会产生考评者蓄意歪曲绩效考评结果的现象。请学生构建5~7人的学习小组，结合所学知识，用头脑风暴法进行思考：(1) 这种现象出现的原因？(2) 如何使考评结果更加公平公正？

三、案例分析

安永会计师事务所的人力资源管理

安永会计师事务所是国际四大会计师事务所之一，全美第二大会计师事务所。英文缩写为EY，全称为Ernst & Young。Ernst & Young至今已有100多年的历史。安永的前身是1903年成立于美国克利夫兰的Ernst & Ernst（1979年后合并为Ernst & Whinney）会计公司和1894年成立于美国纽约的Arthur Young会计公司。1989年，原八大会计师事务所之中的Arthur Young及Ernst & Whinney之间的兼并造就了现在的Ernst & Young。安永的主要业务部门包括审计与鉴证、税务咨询与筹划、财务咨询。

10年成为合伙人不是梦

在安永，10年成为合伙人不是梦想。安永为员工的成长设置了非常清晰的路径，从审计员、高级审计员到经理、高级经理，然后成为合伙人。一般而言，从审计员到高级审计员需2~3年，高级审计员升成经理需2~3年，经理到高级经理需要3年，从高级经理升成合伙人并没有设定年限。

安永希望员工在公司的工作经历能让他们终身受益，为了帮助员工更快地发展，安永构建了完善的人才培养体系EYU（EY&U，安永与你），基于70/20/10的原则，安永通过项目经验、在职辅导以及课堂学习等方式帮助员工成长。

安永每年都会发布一份学习地图，并随着业务发展的需求以及法规的变化而变化，这份学习地图会从系统管理落实到每位员工身上。安永的学习管理系统为员工提供的课程数以万计，内容包括基础课程——旨在培养员工的一般商业技能和才干，以及提升课程，即不断更新及提升员工多项软技能。这些课程旨在让员工从平台、视野、语言、培训、技术等各方面获得成长，为员工所设定的课程会结合员工的级别、兴趣等考量。

安永的业务范围覆盖审计和咨询服务、税务服务、财务交易服务等，安永希望员工通过参与不同的项目累积多样化的工作经验，比如，第一年是参与一些简单的项目，第二年从事风险分析的工作，第三年能够设计审计流程等。通过这些深入浅出的项目经验，或者接触不同性质及行业的客户，员工可以逐渐拓宽其业务能力。而这些项目与业务能力的培养又是与员工的兴趣、职业生涯目标、经验需求息息相关。拥有更加全面的工作经验对于员工在晋升后了解其下属的工作内容与性质是非常有帮助的，可以帮助这些管理者更加有效地进行团队管理，引导团队成员更加顺利地开展工作。

课堂学习和项目经验是学习知识的过程，导师的辅导则是帮助员工将知识转化为个人能力的助力。王彬认为在本地管理人才的培养过程中，"需要建立对本地管理人员的信任，坦诚面对他们的发展需求与机遇，并安排导师指导他们"。每位员工在加入安永时，都会有一名辅导员，一般由经理级别以上人员担任。经理级别以上的员工，则由合伙人或者其他高级经理作为他的辅导员，根据员工的兴趣和职业规划为其制订成长计划。

本地人才的全球化培养

将本地市场领导人才纳入全球领导力继任计划是很多企业正在开展的领导力项目。事实上，对于领导人才的规划需要提前数年启动，给予潜在的领导人才充分的机会在不同的企业部门与文化背景下工作，通过在全球各地的领导经验提升他们的资历。安永非常重视员工的全球工作经验，安永在全球诸多地区都有业务，中国的员工有机会到其他国家和当地的员工一起工作。作为一家全球性企业，培养员工的全球视野和跨国工作能力至关重要。因此，安永也积极鼓励员工在客户企业驻场工作，或者到跨境、跨服务的部门参与国际项目。

安永有结构性的学习和人才发展的计划与项目，针对不同的人员有不同的发展项目，时间长短也各不相同。针对一些管理层级的人才，安永会将他们召集起来一起交流，这些人员有些拥有技术能力，有些具有卓越的领导才能，他们很喜欢这种与其他管理人士交流和分享的方式。当企业投资于快速增长市场时，需要考虑任命一位能力超过职位要求的人员，因为这些市场的增长速度将超过任何个人的发展速度。新兴市场有培养考虑全球业务增长的本地人才的土壤，这些地区的发展复杂性有时甚至超越成熟市场。

从历史上看，审计和税务是安永的强项和业务重点，也是安永业务的基础。这两块业务不断发展使安永获得了很多的客户，但咨询业务也在持续增长，而且未来还将继续扩张。这块业务相对来说还比较新，但能帮助安永的客户在新的领域不断成长。安永仍然坚持所需的本地管理人才要有财务、经济的背景，不过也会看中其的咨询业务能力，会更关注人才在垂直行业的经验。

用员工喜欢的方式沟通

主动倾听、对于新技术与理念的好奇心以及了解不同文化中人们的沟通方式，这是众多人力资源高管所共同认同的未来全球化领导者所需的关键技能。年轻人喜欢的灵活的工作以及希望达成的工作和生活的平衡，这与安永这样严谨、严肃、需要纪律的审计、咨询机构的形象似乎相去甚远。但安永建立了一个非常开放的交流氛围，让所有的员工都能够表达他的观点，也帮助本地管理者能够习惯新技术，倾听员工的心声。

在安永，沟通的渠道非常多，比如定期召开的员工沟通大会，高管们会邀请员工参加，告诉员工公司的发展策略，也从员工处获取能够让公司更好发展的建议。每年，安永的管理层都会努力地寻找听众的兴趣点，向他们传递公司未来发展的战略，也会回答员工所提的问题。安永期待员工问一些具有挑战性的问题，有些问题会很敏感，但只要是员工提出的，管理层都会回答，即使有些回答并不一定能让员工都满意，但双方在进行沟通就好。

为了迎合员工接受信息的习惯，也为了让安永的员工和关注安永的人更了解安永，安永开通了社交媒体，定期发送安永的研究、调查结果等。目前，在这些社交平台上，安永的成绩都很不错。

在企业内部，安永也采用了内部社交平台，所有员工都可以在这个社交平台上分享、评论、交流。事实上，员工的学习很多是来自社交平台这样的非正式渠道，员工也愿意向同事学习。这也是本地管理人员能够与全球其他地区的管理人员迅速建立联系的渠道。

女性领导者需要不同的支持

长久以来，对于跨国公司人才多元化的高谈阔论不绝于耳。人员的兼容并包，不仅弥合了性别的问题，更是让不同的地理、文化差异互相交汇，博采众长。对于新兴市场的商业环境而言，领导者更加需要兼收并蓄，因为增长和创新可能来自任何地方。这里的兼收并蓄不仅仅是指收获不同的观点，更是需要组建能够表达不同观点的多元化团队。一个成功的跨国企业的众多员工往往具有不同的背景、技能，同时经验也各异。在管理团队或董事会中，没有来自异国的代表，那是不可想象的，尤其是在全球化的组织中。

作为连续多年入榜"最佳雇主"和"女性最友好国际雇主"的安永在推动女性职业发展方面做出了不懈努力。安永非常注重员工的性别包容，在美国该计划已经推行了10多年，以"强调公平"为重点。2008年，安永的"性别包容计划"在大中华区推出，关注女性在安永更长的职业生涯发展，重点为"保留女性员工"。在这一计划上投入的人力成本和管理成本高达数百万元。如今，晋升的公司合伙人中更有60%为女性（2013年数据）。

女性领导者在安永备受尊重。一个优秀的女性领导者需要有良好的支持体系，包括家庭和公司。安永非常支持女性领导者表达她的意见。有些人不愿意说，害怕给团队增加负担，这个时候需要让管理者更主动地去询问。安永很重视团队和协作，强调团队的作用，女性领导者需要非常多的支持。当有些海外工作机会降临到女性管理者身上时，有些女性因为孩子还小，不愿意出差，安永都非常尊重这些人的决定。在一个高效和运营良好的团队中，很多同事会相互帮助。

安永早已认识到女性在企业中扮演的重要角色和价值，因此积极营造关爱女性的企业文化，为女性提供公平的工作环境，以创造更多的职业发展机会。同时，运用创新高效的企业管理方式，以帮助她们挖掘自我发展潜力，并在公司拥有理想的职业生涯。

（资料来源：https://www.hroot.com/hcm/246/310731.html）

问题：
1. 安永是如何为员工构筑十年成为合伙人的梦想的？
2. 你觉得安永的员工培训和开发方法有什么特点？
3. 你如何评价安永的人力资源管理实践活动？

第七章 财务管理

学习目标

1. 熟悉财务管理的内涵、作用,理解财务管理的目标模式。
2. 熟悉财务管理的筹资方式,掌握企业的资本成本。
3. 掌握投资项目现金流量的内容,理解投资决策指标。
4. 理解资产管理、利润管理,了解企业的财务分析。

素养目标

本章以财务管理知识为基本内容,培养学生对数字的敏感度,进一步提高学生对企业的财务信息进行基本分析、对企业的财务状况进行基本评估的能力,同时能适当应用辅助决策能力,如帮助企业管理者理解有关信息、做出正确的财务决策等。

本章导读

财务管理是研究企业资源和行为的管理学科,财务管理工作是现代企业管理的核心环节。本章着重介绍财务管理的概念、筹资管理、投资管理、资产管理、利润管理以及财务分析等内容。

案例导入

苹果公司从1995年就从未向股东分红,其已故CEO史蒂夫·乔布斯就曾在公司股东大会上表示,与分红和回购股票相比,他更喜欢持有现金进行投资。苹果希望进行"大胆的、投入巨额资金的"冒险,乔布斯说:"当你尝试冒险时,那种感觉就像是跳跃在半空中,只有当你的双脚最终着地时才能够放下心来。我们之所以采取从财务角度来看是比较保守的企业运作模式,是因为人们永远无法预见到下一个机遇到底何时才能到来。我们非常幸运,因为如果我们想要收购一样东西的时候,可以直接写一张支票,而无须东拼西凑地借钱。"截至2011财年第三财季,苹果公司的现金储备达到了762亿美元,股价从1997年的不到5美元,到目前的400美元左右,其间股价涨幅高达近 80 倍，这无疑是对股票持有者最大的回报。

（资料来源：孙茂竹，王建英，方心童. 初级财务管理学 [M]. 北京：中国人民大学出版社，2016.）

问题：财务管理在企业管理中的重要性，应该如何进行财务管理？

7.1 财务管理概述

7.1.1 财务管理的内涵

财务管理作为一门管理科学，与生产管理、质量管理和营销管理一样是管理学的一个分支，都是研究企业资源和行为的管理。财务管理是基于企业再生产过程中客观存在的财务活动和财务关系而产生的，它是利用价值形式对企业再生产过程进行的管理，是组织财务活动、处理财务关系的一项综合性工作。财务管理的管理职能可分为三个主要领域：长期投资管理、长期筹资管理和资产管理。

1. 长期投资管理

财务经理首先要决定资产负债表左边资产的总额——公司的规模，然后决定资产的组成，还要对资本的使用效果进行管理，比如新的资产是否需要购置，旧资产是否应该更新等。

2. 长期筹资管理

首先，了解企业长期投资的资本从何而来？发行普通股票还是债券，筹资的成本是多少？企业的债务和股本的比例应该定为多少才是合理的？企业优先从内部筹资好还是从外部筹资好？其次，要研究资本成本和资本结构，研究股利政策，最终找出最优的筹资方案，它使企业付出的资本成本最少，从而实现企业价值最大。

3. 资产管理

在资产已经购置、所需资金筹集之后，仍须对这些资产实施有效管理。财务经理对不同资产的运营承担不同的责任。财务经理侧重于关注流动资产的管理，而较少关注固定资产的管理。固定资产管理的很大一部分责任是由使用这些资产的生产经理承担的。

财务管理是在一定的外部环境下，使企业资金的筹集、运用和资产的管理尽可能最优的决策。

7.1.2 财务管理的作用

在企业集团里，财务副总裁或首席财务总管直接向首席执行官汇报工作。首席财务总管的工作分为两块：一块由资金主管负责，另一块由会计师负责。会计师的首要责任是会计核算，外部财务报告则是提供给税务局、证监会及股东的。资金主管的职责是做出财务管理的决策，如投资、筹资和资产管理决策。

7.1.3 财务管理的目标

根据现行企业财务管理理论和实践，最具代表性的财务管理目标主要有以下几种：

1. 利润最大化

假定在企业投资预期收益确定的情况下，财务管理行为将朝着有利于企业利润最大化的方向发展。经济学家以往都是以利润最大化来分析和评价企业行为和业绩。但是，以利润最大化作为财务管理目标存在如下缺点：利润最大化是一个绝对指标，没有考虑企业的投入产出效率；利润最大化没能有效地考虑风险问题，这可能导致企业财务经理不顾风险的大小去追求利润的最大化；利润最大化往往使企业财务决策行为具有短期化的倾向，即只顾片面追求利润的增加，不考虑企业长远的发展。

2. 股东财富最大化

在市场经济条件下，股东财富是由其所持有的股票数量和股票价格两方面决定的，在股票数量一定的前提下，股票价格越高，股东财富就越大。因此，股东财富最大化，又转化为股票价格最大化。股东财富最大化主要存在以下缺点：股东财富最大化只适合于上市公司，对非上市公司很难适用；股票价格的变动受诸多因素的影响，其价格不能完全反映股东财富的大小；股东财富最大化目标在实际工作中可能导致股东与其他利益主体之间的矛盾与冲突。

3. 企业价值最大化

企业价值最大化是指通过企业财务上的合理经营，采用最优的财务决策，充分考虑货币的时间价值和风险与报酬的关系，在保证企业长期稳定发展的基础上使企业总价值最大。评价企业的价值，看重的不是企业已经获得的利润水平，而是企业未来的获利能力。企业所得的收益越多，实现收益的时间越近，应得的报酬越确定，则企业的价值越大。但是，以企业价值最大化作为财务管理目标过于理论化，不易操作。

7.2 筹资管理

企业筹资，是指导致企业资本及债务规模和构成发生变化的活动。企业筹资在财务管理中占有很重要的地位，企业在进行筹资决策时，要考虑筹资风险，注重企业的偿还能力，配置好资本结构，使资本成本尽可能最小。

按照企业筹资渠道的性质划分，企业筹措的资本可划分为权益资本和债务资本。

权益资本是企业依法拥有、自主调配、长期使用的资本，来源是国家投资、联营投资、发行股票、利用外资和企业内部资本积累。在企业的财务报表中，权益资本是实收资本、资本公积、盈余公积和未分配利润的总和。企业实收资本包括国家资本、法人资本、个人资本和外商资本等。权益资本的所有权属于股东,但经营期内投资者不得以任何方式抽回,企业财务风险可因此降低。一个企业权益资本的大小直接反映企业的经济实力,是企业举债的基础。

债务资本又称负债资本或借入资本。企业可采取多种举债方式:银行借款、发行债券、融资租赁、商业信用等。在财务报表中,债务资本是指流动负债和长期负债的总和。债务资本到期必须偿还,还要按期支付利息或租金。如到期企业无法还本息,债权人有权依法要求企业破产还债。所以,债务资本给企业和股东带来了财务风险。

7.2.1　长期权益资本的筹措

1. 吸收投资

企业吸收投资的渠道主要有国家投资、法人投资、个人投资以及利用外资等筹资方式。

(1) 吸收国家投资。

1985年以前,国家预算拨款是国有企业资金的主要来源。1985年以后,国家预算拨款改为国家贷款,主要面向国有企业,表面上是一种债务,但国家贷款可用税前利润或新增利润归还,等于少交税或少交利润。国家实质上仍是投资主体。从1993年开始,国家贷款部分或全部改为由国资管理部门对企业直接投资,包括采取入股方式。

有权代表国家投资的政府部门或机构以国有资产投入企业的资本金称为国家资本金。

企业吸收的国家投资,可长期支配使用,代表国家投资者的国资管理部门可派出代表参加企业股东大会和董事会,对投入资本进行管理,参与企业税后利润分配,承担以投资额为限的经济责任。

(2) 吸收法人投资。

吸收法人投资是指法人单位以其依法可以支配的资产投入企业,形成的资本金为法人资本金。目前,吸收法人投资主要是指法人单位在进行横向联合时所产生的联营投资。

(3) 吸收个人投资。

个人投资是指社会个人或本企业内部职工以个人合法财产投入企业,所形成的资本金为个人资本金。个人投资的人员较多,但每人投资的数额相对较少,以参与企业利润分配为目的。

(4) 利用外资。

外商投资是指外国投资者以及我国港澳台地区投资者把资金投入企业,所形成的资本金为外商资本金。吸收外商投资一般具有以下特点:可以筹集外汇;出资方式比较灵活;一般只有中外合资企业才能采用。

2. 发行股票

在证券市场发达的现在,发行股票已成为股份公司筹措长期资本的基本方式。

(1) 股票的概念。

股票代表了公司权益资本的所有权,是股东按其所持股份享有权利和承担义务的书面凭证。

(2) 股票的特点。

1) 发行股票所筹措的资本是可长期使用的权益资本。只要公司存在，股东就不能退股，但可以在市场上转让股票。

2) 与债权人比较，股东的风险较大。公司一旦破产，公司资产分配的优先顺序是：偿还职工工资和劳动保险费，上缴税金，偿还债务，有剩余才分配给股东。

3) 与债务筹资相比，股票筹资的成本较高。公司对外借债，发生的利息可减少利润，即免缴所得税，而股票股利在税后利润中分配，因此股票筹资的成本要高于债务筹资成本。

4) 支付股利灵活，降低风险。公司如遇到现金短缺或好的投资时机，公司可不派息。从这个角度看，股票筹资又比债务筹资的风险小。

(3) 普通股与优先股。

按股东权利和义务的差别，可分为普通股和优先股。

普通股股东享有作为股东的全部权利和义务。在一般情况下，股份公司只发行普通股。优先股是对普通股而言享受某些优先权利的股票，一般在公司增募资本时发行。优先股具有的优先权利：股息一般固定，在分派普通股股息前支付；享有公司剩余资产分配的优先权，公司一旦破产，优先股索偿权先于普通股；优先股投资风险比普通股小，但优先股股东没有表决权，也不能参加公司的经营管理。

(4) 普通股股东的权利和义务。

普通股股东作为承担公司最大风险的投资者，拥有公司全部的权利，包括投票权、出售或转让股份权利、检查账簿权利、剩余资产索取权、优先认股权等。

普通股股东一般有如下义务：遵守公司章程；按时认缴资本；以认缴的资本额为限承担公司债务的责任。在公司核准登记后，已认缴的资本不得抽回。

(5) 股票的发行和上市。

股票发行是利用股票筹集资金的一个最重要环节。股份公司发行股票必须具备一定的发行条件，取得发行资格，并在办理必要手续后才能发行。各国股票的发行都有严格的法律规定程序，任何未经法定程序发行的股票都不发生效力。

知识拓展

定向增发

随着我国证券市场的发展，上市公司的融资需求日益增长，定向增发已逐渐超过IPO（Initial Public Offering，首次公开募股），成为证券市场上最主要的再融资工具。相对于银行贷款、IPO等传统融资方式，定向增发具有市场风险小、融资成本低以及发行速度快、对股市压力小等特点，同时定向增发有利于避免关联交易和同业竞争，以及作为一种并购手段对于日后实现整体上市、提高控股股东持股比例、引入战略投资者都有帮助。在定向增发引入资本市场后，凭借其特有的优势在再融资市场卷起一股热潮，深受上市公司和监管层的青睐。

（资料来源：陈运平，等. 财务管理案例 [M]. 沈阳：东北财经大学出版社，2019.）

7.2.2 长期债务资本的筹措

债务资本是企业采取多种举债形式，即通过银行借款、发行债券、融资租赁、商业信用等方式所筹集的资本。而债务资本又分为短期债务资本和长期债务资本，这里只介绍长期借款、发行债券和租赁筹资三种方式。

1. 长期借款

长期借款是指企业根据借款合同从有关银行或非银行金融机构借入的需要还本付息的款项。

（1）借款的种类。

1) 按借款的期限，可分为短期借款和长期借款。

短期借款是指借款期限在1年以下（含1年）的借款，主要满足流动资金的需求。

长期借款是指借款期限在1年以上的借款，主要解决企业长期流动资产占用的资金和固定资产的资金需求。

2) 按借款是否需要担保，可分为信用借款、担保借款和票据贴现。

信用借款又称无担保借款，是指没有保证人作保证或没有财产作抵押，仅凭借款人的信用而取得的借款。

担保借款是指有一定的保证人作保证或利用一定的财产作抵押或质押而取得的借款。

票据贴现是商业票据的持有人把未到期的票据转让给银行，贴付一定利息以取得银行资金的一种借贷行为。

（2）企业利用银行借款筹集资金，必须按规定的程序办理。根据我国贷款通则，银行贷款的程序大致分为以下几个步骤：企业提出借款申请；银行对借款人的信用等级进行评估；对借款人进行调查；贷款审批；签订借款合同；企业取得贷款；借款归还。

（3）银行借款所需时间较短，借款成本较低，但是在企业经营不利时，可能会产生不能偿付的风险，甚至会引起破产。在借款合同中，一般都有一些限制条款，如定期报送报表、借款用途不变等。另外，银行一般不愿借出巨额的长期借款。

案例：

美国次贷危机

美国次贷危机也称次级房贷危机，也译为次债危机。它是指一场发生在美国，因次级抵押贷款机构破产、投资基金被迫关闭、股市剧烈震荡引起的金融风暴。它致使全球主要金融市场出现流动性不足危机。美国"次贷危机"是从2006年春季开始逐步显现的。2007年8月开始席卷美国、欧盟和日本等世界主要金融市场。

问题：案例对你有何启示？

2. 发行债券

债券是向投资人出具的，承诺按一定利率定期支付利息，并到期偿还本金的债权债务凭证。

(1) 债券的基本要素。

1) 债券面值。一是币种；二是票面金额。币种可用本币，也可用外币，这取决于发行者的需要和债券的种类。票面金额是债券到期时偿还债务的金额。

2) 债券期限。债券都有明确的到期日，从发行之日起至到期日之间的时间称为债券的期限。在债券期限内，公司必须定期支付利息，债券到期时，必须偿还本金。

3) 债券利率。债券上通常都会写明年利率，即票面利率。

4) 债券价格。理论上债券的面值就是它的价格，但由于资金市场上供求关系、利率的变化，债券的市场价格常常脱离面值，有时高于面值，有时低于面值。

(2) 债券的发行。同股票的发行相同，也需要向有关部门提出申请；选择合适的承销人；向社会公布债券出售说明书。债券发行的条件具体见《企业债券管理条例》和《公司法》。

(3) 债券的收回与偿还。可在到期日按面值一次偿还，也可分批收回或分批偿还。

(4) 债券的评级。为发展和健全金融市场，促使企业改善经营管理，更好地面向社会筹资，提高资金使用效率，保护投资者合法权益，凡向社会发行债券的企业，都应经过债券资信评估机构进行评级。

债券资信等级标准采用九级评定法，由高到低分别为：AAA、AA、A、BBB、BB、B、CCC、CC、C。

1) 高质量等级。AAA级债券是最高等级债券，对本金和利息有完全保障，安全程度最高。AA级债券在大多数情况下与AAA级相同。

2) 投资等级。A级债券属于中上级债券，具有相当的投资强度，但在经济情况不利时，无法完全避免不利影响，然而利息和本金比较安全。BBB级债券为中等债券，在正常情况下，也比较安全，但在经济不景气时应特别注意。

3) 次标准等级。BB级债券为中下等级债券。这种债券只有少数的投资特性，在正常情况下可取本金和利息，但在不利情况下，会产生不能偿付的风险。B级债券具有一定的投机性，本金和利息不能偿付的风险较大。

4) 投机等级。CCC等级的债券属于下等级债券，是一种投机债券，本金和利息不能偿付的风险很大。CC等级的债券是绝对的投机债券，而利息极少。C级债券是最低等级的债券，一般指正在违约的债券。

债券的等级越高，风险越小，投资人要求的报酬率可能较低，那么企业可以较低的利率来发行债券。只有BBB级以上的债券，才是大多数投资者可投资的债券。AAA级债券的筹资能力最强。

3. 租赁筹资

租赁是指出租人在承租人给予一定报酬的条件下，授予承租人在约定的期限内占有和使用财产的权利的一种契约型行为。

我国目前主要有经营租赁和融资租赁两种。

(1) 经营租赁。

经营租赁是典型的租赁形式，通常为短期租赁。特点是：承租企业可随时向出租人提出租赁资产的要求；租赁期短，不涉及长期而固定的义务；租赁合同比较灵活，可以解除租赁契约；租赁期满，租赁的资产一般归还给出租者；出租人提供专门服务，如设备的保养、维修和保险等。

（2）融资租赁。

融资租赁又称财务租赁，通常是一种长期租赁，可解决企业对资产的长期需要。融资租赁是现代租赁的主要形式，特点是：一般由承租人向出租人提出正式申请，由出租人融通资金引进所需设备，然后再租给用户使用；租期较长。融资租赁的租期一般为租赁资产寿命的一半以上；租赁合同比较稳定。在融资租赁期内，承租人必须连续支付租金，非经双方同意，中途不得退租；租约期满后，可将设备作价转让给承租人；或由出租人收回；延长租期续租；在租赁期内，出租人一般不提供维修和保养设备方面的服务。

租赁筹资的优点是：能迅速获得所需资产；为企业提供一种新的资金来源；限制较少；能减少设备陈旧过时的风险。租金可在整个租期内分摊，不用到期归还大量本金。缺点是资本成本较高，一般来说，租金比负债筹资的利息高。

7.2.3 资本成本与财务杠杆

1. 资本成本的概念

资本成本是指企业筹集和使用资本应付出的代价，包括资本占用费和筹资费用。资本占用费包括利息、股息、租金等；资本筹集费包括委托金融机构代理发行股票、债券等的注册费、代理费、律师费、资信评估费、公证费、担保费以及银行借款手续费等。资本成本通常用相对数——资本占用费与实际筹资额之比来表示。计算公式为：

$$资本成本 = \frac{每年的资本占用费}{筹资数额 - 筹资费用} \times 100\%$$

2. 资本成本的作用

资本成本是企业筹资、投资的主要依据。只有当投资项目的投资报酬率高于资本成本时，资金的筹集和使用才有利于提高企业价值。

（1）资本成本在企业筹资决策中的作用。资本成本是企业选择资金来源、拟定筹资方案的重要依据。不同的资金来源具有不同的成本，为了以较少的成本筹资所需资金，就必须分析各种资本成本的高低。

1）资本成本是影响企业筹资总额的一个重要因素。随着筹资数量的增加，资本成本不断变化。当企业筹资数量很大、资金的边际成本超过企业承受能力时，企业就不能增加筹资数额。因此，资本成本是限制企业筹资数量的一个重要因素。

2）资本成本是选择资金来源的依据。企业从商业银行借款，可以发行股票、债券，究竟选择哪一种来源，首先要考虑的是资本成本的高低。

3）资本成本是确定最优资本结构必须考虑的因素。不同的资本结构会给企业带来不同的风险和成本，从而引起股票价格的变动。在确定最优资本结构时，考虑的因素主要有资本成本和财务风险。

(2) 资本成本在投资决策中的作用。

资本成本在分析投资项目的可行性、选择投资方案时有重要作用。

1) 在利用净现值指标进行决策时，常以资本成本作为贴现率。当净现值为正时，投资项目可行；反之，如果净现值为负，则该项目就不可行。

2) 在利用内部报酬率指标进行决策时，一般以资本成本作为基准率。只有当投资项目的内部报酬率高于资本成本时，投资项目才可行；反之，当投资项目的内部报酬率低于资本成本时，投资项目不可行。国际上通常将资本成本视为投资项目的最低报酬率，是比较投资方案的基准。

(3) 财务杠杆与财务风险。

不论企业营业利润多少，债务的利息和优先股的股利通常是固定不变的。当息税前盈余增大时，每1元盈余所负担的固定财务费用就会相对减少，这能给普通股股东带来更多的盈余；反之，当息税前盈余减少时，每1元盈余所负担的固定财务费用就会相对增加，这就会大幅减少普通股的盈余。这种由于固定财务费用的存在，使普通股每股盈余的变动幅度大于息税前盈余的变动幅度的现象，叫财务杠杆。以下为财务杠杆系数。

$$财务杠杆系数 = \frac{普通股每股盈余变动率}{息税前利润变动率}$$

例：甲、乙两公司的资本结构与普通股盈余如表7-1所示。

表7-1 甲、乙两公司的资本结构与普通股盈余 元

项目	甲公司	乙公司
股本：面值100	2 000 000	1 000 000
发行在外股数	20 000	10 000
债务（利息率为8%）	0	1 000 000
资金总额	2 000 000	2 000 000
息税前盈余	200 000	200 000
利息	0	80 000
税前盈余	200 000	120 000
所得税（50%税率）	100 000	60 000
税后盈余	100 000	60 000
每股普通股盈余	5	6
息税前盈余增长率	20%	20%
增长后的息税前盈余	240 000	240 000
债务利息	0	80 000
税前盈余	240 000	160 000
所得税（50%税率）	120 000	80 000

续表

项目	甲公司	乙公司
税后盈余	120 000	80 000
每股普通股盈余	6	8
每股普通股盈余增加额	1	2
普通股盈余增长率	20%	33.33%

甲、乙公司的财务杠杆系数分别为：

$$\text{甲公司的财务杠杆系数} = 20\% \div 20\% = 1$$
$$\text{乙公司的财务杠杆系数} = 33.33\% \div 20\% = 1.67$$

从表中可以看出，甲、乙两个公司的资金总额相等，息税前盈余相等，息税前盈余的增长率也相同，不同的只是资本结构。甲公司全部资金都是普通股，乙公司的资金中普通股和债务各占一半。在息税前盈余增长20%的情况下，甲公司每股盈余增长20%，而乙公司却增长了33.33%，这就是财务杠杆的作用。如果息税前盈余下降幅度相同，乙公司每股盈余的下降幅度要大于甲公司每股盈余的下降幅度。

财务风险是指企业为取得财务杠杆利益而利用负债资金时，增加了破产机会或普通股盈余大幅变动的机会所带来的风险。企业为取得财务杠杆利益，就要增加负债，一旦企业息税前盈余下降，不足以补偿固定利息支出，企业的每股盈余下降得更快，甚至会引起破产。

7.2.4 资本结构

1. 资本结构的概念

资本结构又称财务结构，是指企业各种资金的构成及其比例关系。优化资本结构，是指筹资的综合成本和筹资风险最低的资本来源结构。企业应运用适当的方法确定最佳资本结构，在以后追加筹资中继续保持，现有资本机构不合理，应通过筹资活动进行调整。资本结构总的来说是负债资金比率的问题，即负债在企业全部资金中所占的比重。

利用负债资金具有双重作用，适当利用负债，可以降低企业资本成本，但当企业负债比率太高时，会带来较大的财务风险。为此，企业必须权衡财务风险和资本成本的关系，确定最优的资本结构。所谓最优资本结构是指在一定条件下使企业加权平均资本成本最低，企业价值最大的资本结构。从理论上讲，最优资本结构是存在的，但由于企业外部环境和内部条件经常发生变化，寻找最优资本结构十分困难。

影响资本结构的因素很多，如企业销售的增长情况、企业所有者和管理人员的态度、贷款人和信用评级机构的影响、行业因素、企业规模、企业的财务状况、资产结构、所得税率的高低和利率水平，财务管理人员必须综合考虑这些因素以确定合理的资本结构。

2. 资本结构的优化选择

资本结构的优化选择可以用比较资本成本法和无差异点分析法等，这里介绍比较资本成本法。

比较资本成本法是指通过计算不同资金组合的综合资本成本，并以其中综合成本最低的组合为最佳资本结构的一种方法。它以资本成本的高低作为确定最佳资本结构的唯一标准。第一步，确定不同筹资方案的资本结构；第二步，计算不同方案的资本成本；第三步，选择资本成本最低的资金组合，即最佳资本结构。

例：公司初创时需筹集资金4 000万元，有以下3种筹资组合方案可供选择。相关资料如表7-2所示，计算各筹资方案下的综合资本成本，并确定最佳资本结构方案。

表7-2 筹资组合方案的有关资料

筹资方式	方案A 筹资额/万元	方案A 资本成本/%	方案B 筹资额/万元	方案B 资本成本/%	方案C 筹资额/万元	方案C 资本成本/%
长期借款	600	5.5	800	6	400	5
长期债券	1 400	8	700	6.5	600	6
普通股	2 000	12	2 500	12	3 000	12
合计	4 000	—	4 000	—	4 000	—

方案A的资本成本 = 600/4 000 × 5.5% + 1 400/4 000 × 8% + 2 000/4 000 × 12% = 9.63%
方案B的资本成本 = 800/4 000 × 6% + 700/4 000 × 6.5% + 2 500/4 000 × 12% = 9.84%
方案C的资本成本 = 400/4 000 × 5% + 600/4 000 × 6% + 3 000/4 000 × 12% = 10.4%
经计算得知A方案的资本成本最低，则A方案为最佳资本结构方案。

7.3 投资管理

企业投资是指企业将投入财力，以期望在未来获取收益的一种行为。在市场经济条件下，企业能否把筹集到的资金投放到收益高、回收快、风险小的项目上去，对企业的生存和发展是十分重要的。

企业投资的根本目的是增加企业价值。企业能否实现这一目标，关键在于企业是否能够在不确定的市场环境下，抓住有利时机，做出合理的投资决策。

7.3.1 投资项目现金流量

企业投资决策中的现金流量是指与投资决策有关的现金流入、流出的数量。投资项目的可行性分析必须事先计算现金流量。

1. 现金流量的构成

投资决策中的现金流量，一般有三种类型：

（1）初始现金流量。初始现金流量是指开始投资时发生的现金流量，一般包括固定资产投资、流动资产投资等。在建设期，由于没有任何现金流入量，所以建设期的现金净流量通常为负值。

(2) 营业现金流量。营业现金流量是指投资项目投入使用后,在其寿命周期内由于生产经营带来的现金流入和流出的数量。这种现金流量一般以年为单位进行计算。现金流入一般指营业现金收入。现金流出指营业现金支出和税金支出。

$$每年的净现金流量 = 每年营业现金收入 - 付现成本 - 税金$$

公式中付现成本是指在经营期内为满足正常生产经营而需用现金支付的成本,它是生产经营期内最主要的现金流出量。

$$付现成本 = 总成本 — 折旧额及摊销额$$

税金指项目投产后依法缴纳的、单独列示的各项税款,包括营业税、所得税等。所以公式可变形为:

$$每年的净现金流量 = (营业收入 - 总成本 — 税金) + 折旧 + 摊销额$$
$$= 净利润 + 折旧 + 摊销额$$

(3) 终结现金流量。终结现金流量是指投资项目完结时所发生的现金流量,主要包括:固定资产的残值收入、流动资产上的资金收回和土地的变价收入。

2. 投资项目的现金流量表

假设有甲、乙两个投资方案,现金流量表如表 7 – 3 所示。

表 7 – 3 投资项目的现金流量表　　　　　　　　元

时间	0	1	2	3	4	5
甲方案:						
固定资产投资	-10 000					
营业净现金流量		3 200	3 200	3 200	3 200	3 200
现金流量合计	-10 000	3 200	3 200	3 200	3 200	3 200
乙方案:						
固定资产投资	-12 000					
营运资金垫支	-3 000					
营业净现金流量		3 800	3 560	3 320	3 080	2 840
固定资产残值						2 000
营运资金回收						3 000
现金流量合计	-15 000	3 800	3 560	3 320	3 080	7 840

在现金流量计算中,为了简化计算,一般假定各年投资在年初一次进行,各年营业现金流量看作是各年年末一次发生,终结现金流量最后一年年末发生。

7.3.2 投资决策指标

投资决策指标是评价投资方案是否可行或孰优孰劣的标准。投资决策指标可概括为贴现现金流量指标和非贴现现金流量指标。

1. 贴现现金流量指标

贴现现金流量指标考虑资金的时间价值。资金时间价值是指资金在周转使用过程中随着时间的推移而产生的增值，是一定量资金在不同时点上价值量的差额。这种价值差额是由于利息或利润而产生的。在资金使用上，必须考虑时间的因素，在看待和使用资金时，不仅要看它存在的数量，而且还要看这个量存在于什么时间，同量的资金处于不同时间，其价值是不同的。但不同时点上的资金，又可以换算成同一时点上的价值，这样才具有可比性，这是对不同投资方案进行分析评价和择优的必备条件。

在投资方案分析中，为了计算资金的时间价值，要弄清楚以下几个基本概念：

现值。现值又称本金，是未来某一时点上的一定量资金折合为现在的价值。

终值。终值又称将来值或本利和，是指资金的现在价值按一定的利息率计息，经过一定时间距离后的资金新值，也即资金在其运动终点的价值。

例如，目前存入银行现金 100 元，年复利为 10%，经过 3 年后一次性取出本利和 133.10 元。则目前的 100 元是现值，3 年后的 133.10 元是终值。

贴现率。贴现率是指贴现时所用的利息率。贴现率的大小，对一个投资项目的净收益影响极大。

贴现指标主要有净现值、内部报酬率和利润指数。

（1）净现值。净现值（NPV）是指把投资项目投入使用后的净现金流量，按资本成本或要达到的报酬率折为现值，然后减去初始投资后的余额。

$$NPV = \sum_{t=1}^{n} \frac{CF_t}{(1+r)^t} - CF_0$$

式中：n——项目计算期；

NPV——净现值；

CF_t——第 t 年的净现金流量；

$1/(1+r)^t$——第 t 年贴现率为 r 的复利现值系数。

净现值法的决策原则是：在只有一个备选方案的情况下，净现值为正则采纳，为负则不采纳；在有多个备选方案的互斥选择决策中，选用净现值为正值中的最大者。

净现值法虽然考虑资金的时间价值，但是并不能揭示各个方案的实际报酬率是多少。

（2）内部报酬率。

独立项目和互斥项目

独立项目指的是项目之间是相互独立的，选择其中的某个项目不会影响其他项目的选择，在资本不受限制的情况下，可以采纳备选方案中的一个项目或者是多个项目。互斥项目指的是两个项目是相互对立的，选择其中的一个就不能选择另一个。对于互斥项目由于现金流量的模式不同而产生按净现值和内部报酬率评价出现矛盾的情形时，应该以净现值作为决策标准。

内部报酬率又称内含报酬率（IRR），是使投资项目的净现值等于零的贴现率。内部报酬率实际上反映了投资项目的真实报酬，因此经常用来评价投资项目。内部报酬率大于资本成本率的方案为可行方案；有多个方案可供选择时，选内部报酬率较大的方案。

(3) 利润指数。

利润指数又称现值指数（PI），是投资项目未来报酬的总现值与初始投资额之比。

利润指数法的决策原则是：在只有一个备选方案的决策中，利润指数大于或等于1，则采纳，否则被拒绝。在有多个备选方案的互斥决策中，应采纳利润指数大于1中的最大的投资项目。由于利润指数是用相对数表示的，考虑了资金的时间价值，能够真实地反映投资项目的盈亏程度。

在以上三个贴现投资现金流量指标中，净现值法在所有的投资评价中总能做出正确的决策。而利用内部报酬率和利润指数在互斥选择决策中有时会做出错误的决策，因此，这三个评价方法中，净现值是最好的评价方法。

2. 非贴现现金流量指标

(1) 静态投资回收期。

静态投资回收期（PP）是指不考虑资金的时间价值，回收初始投资所需要的时间。

如果每年的营业净现金流量（NCF）相等，则投资回收期 = 原始投资额/每年净现金流量；如果每年的营业净现金流量（NCF）不相等，则要根据各年年末尚未回收的投资额计算。根据现金流量表7-3的数据，甲方案的投资回收期 = 10 000 ÷ 3 200 = 3.125（年），乙方案每年的现金流量不等，所以各年年末尚未回收的投资额见表7-4。

表7-4　乙方案各年年末尚未回收的投资额　　　　　　　　　　　元

年份	每年净现金流量	年末尚未回收的投资额
1	3 800	11 200
2	3 560	7 640
3	3 320	4 320
4	3 080	1 240
5	7 840	——

根据表7-4的数据，乙方案的投资回收期 = 4 + 1 240 ÷ 7 840 = 4.16（年）。

(2) 平均报酬率。

平均报酬率（ARR）是投资项目寿命周期内平均的年投资报酬率，也称平均年报酬率。

平均报酬率 = 平均现金流量 ÷ 原始投资额 × 100%

甲方案的平均报酬率为：3 200 ÷ 10 000 × 100% = 32%

乙方案的平均报酬率为：(3 800 + 3 560 + 3 320 + 3 080 + 7 840) ÷ 5 ÷ 15 000 = 28.8%

平均报酬率的缺点是没有考虑资金的时间价值，所以有时会做出错误的投资决策。

7.4 资产管理

资产是指企业过去的交易或者事项形成的、由企业拥有或者控制的、预期会给企业带来经济利益的资源。企业过去的交易或者事项包括购买、生产、建造行为以及其他交易或者事项。预期在未来发生的交易或者事项不形成资产。由企业拥有或者控制，是指企业享有某项资源的所有权，或者虽然不享有某项资源的所有权，但该资源能被企业所控制。预期会给企业带来经济利益，是指直接或者间接导致现金和现金等价物流入企业的潜力。同时满足以下条件的资源可确认为企业资产：

（1）与该资源有关的经济利益很可能流入企业。
（2）该资源的成本或者价值能够可靠地计量。

企业的资产按流动性分为流动资产和长期资产。

7.4.1 资产组合

资产组合是资产管理的一个重要问题。资产组合就是企业的资产总额中流动资产与非流动资产的比例。不同的资产组合对企业的经营活动以及财务状况有不同的影响，企业必须根据生产经营的要求，安排合理的资产组合。

不同的资产组合，对企业的偿债能力有不同的影响。一般来说，流动资产比非流动资产的变现能力强，更适合偿还到期债务。所以，在企业的资产组合中，如果流动资产所占的比重较大，企业的偿债能力较强，但企业的收益能力较差。反之，如果非流动资产所占的比重较大，企业的偿债能力相对较差，但企业的收益能力较强。

1. 投资组合的影响因素

（1）风险与报酬。企业持有大量的流动资产（尤其是速动资产）可以降低企业的风险，因为流动资产变现能力强，当企业出现不能及时偿还的债务时可以发挥作用。因此，在筹资数额不变的情况下，增加流动资产的投资比例，会降低企业的风险。但是流动资产投资量过大，往往会出现流动资产的积压，降低企业资金运动的速度，从而降低投资收益率。因此，企业财务人员应全面衡量风险和利益的关系，选择最佳的资产组合。

（2）行业性质。由于企业所属行业的不同，其资产组合情况会有较大差异。流动资产中应收款和存货所占的比例又较大，也主要为行业影响所致。企业财务管理人员应以不同行业流动资产各项目的平均占有水平为参考而进行资产组合决策。

（3）经营规模。企业经营规模的大小对投资组合也会有重大影响，随着企业规模的增大，流动资产所占的比例会越来越小。

（4）利息的影响。流动资产在企业资产中的比例要求不是很严格的，因此，在利息比例较高的情况下，企业为了减少利息支出，就会采取措施以相对减少流动资产的占用数量；当利息下降时，企业从综合效益状况考虑，有时会提高流动资产的占用比例。

2. 资产组合类型

企业的流动资产按其在生产经营中的功能分为三类：a. 正常需要量：主要是指为了满足企业正常的生产经营活动而需要的流动资产数量。b. 正常保险储备量：主要是指为了应付意外情况的发生，在流动资产正常需要量的基础上增加的保险储备。c. 额外保险储备量：主要是指在正常需要量和保险储备量的基础上，再增加一部分额外的储备，以备非常情况发生对流动资产的需要。

根据流动资产在资产组合中的比重，企业的资产组合主要有以下三种类型：

（1）保守型的资产组合。企业在安排流动资产数量时，在企业流动资产正常需要量和正常保险储备量的基础上，增加额外保险储备量。这样，流动资产的比重较大，企业的风险较低，但是，通常企业的投资收益率较低。不愿意冒险的企业可以采用这种方式。

（2）适中型的资产组合。这类资产组合是在保证流动资产正常需要的基础上，增加正常保险储备量，以应付意外事件的发生。但是，企业不储备额外保险储备量。采用这种资产组合方式，投资收益率一般，风险也一般。

（3）冒险型的资产组合。这类资产组合是指企业只安排流动资产的正常需要量，而不安排保险储备量。这样可以提高投资收益率，但也会增加企业的风险。一般来说，处于成长期的企业，可以采用这类资产组合，以获得较高投资收益，实现高速成长。

3. 资产组合决策

一般来说，企业在资产总额和筹资组合都保持不变的情况下，如果增加流动资产的比重，就会减少企业的财务风险，但同时也会减少企业的投资收益；反之，如果增加非流动资产，减少流动资产，就会增加企业的投资收益，但也会增加企业的财务风险。因此，企业在进行资产组合决策时，应当在收益和风险之间权衡利弊，选择最佳资产组合。

7.4.2 流动资产管理

1. 流动资产概述

（1）流动资产的概念和组成。

流动资产是指企业可以在一年内或超过一年的一个营业周期内变现或者运用的资产，具有占用时间短、周转快、易变现等特点，属于生产经营过程中短期置存的资产，是企业资产的重要组成部分。流动资产的价值表现就是流动资金。

流动资产在企业的再生产过程中以各种不同的形态同时存在，这些不同的存在形态就是流动资产的组成内容。具体包括：

1）货币资金。

货币资金是指企业在再生产过程中由于种种原因而持有的、停留在货币形态的资金，包括库存现金和存入银行的各种存款。

2）应收及预付款项。

应收及预付款项是指在商业信用条件下企业的延期收回和预先支付的款项，如应收票据、应收账款、其他应收款、待摊费用等。

3）存货。

存货是指企业在再生产过程中为销售或者耗用而储备的物资，包括原材料、燃料、包装物、低值易耗品、修理用备件、在产品、自制半成品、产成品、外购商品等。

4）短期投资。

短期投资是指各种能够随时变现、持有时间不超过一年的有价证券以及其他投资，如各种短期债券、股票等。

(2) 流动资产的特点。

流动资产又称经营性资产，与固定资产相比有以下特点：

1）投资回收期短。

投资于流动资产的资金一般在一年或一个营业周期内收回，对企业影响的时间比较短。因此，流动资产投资所需的资金一般可通过商业信用、短期银行借款等方式解决。

2）流动性强。

流动资产在循环周转过程中，经过供产销三个阶段，其占用形态不断变化，即按"现金—材料—在产品—产成品—应收账款—现金"的顺序转化。这种转化循环往复。流动资产的流动性与其变现能力相关，如遇意外情况，可迅速变卖流动资产，以获取现金。这对于财务满足临时性资金需求具有重要意义。

3）具有并存性。

在流动资产的周转过程中，每天不断有资金流入，也有资金流出，流入和流出总要占用一定的时间，从供产销的某一瞬间看，各种不同形态的流动资产同时存在。因此合理地配置流动资产各项目的比例，是保证流动资产得以顺利周转的必要条件。

4）具有波动性。

占用在流动资产中的投资并非一个常数，随着供产销的变化，其资金占用时高时低，起伏不定，季节性企业如此，非季节性企业也如此。随着流动资产占用量的变动，流动负债的数量也会相应变化。

(3) 流动资产管理的要求。

管好用好流动资产必须认真贯彻以下几项要求。

1）既要保证生产经营需要，又要合理使用资金。

在流动资产管理中，既要保证生产经营发展的需要，又要合理使用资金，提高资金使用效果，这两方面要统一起来。必须正确处理保证生产经营需要和合理使用资金二者之间的关系。要在保证生产经营需要的前提下，遵守勤俭节约的原则，挖掘资金潜力，精打细算地使用流动资金。这样才能充分发挥流动资金管理促进生产的作用。

2）资金管理与资产管理相结合。

流动资产是流动资金赖以存在的物质形态。一方面，财务部门要管好流动资金，必须深入生产、深入群众，关心流动资产的管理。只有各项流动资产安全完整、使用合理，流动资金才能完整无缺、占用减少、效益提高。另一方面，财务部门还必须促使管理流动资产、使用流动资产的部门树立经济核算思想，提高经济效益观念，关心流动资金管理。为此，流动资金的管理必须在实行财务管理部门集中统一管理的同时，实行分口分级管理，建立有关部门管理的责任制度。

3）保证资金使用和物资运动相结合，坚持钱货两清，遵守结算纪律。

资金是物资的货币表现，资金使用同物资运用有密切的联系。在流动资金管理工作中，必须把资金使用同物资运用结合起来，做到钱出去、货进来，货出去、钱进来，坚持钱货两清的原则，企业必须严格遵守结算纪律，不得无故拖欠。只有坚持钱货两清，遵守结算纪律，才能保证每个企业的生产经营顺利进行。

现金是指在生产经营过程中以货币形态存在的资金，包括库存现金、银行存款和其他货币资金等。现金是流动性最强的流动资产，可以直接作为支付手段。

2. 现金管理

（1）现金管理的目的。

现金是企业的一项重要流动资产，企业缺少现金，日常的交易活动就会发生困难，但是，现金这种资产的收益性很差，如果持有过量的现金，虽然可以降低财务风险，但也会降低企业的收益。所以，现金管理的目的就是在保证生产经营活动所需现金的同时，尽可能节约现金，减少现金的持有量，而将闲置现金用于投资以获取一定的投资收益。

（2）现金管理的内容。

1）编制现金预算。现金预算是现金管理的一个重要方法，企业应当在合理预计现金流量的基础上，编制现金预算，提高现金的利用效率。

2）确定最佳现金持有量。在理论上，现金存在一个最佳持有量。最佳持有量是企业所持有的现金最为有利的数额，一般指资本成本最低时的最佳货币持有量。现金是企业流动性最强的资产，也是盈利性最差的资产。现金过多，使企业的盈利水平下降；现金过少，又会由于现金短缺而影响生产经营活动。在现金持有量上存在着风险与报酬的权衡问题。企业为了充分利用现金、降低现金的成本，应当根据自身情况，确定一个最佳现金持有量。

3）现金的日常管理。在现金管理中，企业除合理编制现金收支计划和认真确定最佳现金余额外，还必须进行现金的日常控制。

加速收款。为了提高现金的使用效率，加速现金周转，企业应尽量加速收款，即在不影响未来销售的情况下，尽可能地加快现金的回收。如果现金折扣在经济上可行，应尽量采用，以加速账款的收回。企业加速收款的任务不仅是要尽量使顾客早付款，而且要尽快地使这些付款转化为可用现金。

控制支出。企业在收款时，应尽量加快收款的速度，而在管理支出时，应尽量延缓现金支出的时间。在西方财务管理中，控制现金支出的方法有以下几种：运用"浮游量"，所谓现金的浮游量是指企业账户上存款余额与银行账户上所示的存款余额之间的差额；控制支出时间，企业可以最大限度地利用现金而又不丧失现金折扣；工资支出模式，许多公司都为支付工资而设立一个存款账户，这种存款账户余额的多少当然也会影响公司现金总额，为了减少这一存款数额，公司必须合理预测所开出支付工资的支票到银行兑现的具体时间。

现金支出的综合控制。以上已说明现金收入和现金支出的控制方法，现在再阐述对现金的综合性控制手段。

力争现金流入与流出同步；实行内部牵制制度；及时进行现金的清理；遵守国家规定的库存现金的使用范围；做好银行存款的管理；适当进行证券投资。

3. 有价证券管理

有价证券是指根据有关法律签发或发行的，可以在市场上流通转让的信用凭证或金融工具。我们只介绍作为现金替代品的短期有价证券。

企业在选择有价证券作为现金替代品时，应当考虑到有价证券的流动性、风险与收益等因素。通常，企业可以根据生产经营活动对现金的需求情况，确定合理的有价证券投资组合。在西方，大公司通常倾向于购买国库券、商业本票、银行可转让定期存单、欧洲美元债券等作为现金的替代品，而小公司比较喜欢购买货币基金。在我国，作为现金替代品的有价证券种类比较少，主要有国库券、短期融资权、可转让定期存单、公司债券、证券投资基金。企业在进行短期有价证券投资时，为了充分利用资金，分散风险，往往选购多种有价证券进行投资，这种投资结构称为投资组合。有价证券的投资组合既有证券种类和数量的组合，也有到期时间上的组合。如果企业能够比较准确地预计未来的现金流量，就可以把有价证券的种类、数量和到期时间有机结合起来，构成一个比较科学的投资组合。

4. 应收账款管理

应收账款是指企业对外销售产品、提供劳务等所形成的尚未收回的销售款项，是企业流动资产的一个重要项目。一般来说，企业愿意用现销方式销售产品，这样可以立刻回收现金，提高资金的周转速度。但是，在激烈的市场竞争中，企业为了扩大销售，占领市场，往往采用信用销售方式，即将产品赊销给客户，这就产生了应收账款。

（1）信用政策。

信用政策又称应收账款政策，是指企业在采用信用销售方式时，为对应收账款进行规划和控制所确定的基本原则和规范。信用政策主要包括信用标准、信用条件和收账政策三部分。

1）信用标准。

信用标准是指企业同意向客户提供商业信用时，客户所必须具备的最低财务能力。如果客户的财务能力未能达到企业规定的标准，则企业不能向其赊销商品，客户必须在较为苛刻的条件下购买，如支付现款。信用标准通常用预计的坏账损失率来衡量。如果企业的信用标准较严格，只对信誉较好的客户提供商业信用，则可以减少坏账损失，但也会减少销售。所以，企业必须在扩大销售与增加成本之间权衡利弊，制定一个比较合理的信用标准。

2）信用条件。

一旦给客户提供了商业信用，就要考虑客户支付赊销款项的具体条件，这就是信用条件，主要包括信用期限、折扣期限和现金折扣。信用条件的表示方法是"1/10，$n/30$"，其含义是客户在发票开出后10天内付款，可以享受1%的现金折扣，如果客户放弃现金折扣，全部款项必须在30天内付清。其中，30天是信用期限，10天为折扣期限，1%为现金折扣。

3）收账政策。

收账政策是指当企业的信用条件被违反时，企业应采取的收账策略。在企业决定向客户提供商业信用时,实际上就已经承担了客户违反信用条件拖欠货款的风险。因此,企业在制定信用政策时,就应当考虑到当客户违反规定的信用条件拖欠货款时的收账方针。企业如果采取积极的收账政策,可能会减少应收账款的资金占用,减少坏账损失,但是要增加收账成本;如果采取比较消极的收账政策,就会增加应收账款的资金占用,增加坏账损失,但是收账成本也较低。

4) 综合信用政策的制定。

企业在制定信用政策时,必须综合考虑信用标准、信用条件和收账政策。三者的变化对企业的销售量、应收账款的机会成本、管理成本和坏账成本都有一定影响。良好的信用政策可以促进企业产品销售,减少应收账款的成本,提高企业的经济效益。

(2) 企业的信用调查与信用评估。

在确定是否给客户商业信用以及信用条件时,需要对客户的信用状况进行调查和评估。企业的信用调查主要是对客户的信用品质、偿债能力、财务状况、担保情况、经营情况进行调查,搜集客户的信用记录。这是作出赊销决策的关键。经过对客户的信用状况进行调查后,就要对这些信用资料进行分析,并对客户的信用状况进行评估。

(3) 应收账款的日常管理。

1) 应收账款投资额的控制。

应收账款实际上是企业为了获得更大收益而进行的一种投资。但是,应收账款占用大量资金,是有成本的。因此,企业必须要将应收账款投资额控制在合理的范围内。应收账款投资额的计算公式为:

$$应收账款投资额 = 每日平均赊销数额 \times 应收账款平均收账期$$

2) 应收账款的账龄分析。

企业不仅要控制应收账款投资额,还要经常掌握应收账款的回收情况。了解应收账款回收情况常用的方法就是应收账款的账龄分析法。应收账款的账龄分析法就是通过编制应收账款的账龄分析表(假定信用期为1个月,表7-5),来反映不同账龄的应收账款所占的比例与金额,以便对应收账款的回收情况进行有效控制。

表7-5 账龄分析表

应收账款账龄	客户数量/个	应收金额/万元	金额比例/%
信用期内(1个月)	30	300	30
超过信用期1个月	15	200	20
超过信用期2个月	10	200	20
超过信用期3个月	5	100	10
超过信用期半年	3	100	10
超过信用期1年	2	50	5
超过信用期2年	1	30	3
超过信用期3年以上	5	20	2
合 计	—	1 000	100

3）坏账管理。

只要企业采用信用销售方式，难免就会发生坏账损失。因此，企业也要加强坏账管理。坏账管理主要是如何确认坏账损失以及建立坏账准备制度。

5. 存货管理

（1）存货的概念。

存货是指企业为了销售或耗用而储存的商品和货物，是企业流动资产的重要组成部分，在流动资产中的比重较大。存货按经济用途不同，可分为销售用存货、生产用存货和其他存货三类。

1）销售用存货：是指为了销售目的而储存的存货，主要包括产成品、库存商品等。这部分存货反映了企业的经营能力。如果销售用存货太多，造成存货积压，说明企业的产品销售不畅，会影响企业的资金周转，应当加大市场销售工作；但是，如果销售用存货短缺，也会影响销售，可能是企业的生产能力不足，应当加强生产管理。

2）生产用存货：是指为了生产耗用而储存的存货，主要包括原材料、各种辅助材料、在产品、修理备用件、半成品等。这部分存货反映了企业的生产管理水平。如果存货资金在生产过程中占用的数量过多，占用的时间过长，说明企业的生产效率不高，应当加强生产管理。

3）其他存货：是指供企业一般性耗用的物品，如职工福利费、劳保用品等。

（2）存货的成本。

1）采购成本。采购成本是指构成存货本身价值的成本。一般与采购数量成正比。

2）订货成本。订货成本是指企业为组织订购存货而发生的各种费用支出，如为订货而发生的差旅费、通信费、采购机构经费等。

3）储存成本。储存成本是企业为储存存货而发生的各种费用支出，如仓储费、保管费、搬运费、保险费、存货占用资金的利息费、存货残损和变质损失等。

4）短缺成本。短缺成本是指由于储备不足而给企业造成的经济损失。

（3）存货的日常管理。

1）存货归口分级管理。存货分布在企业的各个职能部门，只有各个职能部门的参与，才能真正管理好存货。因此，企业的存货应在财务部门集中管理的前提下，实行存货的归口分级管理。

2）经济批量控制。

经济批量（economic order quantity）是指一定时期储存成本和订货成本总和最低的采购批量。从前述存货成本构成中可知，这两种成本高低与订货批量多少的关系是相反的。订购的批量大，储存的存货就多，就会使储存成本上升，但由于订货次数减少，则会使订货成本降低；反之，如果降低订货批量，可降低储存成本，但由于订货次数增加，会使订货成本上升。也就是说，随着订购批量大小的变化，这两种成本是互为消长的。存货控制的目的，就是要寻找这两种成本合计数最低的订购批量，即经济订货批量。

为了确定经济批量，可采用逐批测试法、图式法或公式法来进行计算。

其中公式法的基本公式为：

$$EOQ = \sqrt{\frac{2DS}{H}}$$

式中，EOQ 为经济订货批量；D 为全年需要量；S 为每批订货成本；H 为每件年储存成本。

3）ABC 控制法。ABC 控制法是意大利经济学家巴雷特于 19 世纪首创的，以后经不断发展和完善，现已广泛用于存货管理、成本管理和生产管理。对于一个大型企业来说，常有成千上万种存货项目，在这些项目中，有的价格昂贵，有的不值几文；有的数量庞大，有的寥寥无几。如果不分主次，面面俱到，对每一种存货都进行周密的规划、严格的控制，就抓不住重点，不能有效地控制主要存货资金。ABC 控制法正是针对这一问题而提出来的重点管理方法。运用 ABC 控制法控制存货资金，一般分为如下几个步骤：

第一步，计算每一种存货在一定时间内（一般为一年）的资金占用额。

第二步，计算每一种存货资金占用额占全部资金占用额的百分比，并按大小顺序排列，编成表格。

第三步，根据事先测定好的标准，把最重要的存货划为 A 类，把一般存货划为 B 类，把不重要的存货划为 C 类，并画图表示出来。

第四步，对 A 类存货进行重点规划和控制，对 B 类存货进行次重点管理，对 C 类存货只进行一般管理。

7.4.3 长期资产管理

长期资产也称非流动资产，包括固定资产、递延资产、对外投资和无形资产等。其中固定资产和无形资产是其中的主体部分，在此将做重点介绍。

1. 固定资产管理

（1）固定资产的概念。

固定资产是指使用年限在 1 年以上、单位价值在规定标准以上，并且在使用过程中保持原有的实物形态的资产。固定资产包括：使用期限超过 1 年的房屋及建筑物、机器设备、运输工具以及其他与生产经营有关的设备。不属于生产经营主要设备的物品，单位价值在 2 000 元以上，并且使用年限超过两年的，应当作为固定资产。

（2）固定资产的分类。

1）按照固定资产的使用情况可分为：

①使用中的固定资产：包括季节性停用和大修理停用的固定资产，也包括经营性租出的固定资产。

②未使用的固定资产：指已经完工但尚未交付使用的固定资产。

③不需用的固定资产：指本企业多余或不适用的固定资产。

2）按其经济用途和使用情况可分为：

①生产经营用固定资产。

②非生产经营用固定资产。

③租出固定资产。

④不需用固定资产。

⑤未使用固定资产。

⑥土地：指过去已经估价单独入账的土地，不提折旧。

⑦融资租入固定资产。

3）按固定资产的所有权可分为：

①租入固定资产：融资租入固定资产，视为自有固定资产计提折旧（实质重于形式）；经营租入固定资产，不提折旧。

②自有固定资产：指拥有所有权的固定资产，计提折旧。

（3）固定资产的计价。

固定资产的正确计价是对固定资产进行价值核算的前提。为了如实地、科学地考核固定资产价值的增减变动情况，就必须遵循一定的计价标准，对固定资产正确计价。在固定资产的核算和管理中，采用以下三种计价标准：

1）固定资产原始价值。

企业购建某项固定资产达到可用状态前的一切合理的、必要的支出。具体有以下六种：

①外购的固定资产，按照实际支付的买价或售出单位的账面原价（扣除原安装成本）加上支付的运输费、保险费、包装费、安装成本费和缴纳的税金等计价。

②自行建造的，按照建造过程中实际发生的全部支出计价。

③投资者投入的，按照评估确认的原值计价。

④融资租入的，按照租赁协议或者合同确定的价款加运输费、保险费、安装调试费等计价。

⑤接受捐赠的，按照发票账单所列金额加上由企业负担的运输费、保险费、安装调试费等计价。无发票账单的，按照同类设备市价计价。

⑥在原有固定资产基础上进行改扩建的，按照固定资产原价，加上改扩建发生的支出，减去改扩建过程中发生的固定资产变价收入后的余额计价。

企业购建固定资产交纳的固定资产投资方向调节税、耕地占用税，计入固定资产价值。借款购建的固定资产在固定资产未交付使用以前所发生的利息支出原则上计入固定资产的价值，交付使用后发生的利息支出计入当期费用。

2）固定资产重置完全价值。

在当时的生产技术条件下，重新购建同样全新固定资产所需的全部支出。因该方法在实际使用时有一定的技术难度，所以通常只有在财产清查中确定盘盈固定资产价值时和在会计报表补充、附注说明时使用。

3）固定资产折余价值。

固定资产原始价值或重置完全价值减去累计折旧额以后的余额。固定资产盘盈、盘亏、毁损等，应按固定资产折余价值计算其损失和溢余。

固定资产的计价原则是由国家统一规定的，企业通过各种方式取得固定资产时，都必须按照国家规定的固定资产计价原则，按照固定资产的原始价值或重置完全价值计价入账。对于已经入账的固定资产价值不得任意变动，只有在以下几种情况下才能对固定资产账面价值进行调整：

①根据国家规定对固定资产重新估价。

②增加补充设备或改良装置。

③将固定资产一部分拆除。

④根据实际价值调整原来的暂估价值。

⑤发现原记固定资产价值有错误。

（4）固定资产折旧管理。

固定资产折旧是指固定资产在使用期限内不断地发生损耗，而逐渐转移到产品成本或有关费用中去的那部分价值。这部分价值以折旧费的形式，或者构成产品的成本，或者计入有关的费用支出，然后，通过销售收入得到补偿。

固定资产价值的损耗分为无形损耗和有形损耗。有形损耗是固定资产使用过程中实物形态发生的损耗。固定资产在其有效使用期内，由于生产技术进步而引起的价值上的贬值，是固定资本的无形损耗。当代科技进步的加快，竞争加剧，使无形损耗呈上升趋势。计算折旧率、提取折旧费时两种损耗都要考虑，尤其是充分考虑无形损耗，目的是推动技术进步，加快设备改造。

固定资产折旧应当遵循一定的折旧政策。折旧政策是指企业根据国家有关法律法规的规定，结合自身情况所确定的固定资产折旧方法和折旧年限等政策。目前常用的折旧计算方法主要是平均年限法、工作量法和加速折旧法（双倍余额递减或者年数总和法）。

1）平均年限法（也称使用年限法）。

平均年限法是根据固定资产的原始价值，预计使用年限和预计净残值，按照其预计使用年限平均计算折旧的一种方法（预计净残值是清理收入与清理费支出相抵后的差额，净残值与原值的比率称为净残值率）。平均年限法的固定资产折旧额和折旧率的计算公式如下：

$$年折旧额 = （固定资产原值 - 预计净残值）\div 预计使用年限$$

$$年折旧率 = 年折旧额 \div 固定资产原值$$

$$月折旧率 = 年折旧率 \div 12$$

平均年限法计算十分简单，易于理解，目前在我国使用比较广泛。

2）工作量法。

对于某些特定的固定资产或在某些特定企业，如果固定资产在其各个期间内使用不均衡，可以按照工作时间或行驶里程等实际工作量计算折旧。计算公式如下：

$$单位工作量折旧额 = （原始价值 - 预计净残值）\div 预计总工作量$$

$$某项固定资产月折旧额 = 该项固定资产本月实际工作量 \times 单位工作量折旧额$$

3）双倍余额递减法。

双倍余额递减法是按双倍直线折旧率计算固定资产折旧的方法，它是在不考虑固定资产残值的情况下，用固定资产账面上每期期初的折余价值乘以双倍直线折旧率计算确定各期的折旧额的，其计算公式为：

$$年折旧额 = 期初固定资产账面折余价值 \times 双倍直线年折旧率$$

式中，
$$双倍直线年折旧率 = \frac{1}{使用年限} \times 2$$

由于双倍余额递减法不考虑固定资产的残值收入，所以在应用这种方法时必须注意这样一个问题，即不能使固定资产的账面折余价值降低到它的预计残值收入以下。当下述条件成立时，应改用直线法计提折旧：

$$\frac{固定资产账面折余价值 - 预计残值}{剩余使用年限} > 该年按双倍余额递减法计算的折旧$$

为了便于企业使用这一折旧方法，简化核算手续，有关制度规定，实行双倍余额递减法计提折旧的固定资产应当在其固定资产折旧年限到期前两年内，将固定资产净值扣除预计净残值后的净额平均摊销。

4）年数总和法。

年数总和法又称折旧年限积数法或级数递减法。它是将固定资产的原值减去残值后的净额乘以一个逐年递减的分数计算确定固定资产折旧额的一种方法。逐年递减分数的分子代表固定资产尚可使用的年数；分母代表使用年数的逐年数字之总和，假定使用年限为 n 年，分母即为 $1+2+3+\cdots+n = n(n+1) \div 2$，其折旧的计算公式如下：

$$年折旧率 = \frac{(折旧年限 - 已使用年数)}{折旧年限 \times (折旧年限 + 1) \div 2} \times 100\%$$

$$年折旧额 = (固定资产原值 - 预计残值) \times 年折旧率$$

不管采用何种折旧方法，固定资产使用期间折旧总额是不变的，因而对企业这段时间的净收益总额也无影响。但是采用加速折旧法，在固定资产使用前期计提的折旧多，后期折旧少，这就加快了资金回收，有利于进行固定资产的更新换代，提高企业的装备水平，增强竞争力。

2. 无形资产与递延资产的管理

无形资产是指企业所拥有的没有实物形态但可以长期使用并能使企业获得超额收益的资产，主要包括专利权、非专利技术、商标权、著作权、土地使用权、特许经营权和商誉等。相对固定资产，无形资产的管理比较简单，主要包括无形资产的计价、摊销等内容。无形资产应按取得时的实际成本计价。使用无形资产时，将其成本在有效使用期限内平均摊销入管理费用。

递延资产是企业的一种长期资产，所占比重较少。递延资产是指不能全部计入当年损益，应当在以后若干年度分期摊销的各项费用，主要包括开办费、租入固定资产改良支出等。开办费是指企业在筹建期间发生的不能计入有关财产物资费用的费用，如人员工资、办公费、培训费、差旅费、注册费等。租入固定资产改良支出是指对以经营租赁方式租入的固定资产进行的改良所发生的费用。递延资产应当进行摊销，开办费从企业开始生产经营月份的次月起，按照不短于5年的期限分期摊销入管理费用。租入固定资产改良支出应在租赁有效期内分期摊销企业的制造费用或管理费用。

7.5 利润管理

7.5.1 企业利润的构成

利润是企业在一定时期的经营成果，集中反映了企业在生产经营各方面的效益，是企业的最终财务成果。企业利润可表示为主营业务利润、营业利润、利润总额和净利润等不同形式。

1. 主营业务利润

主营业务利润是企业经营主要业务所取得的利润。它由主营业务收入、主营业务成本和主营业务税金及附加构成，计算公式为：

　　主营业务利润 = 主营业务收入 − 主营业务成本 − 主营业务税金及附加

（1）主营业务收入：是指企业按照营业执照上规定的主营业务内容所发生的营业收入。

（2）主营业务成本：是指企业经营主要业务而发生的实际成本。

（3）主营业务税金及附加：是指企业经营主要业务而应由主营业务负担的税金及附加，包括营业税、消费税、城市建设税、资源税、土地增值税和教育附加等。

2. 营业利润

营业利润是指企业一定期间从事生产经营活动所获得的利润，计算公式为：

　　营业利润 = 主营业务利润 + 其他业务利润 − 营业费用 − 管理费用 − 财务费用

（1）其他业务利润：是指企业除主营业务以外取得的收入扣除其他业务的成本、费用、税金后的利润。

（2）营业费用：是指企业销售商品过程中发生的费用，如运输费、装卸费、包装费、保险费、展览费、广告费以及销售部门的职工工资、福利费、业务费等。

（3）管理费用：是指企业为组织和管理企业生产经营所发生的各种费用，包括董事会和行政管理部门的工资、修理费、低值易耗品摊销、办公费等。

（4）财务费用：是指企业为筹集资金而发生的费用，包括利息支出、汇兑损失以及相关的手续费。

3. 利润总额

利润总额是指企业一定期间所实现的全部利润，计算公式为：

　　利润总额 = 营业利润 + 投资收益 + 营业外收入 − 营业外支出

（1）投资收益：是指企业对外投资所取得的收益扣除发生的损失以后的净收益。

（2）营业外收入：是指企业发生的与生产经营无直接关系的各项收入，如固定资产盘盈、资产评估增值、债务重组收益、捐赠收入等。

(3) 营业外支出：是指企业发生的与生产经营无直接关系的各项支出，如固定资产盘亏、资产评估减值、债务重组损失、捐赠支出等。

4. 净利润

净利润是指利润总额减去所得税后的部分，也是归企业所有者的那部分收益，又称税后利润。计算公式为：

$$净利润 = 利润总额 - 所得税。$$

7.5.2　企业利润的分配

1. 税后利润的分配顺序

企业缴纳所得税后的利润，除国家另有规定外，按照下列顺序分配：

（1）弥补企业以前年度亏损。

（2）提取法定盈余公积金。法定盈余公积金按照税后利润扣除弥补企业以前年度亏损后的 10% 提取，已达注册资金 50% 时可不再提取。法定盈余公积金用于弥补企业亏损，扩大企业生产经营或转为增加资本金。但转增资本金后，法定盈余资本金一般不得低于注册资金的 25%。

（3）提取公益金。按公益金税后利润弥补企业以前年度亏损后的 5%～10% 提取，主要用于企业职工集体福利设施支出，不能用于职工个人消费性福利支出。

（4）提取任意盈余公积金。任意盈余公积金按照公司章程或股东大会决议提取和使用，其目的是控制向投资者分配利润的水平，以及调整各年利润分配的波动。

（5）向投资者分配利润。企业弥补亏损和提取法定盈余公积金、公益金后的利润，才是供投资者分配的利润。对于以前年度未分配利润，可以并入本年度向投资者分配。对于股份有限公司，提取公益金后，按照下列顺序分配：

1）支付优先股股利。

2）提取任意盈余公积金。

3）支付普通股股利。

2. 股利支付程序

股份有限公司向股东支付股利时，有几个重要的日期，解释如下：

（1）股利宣告日：是指公司董事会将股利分配方案予以公告的日期。公告中将宣布每股支付的股利、股权登记日、除息日和股利支付日。

（2）股权登记日：是指有权领取本次股利的股东资格登记截止日期。只有在股权登记日或之前在股东名册上有名的股东，才有权分享本次股利。

（3）除息日：是指除去股利的日期。在除息日当天或以后购买股票将无权领取最近一次股利。因为股票交易手续上的原因，股票出售到新股东名单列入公司股东名册要花一段时间，为避免纠纷，证券交易所一般规定在股权登记日之前的第四天为除息日。自除息日起，该公司的股票交易为除息交易。如果想取得最近一次股利，必须在除息日之前购买股票。

我国通常将除去股息的日期称为除息日,除去红利的日期称为除权日。由于上海、深圳证券交易所当天成交的股票当天就能完成过户手续,因而规定除息除权日在股权登记日的下一个营业日。

(4) 股利支付日:将股利正式发放给股东的日期。

7.6 财务分析

7.6.1 财务报表

企业的基本财务报表有资产负债表、利润表、现金流量表、所有者权益(或股东权益)变动表以及附注。

1. 资产负债表

资产负债表是指反映企业某一特定日期(如月末、年末)资产、负债和所有者权益及其构成情况的会计报表。

资产负债表是根据"资产=负债+所有者权益"会计恒等式来编制的,主要从两个方面反映企业财务状况的时点指标:一方面反映企业所拥有的资产规模及其分布,另一方面反映企业的资金来源及其结构。据此,可以评价企业财务状况的优劣,预测企业未来财务状况的变动趋势,从而做出相应的决策。资产负债表的作用主要表现在以下几个方面:

(1) 反映企业拥有的经济资源及其分布情况。

(2) 反映企业的资本结构。

(3) 反映企业的变现能力、财务实力和财务弹性,有助于解释、评价和预测企业的盈利能力、长短期偿债能力以及财务适应能力。

2. 利润表

利润表是指反映企业在一定会计期间的经营成果及其分配情况的会计报表。利润表根据"利润=收入-费用"这一公式编制。利润表的主要作用是:

(1) 通过收入与费用配比的结果——利润,综合反映企业经营的财务成果,表明企业的盈利能力,可作为利润分配的重要依据。

(2) 有助于考核企业管理者的经营业绩与效率。

(3) 有助于分析企业收入、费用和利润之间的变化趋势,发现问题,从而做出经营决策,改善经营管理。

(4) 有利于预测企业未来的现金流动,以判断偿债能力的强弱。

利润表是按权责发生制编制的。但是,财务管理更需要以收付实现制为基础的现金流动信息,但利润与现金流动有很大差距,利润大的企业不一定说明现金流动状况良好。

3. 现金流量表

现金流量表是反映企业会计期间内经营活动、投资活动和筹资活动等对现金及现金等价物产生影响的会计报表，主要目的是为报表使用者提供企业一定会计期间内现金流入及流出的有关信息。损益表的利润是按权责发生制来计算的，常常使一个企业的盈利水平与真实的财务状况不符。有的企业账面利润很大，看似业绩可观，而现金却入不敷出，举步维艰；有的企业虽然亏损，但现金周转自如。所以，仅以利润来评价企业的经营业绩和获利能力有失偏颇，要结合现金流量表所提供的现金流量信息来评价。

现金流量表的作用：

（1）提供了本会计年度现金流量的信息，有助于评估企业的偿债支付以及变现能力。

（2）提供了当期净利润与现金净流量之间差异的信息，便于分析原因，评估真实的获利能力。

（3）有助于评估企业在未来创造有利的净现金流量的能力以及企业分配利润、对外融资的能力。

（4）有利于分析本期的现金与非现金投资与筹资活动对企业财务状况的影响。

（5）有利于评价企业财务弹性，了解企业在财务困难时期的适应能力、筹资能力、将非经营资产变现的能力和调整经营以增加短期现金流量的能力。

4. 所有者权益变动表

所有者权益变动表是反映构成企业所有者权益的各组成部分当期的增减变动情况的报表。所有者权益变动表应当全面反映一定时期所有者权益变动的情况，不仅包括所有者权益总量的增减变动，还包括所有者权益增减变动的重要结构性信息，特别是要反映直接计入所有者权益的利得和损失，让使用者准确理解所有者权益增减变动的根源。

5. 附注

附注是对在会计报表中列示项目所作的进一步说明，以及对未能在这些报表中列示项目的说明等。附注由若干附表和对有关项目的文字性说明组成。企业编制附注的目的是通过对报表本身补充说明，以更加全面、系统地反映企业财务状况、经营成果和现金流量的全貌，从而有助于向使用者提供更为有用的决策信息，帮助其做出更加科学合理的决策。

7.6.2 财务分析概述

财务分析是指对企业过去和现在的财务状况、经营成果以及发展趋势的分析和评价。财务分析主要以财务报表为对象，而财务报表的数据是绝对数据，虽然在一定程度上可反映企业的财务状况和经营成果，但很难得出正确的结论。所以，财务分析要求把绝对数变为相对数，才能抓住问题的本质。

1. 财务分析的方法

揭示财务报表中各项数据的联系及其变动趋势的方法即为财务分析方法，主要有以下四种。本节重点介绍比率分析法中的指标。

（1）比较分析法。用当期的同一指标比较不同期、不同单位实际数与预算数的变动情形。

（2）比率分析法。分析同一期间财务指标相对关系的情况，以判断财务和经营等方面的状况。比率分析法是财务分析中最基本、最重要的方法。

（3）因素分析法。一些综合性指标，如利润，其影响因素往往很多，只有将综合指标分解为原始的影响因素，才能明确指标完成好坏的原因和责任，这种方法就是因素分析法。

（4）趋势分析法。以连续几期报表提供的数据，比较其前后的增减数额和幅度，从而分析财务和经营上的变化及其发展趋势。

2. 比率分析法

财务比率分析的指标主要分为三类：偿债能力指标、营运能力指标和获利能力指标。

（1）偿债能力分析。

偿债能力是指企业偿还各种到期债务的能力。反映短期偿债能力的指标有流动比率和速动比率。反映长期偿债能力的指标有资产负债率、股东权益比率、负债与所有者权益比率、利息保障倍数。

1）流动比率。流动比率是指流动资产与流动负债的比率。流动比率的标准一般是2，各行业有差异。计算公式为：

$$流动比率 = \frac{流动资产}{流动负债} \times 100\%$$

流动比率高了不一定说明短期偿债能力就强，如果存货积压过多或应收账款占用多、账龄长或销售额过少，都会引起流动比率过高。

2）速动比率。速动比率是速动资产与流动负债的比率。速动资产指的是减去存货后的流动资产。计算公式为：

$$速动比率 = \frac{速动资产}{流动负债} \times 100\%$$

式中，速动资产是指流动资产中变现能力较强的那部分资产，一般包括货币资金、短期投资、应收票据、应收账款（净额）等。存货的流动性比较差、变现周期长，所以不包括在速动资产内。预付账款不能变现或直接用来偿还债务，待摊费用也不能变现，它们也应该排除在速动资产之外。速动资产的计算公式一般可表示为：

$$速动资产 = 流动资产 - 存货 - 预付账款 - 待摊费用$$

用速动比率来判断企业短期偿债能力比用流动比率更能说明问题。因为它撇开了变现能力较差的存货。它是流动比率的补充，一般认为维持为1的水平比较好。在不同行业，这个指标所应达到的标准也不同。

3）资产负债率。资产负债率是指全部负债与全部资产的比率，表明企业可以用资产偿还全部债务的保证程度，可衡量企业利用债务进行经营活动的能力。资产负债率低，说明企业财务基础稳固，长期偿债能力强，反之就弱。计算公式为：

$$资产负债率 = \frac{负债总额}{资产总额} \times 100\%$$

当资产负债率超过100%，说明企业资不抵债，债权人将蒙受损失。有的国家，如美国，一般要求资产负债率不超过50%。

4）股东权益比率。股东权益比率是股东权益与资产总额的比率，比率越高，说明股东投入资本越多，长期偿还能力越强。计算公式为：

$$股东权益比率 = \frac{股东权益}{资产总额} \times 100\%$$

股东权益比率和资产负债率之和应该等于1。这两个比率是从不同侧面反映企业的长期资金来源的。股东权益比率越大，资产负债率就越小，企业的财务风险就越小，企业长期偿债能力就越强。

5）产权比率。产权比率是负债与股东权益的比率，揭示债权人和股东在提供企业资本上的相对贡献，通常称为企业的财务结构或资本结构。合理的财务结构可发挥财务杠杆的作用，产权比率越高，企业财务杠杆作用越大，企业获利越多，但风险也就越大。计算公式为：

$$产权比率 = \frac{负债总额}{股东权益总额} \times 100\%$$

6）利息保障倍数。利息保障倍数是企业税前利润加利息费用之和与利息费用的比率，反映企业支付债务利息的能力。如果企业的付息能力低，长期下去，会资不抵债，直至破产。计算公式为：

$$利息保障倍数 = \frac{税前利润 + 利息费用}{利息费用} \times 100\%$$

（2）营运能力分析。

企业营运能力的高低主要取决于资产与权益的周转速度。周转速度越快，资金使用效率越高，营运能力越强。

1）应收账款周转率。应收账款周转率是企业赊销收入净额与应收账款平均余额的比率，反映应收账款的变现速度和营运能力。计算公式为：

$$应收账款周转率（周转次数）= \frac{赊销收入净额}{应收账款平均余额}$$

式中，应收账款平均余额 = （期初应收账款 + 期末应收账款）÷ 2；赊销收入净额即产品销售收入减去销售退回、折让、折扣，减去付现销售收入后的余额，由于企业的赊销资料属于商业机密，不对外公开，所以企业外部人员对应收账款周转率进行分析时，可以用销售净额代替赊销收入净额。

反映应收账款变现速度的另一指标为应收账款周转天数，计算公式为：

$$应收账款周转天数 = 计算期天数 \div 应收账款周转率$$

2）存货周转率。存货周转率是指一定期间存货余额与同期销货成本的比率，用来衡量存货的周转速度，衡量企业营销能力和经营业绩。计算公式为：

$$存货周转率（周转次数）= 主营业务成本 \div 平均存货余额$$

式中，平均存货 = （期初存货 + 期末存货）÷ 2。

评价存货周转率时，应与销售收益率结合起来分析。

3）流动资产周转率。流动资产周转率是销售净收入与同期流动资产平均总额的比率，反映企业全部流动资产的营运能力和变现速度。计算公式为：

流动资产平均余额 = (期初流动资产 + 期末流动资产) ÷ 2

流动资产周转率 = 销售净收入 ÷ 流动资产平均余额

4）固定资产周转率。固定资产周转率也称固定资产利用率，指企业销售净收入与固定资产净值的比率。计算公式为：

固定资产周转率 = 销售净收入 ÷ 固定资产平均净值

5）总资产周转率。总资产周转率是指企业销售净收入与同期资产平均总额的比率，反映企业全部资产综合的利用效率。计算公式为：

总资产周转率 = 销售净收入 ÷ 资产平均总额

（3）获利能力分析。

1）净资产报酬率。净资产报酬率也称投资报酬率或资产收益率，是指企业在一定时期的净利润与平均资产总额的比率。计算公式为：

净资产报酬率 = 净利润 ÷ 平均资产总额 × 100%

2）所有者权益报酬率。所有者权益报酬率也称资本收益率，是净利润与所有者权益平均总额的比率，评价投资者投入资本的获利能力。计算公式为：

所有者权益报酬率 = 净利润 ÷ 所有者权益平均总额 × 100%

所有者权益平均总额 = (期初所有者权益总额 + 期末所有者权益总额) ÷ 2

3）销售净利率。销售净利率是净利润与主营业务收入净额的比率，反映每一主营业务收入带来的净利润是多少，表示主营业务收入的收益水平。计算公式为：

销售净利率 = 净利润 ÷ 主营业务收入净额 × 100%

4）销售毛利率。销售毛利率也称毛利率，是销售毛利与主营业务收入净额之比。计算公式为：

销售毛利率 = 销售毛利 ÷ 主营业务收入净额 × 100%

销售毛利 = 主营业务收入净额 − 主营业务成本

5）每股收益。每股收益是本年净利润扣除优先股股利与发行在外的年末普通股总数的比值。每股收益是衡量上市公司盈利能力最重要的财务指标，反映普通股的获利水平。计算公式为：

每股收益 = (净利润 − 优先股股利) ÷ 发行在外的普通股平均股数

6）市盈率。市盈率是普通股每股市价与每股利润的比率。一般来说，市盈率高，说明投资者对该公司的发展前景看好，愿意出较高的价格购买该公司股票，因此，一些创造成长性较好的高科技公司股票的市盈率通常要高一些。但是，也要注意，市盈率越高，投资风险越大。通常认为正常的市盈率为 5~20 倍。计算公式为：

市盈率 = 每股市价 ÷ 每股利润

7）股利发放率。股利发放率是普通股每股股利与每股利润的比率，反映公司股利分配政策和支付股利的能力。计算公式为：

股利发放率 = 每股股利 ÷ 每股利润 × 100%

8）每股净资产。每股净资产是年末股东权益与发行在外的年末普通股股数的比率，也称每股权益。每股净资产在理论上提供了股票的最低价值。计算公式为：

每股净资产＝年末股东权益÷发行在外的年末普通股股数

每股净资产并没有一个确定的标准，但是投资者可以比较分析公司历年的每股净资产的变动趋势，以了解公司的发展趋势和获利能力。

本章小结

1. 财务管理的管理职能可分为三个主要领域：长期投资管理、长期筹资管理和资产管理。

2. 财务管理的目标：利润最大化、股东财富最大化、企业价值最大化。

3. 企业筹资，是指导致企业资本及债务规模和构成发生变化的活动。企业在进行筹资决策时，要考虑筹资风险，注重企业的偿还能力，配置好资本结构，使资本成本尽可能最小。

4. 企业投资是指企业将投入财力，以期望在未来获取收益的一种行为。

5. 企业投资决策中的现金流量是指与投资决策有关的现金流入、流出的数量。投资项目的可行性分析必须事先计算现金流量。

6. 资产是指企业过去的交易或者事项形成的、由企业拥有或者控制的、预期会给企业带来经济利益的资源。企业过去的交易或者事项包括购买、生产、建造行为和其他交易或者事项。预期在未来发生的交易或者事项不形成资产。

7. 资产管理涉及流动资产管理和非流动资产管理两部分。

8. 利润是企业在一定时期的经营成果，集中反映了企业在生产经营各方面的效益，是企业的最终财务成果。企业利润可表示为主营业务利润、营业利润、利润总额和净利润等不同形式。

9. 企业的基本财务报表有资产负债表、利润表、现金流量表、所有者权益（或股东权益）变动表以及附注。

10. 财务分析是指对企业过去和现在的财务状况、经营成果以及发展趋势的分析和评价。财务分析主要以财务报表为对象，而财务报表的数据是绝对数据，虽然在一定程度上可反映企业的财务状况和经营成果，但很难得出正确的结论。所以，财务分析要求把绝对数变为相对数，才能抓住问题的本质。

本章练习

一、简答题

1. 什么是企业财务及财务管理？
2. 企业财务管理的目标和内容是什么？
3. 企业资金如何分类？权益性资金有哪些筹资渠道？负债筹资有哪些渠道？
4. 什么是资本成本？不同的筹资方式的资本成本如何计算？
5. 企业资产如何进行分类？

6. 长期投资应该考虑的主要因素有哪些?
7. 固定资产折旧方法有几种?
8. 如何进行成本核算?
9. 如何进行企业利润计算?企业利润如何进行分配?

二、计算分析题

某项生产产品的设备,原始价值 89 100 元,预计净残值 900 元,预计使用年限为 5 年。要求:

(1) 分别使用直线法和年数总和法计算该项固定资产每年的折旧额。

(2) 比较这两种折旧方法的年折旧额的不同。分析在该项固定资产使用的过程中,这两种不同的方法对产品的成本和企业的收益有什么影响。

【本章实训】

企业生产经营状况综合评价。

表 7-6 是对某工具厂 2019 年会计报表进行分析后所摘录的部分财务指标情况。

表 7-6 2019 年某工具厂财务指标   %

项目	1	2	3	4	5	6	7	8	9	10	11	12
流动比率	220	230	240	220	200	190	180	190	200	210	220	220
速动比率	70	80	90	100	110	115	120	115	110	100	90	80
资产负债率	52	55	60	55	53	50	42	45	46	48	50	52
净资产报酬率	4	6	8	13	15	16	18	16	10	6	4	2
销售净利率	7	8	8	9	10	11	12	11	10	8	8	7

分析表 7-6,进一步研讨此案例,对该企业的生产经营状况(具体涉及财务、生产、供应、销售等多方面)做出综合评价。

问题:

1. 该企业流动比率和速动比率的变动趋势为什么会产生差异?怎么消除这种差异?
2. 企业的资产负债率的变化说明什么问题?3 月份 60% 的资产负债率说明什么问题?
3. 净资产报酬率与销售净利率的变动趋势说明什么问题?

第八章 现代企业创新管理

学习目标

1. 熟悉企业创新的概念，了解企业家与企业创新的关系。
2. 深入了解企业创新的作用。
3. 描述和掌握企业创新的研究开发创新、产品设计创新、工艺创新和管理创新等环节。
4. 总结学习型组织、知识管理、柔性管理等管理理论在企业创新管理中的重要作用。

素养目标

本章以企业创新管理知识为基本内容，使学生了解如何履行创新的职能，了解创新的职能和内容，把握创新的过程和组织。了解工业社会中的企业制度创新、层级结构创新及企业文化创新，掌握知识经济时代下的企业制度创新、层级结构创新及企业文化创新。了解学习型组织、知识管理、柔性管理等管理理论在企业创新管理中的重要作用。

本章导读

企业的组织、领导与控制是保证企业实现预期目标所不可缺少的。企业创新从某种意义上来说，其任务是保证和维持系统按预定的方向和规则运行。但是，在不断变动的环境中，企业需要不断维持和调整企业活动的内容和目标以适应环境变化的要求，这即企业的"创新职能"。本章旨在分析创新的类别、内容过程，分析学习型组织、知识管理、柔性管理等管理理论在企业创新管理中的运用，以揭示创新管理的规律，指导创新职能的履行。

案例导入

港珠澳大桥岛隧项目沉管隧道创新记

央视纪录片《辉煌中国》第一集开篇有一个长镜头：从珠海出发，在茫茫大海中前行20千米，来到一个小岛，从岛的中心潜入海底，在50米深的水里前行6千米，然后到达另一个小岛，眼前已是香港的大屿山。这就是港珠澳大桥。港珠澳大桥西连珠海和澳门，东连香港，全长55千米。上述镜头经过的海中的两个小岛与海底隧道就是岛隧工程，全长约7千米。这一段从长度上只有整个港珠澳大桥长度的1/8，却几乎包含了港珠澳大桥所有的技术难点。首先建造5.7千米长的沉管隧道，就要实现两个世界第一次和一个世界之最：世界第一次建设中国外海的沉管隧道、世界第一次建设深埋沉管隧道，以及世界最长的公路沉管隧道。这意味着什么？

2018年10月24日，港珠澳大桥通车。在这里，一位年轻的工程师回顾岛隧的建设过程。

为了把工程做成，他们开展了140项试验，经历了28次台风侵袭、38次外海远征、2次安装被迫中止，停工100天。在大海中"冒险"，遇到了7次危机，所幸化险为夷，自此他们知道了一些闻所未闻的大海中的现象，比如河口羽、异常波、齿轮效应。然而，以上两组数字并不能回答这个问题。

以岛隧工程最终接头安装施工为例。什么是最终接头？如同大型桥梁建设一样，最后存在一个合龙段。沉管隧道的合龙是在水下完成的，被称为"最终接头"。在世界范围内，岛隧工程用了一种新方法来施工最终接头，这个最终接头就好像一个"可折叠的沉管隧道"。和雨伞和帐篷一样，它在安装的时候，可以沿着隧道纵向利用机械自动展开。为了开发这个新工艺，岛隧工程邀请各行各业的专家辨识出了400多项风险，并一一解决。

最终接头只是岛隧工程众多创新中的一个，目的是降低工程的工期风险、投资风险、安全风险、运营风险、环境风险。岛隧工程的建设者们宁愿冒险创新，打破常规设计和施工方案，通过冒险换来的结果是：4 000名建设者、7年的工作、2 500多天，无一人伤亡。此外，工程位于中国"海上大熊猫"中华白海豚的核心保护区。工程建设期间，白海豚的种群数量不但没有减少，反而增加了一倍。

在最终接头安装完成以后，也就是2016年的5月，建设者们接到了一个挑战，要在隧道的两头岛上盖两座房子。我们的建设者，从工人到技术人员，到总工，在此项目之前都没有盖过房子，他们多数时间都是在建设港口，他们是码头工人。他们敢冒险来亲自盖房子吗，而且留给他们盖房子的时间只有半年。结果是，他们选择了冒险，不但建成了房子，而且亲自装修了房子。我们把码头工人盖的房子叫作"码头房"。

就在2018年2月，完成了最后的装修。岛隧工程的建设者，建造了在世界范围内独一无二的清水混凝土建筑群。清水混凝土，是不需要化妆的混凝土，是用混凝土的质地来表现混凝土美的混凝土。在港珠澳岛隧工程之前，世界上只有两种隧道结构，一种叫作整体式沉管，就像刚强的人，是美国工程师发明的，美国和日本一直用到今天；还有一种叫作节段式沉管，就好比柔韧的人，是荷兰工程师发明的，欧洲一直用到了今天。但是港珠澳大桥建设时，前文已述，这是世界上唯一的深埋沉管，隧道结构顶上的土荷载是常规工程的5倍，就是下雪天，别人家的屋顶上落了一层厚厚的雪，而我们家的屋顶上落了一座雪山。

我们家的屋顶能受得了吗？这种结构比以往的任何结构都要健壮。回到之前的问题，什么样的人抵抗风险的能力最强？那就是既刚强有力量又柔韧的人。半刚性沉管的结构道理就是利用拉力、受拉结构和摩擦力，在提高隧道的抗风险能力的同时（专业说法是健壮性或鲁棒性）保持隧道的整体性，以避免隧道漏水。总工程师为了验证这个想法，花了半年的时间在全国各地做试验，又花了半年的时间邀请清华大学与同济大学等6家研究机构进行独立验证。在一年的论证过程中，"刚柔并济"结构提议一直被否决，直到一年以后，才终于得到认可。这个概念颠覆了以往100年的沉管隧道任何一种结构形式。

另一个例子，在大海中怎样筑岛？不严谨地讲，通常分两步。首先，把海底的软泥、软土挖掉；然后，填上硬质的材料如砂和石。但是，港珠澳大桥人工岛环境的软土很厚，达到30米，如果用常规的筑岛方法，预计最少也要花3年的时间，留给后面建设隧道的时间不够。还有一个问题是对水下软土的大体积开挖会对海洋的环境造成较大的影响，更何况这里是中华白海豚的核心居住区。总工程师却避免了这种"膝跳反射"的工程思维，他在思考工程能否与软土共存？能否尽可能地不动这30米厚的软土——这些软土可能是在过去200万年到300万年的时间中沉积而成的。最后，他想到，软土的软，可以是一把双刃剑，软土带来的"地基沉降"问题是工程需要避免的，但是软土具有像豆腐一样的易被插入的特点。所以，如果用50米高、22米直径薄壁的钢圆筒插入软土，只要能插入大约30米，钢圆筒就可以在外海大风大浪的条件下自立不倒。用60个钢圆筒可以围成一个岛，用120个可以围成两个岛。结果是将3年的海上筑岛时间缩短到了8个月。海上作业时间的大幅度缩减意味着成本的控制与可持续发展理念的贯彻，因为海上施工船舶的费用高，需要消耗燃油与排放。所以值得一提的是，虽然岛隧工程为了创新这个工法而做了大量的科研与试验，但是人工岛的建设费用仍然被控制在预算范围内。快速筑岛工法在港珠澳成功实施后，也引起了国内外其他工程的兴趣，目前国内已有项目比如深中通道正在沿用该技术。说到这里，可以补充冒险的另外一个本质，也是冒险的价值，即走出一条新路。港珠澳大桥岛隧工程为世界工程同行们留下了一些技术新模板，比如沉管隧道组合基床、半刚性沉管管节、主动止水可折叠最终接头、深插钢大直径圆筒、记忆支座等。

著名的钱塘江大桥是我国第一次自主设计与建造的现代化桥梁。桥梁是为了跨越，桥梁的用材主要为了承载重量。试想，如果我们把桥梁浸入在水中，利用水天然的浮力来帮助承载重量，我们就有可能得到一个很经济的方案，还能够跨越前人无法跨越的、更深、更宽的峡湾。我们把这种悬浮在水中的桥梁称作悬浮隧道。世界上还没有一个国家的工程师敢冒险建造这样的隧道。也许有一天，悬浮隧道将是我们新的冒险。

问题：港珠澳大桥岛隧项目沉管隧道创新对你有何启示？

（资料来源：林巍. 我们的"冒险"——港珠澳大桥岛隧项目沉管隧道创新记 [J]. 建筑，2019（3）：58-61.）

8.1　企业创新概述

8.1.1　企业创新的概念

1. 企业创新的含义

企业创新，是指从构想新概念开始，到渗透到具体的生产、操作，形成真正的生产力，从而进入市场，最终获得经济效益的全过程。创新不同于发明、创造，也不仅仅是高、精、尖、奇。创新是以市场为导向，以提高经济效益为最终目的的。

在市场经济的浪潮中，企业竞争成败的关键在于企业的创新，企业创新的关键在于企业的创新能力。企业创新能力是指企业获取先进技术和信息并结合企业内部知识进行吸收，并对知识、技术进行再加工，通过组织、生产和扩散实现经济效益的能力。企业的创新能力越强，企业创新所开辟的市场前景与利益越大，企业越有可能凸现其竞争优势，提高竞争力。

2. 企业家与企业创新的关系

企业家是企业的灵魂，企业家赋予企业不断地开拓创新的进取精神，给予企业以持久创新动力；企业家具有强烈的责任感，对企业创新行为予以正面的激励，企业家的本质在于创新，并决定了企业的创新能力。美国经济学家熊彼特在他著名的《经济增长理论》一书中，首次把企业家的创新能力描述为五个方面：采用一种新产品，采用一种新的生产方式，开辟一个新市场，掠夺或控制原材料或半制成品的一种新的供应来源，实现任何一种工业的新的组织。今天的中国，众多企业家面对的是由计划经济体制向社会主义市场经济体制转变的深刻革命，在这特定的条件下，对企业家所要求的创新意义更加深远。

在中国由计划经济向市场经济转轨的过程中，因为资本所有者与职业经理人之间的委托代理关系，需要较长的时间才能建立起来。所以，一个真正的企业家应不同于只具备管理能力的职业经理人，也不同于只重视投资收益的资本所有者，而应该是职业经理人和资本所有者的结合体。企业家的本质是其创造价值的强烈愿望，"企业家是创造价值的经济动物"。真正的企业家，应具有冒险精神，富有创造性，具有发现新市场的眼力，具有洞察顾客需求的洞察力。要成为一个真正的企业家，需要具备超凡的个人魅力，在对企业的发展和事物的发展趋向上具有一定的预见性，行动和语言要具有感染力、富有激情、具有理性和韧性，更重要的是具有良好的信用，敢于承诺与兑现，勇于承担责任。

8.1.2　企业创新的作用

1912 年，美籍奥地利经济学家熊彼特提出了创新的概念，他说创新是企业家对生产要素的重新组合。创新与发明不同，创新是根据客观的需要，把已有的生产要素、已有的条件、技术组合起来产生一个新的飞跃，创新不一定是发明，但它必须能够组合起来产生一个新的东西，能够提高效率。熊彼德试图通过创新来描述出企业发展的源动力，由此得到了社会的广泛承认，也使更多的人认识到创新不但是企业深层次的竞争，也是企业发展的核心动力。

当今世界最大的特点就是变化速度快，经济全球化的趋势日益高涨，企业的内外经营环境不断变化，企业是否具有变革能力决定着企业的命运。以往企业都是按一条较平滑的生命曲线发展，生命周期也相对较长，而现在企业基本上是沿着一条波浪线发展，随时须以创新为支撑，将企业推向新的一浪，而随时又可能被竞争对手的创新浪潮所吞噬，迅速衰落下去。当今企业随时处在立体创新竞争的包围和追赶中，如果企业躺在成果的摇篮里享受曾经创新的美梦，可能很快就会被竞争对手采用更高的创新所超越，因为创新竞争已成为公司竞争的焦点，市场竞争只不过是创新竞争的变现。随着信息技术的发展和世界经济一体化进程的加快，给创新传播带来了更大的便利，使得创新竞争在世界范围内展开，对敢于创新的企业提供了前所未有的机遇，对因循守旧的企业提出了更为严峻的挑战。

企业永远是适者生存，勇者发展，无数个企业倒下去，又有无数个企业在诞生。

案例8-1

世界上最长寿的公司是斯托拉公司，已有700年的历史。它经历了中世纪、文艺复兴、17世纪的战争、工业革命以及20世纪的两次世界大战后仍然能够幸存下来。在其生命的大部分时间里，它依赖信使、骑士和轮船而不是电话、飞机和电子网络来传送信息。斯托拉公司的业务从铜矿开采，逐步发展到森林的开发利用、钢铁、水力发电、纸张、纸浆以及化学产品。随着时间的推移，其生产技术从蒸汽机发展到内燃机，从电力发展到芯片，不断地发生着变化。斯托拉公司的成功奥秘是：它一直都在适应并追赶着这个永远变化着的世界。

案例8-2

无独有偶，美国通用电气公司也有120多年的历史，而且一直兴盛不衰。1879年美国通用电气公司创始人托马斯·爱迪生发明了世界上第一盏白炽灯，从那时起的100多年来，通用电气公司一直致力于企业创新和管理变革。1900年通用创立了研究实验室，比贝尔实验室早13年，开创了大公司进行基础研究的历史，使企业拥有较多的知识产权。20世纪30年代创立了通用电气公司管理学院，成立了美国最早的公司大学，培养了一大批人才。40年代，它又系统地完善了由斯隆在通用汽车公司首创的分权制，在结构和制度上成为所有大公司的楷模。50年代和60年代，它首创了全面质量管理，创造了新的质量管理模式。1981年成为通用电气公司第八任董事长兼总裁的杰克·韦尔奇表现得更加突出，虽然他不是GE公司的最大股东，却担负起重任，大刀阔斧地进行改革和创新。其中重要的举措是，所有权与经营权真正地分离，使GE公司体制形成了既能放手发展又能自我约束的机制。他知道想要在变化如此迅速的环境中生存，通用电气需要新观念、新策略。近20年来，GE公司以每年10%以上的速度增长，创造了全球跨国公司的奇迹。2002年，GE公司净年利润达151亿美元，销售收入达到1 317亿美元，居全球大企业前列，是道·琼斯工业指数1896年设立以来唯一至今仍在指数榜上的公司，连续多年被《财富》杂志评为"全球最受推崇的公司"。通用电气公司能够保持持续发展的势头，最重要的仍是不断地创新和变革。

纵观世界企业发展历程，有的企业历经磨难，却能保持几百年长盛不衰，而大多数企业的寿命却不超过20年？有的企业从无名小卒成为超级巨人，而有的企业却盛极而衰？究其原因在于企业发展战略的创新性选择。合理的发展战略和企业与之相适应的创新能力不仅能使一个企业获得超常规的飞速发展，而且可以使病入膏肓的企业起死回生，不合理的发展战略及墨守成规很可能使优势企业很快变为劣势企业。

8.1.3 企业创新的环节

企业创新包括多个环节，主要有研究开发创新、产品设计创新、工艺创新和管理创新。这些环节既可单方面实现创新，也可以整体创新（图8-1）。

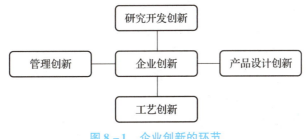

图8-1 企业创新的环节

1. 研究开发创新

企业依据现有技术能力，有条件地以各种形式进行研究开发，增强企业研发力量，注重产、学、研相结合，加强组织学习，在此基础上创造或产生新的生产技术与产品。

例如小天鹅集团以占销售收入5%的投入构筑技术创新体系，1999年开发出200多个新产品，申请专利82项。

2. 产品设计创新

通过发明、构思产品设计，提高产品的技术含量和性能差异。产品设计创新是指以符合科技、社会、生活发展趋势的且区别于市场上已有产品的新产品来使顾客产生新的需求。其实这种方法就是通常所说的"人无我有，人有我新"。

实现产品创新的方式有很多，如在20世纪的美国市场，几乎所有厂商们热衷于生产大型影印机时，日本厂商却把小型影印机推向市场，占领了这片市场，这是产品设计的一个典型范例。

3. 工艺创新

通过研究和采用新的生产方法，或对原有的生产方法进行改进，从而改进现有产品的生产或提高产品的生产效率。工艺创新对开发新产品、改进原有产品以及提高原有产品的产量和质量都具有重要作用。

4. 管理创新

改革陈旧的管理体制，引进吸收如知识管理、生态系统理论、企业整体策略理论等适合本企业的管理新理念，或根据企业实际创造出新的管理理论与管理模式。

例如亚星集团创造出"购销比价管理"的新模式，6年间共节支9 772万元。

8.2 企业创新战略

综观世界企业，很多企业在创新中兴起，但又在创新中遭到失败，曾经在短期内盛极一时却因为种种原因无法得以持续性地发展，这种例子不胜枚举。如前几年赫赫有名的巨人集团公司和飞龙集团公司，又如山东秦池集团、广东爱多电器有限公司等，这些企业都曾勇于创新，使公司获得了发展，在创新中走向辉煌，却又在创新中走向了失败。这些企业的领导人不乏创新精神、创新勇气、创新知识与信息。这些企业"短命"的现象，反映了一个企业没有正确的战略规划，对企业的总体目标、实现途径和手段，以及企业资源的判断及把握的失误，在外部环境发生巨大变化的情况下，特别是在信息爆炸性增长和真伪信息混合并存的环境下，缺乏适应现代市场竞争环境的企业系统创新战略，使得他们在创新中被信息误导，从而使创新失败。制定并实施企业的系统创新战略（图8-2），可确保企业适应瞬息万变的市场需求，系统创新战略将成为今后企业运行的主导方向。

企业的系统创新战略是由四个创新子系统组成的，分别是观念创新、制度创新、组织创新和技术创新。如果说观念创新、制度创新和组织创新好比企业的"软件"，那么技术创新则是企业的"硬件"。观念创新是企业系统创新战略的先导，对企业的发展方向起到

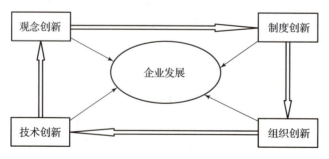

图8-2 企业系统创新战略

至关重要的定位作用,是企业创新的发源地;制度创新是系统创新战略的基础,是企业创新的动力源泉,使企业内部各种要素进行合理配置,发挥最大效能;组织创新是系统创新战略中的关键,是企业改革的突破口;技术创新是企业系统创新战略得以正确实施的保证,是效益提高的物质基础。企业的系统创新战略解决了企业想生产什么、为谁生产、如何生产、用什么生产的问题。

1. 观念创新

观念创新的精髓是永远不存在固定的思维模式。世界著名管理大师杜拉克曾经指出:"当今社会不是一场技术也不是软件、速度的革命,而是一场观念的革命"。华人管理大师石滋宜博士同样指出:"现在是人们的想法、观念必须完全改变的时代"。过去最有价值的东西是看得见的,而现在,最有价值的东西是看不见的,如知识、智慧。过去是企业利益优先,一切以利润最大化作为企业行为标准,而现在要改为顾客利益优先,一切为顾客着想,让顾客满意;过去看重的是实物财产,现在更重视商品品牌、企业形象等无形资产。

> **案例 8-3**
>
> 例如青岛海尔集团,1984年从一个资不抵债、亏损147万元的集体所有制小厂,发展壮大成为今天中国家电行业的骄子,其中关键的一条就是企业领导人总是在自己思想深处找原因,面对市场不断转换经营观念,牢牢树立顾客导向意识并信奉"市场唯一不变的法则是永远在变"。观念变革要求企业应成为"学习型组织",因为知识经济时代,对于每一个参与竞争的企业来说,学习能力正成为新的核心竞争力。企业要善于突破现有观念的束缚,对新思想、新观念抱有积极的态度,以开放的心态主动地吸收外部新的信息,不断提高自身的综合素质和风险承受能力,才能真正地发展。

2. 制度创新

制造创新从社会经济角度来分析企业各成员间的正式关系的调整和变革,主要包括产权制度、经营制度和管理制度。

(1) 产权制度。产权制度是决定企业其他制度的根本性制度,它规定着企业最重要的生产要素的所有者对企业的权利、利益和责任。不同的时期,企业各种生产要素的相对重要性是不一样的。在主流经济学的分析中,生产要素是企业生产的首要因素,因此产权制度主要指企业生产要素的所有制。目前存在两大生产资料所有制:私有制和公有制(或更准确地说是社会成员共同所有的"共有制"),这两种所有制在实践中都不是纯粹的。企业产权制度的创新也许应朝着寻求生产资料的社会成员"个人所有"与"共同所有"的最适度组合的方向发展。

中国企业发展中的一个敏感而又十分重要的问题,是产权明晰问题。因为产权问题不解决,将严重影响企业的持续发展。对于在企业发展中作出突出贡献的人员,应当而且必须按照他们贡献的大小,给予他们相应的产权。一个科学家可能把毕生的精力都贡献给了一个企业的发展,而科学家迟早会有退休的时候,只有给予他应得的产权,才能符合公平的分配政策，而绝不能简单地将科学家逐出企业。

（2）经营制度。经营制度是有关经营权的归属及其行使条件、范围、限制等方面的原则规定。它表明企业的经营方式，确定谁是经营者，谁来组织企业生产资料的占有权、使用权和处置权的行使，谁来确定企业的生产方向、生产内容、生产形式，谁来保证企业生产资料的完整性及其增值，谁来向企业生产资料的所有者负责以及负何种责任。经营制度的创新应是不断寻求企业生产资料最有效利用的方式。

（3）管理制度。管理制度是行使经营权、组织企业日常经营的各种具体规则的总称，包括对材料、设备、人员及资金等各种要素的取得和使用的规定。在管理制度的众多内容中，分配制度是极重要的内容之一。分配制度的创新在于不断地追求和实现报酬与贡献的更高层次上的平衡。

企业制度创新的方向是不断调整和优化企业所有者、经营者、劳动者三者之间的关系，使各个方面的权力和利益得到充分的体现，使组织中的各种成员的作用得到充分的发挥。

3. 组织创新

企业系统的正常运行，既要求具有符合企业及其环境特点的运行制度，又要求具有与之相应的运行载体，即合理的组织形式。因此，企业制度创新必然要求组织形式的变革和发展。

从组织理论的角度来考虑，企业系统是由不同的成员担任的不同职务和岗位的结合体。这个结合体可以从结构和机构这两个不同层次去考查。所谓机构，是指在构建组织时，根据一定的标准，将那些类似的或为实现同一目标有密切关系的职务或岗位归并到一起，形成不同的管理部门。它主要涉及管理劳动的横向分工的问题；而结构则与各管理部门之间，特别是与不同层次的管理部门之间的关系有关，它主要涉及管理劳动的纵向分工问题，即所谓的集权与分权问题。不同的机构设置，要求不同的结构形式；组织机构完全相同，但机构之间的关系不一样，也会形成不同的结构形式。组织创新的目的在于更合理地组织企业人员，提高劳动的效率。

4. 技术创新

技术创新是企业创新的保障，通过技术创新，企业能够更好地把握自己的竞争优势。技术创新是以市场为导向，以提高国际竞争力为目标，研究与开发新技术、新工艺、新产品，并通过市场实现其商品化、产业化，最终在市场上检验是否成功的过程。技术创新对经济发展和增强企业竞争力有着重要的推动作用，伴随"二战"以来新技术革命浪潮的兴起，已在很大程度上代表着一个企业乃至一个国家的产品和产业在国际经济舞台上的地位和竞争实力。这也正是技术创新成为当今世界范围内研究热点之一的重要原因。技术创新具有知识性、创造性、高投入、高效益和高风险等特点。它需要政府行为的推动，但其主体是企业自身。在技术创新中，产品创新占有十分重要的地位。因为市场经济条件下企业之间的竞争往往都是通过产品展开的，产品是市场需求的物质体现，产品是企业竞争实力的物化，因此，根据市场需要，按照消费者需求开发和生产产品，并通过市场获得企业所追求的回报必然成为企业产品创新的出发点和归宿。

8.3 技术跨越战略

8.3.1 技术跨越战略的内涵

企业要进行技术创新，必须选择合适的技术创新战略。技术创新战略是企业在市场竞争中利用技术创新获取竞争力的方式。制定技术创新战略，就是为了探索适合中国国情的技术创新之路。就中国目前的情况来看，无论是高技术领域还是传统产业领域，与世界发达国家都存在很大的差距，这种总体差距的存在，迫使我们不能循规蹈矩、亦步亦趋，而是应当抓住有利时机，充分利用自己的优势，实现技术跨越，在最短时间内，缩小甚至赶上世界的先进水平。这就决定了中国企业技术创新的战略，应围绕技术跨越这个中心来做。中国的技术创新战略可以概括为：立足国情，有所为，有所不为，集中优势实施技术跨越。

所谓技术跨越，就是跨越技术发展的某些阶段，直接开发、应用新技术、新产品进而提高产品竞争力的过程。技术跨越是相对于中国企业目前的技术水平的，所以，它有两层含义：一层是在某些领域，依靠我们自己的各种优势，通过实施巧妙的创新战略，使我们的技术水平真正达到国际领先或国际先进水平，也就是说直接从较低的技术水平跨越到世界的领先水平，本书称这种跨越为"绝对跨越"；另一层含义是，相对我们目前较低的技术水平，通过我们的努力，跳过发展的几个阶段，直接上升到较高的水平，这种水平也可能只是接近世界的平均水平，但是依靠我们的人力资源、自然资源的优势，照样可以提供在国际上具有强大竞争力的产品，也就是从较低的技术水平跨越到相对自己而言的较高的技术水平，本书把这种跨越称为"相对跨越"。对于我们这样的国家，"相对跨越"更不能忽视，因为传统的制造业、流通业、服务业以及许多其他劳动密集型行业，目前是我们整个国民经济的重要组成部分，这些企业实现技术跨越，必然伴随着企业的跨越式发展，这对我们整个国家经济的影响将是巨大的。

立足国情，就是要根据中国企业的发展状况，制定符合现实的、具有操作性的对策；有所为，有所不为，就是我们应该在具有优势的领域"为"，在具有劣势的领域"不为"，即必须"集中优势兵力打歼灭战"。

8.3.2 企业技术跨越的模型与途径

为说明企业技术跨越式发展的途径，把世界上的国家按经济发达的程度分为三种：一种是经济发达国家，一种是经济次发达国家，一种是发展中国家。发达国家利用人才和科技优势，采用领先创新战略，首先生产出高科技产品，此种高科技产品将在国际市场上经过如下五个过程：

（1）发达国家率先把高科技产品销往次发达国家和发展中国家，并获得高额的创新利润。

（2）随着产品数量的增加，发达国家在继续向发展中国家销售高科技产品的同时，向次发达国家由销售高科技产品改为销售制造高科技产品的制造设备，继续获得高额创新利润。

（3）随着产品及产品制造设备的普及，发达国家向次发达国家由销售高科技产品的制造设备，改为销售制造设备的关键零部件；发达国家向发展中国家，由销售高科技产品改为销售制造设备。

（4）随着产品及制造设备市场的饱和，创新利润越来越低，发达国家向发展中国家，由销售制造设备改为销售制造设备的关键零部件；发达国家由向次发达国家销售关键零部件改为由次发达国家进口该类产品，因为此时产品的价格已经较低，发达国家依靠进口比自己生产更有利。

（5）当产品市场完全饱和时，发展中国家已经掌握了产品的制造技术，并拥有了制造设备，所以改向发达国家和次发达国家出口，但此时产品的价格已经很低，没有利润可言。而发达国家已经研究开发出新一代或新种类的高科技产品，由此拉开与上述过程完全一样的新一轮竞争。

在以上五个过程中，发展中国家只能吃发达国家剩下的残羹冷炙。要改变这种局面，必须打破这种格局，在上述五个过程中，想方设法在第三个过程甚至第二个过程，便向发达国家或次发达国家销售产品，因为这时的产品市场还远没有饱和，仍然有可观的创新利润，只要做到这一点，企业便可实现跨越式发展。

8.3.3 中国企业的技术跨越战略

1. 基于竞争优势的企业分类

中国企业实施技术跨越的关键是如何发现和创造自己的竞争优势。20世纪50年代，著名科学家钱学森留学回国后，建议中国先搞导弹，后搞飞机。人们都很奇怪，因为飞机是20世纪初发明的，而50年代初，世界上还没有洲际导弹。钱学森的理由很简单，导弹容易飞机难。因为容易与难是相对于一个国家的国情来讲的，当时的中国，如果搞飞机，则需要雄厚的基础工业、材料工业，而当时中国发动机还不很过关。飞机需要长期的安全飞，而导弹是一次性消耗，材料可以差一点，关键是要准确命中目标，要有一个精确的制导系统，这正可应用中国人的聪明才智。结果，钱学森的论断得到了应验，我们的导弹水平在当时进入了世界的先进行列。

制定一个企业的发展战略，也必须首先发现这个企业的优势和劣势。

中国既有一定数量的高技术企业，更有为数众多的传统制造业，以及分布极广的劳动密集型企业，而不同类型的企业具有不同的竞争优势，这决定了他们技术跨越的战略也是不同的。因此，按照竞争优势的不同，本文把中国的企业分为：高新技术企业、传统制造业、劳动密集型企业三种类型。其中高新技术企业主要是从事信息技术、生物技术、空间技术等高新技术的企业；传统制造业是指传统机电设备生产企业以及一般的家电企业，当然，也不否认里面存在一定的高新技术，但其中的含量较低；劳动密集型企业主要是指从事服装、食品等的生产企业，这些企业的特点是以人工劳动为主，当然，也不否认生产过程中的机械化和自动化的生产。这里需要特别强调一点：我们与发达国家是不同的，目前发达国家的主要力量是发展高技术，而我们不但要发展高技术，还要发展传统制造业以及劳动密集型产业，这不仅是我们国情的需要，而且我们有自己特有的优势。

我国目前是发展中国家，我们的最大劣势就是研究开发经费的不足。这是我们所有行业共同面临的问题。据统计，我国的研究开发经费只相当于美国经费的 2.1%～2.2%，美国 IBM 公司 1996 年，仅网络软件的开发经费就达 43 亿美元，比当年我国财政开发研究投入的总量还要多。因此，在下面制定技术跨越战略的过程中，一个共同的原则就是：必须充分利用自己的优势，集中力量、重点突破，不能全面出击。

2. 高新技术企业的竞争优势及跨越战略

中国高新技术企业的竞争优势，体现在以下几方面：

（1）新技术革命的机遇。科学的重大发现不仅仅取决于物质因素，技术上的重要突破也是如此。特别是新技术革命的到来，给我们提供了千载难逢的机遇。

针对当前高新技术产业的竞争，美国经济学家提出"胜者全得"，意思是，技术上领先一步，有可能占领该领域的大部分市场。因为，在信息技术飞速发展的情况下，如果在技术上领先，可以在极短时间内通过先进的通信设施、网络设施，在全球范围内宣布。这就为占领这项技术的大部分市场打下了基础。值得注意的一点是，在新技术的应用上，所有国家和企业，都面临相同或相似的机遇，大家都处于同一起跑线上，关键看谁先领先一步，这其中的关键在于创新。也就是说，我们的命运在很大程度上掌握在自己手里。

（2）发展中的后发优势。除了新技术革命带来的良好机遇外，我们还有一个重要优势，那就是发展中的后发优势。

发达国家的产业结构体系完整而且联系密切，具有强大的惯性，进行结构调整，成本过大，需要付出沉重的代价。而对于我们国家，许多主导产业还处在初级阶段，这样可以不用重复产业发展的全过程，直接从高起点开始，实现技术跨越式发展。

（3）中国的高新技术企业直接面对庞大的中国市场需求，直接感受需求的强烈刺激。这是国外的企业或跨国公司所不具备的竞争优势。因为，中国的高新技术企业扎根于中国的土壤，他们更了解中国市场对高新技术的需求。

（4）中国的高新技术企业易于根据中国现有技术的不足，发现未来的需求，更容易根据中国人的消费习惯、心理需求，掌握和预测未来的需求。

（5）中国人在某些特殊高科技领域具有天赋。软件是计算机的灵魂，软件产业被称为 21 世纪的"黄金产业"。中国人的文化传统、思维方式、严密的逻辑思维和勤奋精神，具备了开发软件的天赋，在软件最发达的美国，有 1/3 的软件高级开发人员和管理人员是华人，这充分说明了我国具有发展软件产业的人才优势。

（6）中国的高新技术企业，大部分管理水平比较低，在这种情况下，结合中国的国情，创造性地吸收国外的先进管理经验，可以使企业短时期内大大提高竞争能力，这是一种技术创新，也是一种跨越。

根据中国高技术企业的竞争优势，我们提出技术跨越的战略。这种战略分为两种模式：第一，利用当代最先进的技术平台，根据自己特有的竞争优势，重点突破某些关键技术，力争在某些特殊领域，使自己的产品进入领先行列。第二，利用当代最先进的流通管理技术和方法，积累资本，成为明星企业，然后利用雄厚的资本，进行技术跨越，研制名牌产品，成为名牌企业。

一个企业究竟采用何种战略，取决于企业的实际情况。一般来讲，如果企业创建之初，已在某个高新技术领域有较多的技术积累，比如储备了很多有市场潜力、技术领先的专利，只是需要在一个企业的环境中，使技术工程化、商业化、市场化。在这种情况下，宜采用第一种跨越战略。反之，如果企业创建之初，不具备这个条件，那么只有采用第二种跨越战略。实际上，在我们国家，北大方正基本上就是采取了第一种模式，因此，我们又可以把这种模式称为"方正模式"；而联想集团基本上采用了第二种模式，我们又可以把第二种模式称为"联想模式"。

北大方正在发展过程中，在技术上实现了四次跨越。

第一次跨越是告别铅与火的跨越。北大方正没有经过日本流行的第二代光机式照排，也没有经过美国流行的阴极射线管式照排，而是直接从第一代铅字排版跨越到最先进的第四代激光照排。

第二次跨越是告别报纸传真机的跨越。以前都是采用报纸传真机送纸，速度慢，而且失真严重，北大方正首次采用页面描述语言传送报纸版面，传送速度明显加快，而且毫无失真。

第三次跨越是告别传统电子分色机的跨越。以前报纸的彩色版要用分色机出照片，然后进行人工剪贴，严重影响了速度和质量，北大方正首次采用了开放式的彩色照排出版系统，取代电子分色机，使文字与照片合一处理，输出速度大大加快。

第四次跨越是告别纸与笔的跨越。北大方正采用采编流程管理系统，实现了报社主要流程的电脑管理，从而告别了纸和笔。

每一次跨越，都会给企业带来发展的跨越，北大方正并没有满足已有的跨越，而是正在向新的跨越进军。北大方正精心选定的第二大支柱产业——广播电视业，又是一次大的跨越，一般电视正在从模拟影像带进入数字影像带，最后再进入最先进的视频服务器。而香港的亚洲电视台，正准备利用方正的高科技，一步跨越到视频服务器。

联想最成功的地方，在于他们推出"贸、工、技"发展战略，把贸易作为龙头，优先发展，由此进行资金积累，成为"明星企业"，然后利用雄厚的资金积累，研究开发出自己的名牌产品，最后成为"名牌企业"。

"贸、工、技"战略能否成功的关键，在于贸易上的流通管理创新。联想的"高速运作驱动模式"，具有极强的操作性和实用性。具体来讲，就联想电脑公司来说，其物流的过程大体是：散件的采购、入库、组装车间、成品库/代理/用户/资金回收。拿散件采购来说，对电脑的每一部件（CPU 除外），都要选 2~3 家供货商。引入竞争机制，降低采购成本，保证及时供货。根据 IT 行业降价、周期短的特点，采取小步快跑的进货方式，即每一次进货量不大，但进货次数较多，这样可以尽可能享受到降价的好处。凭借完善的市场网络、快速灵敏的信息流动，对市场进行准确的预测，避免销售过旺，导致散件断货，又可以避免销售淡季，造成存货积压。这样使库存始终处于最少状态，即零库存。在电脑出库到代理或用户的过程中，联想电脑凭借遍布全国的运输网络，尽可能缩短运输时间。联想电脑基本上是现款提货，保证了资金的快速流动。

这种物流、资金流、信息流的高速运作,在市场上形成了以快吃慢、以快鱼吃慢鱼的竞争态势,由于这种快速运作,大大降低了产品成本,增强了产品的竞争力,在市场上可以给竞争对手致命打击,最后拖垮对手,占领大部分市场。

3. 传统制造业的竞争优势及跨越战略

中国传统制造业的竞争优势主要表现在以下几个方面:

(1) 目前世界发达国家的注意力,大部分集中在高新技术上,不再把过多的人力、物力、财力集中到传统制造业。特别是对于传统制造业的技术出口,不再有过多的限制。因为对他们来说,这些技术已经没有带来超额利润的机会。但是,对中国这样的发展大国来说,这些技术可能比我们现有的技术先进得多,这样就可以用极小的代价,得到对我们来说价值很大的东西,从而实现技术上的相对跨越。

(2) 我国的传统制造业,有一定的基础,在这个基础上,通过引进技术或自行发明创造,在某些关键技术上有较大的提高后,产品的质量和数量将会有较大的提高;反之,全部放弃我国的传统制造业,向世界发达国家一样追求高新技术,既不现实,也会付出极高的代价。

(3) 发达国家继续从事传统制造业,已经没有竞争力,关键是他们产品的成本太高,使产品缺乏市场竞争力。而中国的情况则不同,中国从事传统制造业的工人的平均工资不到发达国家的十分之一,这就决定了中国继续从事传统制造业将有很大的市场竞争力。根据中国传统制造业竞争优势,我们提出技术跨越的战略是:放眼世界、博采众长、结合国情、拿来最佳、集成综合、创新提高。

放眼世界,就是我们的目光应当在世界范围内,很多技术在国内可能认为是很先进的,但在整个世界范围内,却是相当落后的。因此,应该走出国门,主动到世界发达国家去取经;博采众长,就是比较不同发达国家的先进技术和设备,做到胸中有数;结合国情、拿来最佳,就是根据自己的国情,通过引进吸收,拿来最适合自己的技术、设备、产品;集成综合,就是把来自不同国家的某种设备的各种部件集成综合起来;创新提高,就是把自己的发明创造融汇到设备的制造中去,这样才能真正获得具有自己知识产权的产品。

实际上,中国传统制造业中的许多企业,正是依靠自己的种种优势,制定并实施了适合自己的技术跨越战略,实现了跨越式发展。

> **案例 8-4**
>
> 例如,江苏中大集团的主导产品——"中大牌"烤漆房,便是成功地引进了意大利的轻油燃烧器、荷兰菲利浦的照明系统、西门子的外转式风机,采用德国阻燃拼装式房体,加上自主发明的三项专利,使得"中大牌"烤漆房的性能达到了国际先进水平,而成本却比国外低得多,依靠此优势,"中大牌"烤漆房遍布了全世界。还有,湖南的长沙远大集团,由于创业者掌握了几项燃烧器的专利技术,同时把国外先进技术,例如控制系统、电气系统等有机组合起来进行优势综合集成,开发出了具有国际先进水平的新产品——直燃式空调,这种空调一出现,很快就占领了80%的国内市场,1996年产值已经接近20亿元,取得了前所未有的成功。

4. 劳动密集型企业的竞争优势与跨越战略

中国劳动密集型企业的竞争优势在于：

（1）劳动力成本很低，而这种行业的主要成本由劳动力的成本决定。中国的劳动密集型产品，不仅在发达国家具有市场竞争力，在新兴的工业化国家和地区，也颇具市场竞争力。

（2）中国的劳动密集型企业，在中国的所有企业中，其管理水平是最低的。在国外企业以及跨国公司的影响下，在中国先进管理企业的带动下，中国劳动密集型企业易于在短期内实现管理水平的很大提高，从而大大提高经济效益，提高市场竞争力。

（3）随着高新技术的发展，以及先进制造技术的普及，也会使得劳动密集型企业的技术水平以较小的代价，提高到较高的水平，从而实现技术跨越。

根据中国劳动密集型企业的竞争优势，我们提出的技术跨越战略是：紧紧抓住劳动力成本低的优势，结合关键技术的突破，提高产品竞争力；或者依靠管理跨越，积累资本，然后最后实现技术跨越。

在这里，对于关键技术的突破，有两层含义：一是依靠自己的力量，突破其中的某项关键技术；二是直接采用国际上已有的先进技术，比如，在生产过程中，采用先进的信息技术等。安徽丰源集团，从一个小厂，用了不到五年的时间，发展成为柠檬酸生产行业的亚洲第一、世界第三的大型集团。其成功的直接原因，就是在关键技术上，成功地进行了突破。柠檬酸的生产，一般采用山芋作原料，但生产的柠檬酸的质量低，产量很难提高。国外曾经设想用玉米粉来发酵柠檬酸，但是没有成功。安徽丰源集团，依靠自己的科学分析和勇敢实践，打破了外国人的神话，成功地研制出了以玉米粉为原料发酵柠檬酸的工艺技术。

由于产品质量的提高、成本的降低，使得丰源产品在国际市场上的竞争力空前提高。

> **案例 8-5**
>
> 丰源技术创新成功的一个重要启示，即世界上发达国家判了死刑的技术，并不一定行不通。我们有必要分析一下这项技术的背景：以玉米粉直接发酵生产柠檬酸的技术来说，发达国家除了认为这项技术实现的可能性不大以外，还有一个重要的原因，就是以玉米粉为原料生产柠檬酸，对节省人工效果不大，而发达国家的劳动力成本是很高的，这样就大大减小了他们开发这种技术的动力；而我们国家则不同，我们的劳动力成本很低，开发这种技术具有重要的意义，可以大大提高产品的竞争力。

5. 管理跨越是技术跨越的保证

作为中国信息产业的龙头企业，联想集团与北大方正的发展并不是一帆风顺的。联想集团在 1995—1996 年出现了亏损，北大方正在 1998 年也出现了亏损，其主要原因在于没有充分认识到管理对一个企业的极端重要性。两个企业都认识到：技术创新与技术跨越必须融汇到一个现代化的管理体系中，才能真正发挥作用。他们在总结企业的发展过程时认为，绝不能只培养光懂技术的专家，必须培养具有现代管理理念、有科学技术背景的管理人才。对联想与方正是这样，对中国的其他企业也是如此。一个企业要想通过技术创新，实现跨越式发展，必须实现技术与管理的双重跨越。

中国企业发展中的一个敏感而又十分重要的问题，是产权明晰问题。因为产权问题不解决，将严重影响企业的持续发展。对于在企业发展中作出突出贡献的人员，应当而且必须按照他们贡献的大小，给予他们相应的产权。一个科学家可能把毕生的精力，贡献给了一个企业的发展，而科学家迟早会有退休的时候，只有给予他们应得的产权，才符合公平的分配政策，而绝不能简单地将科学家逐出企业。

大企业为了在短期内实现管理水平的跨越，应注意把学习国外的先进管理经验与中国的国情结合起来，可以采用国外管理专家高级培训的方式，也可以直接派人员到著名跨国公司实地学习、培训、提高。

对于数量众多的中小企业，一般来讲，其管理水平比大企业要更落后一些。我们认为提高中小企业管理水平的一条捷径就是，企业通过与高校或科研单位联合，通过管理咨询来解决。

企业技术的跨越式发展，可以带动一个企业实现跨越式发展，但是，要使企业能够在跨越式发展后持续稳定地向前发展，还必须有先进的管理做保证，即在成功实现技术跨越的同时，也必须实现管理科学化的跨越。

8.4 学习型组织

学习型组织管理理论很容易给人造成一种错觉，让人觉得这是一种学习理论，其实它是一种管理理论。学习型组织管理理论不是一般的管理知识，也不是一般的管理技巧，而是当今最前沿的管理理论。学习型组织管理理论是一个宏观的管理理论，这主要是因为"组织"的范围非常广泛。学习型组织管理理论适用的范围大到一个国家，小到一个家庭。

学习型组织（learning organization）由美国麻省理工学院教授 Peter. Senge 在其所作的《第五项修炼——学习型组织的艺术与实务》（The Fifth Discipline：The Art and Practice of The Learning Organization）中首倡，现在学习型组织已经作为一种全新概念与重大趋势在西方管理界引起强烈反响并被付诸实践，也深刻地影响着当今政府和各类教育组织。

从理论上讲，一些杰出的思想家近百年的探索结果，为学习型组织理论的形成奠定了基础。学习型组织的理论基础是"系统动力学"。系统动力学的创始人是 MIT 的佛瑞思特教授，圣吉是佛氏的学生，在他的指导下，圣吉花了十年时间研究出学习型组织的理论与实务。佛氏使用系统动力学的方法，融合了自然科学中深奥的混沌理论（chaos theory）及复杂性科学，深入思考社会、企业及其他组织形态复杂变化的本质。圣吉正是在他老师佛氏 1965 年发表的一篇论文《企业的新设计》的基础上，汇集了其他人的新思想，才完整地提出了学习型组织的一套概念与分析框架。

所谓学习型组织，是指通过培养弥漫于整个组织的学习气氛、充分发挥员工的创造性思维能力而建立起来的一种有机的、高度柔性的、扁平的、符合人性的、能持续发展的组织。这种组织具有持续学习的能力，具有高于个人绩效总和的综合绩效。

8.4.1 创建学习型企业的意义

学习型组织理论认为，在新的经济背景下，企业要持续发展，必须增强企业的整体能力，提高整体素质，也就是说，企业的发展不能再只靠像福特、斯隆、沃森那样伟大的领导者一夫当关、运筹帷幄、指挥全局，未来真正出色的企业将是能够设法使各阶层人员全心投入并有能力不断学习的组织——学习型企业。

成功的学习型企业应具备六个要素： 一是拥有终身学习的理念和机制，重在形成终身学习的步骤；二是多元反馈和开放的学习系统，重在开创多种学习途径，运用各种方法引进知识；三是形成学习共享与互动的组织氛围，重在企业文化；四是具有实现共同目标的不断增长的动力，重在共同目标不断创新；五是工作学习化使成员活化生命意义，重在激发人的潜能，提升人生价值；六是学习工作化使企业不断创新发展，重在提升应变能力。

创建学习型组织的意义在于： 第一，它解决了传统企业组织的缺陷。传统企业组织的主要问题是分工、竞争、冲突、独立，降低了组织整体的力量，更为重要的是传统组织的注意力仅仅关注于眼前细枝末节的问题，而忽视了长远的、根本的、结构性的问题，这使得组织的生命力在急剧变化的世界面前显得十分脆弱。学习型组织理论分析了传统组织的这些缺陷，并开出了医治的"良方"——"五项修炼"。第二，学习型组织为组织创新提供了一种操作性比较强的技术手段。学习型组织提供的每一项修炼都由许多具体方法组成，这些方法简便易学，此外，圣吉和他的助手还借助系统思考软件创建起实验室，帮助企业管理者在其中尝试各种可能的构想、策略和意境的变化及种种可能的搭配。第三，学习型组织理论解决了企业生命活力问题。它实际上还涉及企业中人的活力问题，在学习型组织中，人们能够充分发挥生命的潜能，创造出超乎寻常的成果，从而由真正的学习体悟出工作的意义，追求心灵的成长与自我实现，并与世界产生一体感。第四，学习型组织提升了企业的核心竞争力。过去讲的企业竞争力是指人才的竞争，学习型组织理论讲的企业竞争力是指企业的学习力。在知识经济时代，获取知识和应用知识的能力将成为竞争能力高低的关键。一个组织只有通过不断学习，拓展与外界信息交流的深度和广度，才能立于不败之地。人们可以运用学习型组织的基本理念，去开发各自所置身的组织创造未来的潜能，反省当前存在于整个社会的种种学习障碍，使整个社会早日向学习型社会迈进。或许，这才是学习型组织所产生的更深远的影响。

尽管学习型组织的前景十分迷人，但如果把他视为一贴万灵药则是危险的。事实上，学习型组织的缔造不应是最终目的，重要的是通过迈向学习型组织的种种努力，引导一种不断创新、不断进步的新观念，从而使组织日新月异、不断创造。

8.4.2　学习型组织的真谛

学习型组织的真谛可以概括为三个方面：

1. 学习力

学习型组织是全体成员全身心投入并有能力负担学习的组织。过去讲的企业竞争，认为说到底是人才竞争，其实这不完全对，按学习型理论，企业竞争说到底是学习力的竞争。打个比方，a 企业有高级人才 100 名，b 企业有高级人才 200 名，那么 b 企业是否一定能胜 a 企业呢？不一定。按照学习型理论，虽然 a 企业的高级人才只有 b 企业的一半，但如果 a 企业员工学习力很强，那么 a 企业就比 b 企业更具市场竞争力，因为这不是简单的高级人才对高级人才，而是看他们是否具有更大的创造力。据调查，一个 1976 年毕业的大学生到 1986 年，他的知识就基本老化，20 世纪 80 年代到 90 年代的大学生所学知识不到 10 年就老化了。现在，很多企业中的一些大学毕业生，有的已经评上了高级职称，但对企业的发展到底起了多大作用呢？他们不是没有文凭和学历，关键是他们缺乏学习力，这是制约企业发展的重要因素。

2. 体验生命的意义

学习型组织是让成员体会到工作中生命意义的组织。人的需求是多层次的，最低的是温饱，然后是安全感，再次是归属感，更高的需求是实现自身价值。企业只有解决了他们的温饱、安全及归属的需求，员工才能有更高的追求。作为管理者，要尊重员工，公平对待员工，否则，员工就不会认真工作。企业要成功，让员工只贡献手是不够的，还要让他们贡献脑。

对于企业来说，必须注意双元原则。所谓双元，第一是企业的发展，第二是员工的发展。一个只注意企业发展而不注意员工发展的企业是不会成功的；作为员工来讲，既要注意到个人的发展，又要想到企业的发展。因此，组织的各层领导，要让员工体验到工作中生命的意义。

3. 创造力

学习型组织是通过学习创造自我、扩大未来能量的组织。一个组织整天学习而不创造那就不是一个学习型组织，而是一个形而上学的组织。学习型组织的学习强调把学习转化为创造力。改革开放以来，引进了许多先进的管理理论和科学技术理论，可为什么中国还有许多企业走不出困境呢？原因之一就是我们虽然学习了许多知识，但未付诸实践，这些知识也就成了无用的了。

学习型组织的核心理念就是创新，而且是持续的创新。在知识经济时代，知识的积累通过学习，创新的起点在于学习，环境的适应依赖学习，应变的能力来自学习。这就需要一种重视学习、善于学习的文化氛围，因而企业不再是一个终身雇佣的组织，而是一个"终身学习的组织"。现代企业只有作为一个不断学习的组织，才能够"善于创造，寻求及转换知识，同时能根据新的知识与领悟而调整行为"，正所谓终身学习，永续经营。因此，企业如果想成功，就要努力建设成为学习型组织，努力使创新成为企业发展的主旋律。

8.4.3 学习型组织的特点

学习型组织具有如下九大特点：

1. 组织成员拥有一个共同愿景

组织的共同愿景，来源于员工个人的愿景而又高于个人的愿景。它是组织中所有员工愿景的景象，是他们的共同理想。它能使不同个性的人凝聚在一起，朝着组织共同的目标前进。

2. 组织由多个创造性个体组成

企业的工作有两类，一类是反映性的，一类是创造性的。反映就是上级来检查了下级反映一下，出了事故反映一下，反映有什么作用？最多能维持现状，绝大多数人、绝大部分精力都用于反映，而没有用于创造。企业的发展是创造性的工作，没有创造企业就会被淘汰。

例如：长虹靠不断地创造，新产品一个个推出来，占据了上海市场，令当初小瞧长虹的彩电企业一个个刮目相看，如今长虹已研制出液晶彩电。金星艰难奋起，能动用的资金只有长虹的一个零头，金星靠的是平均一个月推出三个新产品获得一席之地。海尔来到上海，平均一个星期推出两个新产品。

3. 善于不断学习

这是学习型组织的本质特征。所谓"善于不断学习"，主要有四点含义：

（1）强调"终身学习"。即组织中的成员均应养成终身学习的习惯，这样才能形成组织良好的学习气氛，促使其成员在工作中不断学习。

（2）强调"全员学习"。即组织的决策层、管理层、操作层都要全心投入学习，尤其是经营管理决策层，他们是决定企业发展方向和命运的重要阶层，因而更需要学习。

（3）强调"全过程学习"。即学习必须贯彻于组织系统运行的整个过程之中。约翰·瑞定提出了一种被称为"第四种模型"的学习型组织理论。他认为，任何企业的运行都包括准备、计划、推行三个阶段，而学习型企业不应该是先学习然后进行准备、计划、推行，不要把学习和工作分割开，应强调边学习边准备、边学习边计划、边学习边推行。

（4）强调"团队学习"。即不但重视个人学习和个人智力的开发，更强调组织成员的合作学习和群体智力（组织智力）的开发。在学习型组织中，团队是最基本的学习单位，团队本身应理解为彼此需要他人配合的一群人。组织的所有目标都是直接或间接地通过团队的努力来达到的。

学习型组织通过保持学习的能力，及时铲除发展道路上的障碍，不断突破组织成长的极限，从而保持持续发展的态度。

4. 兼学别样

组织中的成员不仅要掌握本岗位的工作技能，而且要学习了解其他岗位工作能力。只有这样，工作才能顾全大局，相互协作、高效，做到组织精简。

案例 8-6

宝钢电厂与一般电厂一样，由机、电、炉三部分组成，宝钢电厂硬是花了三年半时间分批让这三部分工人都分别学会另外两种技术，也就是说，一个人可以做三种不同的事情，经考核合格者才可以上岗，通过学习，原有机、电、炉三组，每班只剩下13人，比日本某世界先进水平的电厂还少1人。宝钢电厂的做法在宝钢集团也得到了应用，宝钢成立时，年产量670万吨，工人4万多人，现在年产量882万吨，提高了1/3，工人减少到1万人。

5. 扁平式结构

传统的企业组织结构是金字塔式的垂直组织结构，上下级之间是决策输送和信息反馈的逆转传递，上情下达或下情上达都同样要经过中间的层层结构传递，这导致了诸如信息损耗大、传递成本高、传递速度慢等不良后果。另外，企业内部的不同职能部门往往会形成部门职员之间沟通与合作的障碍。这种严格定位、分级负责的模式在传统经济发展阶段由于行业发展的可预测性较强而比较有效，但面对变化多端的现代化市场行情则变得反应迟缓、缺乏灵活机动性。西方经济学者把传统企业组织模式的失效归因于传统企业组织里一贯的"边界"，认为传统企业之所以存在边界，其原因在于按照需要把员工、业务流程及生产进行区分，使各要素各有专攻、各具特色，但是经济发展的现实是经济信息化和全球化根本改变了企业生存的内外环境，要求企业从内部到外部建立起合作、协调、高效的机制，改变大规模生产观念为灵活生产，变分工和等级为合作，调动员工积极性，协调外部经营环境，这就是对企业边界改革的呼唤。

学习型组织结构是扁平的，即从最上面的决策层到最下面的操作层，中间相隔层次极少。它尽最大可能将决策权向组织结构的下层移动，让最下层单位拥有充分的自主权，并对产生的结果负责。例如：美国通用电气公司目前的管理层次已由9层减少为4层，只有这样的体制，才能保证上下级的不断沟通，下层才能直接体会到上层的决策思想和智慧光辉，上层也能亲自了解到下层的动态，吸取第一线的营养。只有这样，企业内部才能形成互相理解、互相学习、整体互动思考、协调合作的群体，才能产生巨大的、持久的创造力。

6. 无边界行为

无边界行为是通用电气公司第8任总裁韦尔奇提出的。韦尔奇反对通用旧有的"不是土生土长的"观念，提倡员工之间、部门之间、地域之间广泛地相互学习，吸取新思想，他说"你从越多的人中获取智慧，那么你得到的智慧就越多，水准被提升得越高"。这种"无边界"的推广，使得通用电气公司将注意力集中在发现更好的方法和思想上，促使公司发展不断升级。"无边界"成为通向学习型文化和自我实现的关键一步。为了真正达到"无边界"的理想状态，韦尔奇坚决执行减少管理层次的决定，加强公司硬件建设；大力提倡全球化思维；创立"听证会"制度。"听证会"制度不仅使普通员工参与公司的管理，而且成为领导者和员工相互沟通、学习的场所，大大提高了工作效率。

无边界行为是企业组织结构的创新。无边界原理认为，企业组织就像生物有机体一样，存在各种隔膜使之具有外形或界定。虽然生物体的这些隔膜有足够的结构强度，但是并不防碍食物、血液、氧气、化学物质畅通无阻地穿过。得益于这一现象的启发，企业各部门、上下级之间虽然存在边界"隔膜"，但信息、资源、构想及能量也应该能够快捷便利地穿过企业的"隔膜"，像没有边界一样。虽然企业各部分的职能和界定仍旧存在，仍旧有权高任重的领导，有特殊职能技术的员工，有承上启下的中层管理者，但组织作为一个整体的功能，却可能已远远超过各个组成部分的功能。可以看出，无边界原理其实是以有边界为基础的，并非对所有边界的否定，其目标在于讨论让各种边界更易于渗透扩散、更利于各项工作在组织中顺利开展和完成。

根据以上原理，企业必须对现有的一些组织结构边界进行重新定义。

①**垂直边界**。旧的垂直边界主要表现为由传统的垂直式组织结构引起的内部等级制度，组织设置为层层机构，各层都界定了不同的地位、权威及权力的上下限，其中的各个职位都有明确定义，位高则权重，位低则权轻是理所当然的事。无边界组织突破了这种僵化的定义，撇开所拥有的权威与地位，职位让于能力，以谁提出的建议更有价值为标准，只要利于企业发展的建议都会受到重视和采纳。显然，新的垂直边界（实际上任何时候都不可以完全抛弃边界）提高了企业各级间的可渗透性，使企业能聚集所有职工的智慧，从中得到上佳的决策。

②**水平边界**。旧的水平边界正如房间的隔墙存在于企业内不同的职能部门，不同产品系列或经营小组之间，由于各职能部门都依据自身的进度表行事，往往与其他部门发生矛盾和冲突，各部门都不顾企业的整体目标而片面夸大自己的目标，从自身专业或部门的立场来评价公司的政策，难怪"政策的制定或计划的编制通常是有利害关系的各方协商的后果，而不是根据公司全盘需要作出的反应。"（钱德勒的《看得见的手——美国企业管理学革命》，商务印书馆（1987），第534页）因此，水平边界的突破就需要设计能够穿越部门边界的工作流程和结构，使信息和资源工作进程在部门之间顺畅流动和快速交接，把被分割的职能重新融入一体。

7. 自主管理

按照学习型组织理论，现在的企业管理方式有两类，一类是**权力型**的，一类是**学习型**的。权力型的基本管理模式是等级式的，一级级管下来，问题要一级级上报。这种方法的一个致命弱点就是任何问题都是权力大的人在做主，虽然大多是正确的，但不可否认也有下级正确的时候，有许多工作在基层的员工有好的想法和经验，要充分发挥员工的管理积极性，实行"自主管理"。自主管理是使组织成员能边工作边学习，工作和学习紧密结合的方法。通过自主管理，可由组织成员自己发现工作中的问题，自己选择伙伴组成团队，自己选定改革进取的目标，自己进行现状调查，自己分析原因，自己制定对策，自己组织实施，自己检查效果，自己评定总结。团队成员在"自主管理"的过程中，能形成共同愿景，能以开放求实的心态互相切磋，不断学习新知识，不断进行创新，从而增加组织快速应变、创造未来的能量。日本企业几乎都实行自主管理，不定期地召开会议，气氛很活跃，领导们都坐在后面以示支持。一个聪明的领导不仅要让员工的手动起来，还要让他们的脑动起来，给他们以自主管理的机会，肯定他们的工作成果，让他们体会到人生价值，这样他们就乐于奉献，领导也就成功了，企业也就成功了。

当然，实行自主管理，必须拥有高素质的员工，这就需要学习。

8. 员工家庭与事业平衡

学习型组织努力使员工丰富的家庭生活与充实的工作生活相得益彰。学习型组织对员工承诺支持每位员工充分的自我发展，而员工也以承诺对组织的发展尽心作为回报。这样，个人与组织的界限将变得模糊，工作与家庭之间的界限也将逐渐消失，两者之间的冲突也必将大为减少，从而提高员工家庭生活的质量（满意的家庭关系、良好的子女教育和健全的天伦之乐），达到家庭与事业之间的平衡。

9. 领导者的新角色

在学习型组织中，领导者是设计师、仆人和教师。领导者的设计工作是一个对组织要素进行整合的过程，他不只是设计组织的结构和组织政策、策略，更重要的是设计组织发展的基本理念；领导者的仆人角色表现在他对实现愿景的使命感，他自觉地接受愿景的召唤；领导者作为教师的首要任务是界定真实情况，协助人们对真实情况进行正确、深刻的把握，提高他们对组织系统的了解能力，促进每个人的学习。

案例 8-7

"大墙会议"——高效团队学习的有效方式。学习型组织的学习是一种高效的学习，在人人自觉学习基础上强调团队学习，通过深度会谈形成向上发展型共识，提升团队决策智商，将分散在每个人头脑中的知识、经验和信息整合成巨大的知识推动力量。企业的各种会议都应成为这样的团队学习。今天，"大墙会议"越来越被认为是开展团队学习的一种富有新意且喜闻乐见的形式，它不仅能提高会议的效率，而且能克服"官本位"的弱点，谁的官大听谁的，不是谁正确听谁的，与会者实际上不在同一起跑线上。"大墙会议"是进行信息交流的行之有效的好形式，通过这样的活动，不仅可实现知识的共享，而且可使领导了解与会者学习力的强弱，便于从中发现人才，也使每位与会者找到自己的差距，拓宽思路。

"大墙会议"的操作要点：

(1) 会议规模以 20 人左右为宜，由主持人公布议题。

(2) 给与会人员发一支较粗的彩色水笔和一张白纸（A4 一半）。

(3) 每人在纸上提一条具体意见，要求简洁、字体尽量大、纸条上不留姓名和职务。

(4) 收集纸条，分类，剔除个别空话、大话、套话纸条后，将同类意见按同一列贴在一面洁白的大墙上。

(5) 由会议主持人进行点评，必要时可请提案人自己解说，别人也可提问题和发表评论，引发会场热烈探索、互动的学习气氛。

学习型组织有着它不同凡响的作用和意义。它的真谛在于：学习一方面是为了保证企业的生存，使企业组织具备不断改进的能力，提高企业组织的竞争力；另一方面学习更是为了实现个人与工作的真正融合，使人们在工作中活出生命的意义。

8.4.4　五项修炼——学习型组织的前提

创建学习型组织必须进行五项修炼，这五项修炼是：自我超越、改善心智模式、建立共同愿景、团队学习、系统思考。五项修炼告诉我们一个人怎样从一般的人变成学习型的人，一个企业如何从一般的企业变成学习型的企业。

1. 第一项修炼　自我超越

自我超越是一个人、一个组织不断进取的精神基础，它使每个人不断理清并加深个人的真正愿望，集中精力，培养耐心，并客观地观察现实。具有这种能力的人，对待生命的态度就像对待艺术作品一样，全身心投入、不断创造和超越，是一种真正的"终身学习"。组织整体的学习意愿和学习能力，就植根于个别成员的自我超越能力。遗憾的是，几乎没有任何组织鼓励它们的成员以这种方式成长。

每个企业都想越来越好，都想有所超越，但靠别人推一推，你才超一超，你的企业是没有前途的，一个企业要具有很强的自我超越能力，必须具备三个要素：第一是开展境界教育。日本有家钢铁公司，在公司门口竖了一个很大的"人"，告诉员工应把公司建成钢铁巨人，这就是他们的境界教育。第二是把契约性工作转变为创造性工作。企业搞合同制，合同从管理学上讲就是契约，一个契约性员工的创造力是不大的。他会认为他的工作就是合同里规定的，无须创造。第三是向极限挑战。个人有个人的极限（年轻极限、体能极限、知识极限等），企业有企业的极限（市场极限、死亡极限等），只有不断向极限挑战，才能超越自我

2. 第二项修炼　改善心智模式

心智模式是一个人思考问题、观察世界的基本模式。个人很难意识到它的存在，这阻碍了个人思考能力的进步，举个尽人皆知的简单例子，两个鞋厂的推销员都到同一个岛上考察，看到岛上的人都不穿鞋，一个推销员给老板的报告是：鞋在这里没有市场，这儿的人都不穿鞋；另一个人却报告说：快点发货，这儿的人都没鞋穿。这就是两种截然不同的心智模式，一个看到的是障碍，另一个看到的是机会。心智模式可能使人一叶障目、不见泰山，但当它成为组织共有的心智模式时，影响就深且广了。

心智模式有三个特点：根深蒂固，俗话说"江山易改，本性难移"；自我感觉良好；人无完人。

怎样改善心智模式呢？第一，学会照镜子。必须把镜子转向自己，看看自己的心智模式有哪些不妥，一个人就是要不断地照镜子。作为一个老总，身居高位，你的部下对你说话是很谨慎的，你能听到的顺耳的话居多，如果不学会照镜子，久而久之，就会偏离方向。第二，学会有效地表达自己的想法。表达不有效，还要别人理解，那就是强人所难了。第三，学会开放心灵，容纳别人的想法。

3. 第三项修炼　建立共同愿景

如果我们观察那些屹立商海数十年不倒而且蒸蒸日上的企业，会发现它们有一个共同的特点，就是企业始终有一个真正被员工衷心渴望的共同愿景。一个缺少全体衷心渴望的

共有目标、价值观与使命的组织，必定难成大器。

共同愿景（shared vision）是指愿望与远景，由三个要素组成：目标、价值观、使命观。 共同愿景对学习型组织至关重要，它为学习聚焦、提供能量，只有当人们致力于实现共同的理想和共同关注的远景时，才会产生自觉学习的动力，才会真诚地奉献和投入，从而取代员工的抱怨以及对领导个人的被动服从。一个企业光有目标还不行，必须有共同的价值观和使命观来作为达到目标的保证。企业的价值观就是企业精神的灵魂，是企业保持正确航向的指挥棒。价值观是一个体系，有了一个明确的价值体系才能使全体员工向一个方向迈进。美国通用电气公司的总裁韦尔奇制订的不断修正的价值体系使通用成为世界上最赚钱的公司。使命是企业肩负的重任，是一种境界，一个没有使命感的企业是不会成功的。长虹就以振兴民族电子工业为己任，这些年的发展表明，长虹越来越成功。

4. 第四项修炼　团队学习

过去企业要取胜，关键靠一两个领导人，只要把劳动力组织好，企业就能成功。现在是信息社会、知识经济时代，企业要成功就要靠知识，靠组织团队学习，开发整个团队的人力资源。宝钢一期工程主要是从日本引进的，宝钢先后有一千多人去日本学技术、学管理，回来很快大家认识一致，形成了强大的合力。团队学习的方式有个人学习和深度会谈，个人学习是团队学习的基础，深度会谈是团队学习的关键。团队学习与传统的集体学习不同，团队学习的目的是使学习力转化为实现生产力，传统的集体学习往往会变成大家在一起发牢骚。

为什么会存在团队学习的障碍呢？关键是自我防卫心理，这是因为：为了保护自己，不提没有把握的问题；为了维护团结，不提分歧性的意见；为了不使别人难堪，不提质疑性的问题；为了使大家接受，只作折中性结论。

5. 第五项修炼　系统思考

系统思考是第五项修炼，圣吉认为第五项修炼最重要，这就是为什么《第五项修炼》讲的是五项修炼而却叫此名。改善心智模式和团队学习是基础，自我超越和建立共同愿景是向上的张力，系统思考是核心，好比是火箭的发动机。

企业如何进行系统思考？

1. 要整体思考问题

一个企业不仅只看到某个部门的情况，而要看到所有部门的综合情况。例如一个企业有20个部门，每个部门的效率或工作可靠性都是99%，看起来很高，但系统可靠性工作理论认为：整个系统的可靠性应是各个环节可靠性的连乘，20个99%连乘是多少？81.8%，100个99%连乘是36%，上千个呢？所以整体思考很重要，尤其要注意到企业的一些薄弱环节。

2. 要动态地思考问题

社会是不断发展的，企业也是不断发展的，如果墨守成规，就会被淘汰。清政府的兴衰就是典型的实例。美国、日本、新加坡在关于国家的发展战略上都充分预测到世界的动荡。

3. 从本质上思考问题

思考问题不能只看表面，更要看其实质。有两个现象可以帮助我们理解。

一是"蝴蝶效应"。1979 年，罗文斯教授在华盛顿所作报告中指出，佛罗里达州的暴风是由北京的一只蝴蝶翅膀扇动一下引起的，这就是"蝴蝶效益"。"蝴蝶效应"是说，有些小事可以糊涂，有些小事对一个国家、一个企业很重要，就不能糊涂。

> **案例 8-9**
> 山西的假酒事件，制假的只是几个个体户，可造成的影响却是全省的，整个山西酒业受到打击，这就是"蝴蝶效应"给我们带来的思考，每个企业在蝴蝶翅膀动一动以前，要考虑会出现什么问题。

二是"青蛙现象"。"青蛙现象"是五项修炼中的一个重要理念。"青蛙现象"是 19 世纪的几个教授提出的。他们做了一个实验，先把青蛙扔进 100 ℃的水里，它会立刻意识到危险，立即跳出去，后来把它扔进冷水里，慢慢加热，等它意识到危险时已经跳不出去了。企业也存在"青蛙现象"，危机马上出现，领导会立刻意识到，但危机一点点地出现，领导并不在意，终于危机大了，再挽救也就来不及了。

> **案例 8-9**
> 日美汽车大战很能说明问题。美国是个汽车大国，日本汽车一直想打入美国市场，1960 年，日本汽车进入美国，美国人不以为然，1967 年日本汽车在美国占有率 10%，美国人懒洋洋不予理会，1974 年达 15%，80 年代初达 20%，1989 年占据 30%，美国人惊呆了。可现在美国汽车这只"青蛙"能够跳出去吗？这是个问号。中国有句话说，要防微杜渐，把问题消灭在萌芽状态，讲的也是这个道理。

总之，学习型组织强调的是把学习转化为创建，学习型企业是逐步建成和发展的。要把权力型的企业转变为学习型的企业，就得不断地超越，不断地改善心智模式，不断地建立共同愿景，不断地进行团队训练，不断地进行系统思考的修炼。整个五项修炼是一种心灵的转变，一种思维模式的转变，因此，学习过程是一个比较艰苦的过程。

8.5 知识管理

知识管理是知识经济时代出现的一种全新的管理思想和管理模式。知识管理之所以在近 10 年来引起世界各国的广泛关注，并在企业中成为继 ERP（企业资源规划）之后新的管理实践，关键在于知识已经成为个人、组织和国家的竞争能力中隐性的、不可拆分的关键资源。正如世界银行在《中国与知识经济：把握 21 世纪》（2001）报告中所指出的：

所有的经济都是以知识为基础的，当今经济的快速增长主要依靠知识的创造、获取、分配和使用，知识的有效应用正在成为提高国际竞争力、创造财富和改善社会福利的最重要的因素。

8.5.1 知识管理的内涵

1. 知识型企业的概念

知识型企业是以知识为资源配置要素，为知识创新提供网络化组织框架，主要从事知识产品生产和进行知识服务的企业类型。主要包括以下三个方面：

（1）知识已成为企业的第一资源要素，而不是传统企业的资本或其他。

（2）仅有知识的投入比例较高还不够，关键是企业能够建立为知识的传递、共享提供前提的网络化组织形态。

（3）企业的运行过程是围绕知识的生产和创新组织起来的，其产品是知识产品而不是一般的物化产品。

2. 知识管理的内涵

要弄清什么是知识管理，先了解什么是知识。

知识是信息、洞察力和经验，包括最佳实践、教训、直觉和理性的总称；而一个企业的知识资本是方法、工具、培训、数据、主意、思考和经验的集合，对企业从事经营管理活动具有价值。知识可以分为两类：显性的和隐性的，显性的知识是我们能看懂并且能够记录的，而隐性的知识存在于人们的思想、经验和实践之中。来自 Delphi 咨询机构的调查报告显示，一个企业内部的信息和知识，仅有 12% 的比例在需要时，很容易被人们获取；46% 的大多数信息则以纸张和电子文件的形式存在，虽然它们在理论上很容易被分享，但是由于各方信息的数据格式不兼容，或由于纸张文件和电子文件转换困难，真正的信息交流难以做到；而剩余的 42% 的信息则存在于员工们的大脑之中。

因此，知识管理就是为实现显性知识和隐性知识共享寻找新的途径，以取得高速发展的过程。知识管理作为一种系统化的流程，用以获得、创造、综合、学习、分享和使用信息，提高洞察力及经验，从而实现企业目标。

知识管理是一个过程，个人通过这一过程学习新知识和获得新经验，并将这些新知识和新经验反映出来，进行共享，以用来促进培养、增强个人的知识和机构组织的价值，数据在其中是没有特定含义的且未被加工的原料。另外，信息是有特定含义的数据，与个人、团体或机构组织有关。如果这些信息被应用了，它们就成为知识。彼得·德鲁克认为，知识管理的最终目标是指企业通过利用智力资本来获取竞争优势的过程，企业通过开发、组织、整合和共享知识来获取竞争优势。

知识管理的一个突出特点是以人为本的思想，这种思想从它重视隐性知识就可以体现出来。对于以知识为基础的组织来说，隐性知识是知识创新的关键。人们发现问题和解决问题的能力、掌握的技术技能和技术秘密、工作中的经验和判断力、决策时所具有的洞察力和前瞻性都是隐性知识的直接体现。由于大量的隐性知识没有通过文字表达出来，所以在以往的管理中没有引起人们的重视。随着人们越来越多地认识到隐性知识与知识创新的内在相关性，隐性知识的价值逐渐被引起重视。知识管理的核心就是要创造一种能够使隐性知识与显性知识产生互动的机制和平台，使隐性知识能够表述出来并转化成为组织所共享的知识，组织拥有的知识库和信息交流平台也能帮助每一个人内化集体的隐性知识，并不断发展和成长。从这个意义上讲，工作并不是简单的输出，而是一个不断学习、不断进行知识输入和输出的过程，这就是学习型企业的实质。认识隐性知识的价值会使人们从一个全新的视角评价员工的价值，并将组织的信息管理与员工的工作需要密切结合起来。

知识管理扩大了人们对知识范畴的认识，这是知识管理的一大贡献。在经合组织（OECD）提出的知识框架中，既包括显性知识（如可以通过书本或教育与培训获得的原理知识和事实知识），又包括隐性知识（如在实践中获得的技能知识、与人际网络有关的关系知识等）。以往信息管理的重点是已经发布的数据和知识成果，如果我们从知识创新过程进行分析，这一部分是最终的结果。但在这个结果形成前，整个知识创新过程是由大量显性知识、隐性知识、社会关系知识甚至灰色知识共同构成的，它们之间大量交叉融合，相互诱发，相互转化。从这个意义上讲，以往的信息管理比较强调对结果的记录，而知识管理则强调将人、信息资源和信息平台整合在一个交流和共同的环境中，提升人的决策和行动能力是知识管理的最终目标。

在企业管理的具体实践中，存在着很多问题与知识管理直接或间接相关。如一些企业（特别是知识密集型企业，如软件企业、咨询公司、研究所等）不清楚本企业已经拥有哪些知识，也不知道企业已有的知识存储在哪里，结果当一个新项目到来时，企业的员工要花很多时间重复开发企业已经存在的知识，最后导致不必要的浪费；有些企业不清楚自己与竞争对手相比缺失哪些知识，盲目投资，结果导致失败；有些企业不清楚人才流动或流失会带走哪些隐性知识，也没有必要的措施确保企业能够将损失降到最低限度。这些老问题需要我们从一个新的视角来加以解决。在我们今天所处的时代中，信息是过剩的，但知识特别是隐性知识却是稀缺的。当我们的工作和决策被大量良莠不齐、毫不相关的信息所包围时，我们需要真知灼见和火眼金睛帮助我们发现那些真正有价值，可直接用来决策的信息。这时，人们所拥有的战略眼光、经验、直觉、洞察力就成为过滤器和度量衡。因此，对知识的管理是在对信息管理之后又一次对人力资本价值的回归，是对智力资本价值的重新审视，是在数据管理、信息管理之后登上的又一个新台阶。

从某种意义上说企业管理就是知识管理。企业管理首先是对人的管理，企业管理要创造一种环境让员工人尽其才，包括对知识管理友好的企业文化的创造与相应激励机制的建立，促进个人显性知识向组织知识的转化、个人隐性知识的共享和显性化，并将这些知识有效地转化到产品和服务中去，一个有市场生命力的产品往往包括多项创新。企业管理的一个重要方面是对物的管理，在管理过程中须了解物品的相关信息和知识。企业管理的另一个重要方面是对项目的管理，包括项目的进展和人力资源、物质资源的配置，这也可归结为项目知识、信息的管理，并结合认识部门对员工专长的认识为不同工作配备具有不同知识专长的人。

8.5.2 知识管理的特征和类型

1. 知识管理的特征

企业知识管理具有以下特征：重视对企业员工的精神激励，赋予员工更大的权力和责任，充分发挥员工的自觉性、能动性和首创性；重视企业知识的流动、共享和创新，运用集体的智慧，提高企业的应变能力和创新能力，增强企业的竞争能力；重视企业知识和人才，促使企业成长为学习型组织；重视企业文化的建设；重视领导方式的转型。总体说来，知识管理的基本特征表现在以下几个方面：

（1）企业知识管理不等于信息管理。信息管理是知识管理的基础，知识管理是信息管理的延伸与发展。知识管理要求把信息与信息、信息与活动、信息与人连结起来，实现知识（包括显性的和隐性的知识）共享，运用集体的智慧和创新能力，以赢得竞争优势。不少公司常常错误地认为制定一个有效的信息管理战略也就体现了知识管理方面的内容。事实上，信息管理只是知识管理的有机组成部分。知识管理强调对人力资本管理和利用知识改变企业的经营方式以提高竞争力，但是信息管理并不强调这一点。

（2）企业知识管理把知识共享作为核心目标。知识管理的核心目标之一是鼓励相互协作，培育知识共享的环境。知识只有通过互相交流才能得到发展，也只有通过使用才能从知识中派生出新知识。知识的交流越广效果越好，只有使知识被更多的人共享，才能使知识的拥有者获得更大的收益。在知识交流管理中，如果员工为了保证自己在企业中的地位而隐瞒知识，或企业为保密而设置的各种安全措施给知识共享造成了障碍，那么将对企业的发展极为不利。知识不进行充分的交流，就无法使其为大多数人所共享，也就无法为企业的发展作出贡献。知识交流管理的目的是要在企业内部实现知识共享，但要真正做到这一点十分困难，这对企业的知识管理而言是一次巨大的挑战，其难度丝毫不亚于实现在竞争对手之间共享知识的难度。为做好这一点，企业在处理知识产权归属时，应该从有利于知识的生成和传播的角度考虑，使员工均能共享科研开发的成果（除有合同规定以外），以鼓励员工积极进行知识生产和交流。将分散在各个员工头脑中的零星知识资源整合成强有力的知识力量，是知识管理的目的，通过对知识积累和应用管理使企业能够更好地运用企业的人才资源，提高对市场的应变能力和创新能力。

2. 知识管理的类型

一个组织的知识管理水平可以从以下几个方面加以衡量：组织的决策模式，外部知识的获取模式，员工的学习模式，员工间的沟通模式、沟通内容和沟通手段，组织信息对内部员工的开放程度，有关制度的完善程度等。根据变量，可以将知识管理划分为以下几种类型：

（1）控制型：其特征是领导不相信员工的知识或诚意，他可能也重视外部信息，但主要靠自己收集并且多数情况下是凭经验去理解，他不断向员工发出指示和指令而很少听取员工的意见，组织的关系网络也主要由他控制。

（2）专家型：其特征是领导较重视内外专家的知识和意见，支持有经验者对新手的传帮带，有培训制度但不正规，有沟通但普通员工影响不了决策。

（3）交流型：其特征是有正规的培训制度和公共资料库，员工之间有多种形式的交流并能影响组织决策。

（4）开发型：其特征是有较完善的知识开发和共享制度，员工愿意把自己的知识和关系网络奉献出来。

（5）网络型：其特征是知识管理系统化、日常化，网络技术作为组织管理的重要手段使知识的收集、传播和利用变得十分快捷和有效。知识管理成为组织活动的主要内容。

一个组织在知识管理上处于什么类型会受到人员素质、组织规模、赢利状况及行业性质等因素的制约。在知识经济比较发达的美国，网络型知识管理被视为组织管理的最佳模式，有20%的高科技公司和大多数政府部门利用网络型知识管理来提高效率。IBM等一些著名公司还专门成立了知识管理的研究机构。在我国，知识经济还不够发达，网络型知识管理所占的比重还很低。由于知识管理做得不好，大部分组织的创造力和竞争力没有得到充分的开发。

8.5.3 实施知识管理的具体策略和步骤

1. 知识管理的策略

知识管理有很多方法，大致分为两类：非技术性策略与技术性手段。

（1）非技术性策略。

知识管理的理念基础与文化因素非常重要，如何为知识管理提供必要的理念基础，从而形成一个有利于提高企业创新能力的企业文化呢？

①争取到企业高层领导人的重视和参与。

国内外的知识管理实践都充分表明了没有企业高层领导人的重视和参与，知识管理都不能被真正地开展与推行。知识管理需要大量的资金投入，企业领导人不能真正重视，注定了知识管理只是一个口号，不能得到有效的实施，更不用说为企业带来效益，提高企业的核心竞争力了。

②建立知识管理体制。

建立知识管理体制，包括建立知识管理组织体系和建立知识管理制度。前者又包括指定知识管理负责人、建立知识小组和建立知识中心三项内容。制度则是一种保障，它可以确保知识在企业知识网络上得以持续传播，比如明确个人在知识管理中的职责，制订鼓励知识创造和共享的激励措施等。

③建立有利于知识流通的企业组织机构。

可以通过业务流程重组（BPR）来建立有利于知识流通的企业组织机构。BPR可以缩减中间管理层，从而加强决策层与作业层的直接沟通；可以增宽管理幅度，确保管理者与其下属间信息的有效传递；还可以使组织扁平化，全新的网络组织结构确保了组织内知识的自由流通与广泛传播。

企业网络组织结构包括两个方面的含义。第一个方面是通过减少管理层级，使得信息在企业高层管理人员和普通员工之间更加快捷地流动；第二个方面是通过打破部门间的界限（但这并不意味着部门分工的消失），使得信息和知识在水平方向上更快地传播。这样做的结果，就使企业成为一个扁平的、由多个部门界限不明显的员工组成的网状联合体，信息流动更快，部门间摩擦更少。网络结构在构成上是由各工作单位组成的联盟，而非严格的等级排列。这些单位与核心机构平等，相互依赖，相互帮助。企业成员在网络组织中的角色不是固定的，而是动态变化的。网络中的工作单元可能是稳定的，但单元之间的关系则是为了完成一定的项目而设计的，项目结束，关系调整。企业成员在网络结构中的权力地位不是取决于其职位，而是来自他们拥有的不同知识。在层级结构中，你拥有的职位决定了你的权力，而在分权的网络化组织中，你的权力来源于你了解的知识和你认识的人。

④培育知识导向型的企业文化。

所谓知识导向型的企业文化，是指将知识视为企业最重要的资源，能够支持有效地获取、创造、交流和利用知识的企业文化。知识导向型的企业文化的关键因素是对新知识持一种欢迎态度，并且在一个持续学习的环境中，创造一种相互信任和知识共享的气氛。

（2）技术性手段。

知识管理的技术很多，其最终是要为开放式交流提供一个无缝的技术支撑平台。建立相应的技术支撑平台包括建立企业知识库和企业知识门户网站。

①企业知识库是用来存贮公司内的最佳实践知识、建立专家名录等资料的。知识库的形成，依赖于先进的知识库技术。知识库技术的核心是知识地图技术，知识地图可以用一种很形象的方式，让员工来浏览公司知识目录中的知识资源。另外，数据挖掘、分析和提炼技术都可以给企业知识库建设提供有利帮助。

②企业知识门户网站可以利用 Email、BBS 和浏览器等为知识的交流与共享提供一个平台。网络技术、群件技术的结合，大大有利于这一目标的实现。网络技术包括 BBS 技术、网络通信技术，局域网共享技术等。群件是帮助群组协同工作的软件。一般包括电子邮件、文档管理与工作流应用等几个部分。

另外，还有很多技术与个人和组织的知识创造、记录、管理和传递密切相关。比如，行为支持技术、仿真技术和 Web 地图技术等。

2. 知识管理的实施步骤

知识管理的实施规划，其实就是实施知识管理时应遵循的步骤。由于知识管理对企业的生产效率、企业的快速反应能力、企业的创新能力乃至最重要的企业核心竞争力的巨大作用，应该以一种"开阔"的视野来看待知识管理的实施。

在制订企业知识管理方案之前，必须依次明确"3 个 W"，即 Why，Where，What。而且在实施过程中要进行阶段性的评估，保障实施过程中不偏离知识管理的总体目标。具体来说，可以分为以下几个步骤：

（1）确定知识管理的总体目标（Why）。

这一步实质上是回答 Why 这个问题，即企业要不要推行知识管理，如果需要推行的话，要明确是为什么。企业实施知识管理不能是随波逐流，人云亦云，必须依据企业的总体战略目标来制订知识管理的总体目标，只有这样知识管理才能不偏离企业的既定战略目标。

（2）确定知识管理的重点领域（Where）。

这一步实质上是回答 Where 这个问题。由于知识管理耗资巨大，如果全面铺开，稍有障碍，难免会打击投资者的信心，从而给知识管理的进一步实施带来困难。所以，实施知识管理适合采用"以点带面"的方针，先从企业的重要业务领域着手，一步一个脚印。这里需要说明的是，企业的重要业务领域是指企业的高成本区，或者高潜在收益区。

（3）明确企业的知识资源（What）。

这一步实质上是回答 What 这个问题。明确企业的知识资源就是要弄清楚企业拥有哪些显性知识；哪些隐性知识；这些知识又是存储在什么地方或者说谁知道这些知识。最好是能形成一份企业的知识图，包括企业内部和企业外部的知识资源。

（4）制订知识管理方案。

制订知识管理方案，就是要落实企业推行知识管理的工具、技术和措施，并把知识管理方案作为一种项目，严格按照项目的实施时间与步骤来推行企业知识管理。

（5）实施知识管理方案。

这个阶段要深刻考虑以下问题：如何使企业的组织结构更有利于知识的共享与交流？如何在企业内形成一种不断学习、积极创新的文化氛围？可以采取哪些措施促进知识的螺旋式上升？如何评估员工对企业知识库的贡献并加以激励等。

（6）阶段性验收和评估。

知识管理的推行是一个"以点带面"的过程，所以必须进行阶段性的验收与评估，以便更好地吸取教训，总结经验。这个评估要结合知识管理的目标，看看有哪些目标已经实现，哪些没有实现，或者说没有完全实现。

8.6 柔性管理

8.6.1 柔性管理的基本理念

"柔性管理"是相对于"刚性管理"提出来的。"刚性管理"以"规章制度为中心"，用制度约束管理员工；而"柔性管理"则"以人为中心"，对员工进行人性化管理。

所谓柔性管理，从本质上说是一种对"稳定和变化"同时进行管理的新战略。随着科学技术的飞速发展，生产与供给能力急剧膨胀，产品生命周期在迅速缩短；随着经济全球化进程的日益推进和网络技术的日益普及，全球各地的市场已趋饱和；消费偏好瞬息万变，全球市场变成了一个由个性化、多样化与人性化组成的变幻不定的万花筒。在表面上混沌的纷杂现象中，看出事物发展和演化的自然秩序，洞悉到下一步前进的方向，识别出潜在的未知需要和未开拓的市场，进而预见到变化并自如地应付变化，这就是柔性管理的任务。

柔性管理是企业管理的又一次革命。如果说 100 多年前（1897 年）诞生在美国的

"泰罗制"开启了企业的"现代管理"之门,"科学管理"从此代替了"经验管理",企业管理经历了第一次革命的话,那么,在经历了20世纪的行为科学、系统理论、决策理论、全面质量管理、业务流重组等过渡性演变之后,在人类即将进入21世纪的时候,人类迎来了企业管理的第二次革命——柔性管理。它以"人性化"为标志,强调跳跃和变化、速度和反应、灵敏与弹性,注重平等和尊重、创造和直觉、主动和企业精神、远见和价值控制;它依据信息共享、虚拟整合、竞争性合作、差异性互补、虚拟实践社团等,实现知识由隐到显的转化,创造竞争优势。

柔性管理理念的确立,以思维方式从线性到非线性的转变为前提。线性思维的特征是历时性,而非线性思维的特征是共时性,也就是同步转型。这种同步转型至少以下三个方面。

1. 拉式战略与推式战略的同步

拉式战略(pull strategy)以满足顾客偏好为经营导向,根据顾客的偏好调整企业内部资源与企业经营行为。在拉式战略下,企业与顾客约定在未来某一时点,企业供给某种规格和品质的商品,企业再根据这种要求,开始向后规划必要的制程与零部件,以便相关的生产活动能够同步进行,同时精算所需的成本。推式战略(push strategy)则是企业根据自己的现有资源、能力以及自己对市场的了解制订产品开发方向。在推式战略下,规划从现在出发并向前延伸,每个阶段的工作完成之后再触动下个阶段的工作。在推式战略中,产品的开发过程是一个线性过程,即研究、开发、制程设计,以及制造、营销等均直线进行;而在拉式战略中,生产经营的所有活动都同时沿着几条轴线并列进行,产品开发的过程可来自企业的任何一个部门。简单地说,拉式战略根据市场要求调整企业经营行为,推式战略根据企业的现有能力确定经营行为;拉式战略富有弹性,而推式战略则缺乏弹性;拉式战略能迅速推出新产品,而推式战略调整产品规格与品质的能力较差。不过,成功的企业必定是能够熟练应用这两种策略的企业。

2. 稳定与变化的同步

科学管理的时间观是单向的,即过去、现在与未来,它关心的是时间流逝过程中各个方面表现出的差异性,即所谓的历史。而同步的时间观所关心的则是"产品基因",也就是在时间流逝过程中反复出现在各种新产品中的基本要素,例如,钢铁、半导体、电脑芯片、通信等,它们是"自然的精灵",体现在所有产品之中,并成为所有产品智能化、个性化、人性化的基础要素。同步的时间观最有利于充分利用现有能力和技术,最有利于以最小的成本获得最大的收益。它的最大缺点是以现有的单项技术为基础,不利于特定技术的进步与开发。特定技术的进步与开发需要单向的时间观,即关心创造差异。因此,在奉行稳定与变化同步的理念时,就要同时注重差异与"基因",从而确保企业处于领先市场一步的绝对优势地位。

3. 根回与融合的同步

所谓根回,就是细心研究与企业生存密切相关的一切方面,并细心地关怀这些方面。如企业内各部门的关系、领导与下属的关系、企业与顾客的关系、本企业与其他企业的关系等。从技术的角度说，根回的延伸意义是指与经济发展密切相关的所有方向，例如：将经济体系比喻为"食物链"（food-chain），半导体晶片是"产业之米"，将其植入不同的产品里，便给不同的产品装上了大脑。约翰·史考利在《苹果战争》中描述的就是这一过程。苹果公司的研发像是一个没有终点的发现之旅，在每个中点站卸下产品，并装上"心灵之翼"。而融合则是一种"新—新"结合，是新的理念、新的技术、新的管理方式、新的运作方式等的结合，是创新的重要源泉。根据"创造力的团体理论"，如果马车和引擎都已经存在时，汽车的发明其实只是早晚的问题。然而，在人们没有树立起自觉的融合思维方式时，这一点又不是必然的。理论与实践都已经证明，同步的东西将会融合，财富创造的源泉乃来自同步的相关理念、技术、结合方式的融合。

8.6.2 柔性管理的实施要素

柔性管理就是要通过创造对"稳定和变化"同时进行管理的方法，使企业对变幻不定的市场做出灵活、迅速、及时的动态反应，以达到保持和获得竞争优势的目的。为实现这一目标，企业必须坚持"复眼式"（polyocular）的经营原则，打破原有的分工边界，充分利用外脑，在了解各方面信息的基础上，采用柔性的生产技术和动态的组织结构，充分发挥全体员工的创新动机。具体地说，企业要实施柔性管理，必须注意构建以下几个关键要素。

1. 以满足顾客的需求和偏好为经营导向

不仅要为顾客提供物品，而且要丰富顾客的价值，使顾客在消费一种物品时能够获得更多的超值感受。传统的批量生产型企业的观念是：供给创造需求。只要能生产，就会有顾客购买，企业的利润由市场和生产能力决定。柔性管理则是将顾客的需求与偏好放在首位，利润蕴含于顾客对物品需求和满足顾客偏好之中，只要能将顾客的需求与偏好转化为物品或服务，利润就是这种转化的一种自然结果。因此，柔性管理的关键在于确定如何创造丰富顾客价值的方案、如何解决顾客所关注的问题的方案，以及如何将顾客感知到的但并没有完全清楚表达出的愿望或需求转化为顾客可明确说出"这正是我想要的"产品的方案。这种以顾客需求和偏好为导向的管理，是对管理者能力的一种挑战。

2. 以促进学习、激发灵感和洞察未来作为管理的最基本职能

科学管理时代管理的最基本职能是决策，而网络时代管理的最基本职能是寻求知识转化的路径与结点。网络时代不确定的市场变化已经把管理的核心作用转变成一种委托：促进学习、激发灵感和洞察未来。激励、综合、协调一线人员的努力与贡献，以更高的视野兼顾全局，并将一线人员的创新理念整合到企业发展的统一战略框架之中，从而使企业的发展、进化过程成为由发达的部件以最优化的方式组合的有机体。

3. 以虚拟实践社团作为创新的源泉

识别、发现市场的潜在需求与偏好，把握需求与偏好的变化过程，不仅需要大量的信息，更需要敏锐的洞察力、智慧与灵感。在市场的需求结构瞬息万变的网络时代，只有通过发挥各个方面的创新力量，才能造就一个智能化的企业，才能不断获得新的竞争优势。

因此，组建各式各样的虚拟实践社团，努力为企业的发展提供创新性的建议与方案，增强企业的适时学习能力，使企业成为一个真正的学习化企业，是企业立于不败之地的保证。虚拟实践社团是"强强"合作，它的本质特点是以顾客为中心，以机会为基础，具有一整套清晰的、建立在协议基础上的目标。

4. 以网络式组织取代层级组织

科学管理时代的组织是一种金字塔型结构的层级组织，它层次过多，传递信息的渠道单一而且过长，反应迟缓；各职能部门间相互隔离，信息流动受边界的限制，上下级之间的信息传递常常扭曲、失真。网络式组织的各个部分相对独立，各部分之间是一种融合共生的关系，不存在划定的边界。以网络式的扁平化组织结构代替金字塔型的组织结构，提高了信息传递的效率和工作效率，加强了部门之间的相互沟通，增加和助长了企业与市场反馈的触角，提高了企业的整体反应灵敏度。从而使企业能够更迅速地抓住市场机会。

5. 以企业再造为手段

企业再造关注的是企业经营模式的调整，这为企业实现柔性管理提供了机会。因为，企业再造是在更高层次上确定企业如何对市场作出反应，如何识别潜在市场与创造新市场，并在这种识别与创造中重新定位企业在市场中的角色。企业再造重视培养人的学习能力，目的是把企业变成一个学习型组织，增强企业从员工个人到整个组织对瞬息万变的环境的适应能力。企业再造包括企业战略再造、企业文化再造、市场营销再造、企业组织再造、企业生产流程和质量控制系统再造。

8.6.3 柔性管理在管理活动中的主要体现

1. 管理决策的柔性化

管理决策的柔性化首先表现在决策目标选择的柔性化上。传统决策理论认为：决策目标的选择应遵循最优化原则，它所寻求的是在一定条件下唯一的最优解。而事实上由于决策前提的不确定性，不可能按最优化准则进行决策。有鉴于此，诺贝尔经济学奖获得者赫伯特·西蒙提出了以满意准则代替传统的最优化准则，决策者在决策中可根据已掌握的信息做出满意的选择，而不必苛求唯一的最优解，因而具有更大的弹性。决策的最优化准则向满意准则的转变，实质上也就是从刚性准则向柔性准则的转变。另外，管理决策的柔性化还体现在决策程序上。"一言堂式的决策"属于刚性决策，其最大缺点是很难避免主观、片面、武断的错误，危害极大；"群言堂式的决策"是由相关人员独立自主地自由发表意见和建议，在此基础上，进行综合分析，择善而从，由此而形成的决策，可称为柔性决策，其最大好处就是可以尽量避免刚性决策可能造成的失误。

2. 奖酬机制的柔性化

柔性管理适用的对象是从事创造性活动的高素质员工，而创造性活动往往是一个探索过程，其间充满了不确定性和偶然性，且智力活动本身难以直接计量，所以创造性工作亦难以量化。倘若硬性地将其量化并以此作为奖酬依据，势必会挫伤员工的积极性。

总之，"以人为本"的柔性管理并非新生事物，其思想在中西方管理思想史发展的各个时期均有体现。它也并非优越于"以规章制度为本"的刚性管理,只是在人类从工业时代将迈入知识经济时代的今天,管理点也由"物"转向"人",人情、人性成为当代管理者不得不考虑的问题。顺应人性、尊重人格、理解人心,柔性管理显然比刚性管理更具效力。

本章小结

1. 企业创新,是指从构想新概念开始,到渗透到具体的生产、操作,形成真正的生产力,从而进入市场,最终获得经济效益的全过程。创新不同于发明、创造,也不仅仅是高、精、尖、奇。创新是以市场为导向,以提高经济效益为最终目的的。

2. 企业创新包括多个环节,主要有研究开发创新、产品设计创新、工艺创新和管理创新。这些环节既可单方面实现创新,也可以整体创新。

3. 企业的系统创新战略是由四个创新子系统组成的,分别是观念创新、制度创新、组织创新和技术创新。

4. 技术跨越,就是跨越技术发展的某些阶段,直接开发、应用新技术、新产品进而提高产品竞争力的过程。

5. 学习型组织,是指通过培养弥漫于整个组织的学习气氛、充分发挥员工的创造性思维能力而建立起来的一种有机的、高度柔性的、扁平的、符合人性的、能持续发展的组织。这种组织具有持续学习的能力,具有高于个人绩效总和的综合绩效。

6. 五项修炼是:自我超越、改善心智模式、建立共同愿景、团队学习、系统思考。

7. 企业知识管理具有以下特征:重视对企业员工的精神激励,赋予员工更大的权力和责任,充分发挥员工的自觉性、能动性和首创性;重视企业知识的流动、共享和创新,运用集体的智慧,提高企业的应变能力和创新能力,增强企业的竞争能力;重视企业知识和人才,促使企业成长为学习型组织;重视企业文化的建设;重视领导方式的转型。

8. 柔性管理就是要通过创造对"稳定和变化"同时进行管理的方法,使企业对变幻不定的市场做出灵活、迅速、及时的动态反应,以达到保持和获得竞争优势的目的。

本章练习

一、简答题

1. 为什么企业要通过不断的学习才能在激烈的市场竞争中求得生存与发展?
2. 什么是学习型组织?它有哪些特征?
3. 如何理解学习型组织所需的五项修炼技能?
4. 什么是知识管理?它有哪些特征?
5. 什么是管理创新?推动企业管理创新的要素有哪些?

二、案例分析

腾讯是怎样通过创新一步步登上王者之位的?
福布斯2011年评腾讯创新能力居全球第四,超越苹果和谷歌,如何理解?

美国知名财经杂志《福布斯》今晨评选出了全球百大最具创新能力企业排行榜，美国一家为企业提供客户关系管理软件和服务的网站超越亚马逊、苹果等知名企业位列第一。腾讯是怎样通过创新一步步登上王者之位的？

任何科技行业的领导企业，最大的竞争力必然是创新能力，一旦失去这种能力，失败就将不可避免。腾讯亦然。

又有童鞋表示了对腾讯创新能力的不屑——腾讯不是只会抄袭吗？

如果你只看到这些，那我只能对你冷笑三声，问一句：

一家生于草莽，没有爹，没有党的关怀，没有北大清华的水草滋养的企业，到底是怎样的魔法在15年间做到市值千亿美元，比肩四大银行的规模，位列全球互联网四强的？如果抄袭可以做到，你怎么不去抄？

好了，废话不多说，让我们把时针拨回到15年前，看看腾讯的创新之路吧。

1. QQ 是如何打败 ICQ 的？

1996年，ICQ诞生，瞬间风靡全球，到1998年的时候，这款软件已经垄断了中国的即时通讯市场。而在这一年，ICQ嫁入豪门，成为美国最大的互联网集团AOL公司的旗下资产，有钱有人气，地位不可撼动。

1999年，QQ推出，由两个员工，也就是创始人马化腾和张志东，蜗居在深圳的一个民房里，埋首研发半年时间而成。

这时候的QQ仍然很粗糙，但是中文界面使得QQ迅速引起了市场的关注。如果仅仅如此的话，QQ不可能获得后来的成功，因为这个时候市场上已经相继诞生了一批同类型的通讯软件：PICQ、TICQ、GICQ、新浪寻呼、雅虎即时通……

QQ凭借以下一系列的创新技术，迅速在同类型软件中杀出重围——

首先，ICQ的全部信息存储于用户端，一旦用户换电脑登录，以往添加的好友就此消失，而QQ的用户资料存储于云服务器，在任何终端都可以登录聊天。

其次，ICQ只能在好友在线时才能聊天。QQ首创离线消息发送功能、隐身登录功能，可以随意选择聊天对象，可以有自己的个性化头像。

最后，ICQ通过来自给企业定制的即时通讯软件获利，而QQ坚持通过面向消费者的免费服务寻求商业化机会。

可以说，QQ之所以能成功，在于他是中国互联网史上第一家具有互联网思维的企业，它和ICQ的根本区别，在于互联网理念和软件理念的差别。

互联网理念打败软件理念，这不是如今最流行的观念吗？但在15年前，小马哥就已经领悟到了。

市场永远是精明的，它只把回报奉献给用户体验最好的创新产品，到2000年的时候，QQ已经一统江湖，成为即时通讯市场上的王者。

2. QQ 群是如何打败聊天室的？

在QQ崛起的年代，上网=聊天室+新浪新闻+电子邮件。名头最响的有新浪、网易、碧海银沙等聊天室，最高峰的时候，网易聊天室的一个房间就有几万人同时在线。火爆网络的《第一次亲密接触》的故事，就是发生在聊天室，多少人在网上做着偶遇"轻舞飞扬"的梦。

俱往矣。聊天室的没落，在于其用户关系是陌生人之间的，太不稳定，而QQ创新推出的QQ群，可以查看聊天记录，可以自行定义好友名，将QQ从早期陌生人之间的关系，转变为真实的用户关系。

这个时候，美国的AOL网络集团市值达到1 630亿美元，站在巅峰时刻，旗下的AIM即时通讯软件集成了ICQ的功能，也推出了聊天室的功能，并且拥有2 000万的用户。

但是，AIM软件和AOL聊天室的功能是分开的，这使得AOL聊天室只能成为陌生人的聊天工具，并且，使用这两个软件的服务，还是要收费的：登录AOL聊天室，每月要支付19.95美元的月费。如今看来，这真是愚蠢得不可思议，但在那个时代，软件为王的时候，又是如此得天经地义。

而美国的社交网站Myspace在2003年上线，Facebook直到2004年才上线，比2002年推出的QQ群诞生晚了1～2年。可以说，世界上第一个获得商业成功的社交网络，不是Facebook，而是腾讯的QQ群。

2002年8月份发布的QQ新版本，新增QQ群功能：好友手机绑定，摄像头绑定，手机通讯录保存在云服务器，手机资料中新增好友手机类别、品牌、型号等信息。这些功能，让QQ迅速转型成为真实的社交网络平台，而QQ号也成为人们的网络身份证。

2003年以后，QQ推出QQ秀形象、群相册、QQ空间等功能，不断深化满足了用户的潜在社交需求，使得其人气一直保持旺盛。

3. QQTM是如何打败MSN的？

MSN1999年开通即时通讯服务，依靠微软的雄厚资本和Windows的操作系统平台绑定，到2001年的时候就已经打败了AOL，成为世界上最大的即时通讯平台。

到2003年的时候，MSN已经拥有3亿用户，在几乎所有的重要市场上成为第一，只差一个：中国。这一年，踌躇满志的MSN开始大规模杀入中国市场，开始了与QQ的交锋。凭借免费绑定策略、高富帅的品牌形象、强大的hotmail邮箱和MSN新闻网站服务，很快就在商务通讯市场上占有了一块地盘。

此时的腾讯，形势岌岌可危：QQ秀刚刚推出，还没实现盈利，人才匮乏，为了生存，不断卖身融资：40%的股份卖给了海外投资者，换回200万美元发工资，而国内的投资者，根本没有人愿意买。

2003年，腾讯推出企业版QQTM，正面迎击MSN。此后通过一系列的技术创新，完美细致的用户体验，一点一点地挽回了高端用户的心：

UDP方式传送文件速度更快，文件断点续传，文件直接拖放窗口，共享文件夹，屏幕截图，好友分组，聊天记录备份和快速查询，短信互通，视频会议，网络硬盘，软键盘密码保护，个人名片⋯⋯

这一系列的技术创新，都是QQ首先推出，而MSN或者跟进，或者没有，忽然有一天，大家发现，白领们的工作沟通工具已经悄悄地又换回了QQ，而MSN已经悄无声息地成为无人关注的龙套。

4. QQ 游戏是如何打败联众的？

2003 年的时候，联众是世界上最大的休闲游戏平台，它的创始人鲍岳桥是 UCDOS 的开发者，中国软件行业最早的技术大牛人。

在联众的最辉煌时刻，它拥有 2 亿注册用户，月活跃用户 1 500 万，最高同时在线人数 60 万，在中国、美国、日本、韩国架设有服务器，这样的规模貌似是不可动摇的。

2003 年，QQ 游戏推出第一个版本，拥有打牌升级、四国军棋、象棋三个游戏。鲍岳桥上去玩了一下，觉得不过尔尔，于是决定将研发重心投入新的项目"联众新世界"中去，原有系统不再更新。

2004 年，联众成为韩国最大的网络游戏集团 NHN 旗下子公司，大量的韩国网游资源可以移植过来，无论是产品、资金，还是人才，都是腾讯无法比拟的。而且这个时候，进入休闲游戏市场的不止腾讯一家，还有网易、盛大、金山这些自主研发游戏的大佬们。

但在这一年，QQ 游戏逐渐后来居上，实现了对强者的超越，超越的逻辑在于：①联众精力转向大型游戏市场，休闲棋牌游戏不再更新，一些 BUG 长期存在，导致老用户的流失。②腾讯快速更新迭代，以更精美的界面、更人性化的操作细节取胜。

我举个例子，首先是界面。

在 2005 年的斗地主版本中，QQ 可以自定义用户角色形象，侧边栏显示玩家历史战况，背景清爽。联众角色形象定义要收费，否则就是个空白，背景丑陋，广告一堆，侧边栏是无关紧要的系统消息，毫无美感可言。

再看操作人性化。联众自动找座位功能要收费，否则就要自己去慢慢找，有时我们好不容易找到了位置却坐不下来，弹出提示说其他会员不愿意和自己玩（理由多多啊，有嫌级别低的，有嫌网速慢的……），真是无语。

QQ 可以自动加入，自定义查找意气相投的网友，而这些都是免费的。正是这些微创新，在细节上击败了联众游戏。

5. 腾讯网游是如何打败盛大的？

2001 年，盛大引入韩国网游"传奇"，火爆全国，正式建立了网络游戏的商业模式。2002 年，网易自主研发的"大话西游二"获得成功，2003 年"梦幻西游"再次大受欢迎，从此成为自主研发网游领域的老大。

2003 这一年，腾讯也开始进军游戏市场，但是直到 2007 年为止，腾讯的大型游戏一直没有什么作为。

原因何在呢？不但腾讯没有作为，作为网游模式创立者的盛大，在此后几年引入了大量韩国大作，几乎全部折戟沉沙。

这不得不让人反思。

我认为关键的原因就在于：盛大的成功，首先是商业模式的创新带来的，但是产品上并没有任何改进，大量采取拿来主义，随着国内本土研发的进步和竞争的加剧，任何缺乏产品创新能力的企业都必将被市场淘汰。盛大如此，九城如此，早期在大型网游市场上的腾讯也是如此，即使拥有火爆人气的社交网络平台。2006 年，韩国网游市场上枪战射击游戏开始兴起，"突袭 OL"占据了主要的市场份额。据网络评测认为，此款游戏"真实的枪械数据、人体物理学向CS看齐、地图设计十分精美和优秀,并且《突袭OL》的每一张地图都具备了很强的可玩性。"这款游戏也很快被引入国内市场,只可惜并未能风光多久。

在射击游戏市场上,占统治地位的还是CS这款老牌游戏,其优秀的操作体验、绝佳的平衡性,不是哪个随便进入的游戏能撼动的。

2007年,腾讯以极低的价钱从韩国一家不入流的小公司那里买来了CF"穿越火线"这款游戏。

其开发者Smile Gate公司只是一家33个人的小公司,至今只制作出了CF一款游戏,研发实力实在有限,推出后在韩国一直不温不火,甚至在2012年停止了运营,退出市场。其实这一年的腾讯,已经通过QQ秀和棋牌游戏赚到了第一桶金,不但买回了CF,还买了英雄联盟、地下城与勇士等一大堆的网游。

但是这一次,腾讯已经意识到,不是有流量就有一切的,失败的产品在哪里都是个死。

腾讯对买回来的大批泡菜游戏重新回炉打造,细致打磨。CF在经过一年的深度开发后,才推出市场。

请注意,CF在2008年3月推出后,到2010年2月,两年的时间推出了22个版本,平均每个月推出一个新版本,多种多样的模式、角色、枪械,不断优化的操作体验,在道具收费模式下相对最合理与平衡的体系,最终赢得了广大玩家的肯定。此后,腾讯自主开发或者引入的韩国网游大量获得成功,正是通过这种研发微创新的复制,2010年,腾讯打败盛大,登顶网游市场第一的宝座。

从此,中国网游市场发生了巨大的格局变化:那些只会引入国外大作,没有创新能力的企业纷纷衰落,QQ炫舞取代了劲舞团,QQ飞车打败了跑跑卡丁车、进击的巨人。另一方面,那些具有创新能力的自主研发网游企业,网易、畅游、巨人,越活越滋润。2009年腾讯推出QQ西游,被网易打得满地找牙。

这充分说明了一个事实:腾讯网游的成功,是产品创新的成功,而那些相对平庸的作品,即使同样具有QQ这个平台的导流,照样要受到市场规律的无情嘲笑。

这个规律其实在腾讯身上反复地上演着:

QQ浏览器、QQ影音、SOSO搜索、拍拍网购、QQ杀毒、财付通、SOSO地图,因为只有模仿,缺乏创新,始终只能甘当市场的配角;QQ邮箱在早期一直不温不火,直到将张小龙这个技术天才网罗帐下,才获得突飞猛进的成功。

腾讯并不是不可战胜的,但是一旦找到了创新的魔法盒,那它就将脱胎换骨。

6. 微信的创新和未来。

2010年,移动互联网呼啸而来,腾讯在所有互联网巨头中第一个转身。

大象的转身是如此的轻盈而迅速。从2011年1月推出到年底,微信在1年的时间里更新了11个版本,平均每个月迭代一个版本。1.0版本仅有聊天功能,1.1版本增加对手机通讯录的读取,1.2版本打通腾讯微博,1.3版本加入多人会话,2.0版本加入语音对讲功能。直到这个时候,腾讯才完成了对竞争对手的模仿和追赶,开始创新之路。

2.5版本率先引入查看附近的人,正是这个功能的推出,实现了对主要对手米聊的技术创新和用户大爆炸式的增长。

3.0版本率先加入漂流瓶和摇一摇功能，3.5版本增加英文界面，全面进军海外市场。这个时候的国际市场上，日本的Line同时崛起，并且更早一步开始了对东南亚的占领。而美国的社交巨头Facebook仍在梦中，What'sApp仍在延续着当年ICQ的软件思维，向用户收取服务费。时不我待，机不可失。4.0版本率先推出相册和朋友圈功能，4.2版本增加视频聊天插件，4.3版本增加语音搜索功能，4.5版本增加多人实时聊天、语音提醒和根据对方发来的位置进行导航的功能。微信的社交平台功能日趋完善，并且一步步向移动智能助手的角色发展。必须说明的是，在视频聊天和智能语音搜索上，微信的比Line更早了一步，产品体验开始领先。(Line的成功更多是明星营销策略和商业化生态系统的搭建上，产品创新体验上并无优势。)

5.0版本添加了表情商店和游戏中心，扫一扫功能全新升级，可以扫街景、扫条码、扫二维码、扫单词翻译、扫封面，微信支付体系打通，一个移动商业帝国的框架已经基本搭建完毕。

从全球来看，Line的商业化无疑更早获得成功，国际化的脚步也更快，但是腾讯最擅长的从来就是后来居上：只要方向正确，专注创新，奇迹总会发生。

2013年4月，海外用户突破4 000万，8月突破1亿，月均以超过1 500万的速度滚雪球，按此速度，年底将突破2亿，明年将达到4亿，全球用户达到10亿量级。

如果一切顺利，腾讯将真正成为全球互联网的创新领导者。接下来，让我们见证奇迹吧。

7. 腾讯的创新之道。

在我看来，腾讯的创新主要体现在以下几点：

（1）腾讯是世界上最早具有互联网思维的企业之一，正是这种思维让它区别于ICQ和AOL，成为世界上唯一获得大规模商业成功的即时通讯企业。

（2）腾讯是世界上最早获得成功的真实社交网络平台，通过QQ和QQ群在2002年的创新式无缝连接，让它从陌生人社交转向了真实社交关系，摧毁了传统的聊天室商业模式，并在QQ秀上赚到第一桶金，这种转变在时间上比Facebook领先两年。

（3）腾讯是最早执行快速迭代微创新的互联网企业之一，正是这种微创新能力让它击败了MSN、联众、盛大等众多的互联网巨头，获得强大的盈利能力。平台导流只是让它放大了这种商业成功，否则无法解释腾讯旗下众多失败的副产品，譬如SOSO搜索等。

（4）腾讯是所有大象企业中最执着于创新的企业之一，这体现在微信的成功和在移动互联网时代的快速转型上。即使在全球来看，腾讯的转身也要早于美国的facebook，仅仅慢于谷歌的。

中国一直被国际国内人士称为仿造高手，中国制造被扣上中国仿造的帽子，而腾讯作为从模仿创新到自主创新，是一步步取得今天的成绩的。

（资料来源：http://www.woshipm.com/pmd/84539.html）

问题：

企业在发展过程中，如何通过创新适应市场变化？

参考文献

[1] 周三多. 管理学——原理与方法 [M]. 上海：复旦大学出版社，2003.
[2] 韩福荣. 现代企业管理教程 [M]. 北京：北京工业大学出版社，2001.
[3] 于卫东. 现代企业管理 [M]. 北京：机械工业出版社，2010.
[4] 高志. 现代企业管理 [M]. 北京：北京大学出版社，2010.
[5] 吴河. 现代企业管理：激励、绩效与价值创造 [M]. 北京：中国市场出版社，2010.
[6] 王德清. 中外管理思想史 [M]. 重庆：重庆大学出版社，2005.
[7] 郭咸纲. 西方管理学史 [M]. 北京：中国经济出版社，2003.
[8] 贾旭东. 现代企业战略管理——思想、方法与务实 [M]. 兰州：兰州大学出版社，2009.
[10] 赵曙民. 人力资源管理与开发 [M]. 北京：中国人民大学出版社，2007.
[11] 武欣. 绩效管理实务手册 [M]. 北京：机械工业出版社，2001.
[12] 马汉武. 设施规划与物流系统设计 [M]. 北京：高等教育出版社，2005.
[13] 傅卫平. 现代物流系统工程与技术 [M]. 北京：机械工业出版社，2006.
[14] 唐纳德·J·鲍尔索克斯. 物流管理 [M]. 北京：机械工业出版社，2002.
[15] 陈秋荣. 生产运营管理 [M]. 北京：机械工业出版社，2010.
[16] 甘碧群. 市场营销学 [M]. 3版. 武汉：武汉大学出版社，2006.
[17] 吴健安. 市场营销学 [M]. 4版. 北京：机械工业出版社，2011.
[18] 苏伟伦. 戴明管理思想核心读本 [M]. 北京：中国社会出版社，2003.
[19] 克劳斯比. 零缺点的质量管理 [M]. 陈怡芬，译. 北京：三联书店，1994.
[20] 赵晶媛. 技术创新管理 [M]. 北京：机械工业出版社，2010.
[21] 理查德·蔡斯，等. 运营管理 [M]. 北京：机械工业出版社，2003.
[22] 李维安，等. 网络组织——组织发展的新趋势 [M]. 北京：清华大学出版社，2003.
[23] 理查德·L·杰夫特. 组织理论与设计 [M]. 北京：清华大学出版社，2003.
[24] 刘宁杰. 企业管理 [M]. 大连：东北财经大学出版社，2005.
[25] 菲利普·科特勒. 营销管理——分析、计划、执行与控制 [M]. 9版. 梅汝和，等，译. 上海：上海人民出版社，2000.
[26] 王华. 成本会计学 [M]. 上海：上海交通大学出版社，2012.
[27] 赵有生. 现代企业管理 [M]. 2版. 北京：清华大学出版社，2006.

［28］梁少秋．现代企业管理［M］．2 版．南京：南京大学出版社，2010．

［29］周海娟．现代企业管理［M］．北京：中国发展出版社，2011．

［30］姜真．现代企业管理［M］．北京：清华大学出版社，2013．

［31］朱会芳．财务管理［M］南京：南京大学出版社，2012．

［32］张忠寿．现代企业财务管理学［M］．上海：立信会计出版社，2013．

［33］王化成．财务管理［M］．北京：中国人民大学出版社，2013．

［34］刘淑莲．财务管理［M］．大连：东北财经大学出版社，2012．

［35］傅元略．中级财务管理［M］．上海：复旦大学出版社，2007．

［36］刘益．战略管理工具与应用［M］．北京：清华大学出版社，2010．

［37］刘宝宏．企业战略管理［M］．大连：东北财经大学出版社，2009．

［38］王淑萍，等．财务报告分析［M］．北京：科学出版社，2005．

［39］郝渊晓．现代物流配送管理［M］．广州：中山大学出版社，2001．

［40］刘丽文．生产与运作管理［M］．北京：清华大学出版社，2010．

［41］骆温平．物流与供应链管理［M］．北京：电子工业出版社，2007．

［42］周成文．人力资源管理：技术与方法［M］．北京：北京大学出版社，2010．

［43］尹隆森，等．目标分解与绩效考核设计实务［M］．北京：人民邮电出版社，2006．

［44］加里·德斯勒．人力资源管理［M］．2 版．赵曙民，等，译．北京：机械工业出版社，2012．

［45］林榕航．供应链管理（SCM）教程［M］．厦门：厦门大学出版社，2003．

［46］张平华．中国企业管理创新［M］．北京：中国发展出版社，2004．

［47］俞文钊．管理的革命：创建学习型组织的理论与方法［M］．上海：上海教育出版社，2003．

［48］松本厚治．企业主义［M］．北京：企业管理出版社，1997．

［49］约翰·科特．现代企业的领导艺术［M］．北京：华夏出版社，2013．

［50］阿伦·肯尼迪．西方企业文化［M］．北京：中国对外翻译出版公司，2005．

［51］E·海能．企业文化理论和实践的展望［M］．上海：知识出版社，2006．

［52］斯坦利·M·戴维斯．企业文化治理与改造［M］．北京：新华出版社，2003．

［53］谢恩．公司文化导论［M］．北京：科学技术文献出版社，2005．